高等院校汽车类创新型应用人才培养规划教材

汽车发动机原理(第2版)

主　编　韩同群
副主编　姚胜华
参　编　黄晓鹏　苑金梁　袁　焕

内 容 简 介

本书讲述汽车常用动力——点燃式和压燃式内燃机的基本理论,兼顾新型车用动力技术,包括燃料电池和混合动力驱动技术等。全书分为4篇,共12章。绪论介绍了汽车发动机的发展简史和发展前景。第一篇讲述了与热力发动机密切相关的热工基础知识,主要包括工程热力学和传热学的基础理论与应用。第二篇在热力学基本定律基础上论述广泛应用的车用发动机——往复活塞式内燃机的能量转换以及循环充量的原理和规律,即动力输出与能量利用问题。第三篇讨论内燃机的燃烧与排放问题,包括内燃机的燃烧过程、规律与有害排放物及噪声控制。第四篇讨论了内燃机应用于汽车动力时具有重要影响的运行特性与性能调控问题。

作者根据多年来对车辆工程、交通运输、汽车运用等非内燃机专业讲授汽车发动机原理的经验,编写了本书内容,坚持了实用性原则,并对汽车发动机前沿技术等内容做了较大补充修改。

本书一般作为汽车类专业本科生教材使用,也可供从事汽车及发动机科技工作人员参考,同时也较适于初学发动机原理的读者自学之用。

图书在版编目(CIP)数据

汽车发动机原理/韩同群主编. —2版. —北京:北京大学出版社,2012.8
(高等院校汽车类创新型应用人才培养规划教材)
ISBN 978-7-301-21012-3

Ⅰ. ①汽… Ⅱ. ①韩… Ⅲ. ①汽车—发动机—理论—高等学校—教材 Ⅳ. ①U464

中国版本图书馆 CIP 数据核字(2012)第 170660 号

书　　　　名:	汽车发动机原理(第 2 版)
著作责任者:	韩同群　主编
策 划 编 辑:	童君鑫　宋亚玲
责 任 编 辑:	宋亚玲
标 准 书 号:	ISBN 978-7-301-21012-3/TH·0304
出　版　者:	北京大学出版社
地　　　　址:	北京市海淀区成府路 205 号　100871
网　　　　址:	http://www.pup.cn　http://www.pup6.cn
电　　　　话:	邮购部 010-62752015　发行部 010-62750672　编辑部 010-62750667
电 子 邮 箱:	pup_6@163.com
印　刷　者:	北京虎彩文化传播有限公司
发　行　者:	北京大学出版社
经　销　者:	新华书店
	787 毫米×1092 毫米　16 开本　22 印张　510 千字
	2007 年 8 月第 1 版
	2012 年 8 月第 2 版　2021 年 8 月第 6 次印刷
定　　　　价:	55.00 元

未经许可,不得以任何方式复制或抄袭本书之部分或全部内容。

版权所有,侵权必究　　举报电话:010-62752024
　　　　　　　　　　　电子邮箱:fd@pup.pku.edu.cn

第 2 版前言

随着汽车工业的发展及社会对汽车类人才需求的增加，设置车辆工程、交通运输、汽车运用等专业的院校越来越多。传统上，上述专业在学习发动机原理之前，应开设工程热力学、传热学等课程，但这两门课内容多、课时长。由于教学改革的需要，上述课程被压缩了学时，也有的取消了这两门课。但是，学习发动机原理，没有热工方面的知识作基础是不够的，也会给以后的工作带来不便。

《汽车发动机原理》（第 2 版）是在第 1 版的基础上修订的。与第 1 版相比，第 2 版增加了绪论"汽车发动机发展简史"，对"热力工程基础"部分做了较大修改，将第 1 章热力学第一定律，第 2 章热力学第二定律，第 3 章燃烧学基础，第 4 章传热过程，分别修改为第 1 章热机与热功转换的基本规律，第 2 章发动机的理论循环，第 3 章发动机的燃料与燃烧，第 4 章发动机的传热。

有关往复活塞式内燃机的工作原理方面，在教学实践中，学生反映知识与内容"太散"，抓不住主线。本书理出的知识主线是："热功转换的基本规律——动力的输出与能量利用——燃烧与排放——发动机性能的测试、调控与应用"。全书分篇、章编写，使知识结构脉络清晰、层次分明，达到"形散而神不散"的效果。

汽、柴油机电子控制技术，涉及混合气形成、点火、可变技术、排放控制等内容也做了简要修改，增补了部分前沿知识。

本书由湖北汽车工业学院韩同群教授担任主编，姚胜华副教授担任副主编，参加编写的有姚胜华（第 1、2、3、4 章），甘肃农业大学黄晓鹏（第 5、6、7 章），鲁东大学苑金梁（第 8、9 章），湖北理工学院袁焕（第 10 章），韩同群（第 11、12 章）。本书建议学时在 60～80 学时（包括实验）。

本书的面向对象，除车辆工程、交通运输、汽车运用等专业的本科生外，专科生、3+2 等层次的汽车类专业学生也可选用，因此，本书可以适应不同层次、不同学时的需要，如不讲"燃烧学基础"和"传热过程"，本书学时可精简到 40～50 学时。

由于编者水平有限，疏漏之处在所难免，欢迎使用本书的广大师生批评指正。

编者
2012 年 6 月

目 录

绪论　汽车发动机发展简史 …………… 1

第一篇　热力工程基础 ……………… 11

第1章　热机与热功转换的基本规律 ……… 13

1.1　热能在热机中转换为机械功的过程 …………………… 13
1.2　热功转换的工质及其参数 …………………………… 14
 1.2.1　工质及状态参数 ……… 14
 1.2.2　状态参数的坐标图 …… 16
 1.2.3　功和热量 …………… 16
 1.2.4　热力学第一定律 ……… 18
1.3　理想气体的热力过程 ………… 21
 1.3.1　理想气体的热力性质 … 21
 1.3.2　理想气体的热力过程及参数计算 ………………… 24
 1.3.3　理想气体热力过程的 p-v 图及 T-s 图 ………… 30
1.4　热功转换的效率 ……………… 34
 1.4.1　热机循环 …………… 34
 1.4.2　热力学第二定律 ……… 36
思考题与习题 ……………………… 37

第2章　发动机的理论循环 …………… 39

2.1　四行程发动机理论循环的计算 … 39
 2.1.1　对发动机实际工作过程的简化 …………………… 39
 2.1.2　理论循环的热效率和平均指示压力的计算 ………… 41
2.2　理论循环热效率和平均指示压力的影响因素 ……………… 42
2.3　理论循环热效率比较 ………… 44
思考题与习题 ……………………… 44

第3章　发动机燃料与燃烧 …………… 46

3.1　发动机的传统燃料 …………… 46
 3.1.1　烃的分类、构成和性质 … 46
 3.1.2　汽油和柴油的使用特性 … 49
 3.1.3　燃料特性引起的发动机工作模式上的差异 ………… 55
3.2　发动机代用燃料 ……………… 56
 3.2.1　气体燃料 …………… 56
 3.2.2　液体燃料 …………… 58
3.3　燃烧热化学 …………………… 61
 3.3.1　1kg 燃料完全燃烧所需的理论空气量 ……………… 61
 3.3.2　过量空气系数 ϕ_a>1 时完全燃烧产物的数量 ………… 62
 3.3.3　燃料热值与混合气热值 … 62
3.4　燃烧的基础知识 ……………… 63
 3.4.1　着火与燃烧 ………… 63
 3.4.2　烃的氧化反应 ………… 63
 3.4.3　自燃与点燃 ………… 65
 3.4.4　发动机的燃烧模式 …… 66
3.5　燃料电池 ……………………… 70
 3.5.1　燃料电池结构 ………… 70
 3.5.2　燃料电池的工作原理 … 71
思考题与习题 ……………………… 73

第4章　发动机的传热 ………………… 75

4.1　热量传递过程概述 …………… 75
 4.1.1　热传递的概念 ………… 75
 4.1.2　热传递的3种基本方式 … 76
4.2　导热过程 ……………………… 76
 4.2.1　导热现象分析 ………… 76
 4.2.2　导热机理 …………… 78
 4.2.3　导热问题分析过程 …… 78

4.2.4 一维稳态导热问题 ……… 78
4.3 对流换热 ………………………… 84
　　4.3.1 对流换热的计算 ……… 84
　　4.3.2 对流换热系数α的各种
　　　　　关联式及应用举例 …… 87
4.4 辐射换热 ………………………… 90
　　4.4.1 辐射换热的基本知识 … 90
　　4.4.2 两物体间的辐射换热量的
　　　　　计算 …………………… 94
　　4.4.3 气体辐射 ……………… 97
　　4.4.4 火焰辐射 ……………… 99
4.5 发动机换热分析 ……………… 100
　　4.5.1 发动机中导热问题的
　　　　　求解方法 ……………… 100
　　4.5.2 燃气与壁面间的辐射
　　　　　换热 …………………… 101
　　4.5.3 燃气与壁面间的瞬时综合
　　　　　换热系数 ……………… 102
思考题与习题 ……………………… 103

第二篇 动力输出与能量利用 ……… 107

第5章 发动机实际循环与评价指标 ……………… 109

5.1 四冲程发动机的实际循环 …… 109
　　5.1.1 发动机的实际循环 …… 109
　　5.1.2 发动机实际循环与理论
　　　　　循环的比较 …………… 113
5.2 发动机的指示指标 …………… 116
　　5.2.1 发动机的示功图 ……… 116
　　5.2.2 发动机的指示性能
　　　　　指标 …………………… 117
5.3 发动机的有效指标 …………… 120
　　5.3.1 动力性指标 …………… 120
　　5.3.2 经济性指标 …………… 122
　　5.3.3 强化指标 ……………… 122
5.4 机械损失与机械效率 ………… 123
　　5.4.1 机械效率 ……………… 123
　　5.4.2 机械损失的测定 ……… 124
　　5.4.3 影响机械效率的主要
　　　　　因素 …………………… 127

　　5.4.4 发动机的热平衡 ……… 128
5.5 提高发动机性能指标的途径 … 130
　　5.5.1 发动机能量的合理利用 … 130
　　5.5.2 决定动力输出的"量"与
　　　　　"质"的两大因素 …… 134
　　5.5.3 影响发动机动力性、
　　　　　经济性的因素 ………… 137
思考题与习题 ……………………… 138

第6章 换气过程与循环充量 …… 139

6.1 四冲程发动机的换气过程 …… 139
　　6.1.1 换气过程 ……………… 139
　　6.1.2 换气损失 ……………… 142
6.2 四冲程发动机的充量系数 …… 143
　　6.2.1 充量系数解析式 ……… 143
　　6.2.2 影响充量系数ϕ_c的
　　　　　因素 …………………… 144
　　6.2.3 提高发动机充量系数
　　　　　措施 …………………… 146
6.3 二冲程发动机的换气过程 …… 151
　　6.3.1 换气过程 ……………… 151
　　6.3.2 二冲程发动机换气过程的
　　　　　特点 …………………… 152
　　6.3.3 二冲程发动机的扫气
　　　　　方案 …………………… 152
　　6.3.4 换气效果的评价 ……… 154
　　6.3.5 影响扫气效率的因素 … 154
思考题与习题 ……………………… 155

第7章 发动机废气涡轮增压 …… 156

7.1 发动机增压的基本方法与原理 … 156
　　7.1.1 增压的概念 …………… 156
　　7.1.2 增压发动机的特点 …… 157
　　7.1.3 增压的衡量指标 ……… 158
　　7.1.4 增压的结构形式及分类 … 158
7.2 废气涡轮增压器的基本结构和
　　工作原理 ……………………… 161
　　7.2.1 径流式废气涡轮的工作
　　　　　原理 …………………… 161
　　7.2.2 离心式压气机的工作
　　　　　原理与特性 …………… 163

7.3 废气涡轮增压的类型与废气
    能量的利用 ·············· 167
    7.3.1 废气涡轮增压的类型 ····· 167
    7.3.2 废气能量的利用 ·········· 167
    7.3.3 定压增压系统与脉冲增压
          系统的比较和选择 ······ 170
7.4 废气涡轮增压对发动机性能的
    影响 ·························· 171
    7.4.1 废气涡轮增压对发动机
          动力性和经济性的影响 ··· 171
    7.4.2 改善废气涡轮增压发动机
          转矩特性的途径 ········ 173
    7.4.3 废气涡轮增压对发动机其他
          性能的影响 ············ 174
7.5 汽油机增压 ··················· 175
    7.5.1 汽油机增压的特点 ······ 176
    7.5.2 汽油机涡轮增压的主要技术
          措施 ·················· 176
    7.5.3 汽油机废气涡轮增压器的
          布置 ·················· 177
思考题与习题 ··················· 179

第三篇 燃烧与排放 ·············· 181

第8章 汽油机混合气的形成和燃烧 ························ 183

8.1 汽油机燃烧过程 ············ 183
    8.1.1 正常燃烧过程 ·········· 183
    8.1.2 不规则燃烧 ············ 185
    8.1.3 不正常燃烧 ············ 186
    8.1.4 运转因素对燃烧的影响 ··· 188
8.2 汽油机混合气制备原理 ······ 190
    8.2.1 汽油机理想混合气
          特性 ·················· 190
    8.2.2 化油器式供油系统
          混合气的形成原理 ······ 193
    8.2.3 电控燃油喷射式供油系统
          混合气的形成 ·········· 195
8.3 汽油机的燃烧室 ············ 199
    8.3.1 汽油机对燃烧室的
          要求 ·················· 199

8.3.2 传统汽油机燃烧室 ······ 201
8.3.3 汽油机稀薄燃烧系统 ···· 202
思考题与习题 ··················· 209

第9章 柴油机混合气的形成和燃烧 ························ 210

9.1 柴油机燃烧与放热 ··········· 210
    9.1.1 柴油机燃烧过程 ········ 210
    9.1.2 柴油机燃烧放热规律 ···· 213
9.2 柴油机混合气的形成原理 ···· 216
    9.2.1 燃油的喷射与雾化 ······ 216
    9.2.2 燃烧室与混合气形成 ···· 222
    9.2.3 柴油机的预混合燃烧 ···· 231
9.3 燃烧过程的优化 ············ 233
    9.3.1 燃烧优化过程的基本
          原则 ·················· 233
    9.3.2 燃油喷射过程的优化 ···· 235
    9.3.3 燃烧室的对比及选型 ···· 239
思考题与习题 ··················· 240

第10章 发动机的排放与噪声控制 ······················ 242

10.1 发动机排放物的种类及危害 ··· 242
    10.1.1 概述 ················· 242
    10.1.2 发动机排放污染物的
           危害 ················· 243
    10.1.3 发动机排放污染物的
           生成机理 ·············· 244
10.2 影响汽油机有害排放物生成的
    主要因素及控制措施 ········ 249
    10.2.1 影响因素 ············· 249
    10.2.2 机内净化技术 ········· 251
    10.2.3 机外净化技术 ········· 255
10.3 影响柴油机有害排放物生成的
    主要因素及控制措施 ········ 258
    10.3.1 柴油机有害排放物生成
           特点 ················· 258
    10.3.2 影响因素 ············· 258
    10.3.3 机内净化技术 ········· 259
    10.3.4 机外净化技术 ········· 263
10.4 发动机排放法规与测试 ······ 265

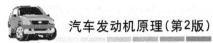

  10.4.1 排放法规 ················ 265
  10.4.2 排放物测定 ············· 265
 10.5 发动机噪声来源与控制 ········ 272
  10.5.1 发动机噪声的来源 ······ 273
  10.5.2 噪声控制措施 ··········· 275
 思考题与习题 ······················ 276

第四篇 运行特性与性能调控 ········ 279

第 11 章 发动机运行特性与匹配技术 ··· 281

 11.1 发动机的特性 ·················· 281
  11.1.1 工况、工况平面与功率标定 ················ 281
  11.1.2 发动机运行特性及其分析方法 ·············· 283
 11.2 发动机性能测试 ················ 284
  11.2.1 台架试验设备 ··········· 284
  11.2.2 功率和油耗的测量 ······ 285
  11.2.3 试验方法及数据处理 ··· 289
 11.3 发动机运行特性与汽车匹配 ··· 292
  11.3.1 发动机的速度特性与汽车动力性匹配 ········· 292
  11.3.2 车用柴油机的调速特性 ···················· 298
  11.3.3 发动机的负荷特性、万有特性与汽车经济性匹配 ············ 303

  11.3.4 混合动力驱动技术 ······ 309
 思考题与习题 ······················ 313

第 12 章 发动机性能与参数调控技术 ··· 314

 12.1 发动机调控技术的发展 ········ 314
  12.1.1 传统的机、液调控装置 ··················· 315
  12.1.2 电子控制系统在发动机中的应用 ············ 315
  12.1.3 发动机(汽车)管理中心 ··················· 317
 12.2 汽油机计算机管理系统 ········ 318
  12.2.1 控制功能 ················ 318
  12.2.2 燃油喷射的控制 ········ 320
  12.2.3 综合控制策略 ··········· 325
 12.3 电控技术在柴油机上的应用 ···················· 329
  12.3.1 电控燃油喷射系统的种类 ·················· 329
  12.3.2 控制功能和控制策略 ···················· 335
 思考题与习题 ······················ 336

附录 符号说明 ···················· 337

参考文献 ··························· 339

绪　　论
汽车发动机发展简史

1. 蒸汽机的发明与改进和作为汽车动力的使用

汽车是人类 20 世纪最伟大的发明之一，而汽车的概念及其发展是从蒸汽机的发明开始的。汽车动力从蒸汽机开始，其发展历程遵从了"适者生存"的法则，在车用动力小型化、轻量化、高功率化、高效率化的要求下，经历了从蒸汽机汽车发展到内燃机汽车，辅以电动汽车，推动了汽车动力不断发展。

首先是蒸汽机的发明与改进。16 世纪末至 17 世纪初，物理学上进行了关于蒸汽、大气和真空的相互作用 3 个实验，即英国包尔塔的蒸汽压力实验、托里拆利（流体力学奠基人之一）和帕斯卡的大气压力实验以及那末格里凯的真空作用实验，为蒸汽动力技术的产生奠定了实验科学基础。

法国著名物理学家、工程师巴本（Denis Papin，1647—1712），从炼铁厂使用的活塞式风箱中受到启发，将风箱变为气缸，风箱中的活塞变为气缸中的活塞。先向气缸底部注入少量的水，再把气缸放到火上加热。当气缸内的水沸腾后，蒸汽推动活塞上升；然后把火从气缸下抽掉，让气缸内的蒸汽冷凝，气缸内产生真空，在大气压推动下，活塞下降。通过这一实验，巴本总结出两个重要结论。

（1）利用蒸汽压力、大气压力、真空的相互作用，可以推动活塞及其活塞杆做往复直线运动。

（2）运动产生的机械动力可以带动其他机械运动。

由此发明了带有活塞的蒸汽泵，之后考虑到蒸汽压力过大可能会引起气缸爆炸，发明了安全阀。

继巴本之后，英国机械工程师赛维利（T. Savery，1650—1715）根据包尔塔的蒸汽压力原理，气缸内不采用活塞，只接有吸水管、排水管和进气管。当锅炉里的蒸汽经过进气管进入气缸后被冷却，造成的真空把矿井中的水经吸水管吸出，再将蒸汽注入气缸，所产生的压力就把水从排水管排出，本质上形成一个蒸汽泵。

托马斯·纽卡门（Thomas Newcomen）在赛维利蒸汽泵的基础上引入巴本的活塞装置，先使蒸汽进入气缸推动活塞，再通过水龙头向气缸内喷溅冷水进行冷却，使活塞返回。这样，在蒸汽压力、大气压力和真空的相互作用下，活塞可做往复运动，经过反复试制，1712 年纽卡门蒸汽机问世。

蒸汽机的问世，激发了许多科学家的创造性思维。1764 年，瓦特研究了纽卡门蒸汽机的两大缺点，即燃料消耗量大，效率低，只能做往复直线运动，除了用于矿井抽水之外,再也没有其他用途,而蒸汽浪费达八成以上。为此,瓦特提出了采用与气缸分离的冷凝器设计方案,并在气缸外面加绝热套,使气缸保持高温状态。同时,在冷凝器与气缸之间用一个调节阀相连接,使二者既能连通又能分开。这样,既能把做功后的蒸汽引入气缸外的冷凝器进行冷却,使气缸内产生真空,又避免了气缸在冷、热过程中的热量损失。1769年,瓦特因发明冷凝器而获得他在革新纽卡门蒸汽机过程中的第一项专利。

带有冷凝器的蒸汽机虽然试制成功,但与纽卡门蒸汽机相比,除了热效率有显著提高外,由于只有直线运动还是无法作为真正的动力机械。瓦特受到行星绕太阳做圆周运动以及钟表中齿轮的圆周运动的启发,设计出把活塞往复直线运动转换成旋转运动的齿轮联动装置,并且为了使轮轴的旋转运动更均匀,在轮轴上安装了飞轮。这一革新使瓦特蒸汽机成为能驱动诸多设备的动力机械。1781年,瓦特以发明齿轮式机械联动装置获得了第二项专利。

为了进一步提高蒸汽机效率,瓦特在发明了齿轮联动装置后,于1782年试制出带有双向进、排汽装置的新型气缸,即蒸汽能推动活塞往返运动,这样效率提高了一倍,并将引入气缸的蒸汽由低压变为高压,由此获得第三项专利。

通过以上三次技术改进,纽卡门蒸汽机演变成瓦特蒸汽机。1784年,瓦特以带有飞轮、齿轮联动装置和双向进排汽装置的高压蒸汽机的综合装置取得了他在革新纽卡门蒸汽机过程中的第四项专利。1788年,瓦特又发明了离心调速器和节气阀;1790年,又发明了气缸示功器,能显示气缸中压力变化过程。至此,瓦特完成了他发明和改进蒸汽机的全部过程。

瓦特蒸汽机热效率约为3%,对蒸汽机的近代化做出了重要贡献,以后,蒸汽机的发展、推广、应用经历了约70年。1814—1829年英国科学家史蒂芬森(Stevenson)制成了蒸汽机车,如图0.1所示。

图0.1 英国人史蒂芬森制成的蒸汽机车

从19世纪中叶开始到20世纪二三十年代为蒸汽机广泛应用的全盛时期。1769年法国陆军工程师古诺制造出第一辆蒸汽机驱动的汽车(图0.2),1771年,古诺改进了蒸汽汽车,时速可达9.5千米,牵引4~5吨的货物。不久,英国出现了第一辆载人蒸汽汽车

(图 0.3),之后蒸汽机汽车进入全盛时期。图 0.4 为英国早期营运中的蒸汽机公共汽车。

图 0.2　法国人古诺制成第一辆蒸汽机驱动的汽车

图 0.3　第一辆载人蒸汽汽车

图 0.4　英国早期营运中的蒸汽机公共汽车

2. 四行程理论与内燃机的发明

1) 四行程理论及其实现

瓦特蒸汽机要使用锅炉，体积庞大、效率低。要克服蒸汽机的这一缺点，必须解决锅炉与气缸分离的问题。其基本方案是使燃烧在气缸中进行，许多科学家在此方面做了探索，如利用燃烧烟气冷却后产生的真空来抽水；利用火药在气缸内爆炸所产生的压力来驱动活塞；用氢气和空气的混合燃料燃烧时所产生的压力来推动活塞等。

1673—1680年荷兰物理学家柯·惠更斯(Christian Huygens)首先提出了用火药燃烧的高温燃气在气缸中冷却后形成真空来带动活塞做功，第一次把燃气与活塞联系起来，实现了"内燃"。1794年，英国科学家罗伯特·斯特林(Robert Street)提出燃用松节油或柏油的"内燃"机原理，提出燃料与空气混合推动活塞做功。1799年法国化学家莱蓬(Lebon)建议采用煤气作燃料并用电火花点火。1820年英国人塞歇尔提出(W. Cecil)用氢作燃料。

经过70多年的探索、改进，1860年法国人兰诺(Lenoir)研制成功第一台实用的二行程、无压缩、电火花点火的煤气机。其外形和结构与蒸汽机相似，采用齿条与齿轮结构，齿条与活塞相连，齿轮与输出轴相连。活塞与气缸的密封采用了自涨式弹力环，热效率达4%，但混合气不进行压缩。其原因是当时认为对混合气燃烧前进行预压缩要消耗额外的功，且不能证明预压缩可提高热效率。

随着热力学和传热学理论的发展，1862年法国铁路工程师包·德·罗沙(Beau de Rochas)分析了内燃机的做功过程，认为要提高热效率须满足4项要求。

(1) 单位气缸容积的冷却面积应尽可能小。
(2) 膨胀开始前缸内压力应尽可能高。
(3) 膨胀时活塞的速度应尽可能快。
(4) 膨胀应尽可能充分。

为此他提出4项措施。

(1) 要在活塞的向外行程内吸入新鲜混合气。
(2) 在接着的向内行程内进行压缩。
(3) 在上止点前附近点火，在下一个向外行程内膨胀。
(4) 在下一个向内行程内排气。

因此，这是第一次提出了近代内燃机等容燃烧的四行程循环原理。所以，内燃机在蒸汽机结构的基础上发展，它在气缸内而不是在气缸外燃烧燃料，从而诞生了按四行程循环方式工作的内燃机。

1876年，德国的奥托(Nikolaus August Otto)的四行程煤气机完成了历史性的台架试验，诞生了世界上第一台煤气机(图0.5)。该煤气机为单缸、四行程、卧式、按等容燃烧，压缩比为2.5，功率为2.94kW，热效率为12%~14%，运转平稳，体积小，很快得到推广应用。

图0.5 第一台煤气机

点燃式内燃机的发明是在将曲柄连杆机构从蒸汽机(外燃机)移植到内燃机的实践中实现的，因此煤气机和汽油机开发初期的首要问题是如何在气缸内快速形成混合气并可靠点火。最初，一些气体燃料满足这一要求。1900年，原油中的轻馏成分(汽油)成为商品，出现了将汽油气化并与空气混合的化油器，汽油逐渐占据了主导地位。

柴油机的发明过程却与汽油机不同，由于蒸汽机的发展和汽油机的发明，热力学理论更进一步完善。德国工程师鲁道夫·狄塞尔(Rudolf Diesel)，针对当时蒸汽机与汽油机热效率低、着火困难等问题，从热力学角度分析，认为从根本上提高循环热效率的途径是实现卡诺循环，而卡诺循环的核心是实现等温吸热和放热。

1878年，狄塞尔研究从实用角度实现等温过程，进而实现卡诺循环。当时改善蒸汽机热效率的主要途径就是利用过热蒸汽，通过研究确认，为了合理利用过热蒸汽的热量必须具备高压，而在高压下过热蒸汽几乎全部成为气态。一种新的思想产生了，即将蒸汽替换成高温高压的空气，在其中逐渐导入已微粒化的燃料，使之燃烧加热空气，并充分膨胀做功。他从热力学角度进行了全面理论分析和验证，并把其研究结果写成《合理的热力发动机理论和构造》一书，提出了用煤粉作燃料、压缩点火的内燃机循环，最终于1893年获得了关于内燃机工作方式及其实现的第一个专利。

狄塞尔通过研究热机存在的机械损失，认识到卡诺循环的热效率仅仅是理论上的，它只取决于温度，而对实际内燃机而言并非最高温度而是最高压力起决定性作用。因此，为了获取更高的升功率和机械效率，他放弃自己在理论研究过程中所提出的等温过程，同时于1895年发表了关于《具有在压力变化过程中可变燃料导入期的内燃机》一文，并获得有关柴油机发明过程中的第二个专利。其基本思想如下。

(1) 通过气缸内活塞的压缩将纯空气压缩加热至超过燃料的自燃温度。

(2) 将微粒化的燃料导入缸内高温高压的空气中燃烧，由此推动活塞做功。

后来，微粒化的燃料从煤粉发展到原油中的重馏成分——柴油。由此，狄塞尔创立了压缩自燃发动机的工作模式，其本质就是燃料自行着火。1897年，研制成功具有实用价值的柴油机，当时指示热效率就达到38.6%，后经改进其热效率高达46%，成为热效率最高的热机。

2) 内燃机在汽车上的应用

1886年，德国的卡尔·本茨(Karl Benz)和戈特里布·戴姆勒(Cottlieb Daimler)按奥托的四行程原理，造出了第一台本茨车用汽油机(单缸，0.78L，0.65kW，400r/min)和戴姆勒车用汽油机(单缸，0.6L，0.81kW，650r/min)。将这种体积小、重量轻、又具有足够动力的机器安在车上驱动其前进，产生了内燃机动力汽车。

1886年戈特里布·戴姆勒(Cottlieb Daimler)和卡尔·本茨(Karl Benz)成为世界第一辆汽车的发明者。图0.6为卡尔·本茨的三轮汽车，图0.7为戈特利布·戴姆勒的四轮汽车。

到1936年，柴油机作为汽车的动力才应用于汽车上，并由戴姆勒—奔驰汽车公司安装在梅赛德斯·奔驰牌260D型轿车上，成为第一台柴油汽车。

内燃机的问世改变了庞大的蒸汽机牵引小车的局面，从笨重而破坏公路、移动迟缓而影响交通的汽车，变成小型轻量而快速灵活的汽车。因此，汽车动力逐渐被内燃机所替代。1927年，蒸汽汽车的生产彻底停止了。

图 0.6　卡尔·本茨的三轮汽车

图 0.7　戈特利布·戴姆勒的四轮汽车

3. 车用内燃机的发展历程

1) 车用内燃机的主要标志性技术

以汽油机为代表的点燃式内燃机和以柴油机为代表的压燃式内燃机发明以后，其结构和系统在不断完善，但其基本的结构方案——往复活塞和曲柄连杆机构始终未变，学者们也提出了各种回转式内燃机方案，一直到 1956 年才由德国人汪克尔(F. Wankel)试验成功了转子发动机。经过多年努力和发展，解决了密封和缸体开裂等技术问题，其才得到一定范围的应用，但往复活塞式内燃机仍然占主体。

内燃机广泛应用于汽车、机车、船舶、工程机械甚至航空等领域，是用途最广的动力机械，并且作为汽车动力，在材料与制造技术、电子控制与智能技术、节能与环保技术、燃料与燃烧技术等方面不断发展进步，各种新技术互相交叉、互相渗透，性能指标不断优化和提升。

内燃机发明之前，有些技术已经奠定了基础。例如，1796 年意大利科学家沃尔兹发明了蓄电池；1838 年英国人亨纳特发明了点火装置；1858 年法国工程师洛纳因发明了用陶瓷绝缘材料制成的电点火火花塞；1859 年法国普朗特又发明了铅酸蓄电池等。

燃料在内燃机的发展过程中起了极其重要的作用，最早是用煤气的点燃式内燃机，1900 年之后应用汽油，从而出现了各种将汽油汽化并与空气混合的化油器。随着汽油需求量增长，威廉·伯尔顿(William Burton)发明了将重油在压力下加热裂解成易挥发的汽油的技术，大大提高了汽油的产量。但这种汽油沸点较高，从而使起动困难，需要较高转速。1912 年起动电动机问世，较好地解决了这一问题。

第一次世界大战以后，1921 年通用汽车公司托马斯·米杰里发现了四乙基铅在汽油中的抗爆作用，1923 年美国开始将其用来作为汽油的添加剂。尤金·荷德莱(Eugene Houdry)又发明了对原油的催化裂化法，既提高了汽油的产量，同时使汽油获得更好的抗爆性，从而使内燃机的压缩比不断增加，提高了其动力性与经济性。

在内燃机增压方面，1902 年法国的路易斯·雷诺(Louis Renault)提出了增加缸内压力的发明专利，也就是后来被广泛应用的机械增压。1907 年美国宾夕法尼亚的一家工厂试制成功了世界上第一台增压内燃机，它采用了曲轴通过传动带驱动离心式压气机的机械增压方案。1915 年，瑞士工程师阿尔弗雷德·波希(Alfred Buchi)将这种增压器的机械驱动方式改造成为内燃机的排气涡轮驱动方式。二战后，增压技术开始在柴油机上得到广泛应用,并逐步扩展到汽油机中。

同时,汽车和内燃机相关技术进入加速发展期。例如,20世纪60年代内燃机技术主要以提高可靠性、耐久性为主,标志性的技术有:滑动轴承使用三层轴瓦;过共晶硅—铝活塞,并使用恒范钢片和开槽;活塞环镀层;轴颈的感应淬硬和氮化;凸轮冷激处理;使用在屈服极限范围内工作的螺钉;可靠的气缸密封垫;高转速气门间隙补偿液力元件(液力挺柱);等等。另外也出现了从单腔化油器到分腔化油器到电控化油器的演变。1967年,汽油喷射系统应用在大众VWl600汽油机上,晶体管点火、轴向与径向式分配式喷油泵也得到应用。

20世纪70年代初,由于石油危机导致原油价格成倍上涨,因此引起对内燃机燃油经济性的重视。同时,也注意到了工业化及汽车带来的严重的环境污染。早在20世纪40年代在洛杉矶出现了由汽车排放物形成的空气污染事件后,1952年哈琴·史密特(A. J. Haagen Smit)阐明了光化学烟雾来自日照下的氮氧化合物和碳氢化合物所产生的化学反应的原理,而氮氧化合物、碳氢化合物以及一氧化碳主要来自汽车排气,柴油机又是烟气微粒和氮氧化合物的主要来源。20世纪60年代美国加州首先建立了汽车排放标准,接着在欧洲、日本相应确立了汽车排放标准。20世纪70年代后,要求内燃机减少废气、降低噪声、合理利用燃料,这一时期标志性的技术和措施有:1964年使用闭式曲轴箱通风;1966年公布了工况法排放法规,限制汽车有害气体的排放;1972年德国大众汽车公司开发出了三元催化转换器;1973年起使用热转换器(氧化转换器);1975年起全面使用三元催化转换器;1976年起将无铅汽油、三元催化转换器与氧传感器综合使用;1977年起应用废气再循环(EGR)、空气二次喷射技术;等等。

20世纪八九十年代内燃机技术的目标是取得人—机—环境的统一,使汽车更快、更舒适、更经济、更清洁、更安全。内燃机在技术上的主要措施有:采用满足日益苛刻的环保要求的各项技术;全面采用电子管理内燃机(即电控技术);增压旁通技术及解决增压后动态性能差的问题;采用多气门。另外,采用了多种可变技术,如可变压缩比、可变气门升程与正时控制。

进入21世纪,汽车内燃机并未因其他车用动力的竞争(如电力)而成为"夕阳工业",相反,技术进步使得车用四行程内燃机仍保持主体地位。

高强度、低密度材料的使用,如铝与加强纤维、陶瓷材料、塑料、碳素纤维等,使内燃机不断轻量化。1998年,巴斯夫公司与丰田的工程师们合作首次开发成功用聚酰胺6制造的进气歧管,从而取代了铸铁、铸铝等金属材料。

燃烧模式和燃烧系统发生重大变革,稀燃技术在汽油机上成功应用。典型的有日本三菱公司缸内直喷式汽油机(GDl)、大众缸内直喷分层燃烧发动机(FSI)、凯迪拉克双模直喷发动机(SIDI)。另外,柴油机的均质混合气压缩燃烧(HCCl)也已点火成功,但离产业化还有一定距离。

燃料更加多样,对于控制排气污染、改善燃油经济性、减少内燃机对日益短缺的石油基燃料的依赖,各国进行了大量内燃机代用燃料的研究工作,并在一定范围内取代汽油和柴油,如用天然气、液化石油气、甲醇、乙醇、合成汽油、合成柴油、生物柴油以及二甲基醚等。

各种智能控制技术更加成熟。例如,在进气系统方面,本田的ECVT、丰田的VVT-I、现代的CVVT、通用的DVVT等可变气门正时技术都得到了广泛的应用;柴油机电控技术，包括高压共轨技术、电控泵喷嘴、电控单体泵等；增压及中冷技术向小型柴油机和汽油机扩展；等等。

2）车用内燃机的发展方向

一般说来，节能和环保，即高经济性和低公害，仍然是21世纪车用内燃机发展的主题。在节能方面，德国的四大汽车公司在1991年的首脑会议上首先提出"3L汽车"的概念，即轿车每百公里消耗不到4L的油料，且不能牺牲汽车现有的安全性与舒适性。为实现这一目标，十几年来从3个方面进行了努力。

(1) 减轻轿车总质量可节省30%～35%的油耗。

(2) 减小汽车阻力可节省35%的油耗。

(3) 提高内燃机热效率可节省30%的油耗。

为了达到这一目标，世界各大各汽车厂家采取了各种技术措施。

(1) 采用高效率的内燃机工作循环。如米勒(Miller)循环，高增压、中冷循环，内燃机与涡轮复合循环等。

(2) 改进进气系统，减小进气阻力，采用低涡流的进气道。进气系统与内燃机进行良好的动态匹配，充分利用进气的脉动或共振能量，使内燃机的扭矩特性可在宽广的转速范围内有较大的提高，进气管、进气道采用CAD(计算机辅助设计)、CAM(计算机辅助制造)、CAT(计算机辅助试验)技术。

(3) 采用多气门内燃机，气门正时可随工况变化而自动调节。

(4) 改进燃烧室及燃烧过程，改进燃烧室形状及结构参数，提高压缩比。在燃烧过程的研究手段上，采用可视化模拟实验，利用先进的激光技术和高速摄影技术，利用三维流动与燃烧模型的软件对燃烧过程进行仿真计算。

(5) 改进燃油供给系，电控汽油机从将汽油喷在进气道内发展到直接喷在燃烧室内，以实现稀薄燃烧。柴油机则采用更高喷射压力(配低空气涡流)的喷油系统，如共轨式、蓄压式、单体泵等，最高喷射压力从目前的近100MPa提高到120～150MPa，甚至200MPa。在提高喷射压力的同时，燃油的喷油正时和喷油速率也可实现控制与调节。喷孔数进一步增加，而喷孔直径进一步减小，并对喷孔的形状也在进行研究，从单一的圆形到其他形状，如长方形或夹气喷孔。此外可改变喷射规律，如采用先少喷后多喷的型线凸轮、多次间隙喷射等方式。

(6) 采用稀薄燃烧，高能点火，空燃比在20以上，点火能量在100～120mJ。

(7) 采用能量再生系统，如串接在内燃机和变速器之间的电动机—发电机和电容器等装置的能量再生系统。

(8) 降低运动机件的摩擦损失。

在环保与降低公害方面，减少排气污染及噪声辐射，节省资源，从而实现低公害的"绿色汽车"或"环保汽车"。其主要技术手段有以下几个。

(1) 降低油耗。所有降低油耗的措施均可降低汽车有害气体的排放和总排放量。

(2) 在采用三元催化转换器及闭环控制的基础上，开发稀薄燃烧的催化技术。

(3) 在燃烧室内安装电热塞，可有效降低内燃机在冷起动或急速时的HC、CO排放量。

(4) 开发在起动和怠速运转时停止排出废气的装置。

(5) 开展NO生成和排放计算模型的研究，采用动态废气再循环控制技术。

(6) 柴油机微粒过滤器及再生的试验研究和仿真,以达到实用化。

(7) 研究和采用含氧燃料。

(8) 对内燃机曲轴转速变化进行监控,以探明内燃机内可能出现的失火。

以上措施,有的已经成熟而被采用,有的正在研究开发。即便如此,汽车的百公里油耗已从8~10L/100km减到约6.5L/100km,最先进的可达4.5L/100km。"3L汽车"的梦想正在逐步变为现实。

4. 电力驱动在汽车上的应用

1) 电动汽车的研发历史

电动汽车的出现几乎与内燃机汽车同步,由于物理学的发展,从而1831年英国法拉第发现电磁现象,1832年法国皮克斯发明了发电机,1834年德国雅可比发明了电动机。1859年,法国普朗特发明铅酸蓄电池。有了这些基本条件,第一辆电动汽车(3轮)由法国人古斯塔夫·土维(Gustave Trouve)在1881年制造出来,由于当时电池和电机的发展较内燃机成熟,而且石油的运用还没有普及,因此电动汽车在早期的汽车中比例较大。例如,1899年由比利时工程师卡米乐·热纳茨(Camille Jenatzy)设计的名为"从不满意"的铝制车身电动汽车,是世界上首辆车速超过100km/h的汽车。据统计,到1890年,在全世界4200辆汽车中,38%为电动汽车,40%为蒸汽汽车,22%为内燃机汽车。到了1911年,已经有电动出租汽车在巴黎和伦敦运营,而到了1912年在美国更有至少3.4万辆电动汽车运营。

由于石油的大量开采和内燃机的优越性,因此电动汽车渐渐被人们忽视。直到20世纪70年代石油危机的爆发,世界各国开始考虑替代石油的其他能源,包括风能、太阳能、电能等可再生能源。但是,由于内燃机技术尤其是节能技术的同步发展、石油危机的解除等因素,因此电动汽车发展缓慢。

近年来,随着世界经济发展,汽车保有量大幅增加。除了已存在的能源问题之外,环境问题也日趋严重,而内燃机汽车的排放污染和二氧化碳的温室效应,给全球的环境带来灾难性影响,因此开发生产零污染交通工具同是降低碳排放成为追求的目标,电动汽车的无(低)污染优点,使其成为当代汽车发展的主要方向之一。

2) 电动汽车的种类

电动汽车主要有纯电动汽车、混合动力电动汽车和燃料电池电动汽车3种类型。

纯电动汽车是完全由二次电池(如铅酸电池、镍镉电池、镍氢电池或锂离子电池等)提供动力的汽车。混合动力电动汽车是同时以电池和燃油作为动力源的电动汽车(图0.8)。其采用内燃机和电动机两种动力,将内燃机与储能器件(电池或超级电容器)通过控制系统相结合,提供车辆行驶所需要的动力,因此混合动力电动汽车并未从根本上摆脱交通运输对石油资源的依赖,是电动汽车发展过程中的一种过渡车型。燃料电池是利用氢气和氧气(或空气)在催化剂的作用下直接经电化学反应产生电能的装置,具有完全无污染(排放物为水)的优点,因此,燃料电池电动汽车是直接燃用燃料而以电驱动的汽车。

发展电动汽车的社会效益和经济效益非常可观。它本身不排放污染大气的有害气体,即使按所耗电量换算为发电厂的排放,除硫和微粒外,其他污染物也显著减少。由于电厂大多建于远离人口密集的区域,因此对环境危害较小。而且,由于电厂固定不动,因此处理各种有害排放物较容易,也已有了相关成熟技术。

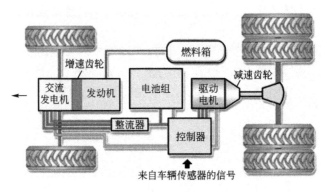

图 0.8　混合动力电动汽车布置图

此外，电力可以从多种一次能源中获得，如煤、核能、水力等，从而可破解石油资源日益枯竭的难题。电动汽车还可以充分利用晚间用电低谷时充电，使发电设备日夜都能充分利用，大大提高经济效益。

但是，电动汽车尚需解决诸多问题，目前还不能得到广泛的应用而完全替代内燃机汽车。这些问题主要包括以下几个。

(1) 蓄电池的能量密度、使用寿命还有待提高。

(2) 充电时间需要大幅缩短，即蓄电池要具备快速充电性能。

(3) 电池以及整车的安全性能不够。

(4) 配套设施需要跟进建设，包括充电站、未来燃料电池原料的储存与加注设备等。

车用动力的竞争远远没有停止，除蒸汽机已退出历史舞台外，电动汽车和内燃机汽车的竞争可能会持续较长时间。但不论哪一方胜出，或者交替胜出，或者有新型动力胜出，对人类来讲都是一种福音。一部车用动力发展史，就是人类现代文明发展史。

第一篇

热力工程基础

众所周知，工程上可以通过很多种方法获得机械能，例如，可以直接利用风与水的机械能，还可以将太阳的热能、原子能经过核反应产生的热能、燃料燃烧产生的热能变成机械能。所有这些获得机械能的机器被称之为发动机，本篇介绍与热力发动机有关的热工基础知识。

热力工程基础知识包括工程热力学和传热学的基础知识。

工程热力学研究的对象是热机，即一种将燃料燃烧的热能变成机械能的机器。热机的发展已有上百年的历史。按照工作方式的不同它可以分成蒸汽动力装置和燃气动力装置。燃气动力装置是指燃料的燃烧过程和工作过程都在一种设备中的机器，其主要形式是往复活塞式内燃机和燃气轮机装置，而蒸汽动力装置则是指燃料的燃烧过程和工作过程分别在两种不同设备中的机器，其主要形式有蒸汽机、蒸汽轮机等。这些热机结构及工作方式的不同导致了它们将热能变成机械能的效率的不同，工程热力学就是研究热能变成机械能的规律以及如何提高热能转换为机械能的效率的学科。

在工程热力学中，主要以热力学第一定律、热力学第二定律、气体状态方程式、工质的热力性质、热化学平衡等基本定律和理论作为总的依据，并根据各种问题的具体条件，推导出一些工程上实用的公式，得出一些有工程实际应用价值的重要的结论。由于工程问题的复杂性，因此为突出本质及主要矛盾，本课程在研究方法上普遍采用了抽象、概括、理想化及简化的手段，例如理想气体及可逆过程等理想化的假定和活塞往复式内燃机中循环简化的处理，都是成功应用这些手段的例子。

热机的工质(燃料、空气及各种燃烧产物的混合物)不仅对能量转换效率的大小和输出动力的多少有重大影响，而且对混合气的形成方式、燃烧模式、负荷调节方式乃至有害排放物的情况都有实质的影响。正是这些影响才会出现混合气预混合与喷雾混合、点燃与压燃、负荷量调节和质调节的区别；也才会出现柴油机、汽油机以及多种燃料发动机各种性能与结构的差异。

热能的应用除了转变成机械能之外，生产及生活中还有很多场合需直接应用热能，例如加热、烘干、供暖等，在这些应用中需计算热量的转移量，这就是传热学要研究的问题，即传热学是研究热能转移过程中可遵循规律的科学。传热学在生产技术领域的许多部门都有十分广泛的应用，例如在能源、化工、冶金、动力机械等部门中的换热器和专用换热设备都以传递热能为其主要功能，它们的设计、制造、运行和提高经济效益都要大量地运用传热学的知识。

热力发动机零部件热负荷的计算及温度场的测算也需要运用传热学的知识加以解决。传热学主要是以导热、对流和热辐射3种基本传热方式为基础，应用一些普遍公式和定律研究各种特殊传热过程的传热量的计算公式。由于一些传热问题的复杂性，因此传热学也需用到简化的处理方法，对少数无法进行理论计算的传热问题还要引进经验公式。

第 1 章
热机与热功转换的基本规律

教学提示

热机是一种能将燃料燃烧的热能转换成机械能的机器。本章介绍了工程热力学的基本概念、理想气体的热力性质、常见基本热力过程的分析与计算方法，以及热功转换的基本定律。

教学要求

本章要求学生掌握往复活塞式内燃机的热功转换原理；掌握工质的概念及其参数的表述，并认识理想气体的基本性质，从而能够计算基本热力过程的各项参数；掌握热力学第一定律、热力学第二定律对热功转换规律和效果的描述。

1.1 热能在热机中转换为机械功的过程

热能转换为机械能须借助专用设备和做功物质，这里设备称为热机，实现热功转换的物质称为工质，而工质一般是气态物质。

热机的形式有多种，如蒸汽机、内燃机以及燃气轮机等。汽车发动机大多数是往复活塞式内燃机，其又分为点燃式和压燃式两大类。现以点燃式内燃机中的汽油机为例说明热能转换成机械能的过程。

图 1.1 为汽油机工作过程示意图。其工作过程分为进气、压缩、燃烧膨胀及排气 4 个过程。

进气过程——进气门打开，活塞从上止点运动到下止点，将可燃混合气（汽油与空气的混合物）吸入气缸。

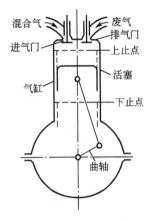

图 1.1 汽油机工作过程示意图

压缩过程——进气门关闭,活塞从下止点运动到上止点,压缩导致气缸内工质的温度和压力升高。

燃烧膨胀过程——进、排气门均关闭,活塞从上止点运动到下止点,在压缩终了时(活塞接近上止点)火花塞点火将工质引燃,在这一过程中工质的温度和压力由于燃烧而剧烈升高,燃料的化学能转换成热能。此时工质体积膨胀,推动活塞向下止点运动对外做功,从而热能转换为机械功。

排气过程——排气门打开,活塞从下止点运动到上止点,做功完毕的工质(废气)排出气缸。

经过以上4个过程,汽油机做功一次。如要汽油机连续做功,则需重复进行以上4个过程,以实现循环工作。

柴油机的工作方式与汽油机类似,它也经历进气、压缩、燃烧膨胀及排气4个阶段,工质也是可燃气体,但不同的是它由进气过程中吸入气缸的是新鲜空气,而可燃混合气是通过在压缩终了时由喷油器喷入一定量的高压柴油,然后靠柴油自燃形成的。

1.2 热功转换的工质及其参数

1.2.1 工质及状态参数

在发动机热功转换的过程中,工质经过物理变化和化学变化,且经历了空气、燃料、混合气、燃烧产物等物质成分的变化,其宏观性质也在不断变化,这里描述宏观性质的物理量称为状态参数。其包括压力、比体积、温度、热力学能、焓和熵6个,其中压力、比体积、温度是3个可以直接测量的状态参数,也是基本状态参数。

工质的宏观性质不随时间变化的状态称为平衡状态,且只有在平衡状态下工质的状态参数才是确定的,平衡状态如图 1.2 所示。

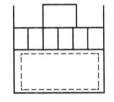

图 1.2 平衡状态

1. 压力

气体的压力就是气体在单位表面积上的垂直作用力,即

$$p = \frac{F}{A} \tag{1-1}$$

式中:p 为压力;F 为垂直作用力;A 为作用面积。

由于压力表在测压力时处于大气环境中,故只测得绝对压力 p 和当地大气压力 p_b 的差值,即相对压力。当气体的绝对压力高于当地大气压力时,测得的相对压力又称表压力 p_g。当大气的绝对压力低于当地大气压力时,测得的相对压力又称真空度 p_v。绝对压力、表压力、真空度和当地大气压力之间的关系如图 1.3 所示。

由图 1.3 可知,当绝对压力大于当地大气压力时,$p = p_b + p_g$;当绝对压力小于当地大气压力时，$p=p_b-p_v$。

国际单位制中压力单位为 $Pa(N/m^2)$，中文名称为帕。工程上常用较大单位 MPa 或 bar。其中

$$1MPa=10^6Pa; \quad 1bar=10^5Pa.$$

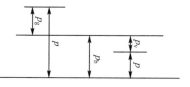

图 1.3 几种压力间的关系

2. 比体积

单位质量物质所占有的体积称为比体积，也叫比容，用 v 表示，单位为 m^3/kg，即

$$v=\frac{V}{m} \quad 或 \quad V=v \cdot m \tag{1-2}$$

式中：V 为体积，m^3；m 为质量，kg。

单位体积的物质质量称为密度，用 ρ 表示，单位为 kg/m^3。由此可知，密度和比体积互为倒数。

$$\rho=\frac{m}{V}=\frac{1}{v} \tag{1-3}$$

3. 温度

温度表示物体的冷热程度，国际单位制中采用热力学温标，也称开尔文温标或绝对温标，其单位用开尔文(K)，一般用符号 T 表示；温度常用的另一温标为摄氏温标，其单位用摄氏度(℃)表示，一般用符号 t 表示。绝对温标(T)和通常用的摄氏温标(t)的换算关系如下：

$$T(K)=t(℃)+273.15 \tag{1-4}$$

4. 热力学能和总能

工质尽管有时宏观上静止，但内部的分子、原子等微观粒子仍在不停地运动，这种运动称为热运动。物体因热运动而具有的能量称为热力学能，用符号 U 表示。1kg 工质所具有的热力学能称为比热力学能，用符号 $u(J/kg)$ 表示，即

$$u=U/m \tag{1-5}$$

式中：m 为工质的质量。

工质流动时的宏观动能和位能(势能)是机械能，分别用 E_K 和 E_P 表示，而工质的总能即热力学能、宏观动能和位能的总和，用 E 表示，则

$$E=U+E_K+E_P \tag{1-6}$$

5. 焓

有关热力学计算的公式中时常有 $U+pV$ 或 $u+pv$ 出现，为了简化公式和计算，通常将其定义为焓，用符号 H 表示。其规定如下：

$$H=U+pV \tag{1-7}$$

对于 1kg 工质的焓称比焓，用 $h(J/kg)$ 表示，即

$$h=u+pv \tag{1-8}$$

焓具有一定的物理意义，u 是 1kg 工质的热力学能，焓的物理意义示意图如图 1.4 所示。当 m kg 工质由外界进入一个热力系统时，设外界对工质的压力 p，在此压力作用下，工质移动距离 x 后进入系统，如流动的截面积为 A，则外界对工质做功 $W=pAx=pV=$

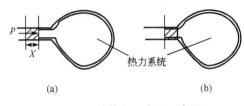

图1.4 焓的物理意义示意图

mpv。可见，后面的工质对前面 m kg 工质所做的功为 pV，这份功称为推动功，它是工质在移动时从外界获得的功。同理，当工质流出热力系统时，将对外界做出推动功 pV，此时 p 为出口截面处的压力。所以，pV 表示 m kg 工质移动时所具有的能量，而 1kg 工质移动时具有能量 pv。

因此，当 1kg 工质流入热力系统时，它的比热力学能 u 被带入，同时还获得推动功 pv，该系统因流入 1kg 工质而获得的总能量是比热力学能与推动功之和 $(u+pv)$，这正是由式(1-8)表示的比焓（或焓）。所以，在热机中，如果工质流动，则随着工质的移动而转移的能量不等于热力学能而等于焓。

1.2.2 状态参数的坐标图

工程上用两个的独立状态参数组成的坐标图来表示工质所处的状态。例如，用压力和比体积组成压力—比体积坐标图，简称压容图或 p—v 图。此外，常用的状态参数坐标图还有 T—s 图（温熵图，熵的概念见下文）。当工质处于平衡状态时，状态参数就确定了，状态参数坐标图如图1.5所示。

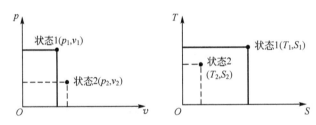

图1.5 状态参数坐标图

工质从一个状态向另一个状态变化时所经历的全部状态的总和称为热力过程。其在状态参数坐标图中表示为一条连续曲线，如图1.6(a)中的1-2曲线。当工质从某一状态开始，经过一系列中间状态后，又回复到原来状态时，则是封闭的热力过程，如图1.6(b)中的闭合曲线，称为热力循环。

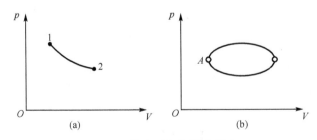

图1.6 热力过程和热力循环

1.2.3 功和热量

热力过程中工质的能量交换用功和热量表示。工质通过系统界面和外界进行的机械能的交换表现为做功，即使工质的体积变化（膨胀或压缩），膨胀功示意图如图1.7所示。

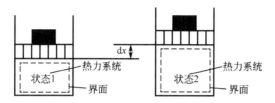

图1.7 膨胀功示意图

当气体膨胀推动外界物体上升时，气体就对外做膨胀功；反之，当气体被压缩时，外界就对气体做压缩功。膨胀功和压缩功又统称为体积功。

按功的定义可得 $W = Fx$

式中：F 为活塞所受的力；x 为活塞移动的距离。

若研究一微元距离，则微元功

$$dW = Fdx$$

设气体的压力为 p，活塞面积为 A，则 $F = pA$，所以 $dW = pAdx = pdV$。

如热力系统经历了一个热力过程 1-2（图1.6），则工质对外界所做的功可用沿 1-2 过程积分表示为

$$W_{1-2} = \int_1^2 pdV \qquad (1-9)$$

单位质量气体做功为

$$w_{1-2} = \frac{W}{m} = \int_1^2 pdv \qquad (1-10)$$

由此可得如下结论。

(1) 功可以用 p-v 图中过程线下的面积表示，即 W_{1-2} 可用 1-2-3-4-1 面积表示，如图1.8（a）所示。

(2) 功是一个过程量，不是状态参数，从而过程沿不同路径，则有不同的功量，如 $W_{1-a-2} \neq W_{1-b-2}$，如图1.8（c）所示。

(3) 功的符号规定如下。

① 系统对外做功时，工质膨胀，因 $\Delta v > 0$，故 $w > 0$；同理，当 $w > 0$ 时，表示工质在过程中膨胀，系统对外做功。

② 外界对系统做功时，工质被压缩，因 $\Delta v < 0$，故 $w < 0$；同理，当 $w < 0$ 时，表示工质在过程中被压缩，外界对系统做功，或系统对外界做负功。

③ 当系统的体积不变时，因 $\Delta v = 0$，故 $w = 0$；同理，当热力系统与外界无功量交换时，表示工质在过程中体积不变。

注：功的单位为焦耳（J）。

当已知热力过程中 p、V 间的关系时，即 $p = f(V)$，就可根据式（1-11）计算出功。

$$W = \int_1^2 p \cdot dV = \int_1^2 f(V)dV \qquad (1-11)$$

工质与外界间不通过宏观运动而交换能量的表现为热量传递。当温度不同的两个物体接触时，温度高的物体就会向温度低的物体传递热量。

热量用符号 Q(J) 表示，而单位质量工质与外界交换的热量用符号 q(J/kg) 表示。

$$q = \frac{Q}{m} \qquad (1-12)$$

功与热量为物体间传递能量的两种不同形式,两者有着根本的区别,功是物体的宏观运动,热量传递是物体微观上的分子热运动。

在热力学中,研究热量传递也借助了功的方法。功的计算可用公式 $\mathrm{d}W = p\mathrm{d}V$,右边的两个参数 p 及 V 分别代表工质对外做功的动力和做功与否的标志,即存在压力差和发生了体积变化则做了功。

用类似的方法,热量的计算公式中也可以包含相应的两项:传热的动力和传热与否的标志。由热量的定义可知,热量传递的动力是温度,只要存在温差就会传热。如将传热与否的标志用符号 S 表示,则热量的计算式为

$$Q = T\mathrm{d}S \tag{1-13}$$

引入的参数 S(J/K)就是状态参数熵。单位质量的熵称为比熵,用符号 s(J/kg·K)表示,即

$$q = T\mathrm{d}s \tag{1-14}$$

由热量的计算式可知,系统经过一个过程后,工质与外界交换的热量可以用 T-s 图上过程曲线 1-2 与横坐标围成的面积 1-2-3-4-1 表示,如图 1.8(b)所示。

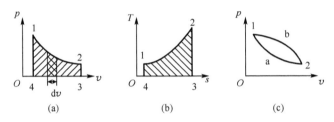

图 1.8 过程的功和热量

热量的符号规定:①当工质从外界吸热时,热量为正,即 $Q>0$,此时系统的熵增加,即 $\mathrm{d}S>0$;②当工质对外界放热时,热量为负,即 $Q<0$,此时系统的熵减少,即 $\mathrm{d}S<0$;③当与外界无热量交换时,热量等于零,此时系统的熵不变,即 $\mathrm{d}S=0$。

1.2.4 热力学第一定律

"自然界的一切物体都具有能量,能量不可能被创造和消灭,但可以转换和转移。当能量发生形式转换和在物体间转移时,能量的总量保持不变。"这一规律称为能量转换与守恒定律,当应用在热力学中时,即是热力学第一定律。

因为热力学中主要讨论热量和功两种能量形式,因此热力学第一定律可以用下式表示。

(加入热力系统的能量的总和)-(离开热力系统能量的总和)=(热力系统总能量的增量)

(1-15)

讨论热力学第一定律可分为以下两种情况。

1. 闭口系统

取封闭在活塞气缸中的工质为研究对象,即图 1.9 中虚线所包围的热力系统。工质从状态 1 经过一热力过程变化到状态 2,从而热力学能从 U_1 变到 U_2,系统从外界获得热量为 Q,对外输出的功为 W。该系统与外界无物质交换,忽略系统内工质宏观动能和重力位能的变化(相对其他能量形式数值很小)。

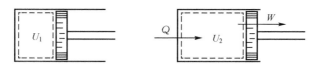

图 1.9 封闭工质的能量交换

加入热力系统的能量的总和为 Q,离开热力系统能量的总和为 W,热力系总能量的增量为 U_1-U_2,故能量方程为 $Q-W=U_1-U_2$,即

$$Q=U_1-U_2+W=\Delta U+W \tag{1-16}$$

对 1kg 工质,有

$$q=u_2-u_1+w=\Delta u+w \tag{1-17}$$

对微元过程,有

$$dq=du+dw \tag{1-18}$$

式(1-16)、式(1-17)和式(1-18)是热力学第一定律几种表达形式。它们表明热力系统与外界交换是热量等于工质热力学能的变化与系统所做膨胀功的代数和。

几点注意如下。

(1) 公式可用于任何过程、任何工质。

(2) Q、W、ΔU 为代数值。Q、W 符号规定见上文。当热力学能增加时,$\Delta U>0$;当热力学能减少时,$\Delta U<0$。

(3) 如果微元功 $dw=pdv$,则 $dq=du+dw=du+pdv$。

2. 开口系统

对于流动工质,其能量交换如图 1.10 所示。工质不断地流入流出某设备,并连续不断地对外做功。

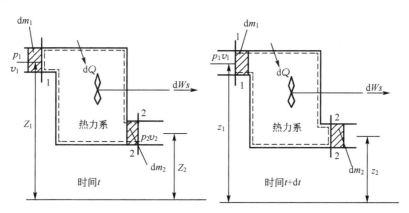

图 1.10 流动工质的能量交换

设入口截面和出口截面处工质的流速、压力、温度、比体积、总能、相对地面的高度分别为 C_1、p_1、T_1、v_1、E_1、z_1 及 C_2、p_2、T_2、v_2、E_2、z_2,在 dt 时间内,流入系统工质质量为 dm_1,流出系统工质质量为 dm_2,热力系吸入热量为 dQ,对外做功 dW_s,这时的功由于通过设备的轴输出,故也称轴功。因此 dt 时间内的能量方程平衡形式为

加入热力系统的能量的总和=dQ(系统内工质与外界的热量交换)+E_1(流入工质带入系统的总能量)+$p_1v_1dm_1$(工质带入系统的推动功)

离开热力系统能量的总和＝dW_S（系统内工质与外界的功量交换）＋E_2（流出工质带出系统的总能量）＋$p_2v_2dm_2$（工质带出系统的推动功）

热力系统总能量的增量＝dE

故能量方程可表示为

$$(dQ+E_1+p_1v_1dm_1)-(dW_S+E_2+p_2v_2dm_2)=dE$$

即

$$dQ+e_1dm_1+p_1v_1dm_1-(dW_S+e_2dm_2+p_2v_2dm_2)=dE$$

又因为

$$e_1dm_1+p_1v_1dm_1=\left(u_1+\frac{1}{2}c_1^2+gz_1\right)dm_1+p_1v_1dm_1=\left(h_1+\frac{1}{2}c_1^2+gz_1\right)dm_1$$

$$e_2dm_2+p_2v_2dm_2=\left(u_2+\frac{1}{2}c_2^2+gz_2\right)dm_2+p_2v_2dm_2=\left(h_2+\frac{1}{2}c_2^2+gz_2\right)dm_2$$

带入上述公式得

$$dQ+\left(h_1+\frac{1}{2}c_1^2+gz_1\right)dm_1-dW_S-\left(h_2+\frac{1}{2}c_2^2+gz_2\right)dm_2=dE$$

$$dQ=dE+\left(h_2+\frac{1}{2}c_2^2+gz_2\right)dm_2-\left(h_1+\frac{1}{2}c_1^2+gz_1\right)dm_1+dW_S \tag{1-19}$$

将式(1-19)两边同除以 dt，则得到能量方程的流量表示，即

$$\dot{Q}+\left(h_1+\frac{1}{2}c_1^2+gz_1\right)\dot{m}_1-\dot{W}_S-\left(h_2+\frac{1}{2}c_2^2+gz_2\right)\dot{m}_2=\dot{E} \tag{1-20}$$

式中：$\dot{Q}$ 为单位时间内热力系统与外界交换的热量；$\dot{W}_S$ 为对外做功量；$\dot{m}_1$ 为流入质量；$\dot{m}_2$ 为流出质量。

由于很多热力设备中工质的流动可视为稳定流动，故下面主要讨论稳定流动的能量方程。

对于稳定流动有如下结论。

(1) 流通截面上参数不随时间变化。

(2) 流入质量等于流出质量，即 $\dot{m}_1=\dot{m}_2=\dot{m}$。

(3) 系统和外界交换的热量和功等一切能量不随时间而变，即

$$\frac{dQ}{dt}=常量 \quad \frac{dW_S}{dt}=常量$$

(4) 系统本身能量不随时间变化，即 $\dot{E}=0$，将上述条件带入式(1-20)，得

$$\dot{Q}=\left(h_2+\frac{1}{2}c_2^2+gz_2\right)\dot{m}-\left(h_1+\frac{1}{2}c_1^2+gz_1\right)\dot{m}+\dot{W}_S \tag{1-21}$$

式(1-21)两边同除以 $\dot{m}$，则得单位时间内流入及流出 1kg 工质时系统的能量方程式：

$$q=h_2+\frac{1}{2}c_2^2+gz_2-\left(h_1+\frac{1}{2}c_1^2+gz_1\right)+w_S \tag{1-22}$$

或

$$q=h_2-h_1+\frac{1}{2}(c_2^2-c_1^2)+g(z_2-z_1)+w_S \tag{1-23}$$

如设 $w_t=w_S+\frac{1}{2}(c_2^2-c_1^2)+g(z_2-z_1)$，其称为技术功，即工程可完全利用的功。将 w_t 代入式(1-23)得

$$q=h_2-h_1+w_t=\Delta h+w_t \tag{1-24}$$

式(1-24)表明，在流动工质的热力系统与外界交换是热量等于工质比焓的变化与系统所做技术功的代数和。

几点说明如下。

(1) 式(1-24)适用于任何过程、任何工质。

(2) 技术功可表现为某些状态参数的关系，由 $q=u_2-u_1+p_2v_2-p_1v_1+w_t$ 及 $dq=u_2-u_1+pdv$ 得

$$w_t = q-(u_2-u_1)-(p_2v_2-p_1v_1) = pdv-(p_2v_2-p_1v_1)$$
$$= \int_1^2 pdv - \int_1^2 d(pv) = \int_1^2 pdv - \int_1^2 pdv - \int_1^2 vdp$$
$$= \int_1^2 (-v)dp \tag{1-25a}$$

或得微元过程
$$dw_t = -vdp \tag{1-25b}$$

由上可得：①当 p 减小时，$w_t>0$，表示系统对外做功；②当 p 增大时，$w_t<0$，表示外界对系统做功或系统消耗功；③当 p 不变化时，$w_t=0$

由式(1-25)可以看出，技术功在 p-v 图上可用面积1-3-4-1表示，如图1.11所示。

(3) 计算时 q、w_t、Δh 均为代数值。

(4) 封闭工质与外界交换的是膨胀功，而流动工质与外界交换的是轴功(即技术功减去动能增量和位能增量的剩余部分)。三者之间的关系如下。

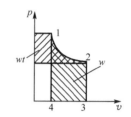

图 1.11 技术功的几何表示及与膨胀功的关系

① 技术功与轴功的关系是

$$w_t = w_S + \frac{1}{2}(c_2^2-c_1^2)+g(z_2-z_1)$$

当动能和位能变化较小时，可认为 $w_t=w_s$。

② 技术功与膨胀功的关系如图1.11所示，由 $q=\Delta h+w_t$ 得
$$w_t = q-\Delta h = q-\Delta u+\Delta(pv) = w-(p_2v_2-p_1v_1)$$

1.3 理想气体的热力过程

1.3.1 理想气体的热力性质

1. 理想气体

因为热机中需要通过工质的膨胀对外做功，故采用气态工质。气体通常有较大的比体积，分子间的作用力较小，且与气体所占体积相比，气体分子本身的体积要小得多。为了简化，假设有这样一类气体，分子本身不具有体积，分子间也没有作用力，即理想气体。一般认为，当实际气体的比体积趋于无穷大时就成了理想气体。

但在工程计算中，当气体的比体积不是很大时，气体本身的体积和气体分子间的作用力不能忽视。考虑分子本身体积和分子间的作用力的气体称为实际气体。只有理想气体才

能用下文中的状态方程式来表述。

在实际应用中,当压力不是很高时,很多气体(如 O_2、H_2、N_2、CO、CO_2、空气、燃气、烟度等)均可按理想气体进行分析和计算。这样不仅使问题简化,而且结果的精度符合要求。但在工程中有些工质(如水蒸气),由于比较接近液态,故一般需按实际气体来处理。

2. 理想气体的状态方程式

平衡状态下气体的压力、温度及比体积三者之间的关系式称为气体状态方程式,即 $f(p, v, T)=0$ 或写成显函数形式。

$$T=f(p, v), \quad p=f(T, v), \quad v=f(p, T)$$

根据分子运动理论及对理想气体的假定,可以得出理想气体状态方程式,又称克拉伯龙方程式。

1kg 气体为
$$pv=RT \tag{1-26}$$

$m$kg 气体为
$$pV=mRT \tag{1-27}$$

式中:R 为气体常数,它是一个物性参数,与气体性质有关,一般可从资料中查取。

在热功计算中有时还用到摩尔计量的理想气体状态方程式。

将式(1-26)左右两边同乘以摩尔质量 μ,则有 $pv\mu=\mu RT$。

令 $V_m=v\mu$,即 1kmol 气体所占体积。

$$R_m=\mu R \tag{1-28}$$

故有
$$pV_m=R_m T \tag{1-29}$$

式(1-29)就是 1kmol 气体的理想气体状态方程式。

对 $n$kmol 有

$$pV=nR_m T \tag{1-30}$$

式中:$V=nV_m$ 为 n kmol 气体所占有的体积。

式(1-28)及式(1-29)就是摩尔计量的理想气体状态方程式。式中的参数 R_m 称为通用气体常数。由式(1-29)有

$$R_m=\frac{pV_m}{T}$$

由阿伏伽德罗定律可知:在相同压力及温度下,任何理想气体的摩尔体积 V_m 都相同,而且在标准状态(压力为 101325Pa,温度为 0℃)下,1kmol 气体的体积为 $22.4m^3$。故由上式可知,通用气体常数与气体的种类和状态无关,且任何理想气体的 R_m 均相同。

既然 R_m 与状态无关,其值就可用气体在标准状态时的参数求出,即

$$R_m=\frac{P_0 V_m}{T_0}=\frac{101325\text{Pa}\cdot 22.4\text{m}^3/\text{kmol}}{273.15\text{K}}=8309.28\text{J}/(\text{kmol}\cdot\text{K})$$

在已知通用气体常数 R_m 和摩尔质量 μ 时就可计算出气体常数 R。

$$R=R_m/\mu \tag{1-31}$$

3. 理想气体的比热容、热力学能和焓

比热容是物质重要的热力参数之一。按定义可得,比热容 c(J/kg·K)是单位质量的物质温度升高或降低 1℃(或 1K)所吸收或放出的热量,即

$$c=\frac{\mathrm{d}q}{\mathrm{d}T} \tag{1-32}$$

因热量与过程有关，故比热容是一个与过程有关的量。

如果热力过程为定容过程，则称比热容为定容比热容，即 $c_v = \dfrac{dq_v}{dT}$。

如果热力过程为定压过程，则称比热容为定压比热容，即 $c_p = \dfrac{dq_p}{dT}$。

由热力学第一定律得

$$\begin{cases} dq = du + pdv \\ dq = dh - vdp \end{cases} \Rightarrow \begin{cases} dq_v = du \\ dq_p = dh \end{cases}$$

故

$$c_v = \left(\dfrac{du}{dT}\right)_v \tag{1-33}$$

$$c_p = \left(\dfrac{dh}{dT}\right)_p \tag{1-34}$$

对于理想气体，由于不考虑分子间的作用力，即不考虑分子间的位能，故热力学能仅取决于分子间的动能。由于动能仅取决于温度，所以理想气体的比热力学能也仅是温度的函数，即 $u = u(T)$。由 $h = u + pv = u(T) + RT$ 得知，焓也是温度的单值函数，所以

$$c_{v_0} = \dfrac{du}{dT} \quad \text{或} \quad du = c_{v_0} dT \tag{1-35}$$

$$c_{p_0} = \dfrac{dh}{dT} \quad \text{或} \quad dh = c_{p_0} dT \tag{1-36}$$

下标 o 表示理想气体。

由式(1-32)和式(1-33)看定容比热容和定压比热容也是温度的单值函数。这一函数通常可表示为温度的三次多项式：

$$c_{v_0} = a_0 + a_1 T + a_2 T^2 + a_3 T^3$$
$$c_{p_0} = a'_0 + a'_1 T + a'_2 T^2 + a'_3 T^3$$

注：不同的气体有不同的系数。

因此，1-2 过程中比热力学能和焓的变化则可通过积分求得

$$\Delta u = \int_1^2 c_{v_0} dT, \quad \Delta h = \int_1^2 c_{p_0} dT$$

为了计算的方便，在精度允许的情况下，可以取定容比热容和定压比热容为定值，即不考虑它随温度的变化，则相应的比热容称为定值定容比热容和定值定压比热容。某些常用气体定值定容比热容和定值定压比热容可查有关资料。

当比热容取定值时，有

$$\Delta u = c_{v_0} \Delta T \tag{1-37}$$

$$\Delta h = c_{p_0} \Delta T \tag{1-38}$$

定容比热容和定压比热容之间存在一定的关系，可由式(1-32)及式(1-33)推得，即

$$c_{p_0} = \dfrac{du}{dT} = \dfrac{d(u+pv)}{dT} = \dfrac{d(u+RT)}{dT} = c_{v_0} + R > c_{v_0}$$

另外，定压比热容与定容比热容之比称为绝热指数或比热比，用 k 表示，即 $k = \dfrac{c_{p_0}}{c_{v_0}}$。绝热指数反映了两者之比的关系。当其取定值时，也可认为一定，且因 $c_{p_0} > c_{v_0}$，故 $k > 1$。

4. 理想气体的熵

熵是一个导出的状态参数，即

$$dS = \frac{dQ}{T} \text{ 或 } ds = \frac{dq}{T} \tag{1-39}$$

式中：S 为熵，J/K；s 为单位质量的熵即比熵，J/K·kg。

由热力学第一定律 $dq = du + pdv$ 及 $dq = dh - vdp$，得理想气体熵变化如下：

$$ds = \frac{du + pdv}{T} = \frac{du}{T} + \frac{p}{T}dv \tag{1-40}$$

$$ds = \frac{dh - vdp}{T} = \frac{dh}{T} - \frac{v}{T}dp \tag{1-41}$$

再将 du、dh 的表达式及理想气体状态方程式代入则有

$$ds = \frac{c_{v_0}}{T}dT + \frac{R}{v}dv \Rightarrow s_2 - s_1 = \int_1^2 c_{v_0} \frac{dT}{T} + R\int_1^2 \frac{dv}{v} = c_{v_0} \ln\frac{T_2}{T_1} + R\ln\frac{v_2}{v_1}$$

（设定容比热容为定值） \hfill (1-42)

$$s_2 - s_1 = \int_1^2 c_{p_0} \frac{dT}{T} - R\int_1^2 \frac{dp}{p} = c_{p_0}\ln\frac{T_2}{T_1} - R\ln\frac{p_2}{p_1}$$

（设定压比热容为定值） \hfill (1-43)

由式(1-42)和式(1-43)可知，理想气体熵的变化仅与初始状态和终了状态有关，而与它变化所经过的过程无关，这也证明了熵是一个状态参数。

1.3.2 理想气体的热力过程及参数计算

1. 多变过程与基本热力过程

如前所述，热功转换过程中的热量、热力学能、功等的定量计算依赖于过程的特点。下面分析一些典型热力过程中工质状态的变化规律，即过程方程式（p、v、T 间的关系），进而导出其热力学能、热量、功的计算公式，分析步骤如下：

（1）根据过程特点直接写出过程方程式，或利用状态方程式及热力学第一定律并结合过程特点推导出过程方程式，即压力与比体积之间的关系 $p = f(v)$。

（2）分析过程中状态参数之间的变化关系，即初态压力 p_1、温度 T_1、比体积 v_1 与终态压力 p_2、温度 T_2、比体积 v_2 之间的关系。

（3）确定过程中热力学能、焓及熵的变化量，即 ΔU、ΔH、ΔS。

（4）计算过程中系统与外界交换的热量 Q、功（膨胀功 W 或技术功 W_t）。

（5）将热力过程表示在 $p-v$ 及 $T-s$ 图上。

由于实际热力过程很多，因此只能对一些工程上常见的热力过程进行讨论。这主要有定容过程、定压过程、定温过程及定熵（绝热）过程，也称基本热力过程，可以用一通式表示如下：

$$pv^n = 常数 \tag{1-44}$$

上式代表了无数个具有不同性质的热力过程，统称为多变过程。其中 n 为多变指数，不同的 n 值决定了不同的参数变化规律。四种基本热力过程是其中几种具有实际意义的多变过程。

当 $n = 0$ 时，$pv^n = pv^0 = p = 常数$，即在过程中保持工质压力不变，该过程称为定压过程。

当 $n = 1$ 时，$pv^n = pv^1 = pv = RT = 常数$，即在过程中工质温度保持不变，该过程称为

定温过程。

当 $n=k$ 时(k 为绝热指数),$pv^n=pv^k=$ 常数,即在过程中工质与外界无热交换,该过程称为绝热过程(证明见例 1-1)。

当 $n=\infty$ 时,$pv^n=pv^\infty=p^{\frac{1}{\infty}}v=$ 常数,即在过程中工质比体积不变,该过程称为定容过程。

所以,基本热力过程只是当 n 取不同值时多变过程的特例。

[**例 1-1**] 试证明理想气体经过绝热过程时,过程方程式或压力 p 与比体积 v 间的关系为 $pv^k=$ 常数。

证明:对绝热过程有 $dq=0$,则对绝热过程有 $ds=\dfrac{dq}{T}=0$

又由热力学第一定律得 $dq=du+pdv=c_{v_0}dT+pdv$,即

$$c_{v_0}dT+pdv=0 \qquad (1-45)$$

对理想气体 $\qquad pv=RT$

上式两边微分有 $pdv+vdp=RdT$,即

$$dT=\frac{1}{R}(pdv+vdp) \qquad (1-46)$$

将式(1-45)代入式(1-46)得 $\dfrac{c_{v_0}}{R}(pdv+vdp)+pdv=0$,即

$$c_{p_0}pdv+c_{v_0}dp=0$$

整理得

$$\frac{c_{p_0}}{c_{v_0}}\frac{dv}{v}+\frac{dp}{p}=0$$

$$k=\frac{c_{p_0}}{c_{v_0}} \text{ 为绝热指数}$$

即 $\qquad kd(\ln v)+d(\ln p)=0$

当比热 c_{p_0}、c_{v_0} 为定值时,k 也为定值,故对上式积分,有

$$\ln(pv^k)=\text{常数} \Rightarrow pv^k=\text{常数}$$

证毕

2. 多变过程的参数计算

(1) 过程方程式:$pv^n=$ 常数。

(2) 状态参数间的关系——p、v、T 间的关系。由多变过程方程式可得 p、v 间的关系为 $pv^n=$ 常数,也可表示成

$$p_1v_1^n=p_2v_2^n=\text{常数} \quad \text{或} \quad \frac{p_1}{p_2}=\left(\frac{v_2}{v_1}\right)^n \qquad (1-47)$$

将上式代入理想气体状态方程式可得 v、T 间的关系如下:

$$\frac{RT_1}{v_1}\bigg/\frac{RT_2}{v_2}=\left(\frac{v_2}{v_1}\right)^n \Rightarrow \frac{T_1}{T_2}=\left(\frac{v_2}{v_1}\right)^{n-1}$$

将 $v=\dfrac{RT}{P}$ 代入(1-47)可得 p、T 间的关系如下:

$$\frac{p_1}{p_2}=\left(\frac{RT_2/p_2}{RT_1/p_1}\right)^n \text{ 或 } \left(\frac{p_1}{p_2}\right)^{1-n}=\left(\frac{T_2}{T_1}\right)^n \Rightarrow \frac{T_2}{T_1}=\left(\frac{p_2}{p_1}\right)^{\frac{n-1}{n}}$$

(3) 比热力学能、比焓、比熵变化。由理想气体热力性质可得，当经过一个多变过程 1-2 后，工质比热力学能变化为

$$\Delta u = u_2 - u_1 = c_{v_0} \Delta T = c_{v_0}(T_2 - T_1)$$

比焓变化为

$$\Delta h = h_2 - h_1 = c_{p_0} \Delta T = c_{p_0}(T_2 - T_1)$$

比熵变化为

$$\Delta s = c_{v_0} \ln \frac{T_2}{T_1} + R \ln \frac{v_2}{v_1}$$
$$= c_p \ln \frac{T_2}{T_1} - R \ln \frac{p_2}{p_1}$$
$$= c_{v_0} \ln \frac{p_2}{p_1} + c_{p_0} \ln \frac{v_2}{v_1}$$

(4) 功和热量的计算

如果热力系统为封闭工质，则经历一个多变过程 1-2 后，工质与外界交换的膨胀功 w 按定义可得

$$w = \int_1^2 p dv = \int_1^2 p_1 \left(\frac{v_1}{v}\right)^n dv = p_1 v_1^n \int \frac{dv}{v^n} = \frac{p_1 v_1^n}{n-1}\left(\frac{1}{v_1^{n-1}} - \frac{1}{v_2^{n-1}}\right)$$
$$= \frac{1}{n-1}(p_1 v_1 - p_2 v_2) = \frac{1}{n-1}(RT_1 - RT_2)$$
$$= \frac{1}{n-1}R(T_1 - T_2)$$

如果系统是流动工质，则经过一个多变过程 1-2 后工质与外界交换的技术功 w_t 为

$$w_t = -\int_1^2 v dp = \int_1^2 p dv - \int_1^2 p dv - \int_1^2 v dp$$
$$= \int_1^2 p dv - \int_1^2 d(pv)$$
$$= \int_1^2 p dv - pv \Big|_1^2 = w - pv \Big|_1^2$$
$$= \frac{1}{n-1}(p_1 v_1 - p_2 v_2) - (p_2 v_2 - p_1 v_1)$$
$$= \frac{1}{n-1}(p_1 v_1 - p_2 v_2)$$
$$= \frac{nR}{n-1}(T_1 - T_2)$$

因此，$w_t = nw$。

在热力系统中，工质与外界的热量交换为

$$q = \Delta u + w$$
$$= c_{v_0}(T_2 - T_1) + \frac{R}{n-1}(T_1 - T_2) \quad (因为 R = c_{p_0} - c_{v_0})$$
$$= c_{v_0}(T_2 - T_1) + \frac{c_{v_0}(k-1)}{n-1}(T_1 - T_2)$$
$$= \frac{n-k}{n-1} c_{v_0}(T_2 - T_1) = c_n(T_2 - T_1)$$

其中 $c_n = \dfrac{n-k}{n-1} c_{v_0}$ 称为多变过程比热。

[例1-2] 把1kg空气由温度为10℃，压力为1bar，体积为0.8m³的状态，按照 $pv^{1.3}=$ 常数的关系，压缩至压力为7bar，试求下列各值：①压缩终点的温度；②压缩比 v_1/v_2；③压缩所需的功；④比热力学能的变化；⑤工质与外界交换的热量。

解：① 由 p、T 间的关系可计算出压缩终点的温度。

$$T_2 = T_1 \left(\dfrac{p_2}{p_1}\right)^{\frac{n-1}{n}} = (10+273)\left(\dfrac{7}{1}\right)^{\frac{1.3-1}{1.3}} \text{K} = 443.6\text{K}$$

$$t_2 = 443.6 - 273 = 170.6℃$$

② 由 p、v 间的关系可计算出压缩比 v_1/v_2。

$$\dfrac{v_1}{v_2} = \left(\dfrac{p_2}{p_1}\right)^{\frac{1}{n}} = \left(\dfrac{7}{1}\right)^{\frac{1}{1.3}} = 4.47$$

③ 查相关资料得空气气体常数 $R=287.1\text{J/kg·K}$，则压缩过程所需功如下。

$$w = \dfrac{1}{n-1}R(T_1-T_2) = \dfrac{1}{1.3-1}\times 287.1\times(283-443.6)\text{kJ/kg} = -153.7\text{kJ/kg}$$

总功 $w = mw = 1\text{kg}\times(-153.7\text{kJ/kg}) = -153.7(\text{kJ})$

④ 空气定容比热容 $c_{v_0}=0.716\times\text{kJ/(kg·K)}$，则比热力学能的变化如下。

$$\Delta u = u_2 - u_1 = c_{v_0}(T_2-T_1) = 0.716(443.6-283)\text{kJ/kg} = 115\text{kJ/kg}$$

故总热力学能变化为 $\Delta U = U_2 - U_1 = m\cdot\Delta u = 1\times 115\text{kJ} = 115\text{kJ}$。

⑤ 工质与外界交换的热量 $Q = w + \Delta U = (-153.7+115)\text{kJ} = -38.7\text{kJ}$。

计算结果表明，空气在该压缩过程中由外界获得功，对外放出了热量，并最终使本身压力、温度升高。

3. 四种基本热力过程参数的计算

通过分析多变过程（$pv^n=$ 常数）中热功转换的规律，四种基本热力过程的热功转换问题就迎刃而解了。例如，对定温过程，已知它是当 $n=1$ 时的多变过程，所有相应的公式只需将多变过程中的 n 换成1即可。

(1) 过程方程式：$pv=$ 常数。

(2) 状态参数间的关系：$p_1v_1 = p_2v_2 =$ 常数，$T=$ 常数。

(3) 比热力学能、比焓、比熵的计算如下。

$$\Delta u = u_2 - u_1 = c_{v_0}\Delta T = c_{v_0}(T_2-T_1) = 0$$

$$\Delta h = h_2 - h_1 = c_{p_0}\Delta T = c_{p_0}(T_2-T_1) = 0$$

$$\Delta s = c_{v_0}\ln\dfrac{T_2}{T_1} + R\ln\dfrac{v_2}{v_1} = R\ln\dfrac{v_2}{v_1}$$

$$= c_{p_0}\ln\dfrac{T_2}{T_1} - R\ln\dfrac{p_2}{p_1} = -R\ln\dfrac{p_2}{p_1}$$

$$= c_{v_0}\ln\dfrac{p_2}{p_1} + c_{p_0}\ln\dfrac{v_2}{v_1}$$

(4) 功和热量的计算如下。

膨胀功为

$$w = \int_1^2 p\,dv = \int_1^2 \dfrac{RT}{v}dv = RT\int_1^2 \dfrac{1}{v}dv = RT\ln\dfrac{v_2}{v_1}$$

或
$$w = RT \ln \frac{p_1}{p_2}$$

技术功为
$$w_t = -\int v\mathrm{d}p = +RT\ln\frac{p_1}{p_2} = RT\ln\frac{v_2}{v_1} = w$$

系统与外界交换的热量为
$$q = \Delta u + w = w = RT\ln\frac{v_2}{v_1} = RT\ln\frac{p_1}{p_2}$$

其他几种热力过程的计算式见表 1-1。

注意：并不是所有多变过程的计算公式均允许将 n 值直接代入。例如，对定容过程 $n=\infty$，n 值代入某些多变过程的公式时，会出现无意义的结果，因此应该针对过程特点加以分析，最终求得这些问题的解。

[**例 1-3**] 在体积为 30L 的气缸内装入 1bar，10℃ 的空气，其压缩比为 20 时，试分别求在定温过程和绝热过程中压缩后的压力、温度和在压缩中的所需的功量，如图 1.12 所示。

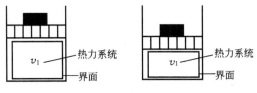

图 1.12 例 1-3 用图

解：已知 $v_1 = 30/1000\text{ m}^3$，$p_1 = 1\text{bar} = 1\times 10^5\text{Pa}$，$T_1 = 10+273 = 283\text{K}$，压缩比 $\varepsilon = \frac{v_1}{v_2} = 20$。

① 在定温过程中，由 $\varepsilon = \frac{v_1}{v_2}$ 得 $v_2 = \frac{v_1}{\varepsilon} = \frac{30/1000}{20} = 0.0015\text{m}^3$

因而，压缩后的压力由 $p_1v_1 = p_2v_2$ 得
$$p_2 = \frac{p_1 v_1}{v_2} = \frac{1.0\times 0.03}{0.0015}\text{bar} = 20\text{bar}$$

定温过程中温度不变，故 $t_2 = t_1 = 10℃$

定温过程中所需的功由表 1-1 查得公式如下。
$$\begin{aligned}w &= p_1v_1\ln\frac{v_2}{v_1} = -p_1v_1\ln\frac{v_1}{v_2}\\ &= -1.0\times 10^5\times 0.03\times \ln\frac{0.03}{0.0015}\text{kJ}\\ &= -8.99\text{kJ}\end{aligned}$$

② 在绝热过程中，压缩后的压力为 $p_2 = p_1\left(\dfrac{v_1}{v_2}\right)^k$，$k=1.4$，

故
$$p_2 = 1.0\times 20^{1.4}\text{ bar} = 66.29\text{bar}$$

压缩后的温度为 $T_2 = T_1\left(\dfrac{v_1}{v_2}\right)^{k-1} = (10+273)\times 20^{1.4-1}\text{K} = 938\text{K}$

过程所需的功由表 1-1 查得公式如下：

$$w=\frac{1}{k-1}(p_1v_1-p_2v_2)=\frac{1}{1.4-1}(1\times0.03-66.29\times0.0015)\times10^5\text{kJ}=-17.35\text{kJ}$$

由结果可知，系统从同一初始状态经过不同的热力过程后可达到不同的终态，并且过程中工质与外界进行的能量交换也不同。

表 1-1 理想气体可逆过程计算公式

	定容过程	定压过程	定温过程	绝热过程	多变过程
多变指数 n	∞	0	1	k	n
过程方程式	$v=$定值	$p=$定值	$pv=$定值	$pv^k=$定值	$pv^n=$定值
p、v、T 之间的关系式	$\dfrac{p_2}{p_1}=\dfrac{T_2}{T_1}$	$\dfrac{v_2}{v_1}=\dfrac{T_2}{T_1}$	$\dfrac{p_2}{p_1}=\dfrac{v_1}{v_2}$	$\dfrac{p_2}{p_1}=\left(\dfrac{v_1}{v_2}\right)^k$ $\dfrac{T_2}{T_1}=\left(\dfrac{v_1}{v_2}\right)^{k-1}$ $\dfrac{T_2}{T_1}=\left(\dfrac{p_2}{p_1}\right)^{\frac{k-1}{k}}$	$\dfrac{p_2}{p_1}=\left(\dfrac{v_1}{v_2}\right)^n$ $\dfrac{T_2}{T_1}=\left(\dfrac{v_1}{v_2}\right)^{n-1}$ $\dfrac{T_2}{T_1}=\left(\dfrac{p_2}{p_1}\right)^{\frac{n-1}{n}}$
热力学能变化 Δu	$c_v(T_2-T_1)$ ($c_v=$定值)	$c_v(T_2-T_1)$ ($c_v=$定值)	0	$c_v(T_2-T_1)$ ($c_v=$定值)	$c_v(T_2-T_1)$ ($c_v=$定值)
焓变化 Δh	$c_p(T_2-T_1)$ ($c_p=$定值)	$c_p(T_2-T_1)$ ($c_p=$定值)	0	$c_p(T_2-T_1)$ ($c_p=$定值)	$c_p(T_2-T_1)$ ($c_p=$定值)
比熵变化 Δs	$c_v\ln\dfrac{T_2}{T_1}$ ($c_v=$定值)	$c_p\ln\dfrac{T_2}{T_1}$ ($c_p=$定值)	$\dfrac{q}{T}$ $R\ln\dfrac{v_2}{v_1}$ $R\ln\dfrac{p_1}{p_2}$	0	$\left.\begin{array}{l}c_v\ln\dfrac{T_2}{T_1}+R\ln\dfrac{v_2}{v_1}\\ c_p\ln\dfrac{T_2}{T_1}-R\ln\dfrac{p_2}{p_1}\\ c_v\ln\dfrac{p_2}{p_1}+c_p\ln\dfrac{v_2}{v_1}\\ c_n\ln\dfrac{T_2}{T_1}\end{array}\right\}$ (c_v、$c_p=$定值)
过程功 $w=\int_1^2pdv$	0	$p(v_2-v_1)$ $R(T_2-T_1)$	$RT\ln\dfrac{v_2}{v_1}$ $p_1v_1\ln\dfrac{v_2}{v_1}$ $p_1v_1\ln\dfrac{p_1}{p_2}$	$-\Delta u$ $\dfrac{1}{k-1}(p_1v_1-p_2v_2)$ $\dfrac{R}{k-1}(T_1-T_2)$ $\dfrac{RT_1}{k-1}\left(1-\left(\dfrac{p_2}{p_1}\right)^{\frac{k-1}{k}}\right)$	$\dfrac{1}{n-1}(p_1v_1-p_2v_2)$ $\dfrac{R}{n-1}(T_1-T_2)$ $\dfrac{RT_1}{n-1}\left(1-\left(\dfrac{p_2}{p_1}\right)^{\frac{n-1}{n}}\right)$
过程热量 q	Δu	Δh	$RT\ln\dfrac{v_2}{v_1}$ $p_1v_1\ln\dfrac{v_2}{v_1}$ $p_1v_1\ln\dfrac{p_1}{p_2}$ $T(s_2-s_1)$	0	$\dfrac{n-k}{n-1}c_v(T_2-T_1)$

(续)

	定容过程	定压过程	定温过程	绝热过程	多变过程
过程比热 c	c_v	c_p	∞	0	$\dfrac{n-k}{n-1}c_v$
技术功 $w_t = -\int_1^2 v\,\mathrm{d}p$	$v(p_1-p_2)$	0	$w_t=w$	$-\Delta h$ $\dfrac{k}{k-1}(p_1v_1-p_2v_2)$ $\dfrac{k}{k-1}R(T_1-T_2)$ $\dfrac{k}{k-1}RT_1\left(1-\left(\dfrac{p_2}{p_1}\right)^{\frac{k-1}{k}}\right)$ $w_t=kw$	$\dfrac{n}{n-1}(p_1v_1-p_2v_2)$ $\dfrac{n}{n-1}R(T_1-T_2)$ $\dfrac{n}{n-1}RT_1\left(1-\left(\dfrac{p_2}{p_1}\right)^{\frac{n-1}{n}}\right)$ $w_t=nw$

1.3.3 理想气体热力过程的 p-v 图及 T-s 图

除了定量计算以外，借助于热力过程的 p-v 图及 T-s 图也可以简单地进行不同热力过程间的定性比较，包括过程功、热量及热力学能的变化等。

要求得各基本热力过程在 p-v 图及 T-s 图上的变化趋势，首先研究多变过程 $pv^n=$ 常数在 p-v 图及 T-s 图上的斜率。

将 $pv^n=$ 常数两边微分有 $v^n\mathrm{d}p+npv^{n-1}\mathrm{d}v=0$，故多变过程在 p-v 图上的斜率为

$$\dfrac{\mathrm{d}p}{\mathrm{d}v}=-n\dfrac{p}{v}\begin{cases}定压过程：n=0,\quad 斜率\left(\dfrac{\mathrm{d}p}{\mathrm{d}v}\right)_p=0\\[4pt] 定容过程：n=\infty,\quad 斜率\left(\dfrac{\mathrm{d}p}{\mathrm{d}v}\right)_v=\infty\\[4pt] 定温过程：n=1,\quad 斜率\left(\dfrac{\mathrm{d}p}{\mathrm{d}v}\right)_T=-\dfrac{p}{v}\\[4pt] 等熵过程：n=k,\quad 斜率\left(\dfrac{\mathrm{d}p}{\mathrm{d}v}\right)_k=-k\dfrac{p}{v}\end{cases} \tag{1-48}$$

由 $\mathrm{d}s=\dfrac{\mathrm{d}q}{T}$ 及 $\mathrm{d}q=c_n\mathrm{d}T$ 得到多变过程在 T-s 图上的斜率如下：

$$\left(\dfrac{\mathrm{d}T}{\mathrm{d}s}\right)_n=\dfrac{T}{C_n} \tag{1-49}$$

式中：$c_n=\dfrac{n-k}{n-1}c_{v_0}$，$c_n$ 为多变过程比热。

$$\Rightarrow\begin{cases}n=0,\ c_n=c_{p_0},\ \left(\dfrac{\mathrm{d}p}{\mathrm{d}s}\right)_p=\dfrac{T}{c_{p_0}}>0,\quad 故\left(\dfrac{\mathrm{d}p}{\mathrm{d}s}\right)_p 与 T 成正比，\\[4pt] n=\infty,\ c_n=c_{v_0},\ \left(\dfrac{\mathrm{d}T}{\mathrm{d}s}\right)_v=\dfrac{T}{c_{v_0}}>0,\quad 故\left(\dfrac{\mathrm{d}T}{\mathrm{d}s}\right)_v 与 T 成正比，\\[4pt] n=1,\ c_n=\infty,\ \dfrac{\mathrm{d}T}{\mathrm{d}s}=0\\[4pt] n=k,\ c_n=0,\ \left(\dfrac{\mathrm{d}T}{\mathrm{d}s}\right)_s=\infty\end{cases}$$

根据得出的过程斜率来分析各典型热力过程的 p-v 图及 T-s 图

1. $p-v$ 图

（1）定压过程：定压过程在 $p-v$ 图上为一水平线（称定压线），定压过程的 $p-v$ 图如图 1.13 所示。其中 1-2 为定压膨胀过程，而 1-2′ 为定压压缩过程。

（2）定容过程：定容过程在 $p-v$ 图上为一垂直线（称定容线），定容过程的 $p-v$ 图如图 1.14 所示。其中 1-2 为压力升高的定容过程，而 1-2′ 为压力降低的定容过程。

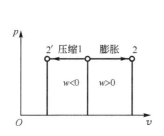

图 1.13 定压过程的 $p-v$ 图

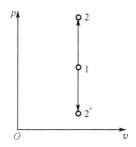

图 1.14 定容过程的 $p-v$ 图

（3）等温过程：由 $pv=$ 常数可知，等温过程在 $p-v$ 图上为等边双曲线（称等温线），等温过程的 $p-v$ 图如图 1.15 所示。其中 1-2 为等温膨胀过程，而 1-2′ 为等温压缩过程。

（4）等熵过程（绝热过程）：由 $pv^n=$ 常数可知，绝热过程在 $p-v$ 图上为不等边双曲线（称绝热线），等熵过程的 $p-v$ 图如图 1.16 所示。其中 1-2 为等熵膨胀过程，而 1-2′ 为等熵压缩过程，同时与等温过程进行比较。

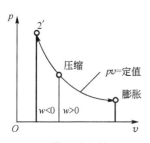

图 1.15 等温过程的 $p-v$ 图

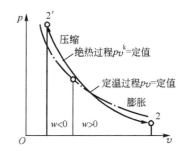

图 1.16 等熵过程的 $p-v$ 图

对比等熵过程和等温过程的曲线斜率，因 $k>1$，从而 $\left(\dfrac{\mathrm{d}p}{\mathrm{d}v}\right)_s > \left(\dfrac{\mathrm{d}p}{\mathrm{d}T}\right)_T$，故在 $p-v$ 图上绝热线比定温线要陡。

2. $T-s$ 图

（1）定容过程：定容过程在 $T-s$ 图是一条斜率为正的曲线，定容过程的 $T-s$ 图如图 1.17 所示。其中 1-2 过程为定容吸热过程，而 1-2′ 过程为定容放热过程。

（2）定压过程：定压过程在 $T-s$ 图是一条斜率为正的曲线，但因 $c_{p_0}>c_{v_0}$，故定容线在 $T-s$ 图上是一条比定压线陡的曲线，定压过程的 $T-s$ 图如图 1.18 所示。其中 1-2 线为定压吸热过程，而 1-2′过程线为定压放热过程。

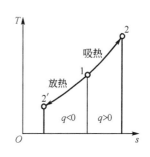

图 1.17 定容过程的 $T-s$ 图

(3) 等温过程：等温过程在 $T-s$ 图上为一水平线，等温过程的 $T-s$ 图如图 1.19 所示。其中 1-2 为等温吸热过程($\Delta s>0$)，而 1-2′为等温放热过程($\Delta s<0$)。

(4) 等熵(绝热)过程：绝热过程在 $T-s$ 图上为一垂直线，等熵过程的 $T-s$ 图如图 1.20 所示。其中 1-2 过程为温度升高的绝热过程，而 1-2′为温度下降的绝热过程。

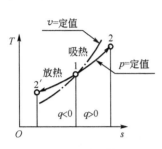

图 1.18 定压过程的 $T-s$ 图

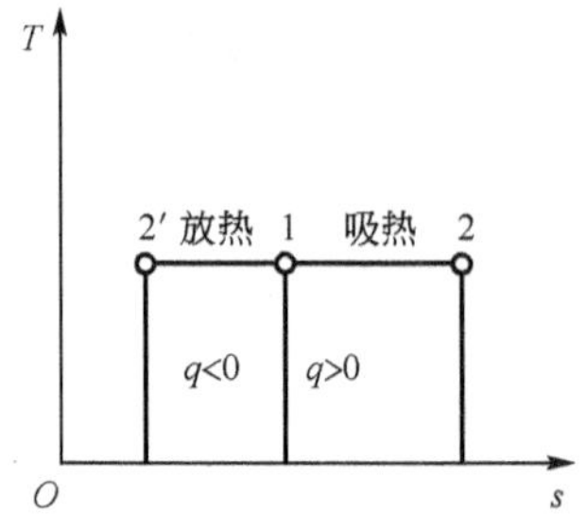

图 1.19 等温过程的 $T-s$ 图

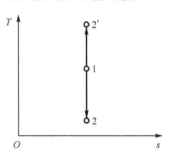

图 1.20 等熵过程的 $T-s$ 图

3. $p-v$ 图和 $T-s$ 图的规律定性分析

将以上 4 种基本热力过程在同一 $p-v$ 图及同一 $T-s$ 图上绘出，如图 1.21 所示。由此可以看出，多变指数 n 在坐标图上的分布有以下规律：由 $n=0$ 开始沿顺时针方向看，n 由 $0 \rightarrow 1 \rightarrow k \rightarrow \infty$ 是逐渐变化的。因而，对于任意多变过程，只要知道多变指数 n 的值，就能确定该过程在 $p-v$ 图及 $T-s$ 图上的相对位置。例如，当已知一多变过程的 $n=1.2$ 时，过程线在 $p-v$ 图及 $T-s$ 图上位于 $n=1$ 及 $n=k$ 之间。

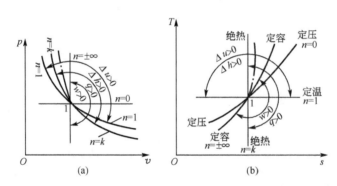

图 1.21 多变过程在 $p-v$ 图和 $T-s$ 图的规律定性分析

根据 $p-v$ 图及 $T-s$ 图能较容易地分析某一热力过程的热功转换情况并比较不同热力过程功及热量的大小，由图 1.21 可分析如下。

(1) 在过程中热力学能及焓的增减以定温线为分界线。在定温线上方($T-s$ 图)或者右上方($p-v$ 图)的各过程由于 $\Delta T>0$，则有 $\Delta u>0$，$\Delta h>0$；而在定温线下方($T-s$ 图)或左下方($p-v$ 图)的各过程由于 $\Delta T<0$，则有 $\Delta u<0$，$\Delta h<0$。

(2) 在过程中功的正负以定容线为分界线。在定容线的右方($p-v$ 图)或者右下方($T-s$ 图)的各过程由于 $\Delta v>0$，则有 $w>0$，工质对外做功；而在定容线左方($p-v$ 图)或左上方($T-s$ 图)各过程由于 $\Delta v<0$，则有 $w<0$，外界对工质做功。

(3) 在过程中热量的正负以绝热线为分界线。在绝热线的右方($T-s$ 图)或者右上方($p-v$ 图)的各过程由于 $\Delta s>0$，则有 $q>0$，工质从外界吸热；而在绝热线左方($T-s$ 图)

或左下方(p-v图)的各过程由于 $\Delta s<0$，则有 $q<0$，工质对外放热。

有了以上判定标准，就可方便地从坐标图上分析一个过程中能量转换和状态变化情况，或者根据能量转换和状态变化情况在坐标图上绘出该热力过程。

[例 1-4] 试分析图 1.22 所示过程①、②中状态参数变化及与外界热功交换情况，并画出对应的 T-s 图。

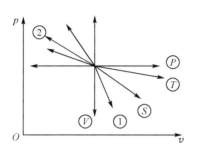 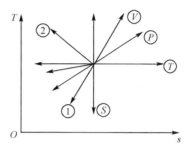

图 1.22　例 1-4 图

解：过程①

功情况：因过程①位于定容线右方，故 $\Delta v>0$，为膨胀过程，则有膨胀功 $w>0$，即工质对外做功。

热量情况：因过程①位于绝热线左方，故 $\Delta s<0$，$q<0$，即工质对外放热。

比热力学能变化情况：因过程①位于等温线下方，故 $\Delta T<0$，则有 $\Delta u<0$，即工质热力学能降低。

由热力学第一定律得 $q=w+\Delta u$，工质经过过程①后，能量转换结果是工质对外界做功的结果使工质向外界放热并使自身比热力学能降低。最后根据这些能量变化情况可以得到该过程的 T-s 图。由此可见，该过程的多变指数 $n>k$。

过程②

功、热量、比热力学能变化情况分析过程同上，略去。下面是过程②能量转换总效果：外界对工质做功的同时，工质向外放热，最终工质本身热力学能增加。此过程多变指数 $1<n<k$。

由热力学第一定律得 $q=W+\Delta u$，因 $q<0$、$w<0$、$\Delta u>0$，故该过程中 $|w|>|q|$，即在该过程中外界对工质做的功大于工质对外放出的热量。内燃机中的压缩过程就是如过程②所示的热力过程，即在压缩过程中外界活塞对工质(空气或混合气)做功，且工质向外界(缸壁)放热。

通过对过程②的分析得知，工质对外放热后温度不一定降低，而工质吸热后温度不一定升高。其最终结果完全由热力学第一定律确定的能量转换规律确定。

[例 1-5] 试绘出例 3 中两过程的 p-v 图及 T-s 图，并进行功、热量的定性比较。

解：由题意知，两过程的初始状态和终态体积(或比体积)相同，故根据对定温过程和绝热过程坐标图的分析可以分别画出两过程的 p-v 图及 T-s 图，如图 1.23 所示。

由 p-v 图可以知道定温过程 1-2_T 所消耗的功量(1-v_1-v_2-2_T 所围面积)要比绝热过程 1-2_s 所消耗的功(1-v_1-v_2-2_s 所围面积)小，这与定量计算结果正好吻合。

在定温过程中，由于比热力学能变化 $\Delta u=0$，故由热力学第一定律 $q=\Delta u+w$ 可知，外界对气体所做的功全部用来对外界的放热。

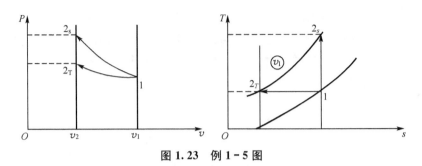

图 1.23 例 1-5 图

在绝热过程中，由于气体与外界的热量交换 $q=0$，故由热力学第一定律 $q=\Delta u+w$ 可知，外界对气体所做的功全部用于使气体的比热力学能增加。

1.4 热功转换的效率

1.4.1 热机循环

热力学第一定律说明了热能与机械能在转换过程中量的守恒关系。但是，在热机中热量转换成功是有限度的，故热量不能全部转换成功，这就是热机的效率问题。热力学第二定律从另一个角度研究热功转换问题，它是关于解决热力过程进行的方向、条件和限度等问题的规律。

热机中的工质经过一系列的状态变化，又回复到原来状态，或又从与原来状态相同的工质开始新的热功转换过程，即热机循环，也称热力循环。在状态参数坐标图上，循环的全部过程构成一个闭合曲线。

将热能转化为机械能的循环称为正向循环，而工质经过正向循环后，只有一部分热能转化为机械能，其分析如下。

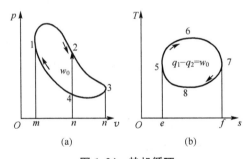

图 1.24 热机循环

图 1.24(a)和图 1.24(b)分别为正向循环的 p-v 图及相应的 T-s 图。

在图 1.24(a)中，1-2-3 为膨胀过程，过程功以面积 1-2-3-n-m-1 来表示。为使工质能继续做功，必须通过某些过程将工质从状态 3 压缩回到状态 1，即如图 1.24(a)中的压缩过程 3-4-1，该过程消耗的功可用面积 3-4-1-m-n-3 来表示，这样就构成了循环 1-2-3-4-1。工质完成一个循环后对外做出的净功称为循环功，以 w_0 或 $\oint dw$ 来表示。显然，循环功等于工质在膨胀过程中做出的功减去在压缩过程中消耗的功，即等于 p-v 图上封闭曲线所包围的面积 1-2-3-4-1。由定义可知，热机是对外做功的机器，故其循环净功应该大于零。由循环 p-v 图可知，要使工质在完成一个循环之后，能够对外做出正的净功，则在循环中膨胀过程线位置必须高于压缩过程线，故热机循环在 p-v 图上是沿着顺时针方向的。所以，在热机中不仅有对外做功过程，还必须有耗功过程。

在热机中工质要进行膨胀，必须在膨胀过程开始前，或在膨胀过程中，与高温热源（这是一个抽象的概念，并不一定指一个具体的物体，例如在内燃机中可以理解为燃烧过程）接触，并从中吸入热量，而在压缩过程开始前，或在压缩过程中，工质与低温热源（也是一个抽象的概念，例如在内燃机中可以理解为大气环境）接触，并向其放出热量。

在 T-s 图中，5-6-7 是工质从高温热源吸热的过程，吸热量可以用面积 5-6-7-f-e-5 表示，其绝对值用 q_1 表示；7-8-5 是工质的放热过程，放热量可以用面积 5-8-7-f-e-5 表示，其绝对值用 q_2 表示。吸热量 q_1 与放热量 q_2 之差称为循环净热量，其绝对值用 q_0 或 $\oint dq$ 表示。循环净热量以封闭曲线所包围的面积 5-6-7-8-5 表示，即

$$\oint dq = q_0 = q_1 - q_2 \tag{1-50}$$

在热机中工质完成一个循环之后状态复原，工质的比热力学能以及其他所有的状态参数也回复原值，比热力学能不变，即 $\Delta u=0$，或写作

$$\oint du = 0$$

根据热力学第一定律解析式可知，对热力循环有

$$\oint du + \oint dw = \oint dq$$
$$w_0 = q_0 = q_1 - q_2 \tag{1-51}$$

式中：q_1、q_2 取绝对值。

式(1-51)表明循环的净功等于净热量。由于热机的循环净功大于零，故吸热量 q_1 必大于放热量 q_2，这表明 T-s 图上吸热过程线在放热过程线之上，即热机循环在 T-s 图上也是沿顺时针方向（图 1.24(b)）。因此，在热机中不仅有吸热过程，还必须有放热过程。同时，净热量 q_0 即是转化成机械能的那部分热量，故也称为有用热。所以，完成一个正向循环后全部效果如下。

(1) 高温热源放出了热量 q_1（或工质从高温热源吸热 q_1）。
(2) 低温热源获得了热量 q_2（或工质向低温热源放热 q_2）。
(3) 热机将 $(q_1-q_2)=q_0$ 的热量转化为功。
(4) 工质与机器设备回复到原来状况，没有变化。

于是，有如下的结论：在热机中工质从高温热源得到的热能 q_1，只有部分可以转化为功，而在部分热能 (q_1-q_2) 转化为功的同时，必有另一部分 q_2 传向低温热源，这是使热能经过热循环转化成为功的必要条件。

正向循环的经济性用热效率 η_t 来衡量，即

$$\eta_t = \frac{w_0}{q_1} = \frac{q_1-q_2}{q_1} = 1 - \frac{q_2}{q_1} \tag{1-52}$$

η_t 越大，表明吸入同样的热量 q_1 时得到的循环功 w_0 越多，循环的经济性越好。

在循环的 p-v 图上只能显示出循环功的大小，但在 T-s 图上则可看出 q_1、q_2 和 w_0（$=q_1-q_2$）的相对值，因而可以间接地看出热效率 η_t 的大小，它等于面积 5-6-7-8-5 与 5-6-7-f-e-5 的比值，故在分析和比较各种循环的热效率时，用得更多的是 T-s 图。

1.4.2 热力学第二定律

热力学第二定律说明了与热现象有关的过程进行的方向、条件以及进行的限度。热力学第二定律有多种表述方式，但本质是统一的、等效的。

1851 年开尔文针对热能和机械能转换的方向性提出了热力学第二定律的一种说法，称为做热力学第二定律开尔文表述方式，即不可能制造出从单一热源吸热，使之全部转化成为功而不留下其他任何变化的热力发动机。

在上述说法中，"不留下其他任何变化"这个条件包括在发动机的内部和以外都不能留下其他任何变化，所以这种发动机也必须是循环发动机或具有循环发动机这样在内部不留下变化的特点。这是因为循环发动机在完成一个循环以后，工质本身也回复到始点状态，从而不留下变化。

在上述说法中，"全部"两字是补充说明，因如果不是全部的，则势必将留下其他变化，但有这两个字可使表述更为清楚。

热机循环之所以实现，是因为它向低温热源排出了一部分从高温热源吸入的热量，因而留下了变化。

有人试图制造一种机器，使其从环境大气里或从海水里吸收热量从而不断获得机械功，这种只有一个热源而做功的动力机被称为第二类永动机。它不违反能量守恒的第一定律，但违背了热力学第二定律，是不可能存在的。因而热力学第二定律也可表述为第二类永动机是不可能存在的。

理想的热机循环是卡诺循环，它由两个定温过程和两个绝热过程组成，以理想气体为工质，其 $p\text{-}v$ 图和 $T\text{-}s$ 图如图 1.25 所示。

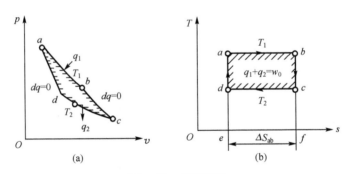

图 1.25 卡诺循环

$d\text{-}a$ 为绝热压缩过程，在该过程中工质的温度自 T_2 升高到 T_1，以便在与高温热源相同的温度下从高温热源吸热。

$a\text{-}b$ 为定温膨胀过程，工质在温度 T_1 下自同温度的高温热源吸取热量 q_1。

$b\text{-}c$ 为绝热膨胀过程，在该过程中工质的温度自 T_1 降低到 T_2，以便在与低温热源相同的温度下向低温热源放热。

$c\text{-}d$ 为定温压缩过程，工质在温度 T_2 下向同温度的低温热源放出热量 q_2，从而完成一个热机循环。

卡诺循环的热效率可用式(1-52)计算，具体形式可用几何分析法得出，也可用热力过程的有关公式得出。因其特殊性，使得用几何分析法求解热效率比较简单。

参看图 1.25(b)，显然 $\Delta s_{ab} = \Delta s_{dc}$
由热量的几何表示，有：$q_1 = T_1(s_b - s_a) = T_1 \Delta s_{ab}$

$$q_2 = T_2(s_c - s_d) = T_2 \Delta s_{dc} = T_2 \Delta s_{ab}$$

$$\eta_k = 1 - \frac{q_2}{q_1} = 1 - \frac{T_2 \Delta s_{ab}}{T_1 \Delta s_{ab}} = 1 - \frac{T_2}{T_1} \tag{1-53}$$

由以上卡诺循环热效率公式可得出如下结论。

(1) 卡诺循环的热效率只决定于高温热源和低温热源的温度，也就是工质吸热和放热的温度。提高 T_1 而降低 T_2 可以提高其热效率。

(2) 卡诺循环的热效率只能小于 1，绝不可能等于 1，因为 $T_1 = \infty$、$T_2 = 0$ 都是不可能的，当然更不能大于 1。这就是说，在循环过程中不可能将热能全部转变为机械能。

(3) 当 $T_1 = T_2$ 时，循环的热效率为零，这就是说，在温度平衡的体系中，热能不可能转化为机械能，或者说借单热源做功的机器是不可能的，也就是说第二类永动机是不存在的。要利用热能来产生动力，就一定要有温度差。

如果没有可利用的天然温差，就必须用人工方法制造温差。例如，利用燃料燃烧释放的化学能而转化成热能或原子核分裂释放的核能转化成热能，以获得高于外界环境的温度。

为了对卡诺循环热效率有一个具体的概念，下面举例说明。汽油机最高燃烧温度为 2700K，环境温度为 300K，即高温热源 $T_1 = 2700K$，低温热源温度 $T_2 = 300K$，则在这一温度限内工作的卡诺循环热效率为

$$\eta_k = \frac{T_1 - T_2}{T_1} = \frac{2700 - 300}{2700} = 88.9\%$$

实际上，由于汽油机混合气在吸热和放热过程中不能做到等温，在整个过程中工质的温度随时变化，而且吸热时的平均温度远比最高温度低，放热时的平均温度比大气温度高，使得实际汽油机循环无法按卡诺循环工作，再加上其他损失，所以汽油机循环的实际热效率通常仅为 30%。因此，卡诺循环的热效率并不高，要依据 T_1、T_2 的数值而定。但是相对于同温差内的其他任何循环，卡诺循环热效率最高。

卡诺循环及其热效率公式在热力学上具有极为重大的意义，它奠定了热力学第二定律的基础。虽然迄今为止还没有造出按照卡诺循环工作的热机，但已表明决定循环热效率的根本因素是工质吸热和放热温度，从而为提高热机热效率指明了方向，即尽可能提高工质吸热温度以及尽可能使工质膨胀至较低的、接近大气环境的温度再对外放热。目前，在以气体为工质的热机中普遍采用加热前利用绝热压缩以提高气体加热时温度的方法提高热效率。但是提高温度受到设备的限制，等温过程在实践热机中无法实现。

思考题与习题

1. 解释下列概念。

工质　绝对压力　相对压力　表压力　真空度　比体积　热力学能　焓　熵　比热容　热力学第一定律　热力循环　热效率　热力学第二定律　卡诺循环

2. 功和热有哪些共性和不同？若已知工质的初、终两个状态，能否计算所做的功？

3. 比较热量、热能、热力学能和焓有何区别和联系。

4. 工质进行膨胀是否必须对工质加热？工质边膨胀边放热可否？工质边被压缩边吸入热量可否？工质吸热后热力学能一定增加吗？

5. 解释膨胀功、推动功、轴功和技术功。

6. 何谓理想气体？实际气体何时可作为理想气体处理？

7. 什么是第二类永动机？为什么说第二类永动机不可能实现？

8. 柴油机的气缸吸入温度为50℃的空气0.025m³，经过绝热压缩，空气的温度应该升到远超过燃料的着火温度，以便喷入柴油时能随喷随燃烧。如果要求喷入柴油时气缸内温度为720℃，问空气必须被压缩到多大的体积？

9. 6kg空气由初态$p_1=0.3$MPa，$t_1=30$℃，经下列不同过程膨胀到同一终压$p_2=0.1$MPa：①定温；②定熵；③$n=1.2$。试比较不同过程中空气对外做功、交换的热量和终温。

10. 有一内燃机，设其膨胀过程是多变指数$n=1.3$的多变过程，其工质为空气。若开始时气体的体积为12cm³，压力为6.5MPa，温度为1800℃，经膨胀过程其体积增到原来的8倍，试求气体做功及气体熵的变化。

11. 热力学第一定律的数学表达式可写成

$$q=\Delta u+w$$

或

$$q=c_V\Delta T+\int_1^2 pdv$$

两者有何不同？

12. 空气为$p_1=0.1\times10^5$Pa，$t_1=50$℃，$V_1=0.032$m³，进入压气机按多变过程压缩至$p_2=3.2\times10^5$Pa，$V_2=0.0021$m³，试求：①多变指数n；②所需压缩功(轴功)；③压缩终了空气温度；④压缩过程中传出的热量。

13. 气缸中空气的压力为0.09MPa，温度为17℃，体积为0.1m³，若经压缩过程后其压力升高到0.72MPa，体积变为0.0177m³，试求压缩过程的多变指数。

14. 将满足下列要求的多变过程表示在p-v图和T-s图上(工质为空气)。

(1) 工质又升压、又升温、又放热。

(2) 工质又膨胀、又降温、又放热。

(3) $n=1.6$的膨胀过程，判断q，w，Δu的正负。

(4) $n=1.3$的膨胀过程，判断q，w，Δu的正负。

第 2 章 发动机的理论循环

热力学第一、二定律是研究发动机理论循环的基础。本章介绍了对四行程发动机的实际工作过程的简化的原则,并阐述了 3 种基本的发动机理论循环的热效率的计算方法及对比。

了解对四行程发动机的实际工作过程的简化原则,它是由理想气体的热力过程组成的热机循环;掌握 3 种典型的理论循环,即定容加热循环、混合加热循环、定压加热循环在 $p-v$,$T-s$ 图上的表示以及热效率和平均指示压力的计算;会利用 $p-v$,$T-s$ 图比较理论循环热效率及其各影响因素,并会分析对实际工作的指导意义。

2.1 四行程发动机理论循环的计算

2.1.1 对发动机实际工作过程的简化

在四行程发动机的 4 个工作行程中,工质状态参数的变化及工质与外界的能量交换非常复杂。根据由简入繁的原则和工作过程体现出来的特征,将实际循环经过合理的假设和简化,抽象成发动机理论过程,以便做进一步分析和计算。

其假设如下。

(1) 将不断往复的循环简化成一个封闭的循环。由于进气过程和排气过程中工质的状态参数变化不大,故当进行热力计算时,可暂不考虑换气过程。

(2) 将排气过程简化为定容放热过程。

(3) 压缩和膨胀过程为绝热过程。

(4) 工质为理想气体，在整个循环中工质组成成分不变，且物性参数为定值。

根据不同发动机的燃烧过程，可将其分为3类：汽油机、高速柴油机及低速柴油机。

(1) 汽油机：机内是均匀混合气逐渐爆炸燃烧，燃烧速度快，在上止点附近容积变化小，因此燃烧过程相当于定容加热。

(2) 低速柴油机：燃油质量较差，形成可燃混合气速度慢，而不均匀混合气的扩散燃烧速度较慢，燃烧持续时间长，接近于定压过程。

(3) 高速柴油机：在燃烧初期，由于部分混合气已与空气混合，而后则由于边喷油、边混合、边燃烧，燃烧速度受到制约，因此燃烧过程兼有逐渐爆炸燃烧和扩散燃烧特征，而对应于气缸内的容积变化情况，可以将燃烧过程简化为定容及定压加热两个过程。

经以上假设和简化后，可以将3种典型的理论循环表示在 $p-v$ 和 $T-s$ 图上，其加热循环分别如图2.1、图2.2和图2.3所示。

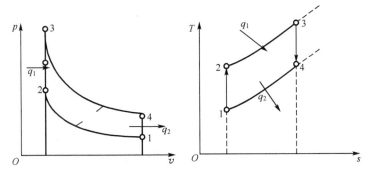

图 2.1　定容加热循环

1-2—绝热压缩　2-3—定容加热　3-4—绝热膨胀　4-1—定容放热

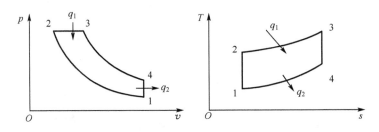

图 2.2　定压加热循环

1-2—绝热压缩　2-3—定压加热　3-4—绝热膨胀　4-1—定容放热

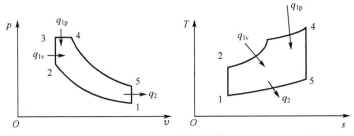

图 2.3　混合加热循环

1-2—绝热压缩　2-3—定容加热　3-4—定压加热　4-5—绝热膨胀　5-1—定容放热

2.1.2 理论循环的热效率和平均指示压力的计算

热效率 η_t 和平均指示压力 p_i 分别是评定发动机经济性和动力性的两个重要指标。热效率是热功转换的比例，而平均指示压力是一个循环内单位气缸工作容积所做的功（发动机实际循环平均指示压力的概念见第3章），是热功转换量的指标。

由上图可看出，定容加热循环、定压加热循环只是混合加热循环的两个特例，因此下面以混合加热循环为例，以计算热力过程热功转换量、循环热效率和平均指示压力。

如图 2.3 所示，1-2 为绝热压缩过程；2-3 为定容加热过程；3-4 为定压加热过程；4-5 为绝热膨胀过程；5-1 为定容放热过程。

已知定义压缩比 $\varepsilon = \dfrac{V_1}{V_2}$，压力升高比 $\lambda = \dfrac{p_3}{p_2}$，预胀比 $\rho = \dfrac{V_4}{V_3}$，

则

1-2： $$T_2 = T_1 \left(\dfrac{V_1}{V_2}\right)^{k-1} = T_1 \varepsilon^{k-1}$$

2-3： $$T_3 = T_2 \left(\dfrac{p_3}{p_2}\right) = T_2 \lambda = T_1 \varepsilon^{k-1} \lambda$$

3-4： $$T_4 = T_3 \left(\dfrac{V_4}{V_3}\right) = T_3 \rho = T_1 \varepsilon^{k-1} \lambda \rho$$

4-5： $$T_5 = T_4 \left(\dfrac{V_4}{V_5}\right)^{k-1} = T_4 \left(\dfrac{V_4}{V_3}\right)^{k-1} \left(\dfrac{V_3}{V_5}\right)^{k-1} = T_1 \lambda \rho^k$$

循环的吸收量 q_1 为
$$q_1 = q_{1v} + q_{1p} = c_v(T_3 - T_2) + c_p(T_4 - T_3) = c_v \varepsilon^{k-1}[\lambda - 1 + k\lambda(\rho - 1)]$$

循环的放热量 q_2 为
$$q_2 = c_v(T_5 - T_1) = c_v T_1 (\lambda \rho^k - 1)$$

由此可得循环的热效率为

$$\eta_{tm} = \dfrac{w}{q_1} = 1 - \dfrac{q_2}{q_1} = 1 - \dfrac{1}{\varepsilon^{k-1}} \dfrac{\lambda \rho^k - 1}{\lambda - 1 + k\lambda(\rho - 1)} \tag{2-1}$$

循环的平均指示压力为

$$p_{tm} = \dfrac{W}{V_h} = \dfrac{Q_1 \eta_{tm}}{V_h}$$

V_h 称为工作容积或单缸排量，由 $\varepsilon = \dfrac{V_1}{V_2}$ 得

$$V_h = V_1 - V_2 = \dfrac{\varepsilon - 1}{\varepsilon} V_1$$

再由理想气体状态方程 $p_1 V_1 = RT_1$，$c_v = \dfrac{R}{k-1}$

得 $$c_v = \dfrac{p_1 V_1}{(k-1) T_1} \tag{2-2}$$

进而得 $$p_{tm} = \dfrac{\varepsilon^k}{\varepsilon - 1} \dfrac{p_1}{k-1} [(\lambda - 1) + k\lambda(\rho - 1)] \eta_{tm} \tag{2-3}$$

p_{tm} 是混合加热循环单位气缸工作容积所做的循环功，当 V_h 一定时，p_{tm} 越大，表明循环净功越多，动力性越好。

对照图 2.1 和图 2.3 可以看到，定容加热循环是混合加热循环当 $\rho=1$ 时的一个特例。以 $\rho=1$ 代入式(2-1)和式(2-3)中，可得到定容加热循环的热效率 η_{tv} 和平均指示压力 p_{tv} 如下：

$$\eta_{tv}=1-\frac{1}{\varepsilon^{k-1}} \tag{2-4}$$

$$p_{tv}=\frac{\varepsilon^k}{\varepsilon-1}\frac{p_1}{k-1}(\lambda-1)\eta_{tv} \tag{2-5}$$

定压加热循环则是混合加热循环当 $\lambda=1$ 时的一个特例(比较图 2.2 与图 2.3)。将 $\lambda=1$ 代入式(2-1)和式(2-3)中，得到定压加热循环的热效率 η_{tp} 和平均指示压力 p_{tp} 如下：

$$\eta_{tp}=1-\frac{1}{\varepsilon^{k-1}}\frac{\rho^k-1}{k(\rho-1)} \tag{2-6}$$

$$p_{tp}=\frac{\varepsilon^k}{\varepsilon-1}\frac{p_1}{k-1}k(\rho-1)\eta_{tp} \tag{2-7}$$

2.2 理论循环热效率和平均指示压力的影响因素

从热效率和平均指示压力的计算公式中可以发现，影响热效率和平均指示压力的因素有

$$\eta_t=f(k,\varepsilon,\lambda,\rho) \tag{2-8}$$

$$p_t=f_1(p_1,k,\varepsilon,\lambda,\rho) \tag{2-9}$$

各参数变化对 η_t 和 p_t 的影响程度当然可以通过数学分析方法求得，但借助于 $p-v$ 图、$T-s$ 图更能直观、形象地分析影响关系。

1. 绝热指数 k 的影响

从图 2.4 中可以发现，随着 k 值的增加，η_t 增大。随着工质温度的升高，k 值下降，因而 η_t 也下降。虽然理论上可以通过改变工质的成分来增加 k 值，但实际上会影响到发动机的工作过程，因此并不可取。

2. 压缩比 ε 的影响

对于混合加热循环，可以先假定 q_1 或 q_2 相同(只是为便于比较，而不是前提条件)。当 ε 增大时，根据图 2.5 判断，η_{tm} 增大，而从 p_{tm} 计算公式中也可以判定，ε 增大，p_{tm} 也增大。

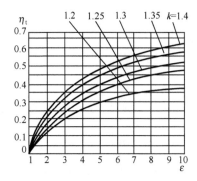

图 2.4 η_t 与 k 的关系

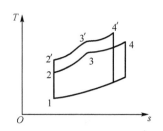

图 2.5 ε 对 η_{tm} 的影响

对于定容加热循环，由图 2.6 可以判断，ε 增大，η_{tv} 增大，p_{tv} 也增大。
对于定压加热循环，由图 2.7 也可以判断，无论 q_1 相同或 q_2 相同，均使 η_{tp} 和 p_{tp} 都增加。

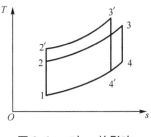

图 2.6　ε 对 η_{tv} 的影响

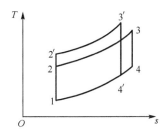

图 2.7　ε 对 η_{tp} 的影响

由此可见，增大 ε 对任何加热循环都能使热效率和平均指示压力增大，故增大压缩比是提高热效率的一个有效措施。但压缩比的增大受到许多方面的限制，如在汽油机中主要受不正常燃烧的限制，即当压缩比过高时，在汽油机中末端混合气温度及压力很高，在火焰没到达之前，末端混合气自行燃烧（这种现象称为爆燃，见第 6 章），这将使汽油机不能正常工作。柴油机压缩比的增大主要受到机械负荷及结构强度方面的限制。一般汽油机压缩比范围为 7～12，而柴油机压缩比范围为 14～22。

3. 压力升高比 λ 的影响

如图 2.8 所示，对于混合加热循环来说，当 λ 增大时，若 q_1 不变则 q_2 减少，而若 q_2 不变则 q_1 增大，因而都使 η_{tm} 升高。由于 $w=q_1-q_2$，又当 ε 不变时，V_h 也不变，所以 p_{tm} 也增大。

而对于定容加热循环，由于 η_{tv} 不取决于 λ，即因定容加热循环的加热与放热成比例增加，$q_1/q_2=$ 常数，所以 λ 对 η_{tv} 无影响。但由于 λ 增大时，吸、放热量之差增大，故 p_{tv} 也增大。

4. 预胀比 ρ 的影响

如图 2.8 所示，对于混合加热循环，当 ρ 增大时，无论假定 q_1 或 q_2 不变，在任一状态下，都使 q_2 增大或 q_1 减少，因而都使得热效率 η_{tm} 降低，且平均指示压力 p_{tm} 也减小。

如图 2.9 所示，对于定压加热循环，当 ρ 增大时，由于等压加热的平均温度的升高幅度小于等容放热的平均温度的升高幅度，因此热效率 η_{tp} 下降，而 ρ 增大后，吸热量增加了，所以 p_{tp} 有所增加。

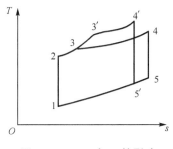

图 2.8　λ，ρ 对 η_{tm} 的影响

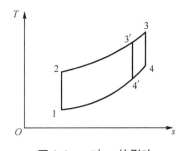

图 2.9　ρ 对 η_{tp} 的影响

5. 初态压力 p_1 的影响

p_1 为工质进行热力循环的初始态压力，p_1 的变化对热效率没有影响，但可以改变 p_t

分析理论循环的影响因素对于实际应用的指导意义如下。

(1) 提高压缩比 ε 均使各循环的热效率和平均指示压力增加,而实际发动机开发的一个重要目标就是如何改善内燃机的工作过程,提高 ε。

(2) 对于压力升高比 λ 和预胀比 ρ,实际上是关于燃烧过程的分配和控制的问题。从理论上来说,增大燃烧速度,即增大 λ,可以提高热效率和增大平均压力,而往往要受到实际情况的限制,但也为实际工作指明了方向。

(3) 提高平均指示压力 p_t 的途径之一是提高初态压力 p_1,且此为实际中采用的增压技术的目的之一。

2.3 理论循环热效率比较

在一定的条件下比较各种理论循环热效率,可说明在特定条件下,发动机以何种方式工作可获得最高的热效率。

比较条件通常是参考发动机的实际工作情况规定的,这样做可以使结论用于指导实际。下面分两种情况进行比较。

(1) 当初始态 p_1、T_1 及压缩比 ε 相同时:为便于比较,设 q_1 相同,这不是进行比较的前提条件,而只是为了分析方便。从图 2.10 中判断可得,由于 $q_{2p} > q_{2m} > q_{2v}$,因此 $\eta_{tv} > \eta_{tm} > \eta_{tp}$。也就是说,在这个条件下,定容加热循环的热效率最高。

(2) 当初始态 p_1、T_1 及燃烧最高压力 p_3(或 p_4)相同时:最高压力的限制在实际应用中是很有意义的,因为受机械负荷和热负荷等的影响,燃烧最高压力必受到限制,这里设 q_2 相同。从图 2.11 中可以发现,由于 $q_{2v} > q_{2m} > q_{2p}$,因此 $\eta_{tp} > \eta_{tm} > \eta_{tv}$。

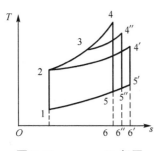

图 2.10 ε、p_1、T_1 相同

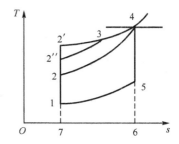

图 2.11 p_{max}、p_1、T_1 相同

这一结论与实际发动机的工作性质是吻合的,在实际循环中,由于汽油机受最高压力及爆震等的影响,所允许的 ε 低于柴油机,故实际汽油机的热效率比柴油机低。

思考题与习题

1. 解释下列概念。
   定容加热循环 　混合加热循环 　定压加热循环 　平均指示压力
2. 简述四行程发动机实际工作过程的简化原则。
3. 在混合加热循环中,分析压力升高比、预胀比对热效率和平均指示压力的影响。

4. 如图 2.12 所示,在内燃机定容加热循环中,如果绝热膨胀不在点 4 停止,而使其继续进行到点 5,使 $p_5=p_1$,则形成超膨胀循环。已知 $p_1=1$ bar,$t_1=60℃$,$\varepsilon=6$,循环中吸热量 $q_1=880$kJ/kg,工质视为空气,比热为定值。试求此两循环的热效率,并将此两循环表示在 T-s 图上。

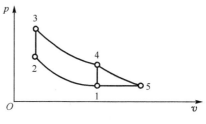

图 2.12 超膨胀循环

5. 采用定容加热循环的四行程内燃机,工质为 0.01kg 的空气。已知 $p_1=1$bar,$t_1=27℃$,压缩比 $\varepsilon=6$,每个循环加入热量 4.1868kJ,机轴转速为 1600r/min,试求:①循环最高温度及最高压力;②循环热效率;③循环的理论功率。

6. 有 3 个内燃机的理想循环,分别为定容加热循环 1-2-3-4-1、定压加热循环 1-2'-3-4-1、卡诺循环 1-2''-3-4''-1,如图 2.13 所示。已知 $p_1=1$bar,$t_1=20℃$,$p_3=70$bar,$t_3=1800℃$,工质视为空气,比热为定值,试求此 3 个循环的热效率,并将此 3 个循环表示在 p-v 图上,最后应用热力学理论和工程实用的观点对此 3 个循环进行分析比较。

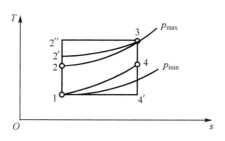

图 2.13 3 个内燃机循环

第 3 章 发动机燃料与燃烧

教学提示

发动机的传统燃料是汽油与柴油，认识汽油与柴油的理化性质及其在燃烧过程中化学反应与释放热量的规律，是学习发动机工作过程的基础。发动机代用燃料具有广阔的应用前景，而燃料电池不通过热机循环过程将化学能转换成电能和机械能，能量转换效率高，但成本较高。

教学要求

掌握发动机传统燃料汽油与柴油的理化性质和汽油、柴油的使用特性、标号规则以及选用，从而能够分析汽油、柴油的化学组分及对各种性质的影响；了解发动机代用燃料的特性及应用前景；掌握混合气中燃料与空气之间量的关系，并了解烃的氧化反应与燃烧过程进行机理；掌握传统汽油机、柴油机燃烧模式的区别，为进一步分析汽、柴油机燃烧过程及工作特性打下基础；了解燃料电池工作原理。

3.1 发动机的传统燃料

3.1.1 烃的分类、构成和性质

发动机的传统燃料是汽油与柴油，它们是石油的炼制品。石油的主要成分是碳、氢两种元素，其含量约占97%～98%，其他还有少量的硫、氧、氮等。石油产品是以多种碳氢化合物的混合物的形式出现的，分子式为C_nH_m，称为烃。

利用不同碳原子数的烃具有不同的沸点这一性质，用最简便的蒸馏法对石油进行分

馏，依次得到石油气、汽油、煤油、轻柴油、重柴油、渣油，它们主要理化性质的不同首先是由碳原子数的多少决定的，碳原子数对烃主要理化性质的影响见表3-1。

表3-1 碳原子数对烃主要理化性质的影响

碳原子数	沸点/℃	燃料品种	相对分子质量	着火温度/℃	主要理化性质变化规律
C_1	-162	甲烷	16	650	质轻 ↑ 易挥发 ↑ 化学安定性好 ↑ 易点燃 ↓ 易自燃 ↓ 黏度大 ↓
$C_3 \sim C_5$	-43~+1	石油气	41~58	365~470	
$C_5 \sim C_{11}$	25~215	汽油	95~120	300~400	
$C_{11} \sim C_{19}$	170~260	煤油	100~180	250	
$C_{16} \sim C_{23}$	180~360	柴油	180~200	250	
C_{23} 以上	360以上	渣油	220~280	不确定	

在碳氢化合物中，除碳原子数对烃的性能有影响外，分子结构对烃的性能也有很大影响，见表3-2。

表3-2 分子结构对烃的性能的影响

碳原子数	分子通式	典型分子结构	性质描述
烷烃（正构物）	C_nH_{2n+2}	直链型 正庚烷 C_7H_{16}	碳原子间单键相连，链状一字排列，呈饱和的开链式结构。在常温下化学性能比较稳定，在高温下易分解，自燃的滞燃期较短，是柴油的良好成分，但对于汽油成分抗爆性差
烷烃（异构物）	C_nH_{2n+2}	支链型 异辛烷(2,2,4-甲基戊烷)C_7H_{16}	碳原子间单键相连，在链状排列中，具有饱和的分支排列结构。碳原子数越多，结构越紧凑。在常温下化学性能比较稳定，而在高温下较稳定，是抗爆性好的汽油成分
环烷烃	C_nH_{2n}	环己烷	碳原子间单键相连，呈环状饱和排列。不易分裂，热稳定性和自发火温度均比直链烷烃高，适宜做汽油机燃料

(续)

碳原子数	分子通式	典型分子结构	性质描述
烯烃	C_nH_{2n}		原子间链状排列,其中一个为双键相连,是不饱和烃。比烷烃难于自燃,是抗爆性好的汽油成分,但由于不饱和结构在常温下化学稳定性差,故长期储存易氧化生成胶质
芳香烃	C_nH_{2n-6} 或 C_nH_{2n-12}	苯(C_6H_6) α-甲基萘($C_{11}H_{10}$)	6个碳原子环状排列单、双键交替相连形成"苯核",而苯是以"苯核"为基础的不饱和烃。萘是两个"苯核"并在一起(10个碳原子)形成的不饱和烃。芳香烃都含有苯基成分,在石油中含量较少,结构坚固,热稳定性比烷烃、烯烃和环烷烃均高,是汽油中良好的抗爆成分,但作为柴油成分不利于自燃

直接分馏法最终获得的燃油约只占原油的25%~40%。为了获得更多适用的燃油,还采用裂解、催化重整和加氢精制等工艺。热裂解和催化裂解是将蒸馏后的重油等一些高分子成分通过不同的技术手段裂解为相对分子量较小成分的过程。其中通过加温加压的方法进行裂解的过程称为热裂解法,使用催化剂进行裂解的过程称为催化裂解法。

不同的炼制工艺得到的燃油,其理化性质也不同。表3-3给出了不同炼制方法对燃油性质的影响。

表3-3 不同炼制方法对燃油性质的影响

燃油	直接分馏法	热裂解法	催化裂解
汽油	稳定性好,烷烃与环烷烃体积分数占90%~95%,芳香烃体积分数不超过5%~9%,不含不饱和链状烃,其马达法辛烷值约50~70	含有较多不饱和烃,在存储中易产生胶质,抗爆性比直馏汽油好,其马达法辛烷值约58~68	芳香烃的体积分数约32%~40%,烷烃的体积分数为50%~60%,环烷烃的体积分数为8%~10%。品质高,抗爆性好,其马达法辛烷值可达77~84
柴油	含有体积分数为20%~30%的芳香烃,具有较高的十六烷值	含有大量不饱和烃,十六烷值较低	十六烷值适中,性能较好,可作为高品质柴油使用

在以上工艺方法中,热裂解法工艺简单,但所得到的燃油稳定性差,辛烷值低。为了

得到高品质的燃油,需采用加氢精制或催化重整工艺。加氢精制工艺不仅可以使烯烃变成饱和烃,还具有可以脱碳、脱氮、脱氧以及脱金属成分等作用。

催化重整工艺使正构烷烃或环烷烃在催化剂作用下转化成异构物烃和芳香烃,副产品氢气还可以作为加氢精制工艺的氢气来源。

实际上,为了满足发动机对燃油的要求,需把经不同炼制工艺得到的燃油按适当的比例进行调和。因此,商品燃料不仅是多种烃类的混合物,而且也是经各种炼制工艺所得燃油的调和物。表 3-4 给出了国内成品汽油的典型调和方案。

表 3-4 国内成品汽油的典型调和方案

汽油规格	典型调和组分	组分特征
90#	1 催化裂化汽油 2 催化裂化+少量重整汽油 3 催化裂化+焦化+直馏汽油 4 催化裂化汽油+少量 MTBE 5 催化裂化汽油+MMT[①]	饱和烃、烯烃、芳香烃 同上 同上 增加含氧化合物 增加了 MMT
93#	1 催化裂化+重整汽油 2 催化裂化汽油+MTBE[②] 3 催化裂化汽油+乙醇	饱和烃、烯烃、芳香烃 增加含氧化合物 增加含氧化合物
97#	1 催化裂化+重整汽油+烷基化 2 催化裂化+重整汽油+MTBE	饱和烃、烯烃、芳香烃 增加含氧化合物

注:① MMT——甲基环戊二烯三羰基锰,是高效无铅汽油抗爆剂。
② MTBE——甲基叔丁基醚,是生产无铅、含氧、低芳烃及高辛烷值车用汽油的优良调和组分。

3.1.2 汽油和柴油的使用特性

1. 汽油

汽油的使用性能有抗爆性、蒸发性、抗氧化安定性(化学稳定性)、抗腐蚀性及清净性等。

1)抗爆性

汽油机有一种不正常的燃烧叫爆燃(也叫爆震,其基本机理见第 8 章)。当爆燃时,发动机会发生强烈震动,并发出金属敲击声,随即功率下降、冒黑烟、耗油量增大,严重的爆燃会使发动机零件毁损。抗爆性是指汽油在气缸内燃烧时不发生爆燃的能力,用辛烷值表示。在规定条件下的标准发动机试验中,将被测定燃料与标准燃料进行比较来测定辛烷值,采用和被测定燃料具有相同的抗爆性的标准燃料中含异辛烷的体积百分比来表示,其具体方法如下。

在一台可改变其压缩比的单缸试验机上,用被测定的汽油作为燃料,在一定的条件下运转,并改变压缩比,直至其产生标准强度的爆震燃烧。然后,在同样的压缩比下,换用由一定比例的异辛烷(抗爆能力强,规定其辛烷值为 100)和正庚烷(抗爆能力弱,规定其辛烷值为 0)混合而成的标准燃料,使其在相同的条件下运转,并不断改变标准燃料中异辛烷和正庚烷的比例,直到单缸试验机产生与被测汽油相同强度的爆燃时为止。此时,标准燃料中所含异辛烷的体积百分数就是被测汽油的辛烷值。车用汽油的牌号就是按照辛烷值来划分的，汽油的选用是根据不同发动机压缩比对辛烷值的要求来确定的。

测定汽油的辛烷值可以采用不同的试验方法，常用的方法为马达法与研究法。两种方法的试验条件见表 3-5。

表 3-5 马达法与研究法的试验条件

方法 条件	马达法	研究法
转速/(r/min)	900±9	600±6
进气温度/℃	38±14	51.7
湿度/(g/kg)	3.5~7	3.5~7
可燃混合气温度/℃	149~150	混合气不预热
点火提前角/(°CA)	可变化	15
压缩比	4~10	4~10
冷却液温度/℃	100±1.5	100±1.5
润滑油/(100℃)运动黏度/(m^2/s)	$(9.3~12.5)\times 10^{-6}$	$(9.3~12.5)\times 10^{-6}$
油压/kPa	180~210	180~210
油温/℃	57±8.5	57±8.5
火花塞间隙/mm	0.508	0.508
空燃比	调整到爆震强度最大	调整到爆震强度最大

马达法辛烷值（Motor Octane Number，MON）是以较高的混合气温度（加热至 149℃）和较高的发动机转速的苛刻条件为特征的实验室标准发动机测得的辛烷值。它表示汽油在发动机高速运转时的抗爆能力。

研究法辛烷值（Research Octane Number，RON）是以较低的混合气温度（一般不加热）和较低的发动机转速的中等苛刻条件为其特征的实验室标准发动机测得的辛烷值。它表示汽油在发动机重负荷条件下高速运转的抗爆能力。

马达法规定的试验转速及进气温度比研究法高，所以马达法辛烷值低于研究法辛烷值。一般采用研究法辛烷值来确定汽油的抗爆性。

如要比较全面表示抗爆性时，则同时标出 RON 值和 MON 值，MON 与 RON 之差称为汽油的敏感性。此外也可用抗爆指数来衡量，抗爆指数=(MON+RON)/2。

以辛烷值来衡量，则直链烷烃最差，带支链烷烃和烯烃以及芳香烃是比较理想的成分。所以，炼油厂还需要设有专门生产芳香烃和带支链烷烃的装置，将具有高辛烷值的产物掺到汽油中去，以达到 93 号、97 号车用汽油的要求。在生产芳香烃时，用的是以铂为催化剂的催化重整工艺，可以把环烷烃脱氢为芳香烃。在生产带支链烷烃方面，用烷基化工艺就是以催化裂化气体中的丙烯、丁烯及异丁烯为原料，以硫酸或氢氟酸为催化剂合成烷基化油（工业异辛烷）；还可采用异构化工艺将直链烷烃转化为带支链烷烃。所以，93号、97 号的汽油是由催化裂化汽油、催化重整汽油和烷基化油等按照质量标准的要求调配起来的混合物。

为了提高汽油的抗爆性，常在汽油中添加抗爆剂。四乙基铅［$Pb(C_2H_5)_4$］和二溴乙烷（$C_2H_4Br_2$）组成的混合物曾经是典型的抗爆剂，但由于污染环境，我国在 2000 年以后禁止使用，所以目前的汽油都不含铅。

那么要提高汽油的辛烷值，就要增加烯烃和芳香烃的含量，但是烯烃和芳香烃过多会对环境有不利影响，因此需要限制其在汽油中的含量。经过研究发现，像醚类那样的含氧有机化合物既有较高的辛烷值而又不污染环境。所以近年来甲基叔丁基醚（MTBE）得到了广泛的应用，它是以异丁烯和甲醇为原料制得的。此外，同类的还有乙基叔丁基醚（ETBE）及叔戊基甲基醚（TAME），而不同类的还有甲醇、乙醇等。

2）蒸发性

在汽油机中可燃混合气形成的时间很短，因此汽油蒸发性对形成的混合气质量和燃烧将有很大影响。

蒸发性越强，就越容易气化，造成的混合均匀的可燃混合气燃烧速度越快，并且燃烧越完全，因而不仅发动机易起动、加速顺畅、工况转换灵敏柔和，而且减小机件磨损、降低汽油消耗。但蒸发性也不能过强，否则当汽油在夏季以及大气压力低的高原使用时，容易使发动机的供油系统产生"气阻"，甚至发生供油中断。另外，在储存和运输过程中的蒸发损失也会增加。

蒸发性过弱的汽油，这不能形成良好的混合气，不仅会造成起动困难、加速迟缓，而且未气化的悬浮油粒还会使发动机工作不稳定、油耗上升。如果燃油粒附着在气缸壁上，还会破坏润滑油膜，甚至窜入曲轴箱稀释润滑油，从而造成机件磨损。

汽油的蒸发性用汽油蒸发量为 10%、50%、90% 和 100% 时所对应的温度来评定，它们分别称为 10% 馏出温度、50% 馏出温度、90% 馏出温度和干点。将一定数量的汽油（通常为 100ml）放在蒸发器内加热，将蒸发出来的汽油蒸汽通过冷凝器凝成液体，并用量筒测量其体积。当量筒中冷凝的汽油量为被试验汽油量的 10% 时，测出的蒸发器中汽油蒸汽的温度即是 10% 馏出温度。用同样方法，可以得出其他几个温度。

在 10% 馏出温度时，从汽油中蒸发出的是低沸点、高饱和蒸汽中的轻质成分。该温度低，表明汽油中所含的轻质部分低温时容易蒸发，从而有较多的汽油蒸汽与空气混合形成可燃混合气，使汽油机冷起动比较容易。因此，用 10% 馏出温度来评价汽油的起动品质，此温度越低，汽油的起动品质越好，一般要求 10% 馏出温度小于 70℃。

50% 馏出温度的高低表明汽油中间馏分蒸发性的好坏。此温度低，说明汽油的中间馏分容易蒸发，从而在较低温度下可以有较多的燃料蒸发并与空气混合，这样可以缩短暖车时间，以使发动机从低负荷向高负荷过渡时，能够及时地供给所需的可燃混合气量，提升加速性及工作稳定性。国家标准要求 50% 馏出温度小于 120℃。

90% 馏出温度可以表明汽油中难以蒸发的重质成分含量。此温度越高，表明汽油中不易蒸发的重质含量越多。这些重质成分在混合气形成的过程中很难蒸发，并附着在进气管和气缸壁上，从而将增加燃油消耗、稀释润滑油并加大气缸磨损。国家标准要求 90% 馏出温度小于 190℃。

3）抗氧化安定性

汽油抵抗氧化作用而保持其性质不发生长久性变化的能力称为抗氧化安定性。抗氧化安定性不好的汽油，易发生氧化、缩合和聚合反应，生成酸性物质和胶状物质，从而导致燃料供应系统堵塞、气门关闭不严、气缸散热不良、爆燃倾向增大。

为了提高汽油的抗氧化安定性，石油炼制工业除了采用催化重整和加氢精制等工艺外，还普遍向汽油中添加抗氧防胶剂和金属钝化剂。

4) 清净性

现代汽油喷射系统常发生的问题是在进气系统和喷油器上产生胶质沉淀。其主要原因是汽油中含有不稳定的化合物，如不饱和烯烃和二烯烃以及添加剂带入的低分子量化合物等。为了保持进气系统和喷嘴的清洁，常在汽油中加入汽油清净剂。具有清净、分散、抗氧化、破乳和防锈性能的多功能复合添加剂，一般是聚烯胺和聚醚胺类化合物。清净剂通过其抗氧化和表面活性作用，可以清除喷嘴、进气门等部件上的积炭。

20世纪50年代研究的第一代汽油清净剂主要是解决汽车化油器的积炭问题；20世纪80年代初研制的第二代清净剂主要是解决喷嘴堵塞问题；20世纪80年代末研制的第三代汽油清净剂不但对化油器、喷嘴积炭有清洗作用，而且对进气门也有清洗作用。目前，已开发出能清洗气缸积炭的第四代清净剂。

表3-6列出了GB 7930—2000规定的中国车用汽油的技术要求和试验方法。

表3-6 中国车用汽油的技术要求和试验方法（GB 7930—2000）

项　　目		质量指标			试验方法
		90号	93号	97号	
抗爆性： 研究法辛烷(RON) 抗爆指数(RON+MON)/2	不小于 不小于	90 85	93 88	97 报告	GB/T 5487 GB/T 503，GB/T 5487
铅含量①/(g/L)	不大于	0.005			GB/T 8020
馏程： 10%蒸发温度/℃ 50%蒸发温度/℃ 90%蒸发温度/℃ 终馏点/℃ 残留量/(%，(体积分数))	不高于 不高于 不高于 不高于 不大于	70 120 190 205 2			GB/T 6536
实际胶质/(mg/100mL)	不大于	5			GB/T 8019
诱导期/min	不小于	480			GB/T8018
硫含量②/(%，(质量分数))	不大于	0.05			GB/T 380，GB/T 11140， GB/T 17040，SH/T 0253， SH/T 0689，SH/T 0742
硫醇(需要满足下列条件之一) 　博士试验 　硫醇硫含量/(%(质量分数))	 不大于	 通过 0.001			 SH/T 0174 GB/T 1792
水溶性酸或碱		无			GB/T 259
机械杂质及水分③	不大于	无			目测③
苯含量④/(%，(体积分数))	不大于	2.5			SH/T 0693，SH/T 0713

(续)

项目		质量指标			试验方法
		90号	93号	97号	
芳烃含量⑤/(%,(体积分数))	不大于		40		GB/T 11132,SH/T 0741
烯烃含量⑤/(%,(体积分数))	不大于		35		GB/T 11132,SH/T 0741
氧含量/(%(质量分数))	不大于		2.7		SH/T 0663
甲醇含量①/(%(质量分数))	不大于		0.3		SH/T 0663
锰含量⑥/(g/L)	不大于		0.018		SH/T 0711
铁含量①/(g/L)	不大于		0.01		SH/T 0712

注：① 在车用汽油中，不得人为加入甲醇以及含铅或含铁的添加剂。
② 在有异议时，以 GB/T 380 方法测定结果为准。
③ 将试样注入 100mL 玻璃量筒中观察，应当透明且没有悬浮和沉降的机械杂质和水分。在有异议时，以 GB/T 511 和 GB/T 260 方法测定结果为准。
④ 在有异议时，以 SH/T 0713 方法测定结果为准。
⑤ 对于 97 号车用汽油，在烯烃、芳烃总含量控制不变的前提下，可允许芳烃的最大值为 42%（体积分数）。在含量测定有异议时，以 GB/T 11132 方法测定结果为准。
⑥ 锰含量是指汽油中以甲基环戊二烯三羰基锰形式存在的总锰含量，不得加入其他类型的含锰添加剂。

2. 柴油

不同柴油用于不同的柴油机，其中轻柴油用于高速柴油机，重柴油用于中、低速柴油机，重油用于大型低速柴油机。汽车用的柴油机都是高速柴油机，使用轻柴油。柴油的使用特性包括自燃性、低温流动性(凝点)、雾化和蒸发性(馏程)、黏度、闪点等。

1) 自燃性

柴油的自燃性常用十六烷值来评定。在没有外界火源的情况下能自行着火的最低温度称为自燃点。柴油的自燃点越低，则其着火延迟期越短，且在着火延迟期内，气缸中形成的可燃混合气量少，着火后缸内压力升高率低、工作柔和。因此柴油机在低温时也易于起动。

柴油的自燃性也是通过与一种标准燃料进行比较来加以评定的。标准燃料是正十六烷和 α-甲基萘的混合物。正十六烷的自燃性最好，而作为自燃性好的标准，其十六烷值定为 100。α-甲基萘最不易自燃，而作为自燃性差的标准，其十六烷值定为 0。柴油的自燃性通常介于正十六烷与 α-甲基萘之间。将上述两种成分按不同比例混合，可得出不同十六烷值的标准燃料，十六烷值即该混合物中正十六烷所占的体积分数。在单缸试验机上按规定的条件进行试验时，如果某种柴油与某种标准燃料的自燃性相同，则该标准燃料的十六烷值即为该柴油的十六烷值。

柴油的十六烷值与燃料的分子结构及相对分子质量均有密切关系，表 3-1 和表 3-2 中表示燃料的不同分子量和分子结构对十六烷值和自燃性的影响。十六烷值可以通过选择原油种类、炼制方法以及添加剂来控制。一般直链烷烃比环烷烃的十六烷值高，而在直链烷烃中，相对分子质量越大(碳原子数越多)，十六烷值越高。

尽管十六烷值高对于缩短着火延迟期及改善冷起动性有利，但当十六烷值过大时，就会使燃料相对分子质量加大，从而使燃油的蒸发性变差以及黏度增大，最终导致冒烟加剧、经济性下降。因此，国产车用柴油的十六烷值一般规定在40～55。

2）低温流动性

当处于低温时，柴油会析出蜡而使流动性变差，而在寒冷地区，则可能堵塞柴油滤清器，从而使发动机起动不良，甚至在运转中熄火。柴油失去流动性而开始凝固的温度称为凝点。当柴油接近凝点时，流动性已很差，不但喷雾恶化，有时供油也很困难，则柴油机无法正常工作。我国的标准中用凝点来表示低温流动性。因此，柴油的选用是根据使用环境的温度来确定的。

我国轻柴油规格由 GB 252—2000 规定。轻柴油的牌号按接凝点不同分为10号、0号、－10号、－20号、－35号五级，其凝点分别不高于10℃、0℃、－10℃、－20℃和－35℃。选用柴油时，应按最低环境温度高出凝点5℃以上，例如－20号柴油适用于最低环境温度为－15℃的场合。

3）雾化和蒸发性

馏程也用一定体积(100mL)的燃油馏出某一体积百分比时的温度范围来表示。在馏程中，50%馏出温度越低，说明轻馏分越多、蒸发越快，从而有利于混合气形成，并有利于提高柴油机的暖机性能、加速性和工作稳定性。90%馏出温度和95%馏出温度标志着柴油中难以蒸发的重馏分含量，其直接影响燃料能否及时完全燃烧。如果重馏分过多，燃料来不及蒸发形成可燃混合气，则不容易进行及时和完全燃烧，并易冒烟。因此，高速柴油机常使用轻馏分柴油。但是馏分太轻，50%馏出温度也低，则大部分轻馏分容易蒸发，并在着火前形成大量的可燃混合气。此时一旦着火，所形成的可燃混合气同时燃烧，使压力升高率过大，从而造成柴油机工作粗暴。

4）黏度

柴油的黏度是表示其黏稠程度及流动性的指标。它影响燃油的喷雾质量、过滤性及在油道中的流动性。黏度过高，柴油的喷雾质量差，恶化燃烧过程；黏度过低，柴油易通过喷油泵柱塞偶件和喷油器针阀偶件之间的间隙漏出，使供油量不准确。此外，低黏度的柴油在上述精密偶件的摩擦表面上不易形成油膜，使其润滑不良而加速磨损，从而缩短精密偶件使用寿命。柴油的黏度随温度而变化，温度越高，黏度越低，故应选择合适的黏度。

5）闪点

当柴油加热后，柴油蒸汽与外界的空气混合形成混合气。混合气与火焰接触发生闪火的最低温度称为闪点。闪点越高，表明燃油在储存、运输和使用中越不易着火而引起火灾，即越安全。

柴油除了具有上述主要使用性能指标以外，还有机械杂质、水分、灰分、含硫量、酸度、残炭、抗氧化安定性等使用性能指标。

表3-7列出了GB252-2000规定的中国轻柴油标准。

表3-7 中国轻柴油标准(GB 252—2000)

项 目	质量指标					试验方法
	10号	0号	－10号	－20号	－35号	
色度/号 不大于			3.5			GB/T 6540
氧化安定性总不溶物密度/(mg/100mL) 不大于			2.5			SH/T 0175

(续)

项　目		质量指标					试验方法
		10号	0号	−10号	−20号	−35号	
硫含量②/(%,（质量分数）)	不大于	0.2					GB/T 380
酸度/(mg(KOH)/100mL)	不大于	7					GB/T 258
10%蒸余物残炭/(%,（质量分数）) 不大于		0.3					GB/T 268
灰分/(%,（质量分数）)	不大于	0.01(0.02)					GB/T 508
铜片腐蚀(50℃ 3h)/级		1					GB/T 5096
水分/(%,（质量分数）)	不大于	痕迹					GB/T 260
机械杂质		无					GB/T 511
运动黏度(20℃)/(mm²/s)		3.0～8.0			2.5～8.0	1.8～7.0	GB/T 265
凝点/℃	不高于	10	0	−10	−20	−35	GB/T 510
冷滤点/℃	不高于	12	4	−5	−14	−29	SH/T 0428
闪点(闭口)/℃	不低于	55			45		GB/T 261
十六烷值	不小于	45					GB/T 386
馏程： 　50%回收温度/℃　　不高于 　90%回收温度/℃　　不高于 　95%回收温度/℃　　不高于		300 355 365					GB/T 6356
密度(20℃)/(kg/m³)		实测					GB/T 1884, GB/ T1885

3.1.3　燃料特性引起的发动机工作模式上的差异

由于燃料理化特性和使用特性的差异，因而使汽油机和柴油机在混合气形成方式、着火燃烧模式以及负荷调节方式上存在着重大差别，并导致了各种性能差异。

（1）混合气形成方式的差异。汽油沸点低，蒸发性好，在常温或稍加热的条件下易于在缸外与空气形成预制均匀混合气；而柴油沸点高，不适于缸外预混合，即使加热后能在缸外气化混合，也因空气密度下降而减少了充量，同时也消耗额外预热的能量，这些都是不合理的。再加上下面将提到的着火方式的差别，故在传统上，柴油机采用了缸内高压燃油喷射、与空气雾化混合的混合气形成方式。

（2）着火燃烧模式的差异。

① 汽油机实行预混燃烧。汽油机在缸外预制好均匀混合气进入气缸，而其只适用外源强制点火，火焰在混合气中进行传播燃烧。因为预制均匀混合气若进行压燃，由于同时着火，近于爆炸，故这是不允许的。同时由于汽油燃点高，着火准备时间长，因此即使实现喷雾压燃，也是不合理的。

② 柴油机实行扩散燃烧。当喷雾混合后，因其着火温度低，准备时间短，从而初期

适于燃烧的混合气量不多，喷雾后不久立即着火，初期工作粗暴的情况会得到缓解。柴油机在初期着火燃烧后，紧接着进行边喷油边气化混合的扩散燃烧。

预混燃烧与扩散燃烧的详细机理参看本章第 4 节。

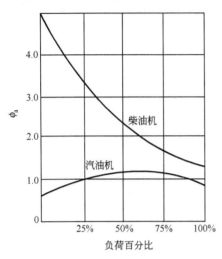

图 3.1 汽油、柴油机 ϕ_a 随负荷的变化曲线

(3) 负荷调节方式的差异。均匀混合气能点燃的过量空气系数 ϕ_a 范围小，如图 3.1 所示。只能靠变化节气门的开度，控制混合气进气量（油量和气量同时变化）来调节负荷，这种方式称为负荷的量调节。而柴油机在较大范围的 ϕ_a 条件下都可以压燃着火，所以靠循环喷油量的多少来调节负荷。由于每循环进气量基本不变，因此 ϕ_a 会随负荷大幅度变化。这种靠改变喷油量，即改变混合气浓度调节负荷的方式，称为负荷的质调节。

汽油机、柴油机工作模式的差别，既与燃料特性有关，也取决于当时发动机发展水平，不是绝对不变的。近年来，人们试图将压燃机和点燃机的优点相结合，发展新型的燃烧系统。汽油机已研制成功分层充量燃烧系统（Fuel Stratified Injection，FSI），既实现喷雾混合和负荷质调节，避免预制均匀混合所带来的"爆震"等局限性，又采用点燃方式以降低对燃料着火品质过高的要求（详见第 6 章）。柴油机采用均匀预混压燃（Homogeneous Charge Compression Ignition，HCCI）燃烧方式（详见第 7 章），可解决柴油机微粒排放问题。

3.2 发动机代用燃料

到目前为止，汽车发动机绝大多数还使用传统液体燃料——汽油和柴油。尽管有不少缺点，例如有害排放严重等，但综合来看，还不能为其他燃料大量替代。所以除汽油、柴油以外的发动机燃料叫做代用燃料。代用燃料能否在汽车上得到应用，受到其理化特性、安全与环保特性、价格、供给设施等因素的影响。

3.2.1 气体燃料

1. 天然气

天然气可以用压缩天然气（Compressed Natural Gas，CNG）、液化天然气（Liquefied Natural Gas，LNG）和吸附天然气（Adsorbed Natural Gas，ANG）等方式在发动机中加以利用，其中 CNG 方式采用得最多。由于天然气的储藏量很大，因此作为一种清洁燃料被应用。

天然气以甲烷为主要成分，随产地不同，甲烷的含量为 83%～99%。由于组成变化，因此理论空燃比、热值也不同。另外，由于天然气密度低于汽油，因此使吸入发动机的新鲜空气量减少，发动机的输出功率会下降，只为汽油机的 90% 左右。

2. 液化石油气

液化石油气(LPG)分为油田液化气和炼油厂液化气两种。液化石油气的主要成分是丙烷(C_3H_8)和丁烷(C_4H_{10})。油田液化气来自油田，不含烯烃，可直接用作车用燃料。炼油厂液化气主要是催化裂化过程和延迟焦化炼油过程的产物，含有大量丁烯(C_4H_8)、丙烯(C_3H_6)以及少量乙烷及异丁烷。因烯烃类为不饱和烃，燃烧后结胶严重，对发动机的火花塞、气门、活塞环等零件损坏较大，所以不适于直接用作车用燃料。一般要使烯烃含量低于6%，才能用作车用燃料。

3. 天然气、液化石油气与汽油比较

(1) 热值。天然气的体积低热值和质量低热值略高于汽油，但理论混合气热值比汽油低，且甲烷含量越高，相差越大。纯甲烷理论混合气热值比汽油低10%左右，液化石油气则介于汽油和天然气之间，但都会使发动机功率有所下降。

(2) 抗爆性。二者都具有较高的辛烷值，天然气的研究法辛烷值为130，液化石油气的研究法辛烷值为100~110。当使用介电常数法等方法来测量辛烷值时，可参考相关资料。其可采用高压缩比，燃用天然气和液化石油气的发动机应采用的合理压缩比为12，允许压缩比可达15，从而可大幅度提高发动机的动力性和经济性，且设计得当燃烧效率可相当于柴油机。

(3) 发火性能。天然气和液化石油气比汽油的着火温度高，传播速度慢，因此需要较高的点火能量。混合气着火界限宽，例如天然气与空气的混合气有很宽的着火界限，其过量空气系数的变化范围为0.6~1.8。

(4) 排放。天然气和液化石油气比汽油和柴油燃烧更"清洁"。二者燃烧温度低，NO_x的生成量少；与空气同为气相，混合均匀，燃烧较完全，HC、CO和微粒的排放很低。燃料分子中的碳原子数少，单位发热量的CO_2排出量比较少，这对减少地球温室效应有利。未燃烧的甲烷等成分性质稳定，在大气中不易形成有害的光化学烟雾。

(5) 安全性。汽油具有良好的挥发性，随气温的升高，其挥发性加强。汽车的燃油系统从构造上看，并无十分严密的封闭措施，尤其是在加油时，在油箱附近的空气中易形成可燃混合气，加上汽油的燃点在430℃以内，遇微小火花即可着火，因而汽车经碰撞、倾覆或漏油而发生火灾是常见的事故。压缩天然气(CNG)和和液化石油气在车辆上是储存在专门设计加工的高强度气瓶内，传输和加气均在严格密闭的管道内进行，气瓶不易破坏，管道不会泄露。即使发生泄漏，由于天然气比空气轻，在空中遇微风就被吹散，加上天然气的燃点高(537℃以上)，不易形成可燃性混合气，所以车用天然气不易产生火灾事故，比汽油更安全。

(6) 使用性能。用天然气和液化石油气为燃料的发动机，冷起动性能好、运转平稳。其不含汽油、柴油中存在的产生胶质的成分，而且硫的含量和机械杂质也远低于汽油，对气缸、活塞、活塞环、气门等零部件的危害较小。气体燃料不会稀释机油，从而可提升发动机寿命。

(7) 携带性。液化石油气在较低的压力下(690kPa)就可完全液化，几乎和汽油、柴油同样便于车辆携带。但天然气极难液化，在常温下无论如何加压也不会液化，只有采用先进的膨胀制冷过程将其冷却到-162℃才能液化。无论是液化设备还是车上储罐，造价都会很高。目前广泛采用压缩天然气采用高压(20~25MPa)存储在气瓶内，这会导致汽车自

重加大、空间减小、容量有限,也限制了汽车的续驶里程。

4. 天然气、液化石油气在发动机上的使用方案

天然气或液化石油气发动机分为单燃料、两用(可切换)燃料及双燃料(气体燃料和柴油)3类。单燃料指发动机的燃料供给系统专为燃用气体燃料而设计,其结构保证气体燃料能有效利用。两用燃料是可在两种燃料中进行转换使用,设有两套燃料供给系统,无论是使用气体燃料还是汽油、柴油,发动机都能正常工作,利用选择开关实现发动机从一种燃料转换到另一种燃料,且两种燃料不允许同时混合使用。双燃料是指同时使用两种燃料的发动机,一般用压燃的少量柴油引燃气体燃料与空气的混合气而实现燃烧(这种发动机也可用纯柴油工作)。因此,该系统有同时供给汽车两种燃料的装备,且配备两个供给系统及两个独立的燃料储存系统。依据发动机的运行工况、燃料品质和发动机参数,按一定比例同时向发动机供给气体燃料和柴油。

3.2.2 液体燃料

1. 醇类

1) 醇类的性质

醇类燃料主要是指甲醇(CH_3OH)和乙醇(C_2H_5OH),都是分子量较小的单质。甲醇可以从天然气、煤、生物质等原料中提取,而乙醇可以从含淀粉和糖的农作物中制取。其原料来源广泛,并且可以再生。与汽油相比,它的特点如下。

(1) 醇类燃料热值低,但醇中含氧量大,理论空燃比比汽油小,所以两者的混合气热值相当,保证发动机的动力性能不降低。

(2) 醇的汽化潜热是汽油的3倍左右,燃料蒸发汽化可以促使进气温度进一步降低,增加充气量,但是冷起动困难,需要预热。

(3) 醇的辛烷值高,抗爆性能好,对提高压缩比有利。

(4) 醇的沸点低,产生气阻的倾向比汽油大。

(5) 甲醇对视神经有损伤作用,且有一定的毒性,在储运及使用中要注意安全。另外,甲醇对金属有一定的腐蚀作用,应采用防腐蚀措施。

(6) 醇类的十六烷值很低,着火性差且着火延迟期长,在压燃式内燃机中使用醇类很困难。

(7) 醇类燃料的着火上下限都比石化燃料宽,能在稀混合气区工作,有利于降低油耗。其燃烧完全,在燃烧产物中基本没有炭烟,NO_x的排放浓度也很低,是一种低污染性燃料。

2) 醇燃料在发动机上的使用

醇类的能量密度比汽油、柴油低,但与气体燃料相比更适用于汽车发动机。醇类燃料首先采用与其他燃料掺烧,也在考虑使用纯醇类作发动机的燃料。醇类燃料的辛烷值高,有一定的挥发性,易于与汽油混合,较适合做点燃式内燃机的燃料。醇类燃料的十六烷值低,不适宜直接在压燃式内燃机中使用,但也可掺烧。

甲醇或乙醇与汽油的混合燃料称为甲醇(或乙醇)汽油。按照醇在燃料中所占的体积分数,甲醇汽油习惯上称为Mx(x为甲醇的体积分数),如M10(含甲醇10%)等;乙醇汽油习惯上称为Ex(x为乙醇的体积分数),如E15(含乙醇15%)等。

当汽油机掺烧醇类燃料时,应根据不同的掺烧方式来调整燃料的性质,以改进发动机结构。例如,提高压缩比,设计良好的掺烧和控制装置,调整汽油的组分或加入添加剂,以改善起动性、避免气阻;加入着火改善剂等。对于目前市场上广泛使用的乙醇汽油,由于乙醇的体积分数低(M15),所以一般发动机可以使用纯汽油和乙醇汽油。

对于柴油机的掺烧,由于醇类燃料的十六烷值低,着火性能差;自燃温度高,压燃困难;汽化潜热大,延迟期加长;含OH根,与柴油不相溶,乳化困难等问题,因此在柴油机中使用醇类燃料需要将彻底改装。

柴油机改装方案很多,具体方法有乳化液法、熏蒸法、醇类蒸汽法和双燃料法。乳化液法是将醇类通过机械方法或加入少量表面活性剂、或加入较多助溶剂、或利用高压油管中的压力下降形成乳化液喷入燃料室。熏蒸法是利用醇类燃料的表面张力及黏度低的特点,通过在喷嘴喷入进气道将燃料雾化与空气混合,由在压缩终了通过喷油嘴喷入气缸的柴油引燃。醇类蒸汽法是利用废气或冷却水的热量将醇类加热,以变成气体,再送入气缸。双燃料法则是装有两套喷油泵—喷油嘴系统,一套喷射醇类燃料,另一套喷射引燃柴油。目前成熟的机型很少。

3) 醇类燃料在应用中的主要问题

(1) 成本。甲醇可以由CO和H_2合成,或由天然气、油页岩及煤制取;乙醇可利用发酵的方法,从甘蔗、玉米、薯类等农作物及木质纤维素中提取,但当生产时消耗的能量过大。例如,从土豆、小麦、玉米、甜菜中提取乙醇时所消耗的能量与获得的能量之比分别为1:1.32、1:1.28、1:1.15、1:0.96,并且还要消耗大量的水,增加水污染,生产1L乙醇要消耗水10~12L。

(2) 对金属腐蚀性。甲醇和乙醇对汽车燃料系统的许多金属都有腐蚀性,可以腐蚀铜、铁、铝、铅、锌、镁及它们的合金。一般在燃料中加入少量防腐剂能有效防止金属腐蚀。

(3) 对其他材料的影响。醇对橡胶和塑料有腐蚀作用,橡胶、塑料零部件在醇中会溶胀、变黏或皱裂;橡胶制品在醇中会发生溶胀、变硬、变脆或软化等现象;纤维垫片也会逐渐软化而导致漏油。在使用醇燃料或混合燃料时,应选择耐腐蚀的橡胶或塑料材料作为燃料系部件。据研究,氟橡胶、氟硅橡胶、聚硫橡胶、改性丁腈橡胶、氯丁橡胶、氯磺化聚乙烯和均聚氯醇橡胶等耐腐蚀的能力较好。

(4) 发动机磨损。醇燃料发动机在使用中,气缸和活塞环的磨损加重。这是由于甲醇或乙醇能够将这些部位的润滑油膜洗掉。另外,当醇燃烧时会生成有机酸(甲酸或乙酸),能直接腐蚀金属。进入润滑油中的甲酸或乙酸还能与润滑油中的抗氧防腐剂发生反应而使其失效,从而增大各摩擦部位的腐蚀与磨损。

我国对车用乙醇汽油颁布了GB 18350—2001(《变性燃料乙醇》)国家标准。变性燃料乙醇是以淀粉质(玉米、小麦等)、糖质(薯类)为原料,经发酵、蒸馏制得乙醇,脱水后再添加变性剂制成。在标准中规定了燃料乙醇与变性剂的体积混合比范围应为(100:2)~(100:5),且变性剂的质量应符合车用无铅汽油的要求。添加变性剂的目的是为了防止人们当食用酒精误食。

2. 二甲醚

1) 二甲醚的性质

(1) 二甲醚(DME)是最简单的醚类化合物,分子式为$CH_3\text{-}O\text{-}CH_3$。和醇一样是含氧燃料,燃烧时需要的空气少,且只有 C—H 和 C—O 键,没有 C—C 键。含氧量高(34.8%),容易完全燃烧。在燃烧时不会像柴油那样产生炭烟,即有利于减少燃烧生成的烟度和微粒。

(2) 二甲醚的十六烷值为 55~60,一般柴油的十六烷值只有 40~55,二甲醚的着火温度为 235℃,低于柴油的 250℃,故着火性能优于柴油。在柴油机上燃用二甲醚不需采用助燃措施。

(3) 二甲醚不发生光化学反应,且对人体无毒。当其体积份额超过 10% 时,才会产生轻微的麻醉作用,因此对环境和人体无害。

(4) 二甲醚的低热值只有柴油的 64.7%,为达到柴油机的动力性,必须增大二甲醚的循环供应量。

2) 二甲醚在柴油机上的应用

二甲醚是一种可再生燃料,不仅可以从石油及天然气中提取合成,而且可从煤、植物、生活垃圾中提取合成。

柴油机的冒烟问题是其很难克服的一个致命缺点。由于二甲醚的性质,因而它具有优良的低污染燃烧特性。二甲醚在柴油机的应用主要有以和柴油机掺烧与直接燃用纯二甲醚两种方式,这里只介绍后者。

二甲醚在常温常压下的饱和蒸汽压为 0.5MPa。随着温度的升高,其饱和压力增大,为防止气阻现象发生,燃料供给系的压力远高于柴油机燃料供给系的压力。

利用燃油喷射装置直接向气缸内喷射液态二甲醚,并靠发动机的活塞压燃着火。直喷式涡轮增压柴油机上进行的燃用二甲醚的研究表明,在未改变原有供油系统的情况下,就可获得低的 NO_x 排放和无烟运行。在经济性方面,能量消耗与燃用柴油时相当。

二甲醚的排放特性与燃烧特性有关。其放热规律与柴油机燃烧时有明显区别。二甲醚的着火落后期明显短于柴油,初始燃烧速率及放热峰值低于柴油,而扩散燃烧部分大于预混合燃烧部分,故整个燃烧持续期和柴油机相当。发动机缸内温度比柴油机低,NO_x 排放明显降低,而快速的扩散燃烧抑制了炭烟的生成,故二甲醚发动机的 CO 和 HC 的排放量比柴油机低。

3) 二甲醚实用化应解决的问题

(1) 二甲醚的沸点是 -25℃,在常温下呈气态。在室温 20℃ 条件下,加压到 0.53MPa 以上可使其液化,这就使供油系统包括油箱必须密封,并保持一定压力,从而造成供油系统成本高。

(2) 二甲醚的黏度低、润滑性差,容易造成油泵柱塞和喷油器针阀等精密偶件磨损、卡死和泄漏,因而难以直接使用柴油机的燃油供给系统。

(3) 喷射量难以准确保证。其原因是二甲醚的黏度低,通过柱塞间隙的泄漏量大;二甲醚的压缩性受温度的影响大,当柱塞间隙等处的温度提高后,供给量难以满足发动机运转要求。

(4) 二甲醚对金属无腐蚀,其储存使用不需特殊材料,但长时间接触会使橡胶制品老化。

3. 生物柴油

生物柴油是由动物脂肪或植物油通过酯化反应而得到的长链脂肪酸甲(乙)酯组成的新型燃料,具有与石化柴油相近的性质,主要有以下特点。

(1) 优良的环保性。其含硫量低，不含芳香烃，不增加大气中 CO_2 排放（原料本身就参与光合作用自然循环）。

(2) 良好的燃料性能。其十六烷值高，燃烧性能好，润滑性能好。

(3) 较好的安全性。其闪点高，可溶解，对土地和水的污染小。

(4) 可再生和废物利用。

(5) 能与石化柴油以任何比例相溶，而柴油机不需改动即可与柴油混烧或纯烧生物柴油，并可直接应用现有的柴油机供油系统和加油站系统。

由于石油资源的紧张，因此开发新型车用燃料格外重要。燃料开发包含以下两个方面。

① 获得廉价的、有稳定来源的代用燃料。例如，以煤为原料合成汽油，其成本高，并且在生产过程也要消耗很多能源，而将煤炭转化成甲醇较为理想。甲醇合成技术的投资适当，能源利用率较高，每吨甲醇约耗煤 1.75t。我国的甲醇合成技术目前已经成熟，虽不具备与石化燃料竞争的优势，但其应用前景已经显现。

② "设计"新型燃料。1999 年日本同志社大学（Doshisha University）的藤本元教授提出了"燃料设计"的概念，即采用多种燃料，按一定比例混合制成混合燃料，使其综合的理化性能最适合某种发动机的需要。

另外，由于汽车远距离行驶的需要，因此几乎所有代用燃料都要建立如汽油、柴油加油站一样的供应系统。这也是所有试图替代汽油、柴油而成为车用动力来源（包括电驱动）所遭遇的共同瓶颈。

3.3 燃烧热化学

3.3.1 1kg 燃料完全燃烧所需的理论空气量

要对燃烧过程进行分析，需要获得有关燃料、空气及其产物的基本数量关系。对于已知的燃料，各元素的含量是可以测得的。空气中氧与氮比例又是一定的，而按照完全燃烧的化学当量关系，可以求出一些基本量，为内燃机经验设计及调试提供依据。燃料中的主要成分是碳（C）、氢（H）、氧（O），其他成分数量很少，计算时可略去不计。

将 1kg 燃料中各元素的含量若以质量成分表示，则

$$g_C + g_H + g_O = 1\text{kg}$$

式中 g_C 为 1kg 燃料 C 的质量成分；g_H 为 1kg 燃料 H 的质量成分；g_O 为 1kg 燃料 O 质量成分。

另外，空气中的主要元素是氧气（O_2）和氮气（N_2）。按体积计（即按物质的量计），O_2 约占 21%，N_2 约占 79%；按质量计，O_2 约占 23%，N_2 约占 77%。

燃油中的 C、H 完全燃烧，化学反应方程式分别是

$$C + O_2 = CO_2$$

$$H_2 + \frac{1}{2}O_2 = H_2O$$

按照化学反应的当量关系，可求出 1kg 燃料完全燃烧所需的理论空气量为

$$L'_0 = \frac{1}{0.21}\left(\frac{g_C}{12} + \frac{g_H}{4} - \frac{g_O}{32}\right) \text{kmol/kg 燃料} \tag{3-1}$$

$$L_0 = \frac{1}{0.23}\left(\frac{8}{3}g_C + 8g_H - g_O\right) \text{kg/kg 燃料} \qquad (3-2)$$

几种主要燃料的质量成分及理论空气量见表 3-8。

表 3-8 几种液体燃料的成分、低热值及理论空气量

名称	密度	质量成分/kg			分子量	低热值	理论空气量		
		g_C	g_H	g_O		kJ/kg	kg/kg	m³/kg	kmol/kg
汽油	0.70~0.75	0.855	0.145	—	114	44000	14.9	11.54	0.515
轻柴油	0.82~0.88	0.87	0.126	0.004	170	42500	14.5	11.22	0.50
甲醇 (CH_3OH)	0.78	0.375	0.125	0.50	32	20260	6.46	5	0.223
乙醇 (C_2H_5OH)	0.80	0.522	0.130	0.348	46	27200	9.0	6.95	0.310

3.3.2 过量空气系数 $\phi_a > 1$ 时完全燃烧产物的数量

本节对混合气的量及热值进行详细论述。

首先，由于燃油喷射后总存在微小的液体油滴，这些油滴不直接参与燃烧，并且任何时候混合气中燃油与空气的混合也不是完全均匀的，所以严格说来，空燃比 a 应该有 3 种定义。

(1) 表观空燃比——混合气中空气总质量与燃油总质量之比。

(2) 有效空燃比——混合气中空气总质量与已经汽化的燃油质量之比。

(3) 局部空燃比——正在燃烧的局部区域中所含空气的质量与该区域中已汽化的燃油质量之比。

其次，无论对于汽油机的化油器或者电喷系统，还是对于柴油机的喷油系统，能控制的只是表观空燃比，而对燃烧有实际影响的，是有效空燃比或局部空燃比。有效空燃比与表观空燃比的差别与喷雾质量、温度以及燃油特性有关，而局部空燃比与有效空燃比的差别与混合气的均匀性有关。

只有在理想的情况下，三者才会一致。在以后的讨论中若无说明，均指在理想情况下的空燃比。因此，$\phi_a > 1$ 意味着理论上燃料能完全燃烧。

(1) 燃烧前混合气的数量。对于汽油机，燃烧前新鲜混合气由空气和燃料蒸汽组成，若燃料相对分子质量为 M_{rT}，则 1kg 燃料形成的混合气量是 M_1(kmol/kg)。

$$M_1 = \phi_a L_0 + \frac{1}{M_{rT}} \quad \text{(kmol/kg)} \qquad (3-3)$$

对于柴油机，若喷入的液体状态的燃料的体积不及空气体积的 1/10000，则可忽略不计，从而 $M_1 = \phi_a L_0$。

(2) 燃烧产物的数量。在 $\phi_a > 1$ 的情况下，完全燃烧的产物是由 CO_2、H_2O、剩余的 O_2 及未参与反应的 N_2 组成。根据前面的化学反应方程式，可求出 M_2(kmol/kg)。

$$M_2 = \phi_a L_0 + \frac{g_H}{4} + \frac{g_O}{32} \qquad (3-4)$$

3.3.3 燃料热值与混合气热值

当气缸工作容积和进气条件一定时，每循环加给工质的热量取决于单位体积可燃混合

气的热值，而不是决定于燃料的热值。可燃混合气的热值以 kJ/kmol 或 kJ/kg 计。若以 kJ/kg 计，则混合气热值为

$$H_{um}=H_u/(1+L)=H_u/(1+\phi_a L_0) \quad (kJ/kg) \tag{3-5}$$

若以 kJ/kmol 计，则

$$H_{um}=\frac{H_u}{M_1}=\frac{H_u}{\phi_a L_0+\frac{1}{M_{rT}}} \tag{3-6}$$

M_1 随过量空气系数 ϕ_a 而变，当 $\phi_a=1$ 时，燃料与空气所形成的可燃混合气热值称为理论混合气热值。

3.4 燃烧的基础知识

3.4.1 着火与燃烧

燃烧是一种放热的氧化反应，可分为着火和燃烧两个阶段。可燃混合物在发生明显的光和火焰燃烧之前有一个准备阶段，即着火阶段。在这一阶段内燃料受到氧化作用，进行明显燃烧前的化学准备过程，因氧化放热反应所产生的热逐渐积累起来，最终导致氧化反应加快。然后是第二阶段即燃烧。在这一阶段内混合气反应加速，温度上升，空间某一位置在某个时刻有火焰出现。着火有两种，即自燃与点燃，前者是自发的，后者是强制的。

3.4.2 烃的氧化反应

烃的氧化反应可以写成

$$C_nH_m+\left(n+\frac{m}{4}\right)O_2=nCO_2+\frac{m}{2}H_2O \tag{3-7}$$

但这个反应式只是描述了过程的始末，而没有涉及所经历的过程。燃料的着火和燃烧不是直接得出最后的燃烧产物，而是先产生出许多由原子或原子团自由基构成的中间产物，它们形成了反应过程的活性中心。这些活性中心与反应物相互作用，一方面促进反应，另一方面生成新的自由原子或自由基。将这种活性中心再生的反应过程称为链锁反应，也将活性中心称为链载体。

烃的氧化包括链引发、链传播及链中断等过程。

(1) 链引发：反应物分子受到某种因素的激发（如受热分解、光辐射作用等）分解成为自由原子或自由基（链载体）的过程称为链引发。这些自由原子和自由基（如 H、O、OH 等）具有很强的反应能力，它们是反应的活性中心，开始新的化学反应。

(2) 链传播：已生的活性中心与反应物作用，将反应推进一步，又生成新的活性中心。如果只产生一个新的活性中心，则这一反应过程是以恒定速度进行，这样的反应称为直链反应。如果由一个活性中心同时生成两个以上的活性中心，这时链就产生了分支，反应速度剧增，可以达到极快的程度（链锁爆炸），这种反应称为支链反应。快速燃烧或爆炸可以看作支链反应的结果。

(3) 链中断：在链锁反应中，具有反应能力的自由原子或自由基有可能与容器壁面或惰性气体分子碰撞，使其反应能力减小，这种无效碰撞不再引起反应，称为链中断。链中断会引起总体反应速度的降低，甚至使反应完全停止。

下面以 H_2 和 O_2 的反应说明。

H_2 和 O_2 的反应是典型的燃烧反应，也是一个典型的分支链反应实例。从化学反应式来看，H_2 和 O_2 的反应为 $2H_2+O_2=2H_2O$，似乎是三分子反应，反应应当进行得很慢。但实际上这种反应进行得非常之快，具有爆炸的性质，原因是它的反应机理是分支链反应，其基本步骤如下：

(1) $H_2+O_2 \longrightarrow 2OH$ 链引发

(2) $OH+H_2 \longrightarrow H_2O+H$ 链增长（快）

(3) $H+O_2 \longrightarrow OH+O$ 链分支（慢）

(4) $O+H_2 \longrightarrow OH+H$ 链分支（快）

(5) $H+$ 器壁 $\longrightarrow \frac{1}{2}H_2+$ 器壁 器壁中断

(6) $H+O_2+M \longrightarrow HO_2+M$ 空间中断

(7) $HO_2 \cdot +H_2 \longrightarrow H_2O+OH$

从上述步骤可看到，在这种反应中，除了链引发、链增长和终止过程外，还有链分支过程。链引发过程每生成一个 OH，便很快经过增长过程(2)变成 H，在这一过程中，活性中心（链载体）不增不减。但在链分支过程(3)中，链载体由一个(H)变为两个(OH 和 O)。这一步因活化能较低，故进行较慢。步骤(4)也是链分支过程，但这一步骤进行很快，一旦生成 O，链载体立即由 1 个(O)变为 2 个(OH+H)，其中 H 能引起新的反应循环。不过 H 也能扩散到器壁而消失，如步骤(5)。

步骤(6)是空间中断的情形，M 为任一气体分子，能带走反应中的过剩能量，从而生成较不活泼的 HO_2，而后者可扩散到器壁变成 H_2O_2 和 O_2，故步骤(6)也能销毁 H。压力升高，空间中断增加，但若压力过高，则 HO_2 扩散到器壁前又能与氢发生反应，如步骤(7)。步骤(2)、(3)、(4)的循环进行，引起 H 的不断增加，一个 H 将产生 3 个 H。

$$OH+H_2 \longrightarrow H_2O+H$$
$$H+O_2 \longrightarrow OH+O$$
$$\underline{O+H_2 \longrightarrow OH+H}$$
$$H+3H_2+O_2 \longrightarrow 2H_2O+3H$$

这一反应在适当条件下可连续发展下去，其示意图如图 3.2 所示。

烃的氧化反应速度与时间的关系如图 3.3 所示。

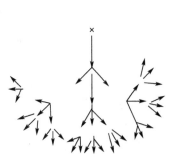

图 3.2 链锁反应

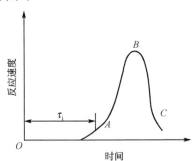

图 3.3 烃的氧化反应速度与时间的关系

实际上，目前对于这一系列时间极其短暂而且反应十分复杂的中间过程，并没有完全弄清楚。但从观测烃的反应过程来看，链锁反应有如下特点。

（1）在反应一开始，有一段形成活性中心并积累的过程，这一段时间称为诱导期（图3.3中的τ_i）。当活性中心积累到一定程度后，反应速度剧增。这个诱导期不仅是与反应物的物性参数有关，而且还与反应物的含量、温度以及容器的形状与材料等有关。

（2）即使反应物处在低温下，只要某种原因能激发出活性中心，便能引起链锁反应。

（3）反应速度是自动加速的。在迅速反应的前阶段，如图3.3中的AB段，反应速度随温度而的增高急剧增高，而后随着反应物含量的减少，反应速度便迅速下降，如BC段。

（4）如果在反应气体中加入惰性气体，反应速度将会迅速降低；在反应气体中加入某种添加剂将会促使反应加速。

3.4.3 自燃与点燃

热着火理论认为，烃的氧化反应是由混合气热量积累引起自燃开始的，但其只是从物理现象方面来说明着火现象。若根据化学反应中分子的碰撞理论，燃料完全燃烧需要许多个氧分子同时碰撞一个燃料分子，机会较少，快速的反应似乎不可能。所以，热着火理论还不能完全说明着火机理。实际上，试验表明烃燃料的着火区域并不完全在热量积累导致的高温、高压区，而在低温、低压区表现出与高温完全不同的着火规律。如图3.4所示它们之间存在一个"着火半岛"。通过光谱分析发现烃燃料在低温下着火需经历冷焰、蓝焰、热焰3个阶段，如图3.5(a)所示，然后进入高温单阶段着火(图3.5(b))，以此为基础来分析自燃与点燃。

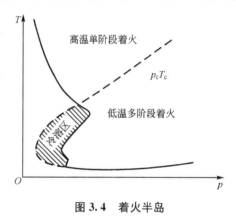

图3.4 着火半岛

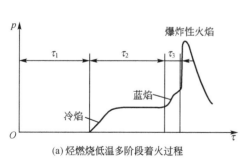
(a) 烃燃烧低温多阶段着火过程

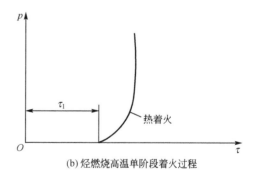
(b) 烃燃烧高温单阶段着火过程

图3.5 烃燃料的着火过程

1. 自燃

自燃是指具有适当温度、压力的可燃混合气，在没有外部能量引入的情况下，依靠混合气自身的反应自动加速，并自发地引起火焰的过程。

用热着火理论来分析着火条件,可知如下结论。

(1) 着火温度不仅与可燃混合气的物理化学性质有关,而且与环境温度、压力、容器形状及散热情况等有关。

(2) 临界的温度与压力明显地影响到着火区域。

(3) 存在着一个可燃混合物着火的浓度上限(富油极限)与下限(贫油极限)。

柴油机的自燃具有低温多阶段着火的特点,而在汽油机中有一种不应有的自燃着火形式(称为爆震),也是低温多阶段着火的结果。

2. 点燃

点燃是指利用电火花在可燃混合气中产生火焰核心并因而引起火焰传播的过程。在火花点火以后,靠火花提供的能量,不仅使局部混合气的温度进一步升高,而且引起了火花附近的混合气电离,从而形成活性中心,促使化学反应明显加速。

为了使点燃成功,必须使火花塞提供的放电能量大于某一个点火的最小能量,而这个点火最小能量受很多因素影响,如燃料的种类与浓度、空气中氧的浓度、压力及温度、点火处气流的运动状况、电火花的性质、电极的几何形状和距离等。

另外,点火还直接受到混合气浓度的限制。当混合气过稀或过浓,无论点火能量有多大也不能着火,即有一个点燃的浓度界限。

注意:汽油机点火的浓限与稀限同着火的浓限、稀限不同。因为点火成功指的是形成火焰核心,与着火不是一个概念,而形成火焰核心是在高温热着火后能量积累到可进行火焰传播的标志。

3.4.4 发动机的燃烧模式

1. 预混燃烧

所谓预混气体,是指在着火前将燃料和空气以一定比例预先混合好的气体。汽油机的燃烧过程就是这种预混燃烧(或称逐渐爆炸燃烧)的典型示例。火花塞跳火后形成了火焰核心,由于燃气的高温向外热辐射以及因燃烧产生的活性中心向外扩散,因而邻近的均匀混合气着火形成新的燃烧层,燃烧层推进即火焰传播。根据气体流动的状况,其可分为层流火焰传播和紊流火焰传播。

1) 层流火焰传播

在静止或流速很低的预混气体中,用电火花点燃混合气而局部着火以后,火焰就会向四周传播开来,形成一个球状的火焰面(或称为火焰前锋)。在火焰面的前面是未燃的预混气体,后面是温度很高的已燃气体,而在这稀薄的一层火焰面上进行着强烈的燃烧化学反应。这种层流火焰面的厚度只有十分之几甚至百分之几毫米。

层流火焰传播的速度慢,只有 $0.4\sim0.5\mathrm{m/s}$。当 $\phi_a=0.8\sim0.9$ 时,反应温度最高,速度最快。而当 $\phi_a=1$ 时,速度降低10%;当 $\phi_a=1.1$ 时,速度降低15%。当混合气过浓或过稀时,反应温度过低不能维持正常的火焰传播。如果气缸间隙等火焰传播空间过窄,火焰也不能继续传播。将这种火焰不能传播的最小缝隙称为淬熄距离。当火焰传播到靠近低温壁面时,也不能继续传播。这些因素是汽油机生成 HC 的主要原因。图 3.6 示出了火焰结构及其浓度、温度的分布,图 3.7 示出了层流火焰传播的速度与 ϕ_a 的关系。

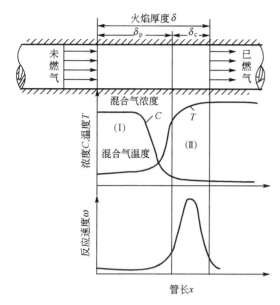

图 3.6　火焰结构及其浓度、温度的分布

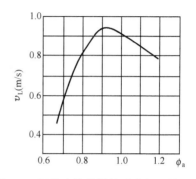

图 3.7　层流火焰传播的速度与 ϕ_a 的关系

2) 紊流火焰传播

在实际汽油机中，由于气流的紊流运动可以大大加速火焰传播速度，故速度可达 20~70m/s。

所谓紊流，是指由流体质点组成的微元气体所进行的无规则的脉动运动。这些由气体质点所组成的小气团大小不一，流动的速度、方向也不相同，但宏观流动方向一致。紊流使火焰前锋表面出现皱褶，而强紊流使火焰前锋面严重扭曲，甚至分隔成许多燃烧中心，从而导致火焰前锋燃烧区的厚度增加(图 3.8)。紊流运动使火焰前锋表面积增大，火焰传播速度加快。

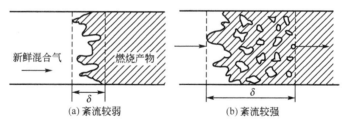

图 3.8　在不同湍流作用下的火焰前锋厚度

混合气浓度影响火焰传播速度，图 3.9 为试验所得紊流火焰速度与过量空气系数的关系。

当 $\phi_a = 0.85 \sim 0.95$ 时，火焰速度最大，而汽油机用这种浓度的混合气工作，燃烧速度最快，功率也最大，故这种混合比称为功率混合比。

当 $\phi_a = 1.03 \sim 1.1$ 时，火焰速度降低不多，又因有足够的氧气而使燃烧完全，因此用该浓度的混合气工作，汽油机经济性最好，故此混合比称为经济混合比。

继续增大 ϕ_a，由于火焰速度下降，燃烧过程拖长，因此热效率和功率均降低。当 $\phi_a > 1.4$ 时，火焰难以传播，汽油机不能工作，此种混合比称为火焰传播下限。同样，

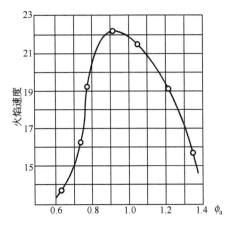

图 3.9 紊流火焰速度与过量空气系数的关系

当 $\phi_a < 0.4$ 时，由于严重缺氧，所以火焰也不能传播，这种混合比称为火焰传播上限。实际上，为了保证可靠的工作，汽油机的 ϕ_a 在 0.6~1.2。

注意：混合气火焰传播界限并非常数，是随条件而变化的。例如，混合气温度高、点火能量大、紊流强等，界限扩大；混合气中废气含量多，界限就变窄。

2. 扩散燃烧

柴油机内油滴与喷雾燃烧是一种非预混的、不均匀的扩散型燃烧。柴油的蒸发性能比汽油差，因此柴油不能像汽油那样预先制备好均匀混合气，传统上只能采用喷射与雾化的方法，将燃料粉碎成许多的细小油滴，以扩大燃料蒸发的表面积，并在多个油滴的周围形成多个局部的反应区。

扩散燃烧不是柴油的直接燃烧，而是气液两相的混合燃烧过程，所以首先一部分柴油要充分雾化形成可燃混合气并自行燃烧，然后后续喷入的柴油是在前段已燃烧的基础上与高温高压的空气边混合边燃烧。后续喷入的柴油避开已燃的火焰面，与燃烧室内的空气相互渗透混合，形成扩散燃烧过程。由于燃烧室内的温度已经很高，所以只要燃料与空气混合，化学反应就可以进行得很快。因此，扩散燃烧过程完全取决于燃料和空气的混合过程，即混合气形成速度决定扩散燃烧速度。

1) 油滴的蒸发与燃烧

图 3.10 为单个油滴的扩散燃烧模型。飘浮在燃烧室高温气体中的一个油滴，由于受到高温介质的影响，油滴表面被蒸发汽化，并与氧形成可燃混合气，继而在高温中着火。于是在油滴周围出现一层球形的燃烧区，即火焰锋面。火焰面把燃油蒸气与氧完全分隔开，从而在火焰面内侧只有燃油蒸气，没有氧气。燃油蒸气自油滴表面向外扩散，从而在

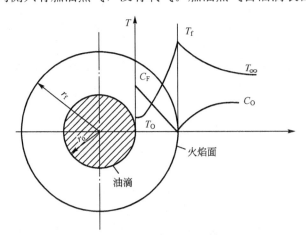

图 3.10 单个油滴的扩散燃烧模型

r_0—油滴半径；r_f—火焰面半径；T_0—油滴表面温度；T_f—火焰温度；
T_∞—空气温度；C_O—氧含量；C_F—油蒸气含量

火焰面外侧只有氧气,并不断地从周围向火焰面扩散。在火焰面上混合气燃烧生成高温的燃烧产物,燃烧产物向火焰面内外两侧扩散、而燃烧产生的热量同时向火焰面两侧传递,油滴受到火焰面传来的热量,将进一步蒸发汽化。因此,为了加快油滴蒸发,应尽量将油滴喷得均匀细小。

2) 油束和油滴群的蒸发与燃烧

实际喷入气缸的油束和油滴群的燃烧要比单个油滴在无限氧空间中的蒸发与燃烧过程复杂得多。由于各油滴间存在着相互作用,且最初喷入的油滴汽化与周围的空气进行扩散与混合,因此形成预混合气。

实验研究表明,当油滴粒径在 $10\mu m$ 以下时,油滴在着火前均已蒸发完毕,并同前述的预制均匀混合气中的火焰传播具有相同的燃烧方式。当油滴粒径为 $20\sim40\mu m$ 时,以每个油滴为中心形成的扩散燃烧和各油滴之间相连区域形成的预混合燃烧同时存在。

当油滴粒径在 $40\mu m$ 以上时,各油滴独立燃烧,基本是以单油滴的扩散燃烧为基础。

油滴群的着火与整个燃烧室内的宏观空燃比无关,只要在油滴周围存在着适合燃烧的空燃比区域,就能在一点或多点同时着火。喷油油束外围的油滴较小,往往较早地蒸发扩散形成过稀混合气,因而不会首先着火;油束中心部的油滴大且密集,这一区域也不会首先着火。因此,一般在油束核心与外缘之间混合气浓度适当的地方首先着火。在实际柴油机中,着火往往开始于油束头部,因为该部油粒喷出时间长,准备充分。而在有涡流存在的有旋场

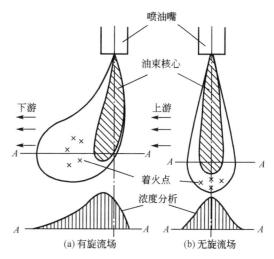

图 3.11　油束的着火点与浓度分布

中,直径较小的油粒被吹到下游并容易形成可燃混合气,着火点往往出现在下游区域,如图 3.11 所示。

在柴油机燃烧中,一个突出的问题是容易生成炭烟。一般认为,烃燃料生成炭烟的过程首先是由裂解生成碳核,再经过脱氢和聚合过程而形成较大颗粒的炭烟。炭烟的生成取决于裂解与氧化两个相反的过程。在宽广的过量空气系数下,氧化速度几乎保持常数,只是在极低的 ϕ_a 下,氧化速度才急剧下降;而裂解速度随 ϕ_a 减小而迅速上升。这说明缺氧的富燃料区是生成炭烟的主要地区。

3. 预混燃烧与扩散燃烧的对比

预混燃烧和扩散燃烧是发动机中最基本的两种燃烧模式,也是导致汽油机和柴油机在燃烧特性、排放污染物生成及控制机理、动力经济性以及噪声振动等多方面不同的根本原因。

预混燃烧和扩散燃烧的主要特点对比如下。

(1) 由于混合气形成速度比燃烧速度慢的多,因此柴油机的燃烧过程比汽油机慢,这是扩散燃烧与预混燃烧的主要区别。

(2) 当扩散燃烧时,为保证燃烧完全,一般要求局部过量空气系数 $\phi_a \geqslant 1.2$,并且在总体过量空气系数 $\phi_a \geqslant 6.8$(相当于空燃比大于100)的条件下也能稳定燃烧(稀燃);而当预混燃烧时,$\phi_a = 0.6 \sim 1.2$,可燃混合气浓度范围小,难以稀燃。

(3) 当扩散燃烧时,混合气浓度和燃烧温度分布极不均匀,易产生局部高温缺氧现象,从而生成炭烟;而当预混燃烧时,由于混合均匀,一般不产生炭烟。

(4) 当扩散燃烧时,由于有炭烟产生,炭粒的燃烧会发出黄或白色的强烈辐射光,因此称"有焰燃烧";而当预混燃烧时,无碳粒燃烧问题,火焰呈均匀透明的蓝色,因此也称"无焰燃烧"。

在传统意义上,汽油机采用预混燃烧模式,而柴油机采用扩散燃烧模式,近年来,为了应对节能和环保的挑战,开发研究出新的内燃机的燃烧技术,其中具有代表性的就是多种非均匀混合气稀薄燃烧技术(FSI)以及混合气的均质压燃方式(HCCI)。

3.5 燃料电池

3.5.1 燃料电池结构

燃料电池(Fuel Cell,FC)是一种将储存在燃料和氧化剂中的化学能通过电极反应直接转化成电能的发电装置。它不通过热机循环过程,不受热循环的限制,且能量转换效率高。燃料可以是氢、甲醇、乙醇、天然气、煤制气等,而电池排放废气少,对环境污染小。燃料电池不同于蓄电池(二次电池),它不需要充电,只要外部不断地供给燃料,就能连续稳定地发电。实际上燃料电池可以看作一台发电机,但它比普通发电机更安静、更清洁。燃料电池具有比能量高且能连续大功率供电的特点,在零污染电动车辆的开发中成为一种重要的候选电源。

按照燃料电池惯用的分类方法,即依据燃料电池电解质的不同,可以分为碱性燃料电池(AFC)、磷酸燃料电池(PAFC)、质子交换膜燃料电池(PEMFC)、熔融碳酸盐燃料电池(MCFC)、固体氧化物燃料电池(SOFC)共5类。其中适于电动车辆作为电源使用的有碱性燃料电池和质子交换膜燃料电池两种。尤其是质子交换膜燃料电池,可以用氢气做燃料,空气做氧化剂,近年来的开发应用较快。1997年起,加拿大温哥华的 Ballard Power System(BPS)公司研制出供电动车辆使用的 PEMFC 电池,并被世界上许多大的汽车制造公司作为电动车辆的动力。磷酸燃料电池因可以直接采用甲醇等廉价燃料,在电动车辆上也有广阔的应用前景。图3.12为质子交换膜燃料电池(PEMFC)单体组成图,图3.13为质子交换膜燃料电池(PEMFC)电池堆结构图,图3.14为质子交换膜燃料电池(PEMFC)系统示意图。

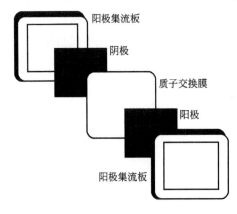

图 3.12 质子交换膜燃料电池(PEMFC)单体组成图

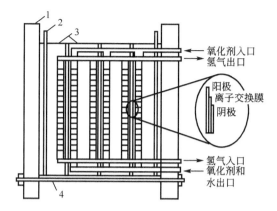

图 3.13　质子交换膜燃料电池(PEMFC)电池堆结构图
1—端板；2—汇流板；3—双极集流板；4—紧固棒

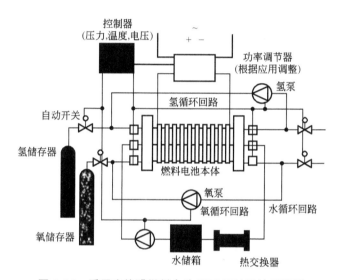

图 3.14　质子交换膜燃料电池(PEMFC)系统示意图

3.5.2　燃料电池的工作原理

在燃料电池中，燃料作为负极的工作物质，在负极上发生氧化反应；氧(空气)作为正极的工作物质，在正极上发生还原反应；正极与负极之间由只具离子导电性的电解质隔开。于是燃料的氧化反应和氧的还原反应被分别限制在两个区域，反应物与生成物之间的能差以正负极之间的能差和流过外电路的电流释放出来，也就是以电能的形式直接释放出来。

按照一般电池的表达方法，燃料电池可以表示为

$$-燃料\|电解质\|氧化剂+$$

在负极上燃料进行氧化反应，失去电子变成燃料离子进入电解质，与电解质中的阴离子化合生成氧化物。在正极上氧化物进行还原反应，得到电子变成负离子进入电解质，与电解质中的燃料离子化合生成氧化物。电子通过外电路，由负极流向正极。在电池内部电

解质作为离子导体,借助离子的流动,形成电的回路。图 3.15 为燃料电池在不同电解质时,内部电化学反应的示意图。

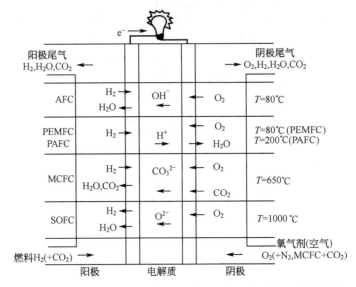

图 3.15　燃料电池在不同电解质时,内部电化学反应的示意图

当电解质为酸性时,如 PAFC、PEMFC 燃料电池,燃料氢进行离子化反应,水在正极侧即氧化剂侧产生。当电解质为碱性时,如 AFC 燃料电池,氧进行离子化反应,水在负极侧即燃料侧产生。当电解质为熔融碳酸盐时,如 MCFC 燃料电池,氧离子化并与 CO_2 结合成 CO_3^{2-} 离子,水在负极侧产生,并同时释放出 CO_2,被循环送回正极。当电解质为固体氧化物时,如 SOFC 燃料电池,氧离子化成 O^{2-},水在负极侧产生。

在燃料电池中,正极为氧化物电极,主要是氧电极;负极为燃料电极,主要是氢电极。当为酸性电解质时,正极的反应为

$$\frac{1}{2}O_2+2H^++2e=H_2O$$

负极上的反应为

$$H_2=2H^++2e$$

单体燃料电池的电动势约为 1.2V,如图 3.16 所示。

当电池放电时,由于电流流过电极,因此电极电位偏离平衡电位,即产生极化。燃料电池与其他电池一样,其工作电压 U 小于电池的电动势 E,所以有

$$U=E-|\psi_+|-\psi_--IR$$

式中:ψ_+ 为正极极化引起的过电压;ψ_- 为负极极化引起的过电压;IR 为电池内阻上电压降。

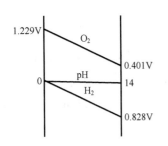

图 3.16　单体燃料电池的电动势

燃料电池的放电特性如图 3.17 所示。

图 3.17 中 i_1 为燃料电池的额定放电电流,i_2 为电池的极限放电电流,分别为电池的电化学极化、浓差极化和欧姆极化时的过电压。设计选择燃料电池时应考虑额定电流时的

端电压,并在驱动控制系统的允许范围。

目前阻碍燃料电池车应用的主要原因是制造成本过高。与装备充电电池的汽车相比,燃料电池汽车的价格要高得多。因此,降低燃料电池的生产成本成为燃料电池汽车实用化的关键。

燃料电池的燃料有氢气、甲醇和汽油3种。根据燃料电池的发电原理,氢气是最理想的燃料。这是因为:①氢气可以直接参与电化学反应;②氢气燃料电池的产物中只有水气,对环境不会造成任何污染。以氢气为燃料,必须解决以下3个问题。

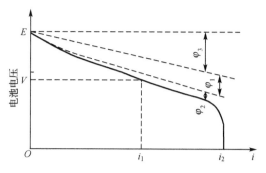

图 3.17 燃料电池的放电特性

(1) 如何经济地获取纯氢。氢可以由天然气等传统的石化燃料通过重整技术转化而来。这样一来,氢作为二次能源,它的制取不仅要消耗大量的能量,而且并没有从根本上摆脱对石化能源的依赖,也没有从根本上消除对环境的污染。在自然界中,氢能大量存储在水中,虽然取之不尽,但直接使用热分解或是电解水的制氢方法,在目前的技术条件下是不合算的。因此多数科学家都将目光转向了利用太阳能,但是目前还存在许多技术障碍。利用太阳能分解水制氢的方法是较有前途的方法之一。太阳能发电电解水制氢、阳光催化光解水制氢、太阳能生物制氢等方面研究目前正在开展之中。只有到了能以再生性能源廉价地生产出氢燃料,氢燃料电池汽车的燃料问题才算获得了根本性解决。

(2) 如何为燃料电池供应燃料。通常氢能以三种状态存储和运输:高压气态、低温液态和氢化物形态。用常用的压缩气体罐储存的氢,仅能供燃料电池汽车行驶 150km 左右,这还不如目前最好的蓄电池驱动的汽车。

(3) 氢气的泄漏。由于氢气是最小的分子,很容易造成泄漏。哪怕是微量的泄漏,都有可能造成极为可怕的后果。而在 −253℃ 的条件下储存液氢的深度制冷技术对于大众市场来说,目前还很不成熟。储氢材料的开发已取得令人鼓舞的进展,一种单位质量可以吸收 20% 的氢气的、具有复杂的纳米结构的石墨纤维受到了关注。

思考题与习题

1. 解释下列概念。

辛烷值　馏程　蒸气压　辛烷值　十六烷值　过量空气系数　燃料热值　层流火焰　紊流火焰

2. 简要说明碳原子数对烃主要理化性质(蒸发性、抗氧化安定性、点燃与自燃性、黏度)的影响。

3. 汽油和柴油的牌号是分别依据哪个参数制定的?

4. 简要说明汽油的抗爆性和辛烷值测定方法。

5. 简要说明柴油的自燃性和十六烷值测定方法。

6. 汽油机与柴油机工作模式的不同与它们所用燃料是何联系?(混合气形成、着火与燃烧方式、负荷调节方式等差异。)

如不慎将柴油当成汽油在汽油机中使用,会出现什么结果?反之,又会出现结果?

7. 选择一种发动机代用燃料，探讨其优、缺点以及在应用中有哪些技术问题需要解决。

8. 以层流火焰和紊流火焰的特点说明预混燃烧模式。

9. 以油滴与喷雾燃烧的特点说明扩散燃烧模式。

10. 探讨发动机燃料和燃烧模式应做哪些发展与改进。

11. 燃料电池为什么不经过热力循环即可将化学能转换成机械功？

12. 某一种混合燃料由15%（重量百分比）$C_{25}H_5OH$ 和 85%的 C_8H_{18} 组成，试计算该种混合燃料的理论空气量，如要求空燃比为1.1，则需要的空气量为多少？

13. 试确定初温为400K 的丙烷，过量空气系数为250%，试求在1atm下完全燃烧时的绝热理论燃烧温度。

14. 1mol CO 和 4.76mol 的空气反应，在1atm、3000K 下达到化学平衡，试求平衡时各种气体的组成。

第 4 章 发动机的传热

教学提示

汽车发动机是一种热机,燃料在气缸中燃烧,除部分热力学能转变成机械能获得动力外,剩余热量通过热传递进入冷却系统或从冷却系统散到外界,热传递研究在热机中的应用非常广泛。在自然界中的热传递主要有三种基本方式:导热、对流和辐射。

教学要求

本章要求学生掌握热传递基本方式的基本理论;掌握三种热传递方式的机理及分析计算方法;了解内燃机中三种热传递形式的具体表现形式和应用。

4.1 热量传递过程概述

4.1.1 热传递的概念

当一个物体内部存在温差或两个物体之间存在温差时就会发生热量从物体某一部分传至另一部分或热量从一个物体传至另一个物体的现象,这就是热传递现象。这时并不存在热量与其他形式能量的转换,而仅表现为热量的转移。

在工程中,需要利用传热知识解决的应用很多,例如在能源、化工、动力机械中采用的换热器都是以传热为其主要功能的。此外,在机械制造中,在工件的加热、冷却、熔化、凝固等过程中温度的测算以及在建筑工程中建筑物的保暖、保温、共暖和空调等问题的处理都需要用到传热学的知识。

内燃机是一种热动力装置,它是通过将燃料燃烧的热能转变成机械能而获得动力的。

在燃烧室中燃气的最高燃烧温度可达 2000K 以上，图 4.1 所示为汽油机和柴油机气缸内燃气平均温度和压力随曲轴转角的变化情况。

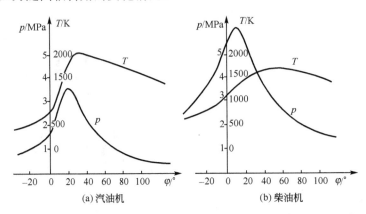

图 4.1　汽油机和柴油机缸内燃气的温度和压力随曲轴转角的变化情况

由此可见，在内燃机中，与燃气接触的各零件，如燃烧室壁面、气缸壁面、进排气门、活塞等都要承受很大的热负荷，这些零件的温度会升得很高。此外，在这些零件内部还进行传热过程，使得各零件之间产生温差。由此带来的后果有以下几个。

（1）零件材料强度降低，且长期在高温下工作零件会出现永久变形、断裂。

（2）由于高温使润滑条件变差，因此引起零件表面的拉伤、咬死或者过度磨损。

（3）零件各部分的温度不匀会引起零件的变形不匀，使零件中产生很大的热应力，或者造成各零件配合表面的几何形状改变，从而产生非正常的漏气或磨损。

这些后果都将使内燃机的可靠性和耐久性下降。因此，内燃机设计者为了详细了解在内燃机工作中的温度状况，预测这种状况对零件的工作可靠性可能产生的危害，从而选择更合理的零件形式和结构，使发动机在运行中避免出现严重的问题，必须深入掌握传热的机理及有关的计算方法。

4.1.2　热传递的 3 种基本方式

热传递现象是一种复杂的现象，在不同条件下具有不同的机理及不同的传递规律。为了便于分析，一般将自然界中的热传递分为 3 种基本方式，即导热，对流和辐射。下面将以热传递 3 种方式的基本理论为基础，讨论各种热传递方式的机理及分析计算方法，并简述内燃机中 3 种热传递形式的具体表现形式。

4.2　导 热 过 程

4.2.1　导热现象分析

物体各部分之间不发生相对位移，仅依靠分子、原子及自由电子等微观粒子的热运动而产生的热量传递的现象称为导热。在图 4.2(a) 中，当平壁左右温度不等，即 $t_{w1} > t_{w2}$ 时，则有热量通过导热的方式从左壁面传到右壁面。

在导热过程中，如果物体内部各点温度不随时间而变，则称该导热过程为稳态导热；而当物体内部各点温度随时间而变时则称非稳态导热。在图 4.2(a)中，当平壁左右壁温 t_{w1}、t_{w2} 维持不变时，则平壁内各点温度必定不随时间而变，这时物体内部的热传递过程为一稳态导热过程。而当一具有均匀温度 t_0 的任一形状的固体突然放置温度为 t_f($t_f < t_0$)的流体(空气、水、油等)中时，物体内部发生的导热过程为非温态导热过程。首先物体表面的温度达到 t_f，经过若干时间后物体内部温度才达到 t_f，而在这段时间里物体各处温度随时间而变。

通常将物体内某一瞬间的各点的温度分布情况称该瞬间物体的温度场，对图 4.2(a)所示的平壁稳态导热，温度场即可用一系列等温线描述，在等温线上各点具有相同的温度。温度场也可用 $t = f(x, y, z)$ 曲线来表示，它描述了在导热中物体温度与坐标的关系，如图 4.2(b)所示。相反，对非稳态导热过程，由于其内部温度时刻变化，故温度场的等温线及 $t = f(x, y, z)$ 也是随时间而变的。

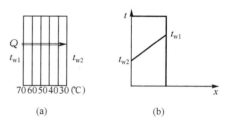

图 4.2　稳态导热

无论稳态导热或非稳态导热，均有一维、二维、三维问题。当物体内部温度在 x，y，z 这 3 个方向均有变化时则称该温度场为三维温度场。三维稳态温度场可表示成 $t = f(x, y, z)$，而三维非稳态温度场则表示成 $t = f(x, y, z, \tau)$。同理，$t = f(x, y)$ 表示二维稳态温度场，$t = f(x, y, \tau)$ 则表示二维非稳态温度场；$t = f(x)$ 表示一维稳态温度场，$t = f(x, \tau)$ 表示一维非稳态温度场。

在内燃机中，气缸内燃气燃烧后最高温度可达 2000K，而车用内燃机起动时活塞、气缸壁、缸盖、气门等零件的温度为环境温度，故此阶段由于缸内高温燃气的传热，周围零件表面的温度必定高于内部的温度，此时，各零件内部就存在着导热过程，且零件内各点温度存在差异，而且在起动工况下这些零件内部各点温度还会随时间而变，零件温度及冷却介质温度逐渐上升，故为一非稳态导热过程，而各零件的温度场必为非稳态温度场。这种现象同样存在于内燃机的加速、减速等工况。

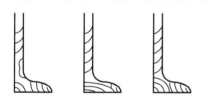

(a) 转速100r/min，负荷25%　(b) 加速10s后　(c) 转速3200r/min，负荷100%

图 4.3　实测汽油机排气门在加速负荷工况下温度场变化情况

图 4.3 为实测汽油机排气门在加速加负荷工况下的温度场变化情况。任意瞬时，由于气门各部位与热流接触的程度不同，造成各部位表面温度的不相同，再加上气门的不规则形状，故排气门在任一瞬间的温度分布图中的各等温线为曲线形式。

除排气门外，活塞、气缸壁、缸盖等由于内部也存在一些非稳态导热现象，因此也有相应变化的温度场。而当发动机在工况不变的情况下运行时，虽然气缸活塞、气门等主要零件周期地与高温燃气和低温可燃混合气相接触，但因周期较短，而冷却水侧的气缸外壁温度通常是稳定不变的，所以这些零件仅在表面一薄层(1mm 左右)内做周期性波动，而在零件内部温度场却是稳定的，因而可近似作为稳定温度场进行分析研究。

确定物体中的温度分布情况是研究导热问题的重要内容。对于简单问题(包括简单的物体几何形式、简单的边界条件，初始条件等)，利用导热分析方法可以很容易地确定其温度场及传热量，如后面介绍的大平壁导热及无限长圆筒壁的导热问题；但对一些受热情况及几何形状都比较复杂的物体,仅利用导热分析方法求理论解是比较困难的,而且在数学上有时无法实现。随着计算机应用领域的推广,特别是数值计算方法的采用,使求解这些复杂问题的近似解已成为可能。例如,在发动机中一些高温零件的温度场均可由导热问题数值解法得到相应的温度场。当然,解决这些复杂的导热问题一般还要借助实验手段。

4.2.2 导热机理

从导热过程来看,物体内部及物体之间的热量传递依赖于固体内部的微观粒子的移动,而且从微观角度出发,不同性质的物体如气体、液体、导体和非导体等,由于内部结构不同,所以它们的导热机理是不同的。在气体中,导热是气体分子不规则热运动相互碰撞的结果,从而使热量从高温处传到低温处。在导体中由于存在相当多的自由电子,它们在晶格之间像气体分子那样运动,故自由电子的运动在导体中起主导作用。在非导体中,导热主要是通过晶格的振动,即原子、分子在其平衡位置附近的振动来实现的。液体中的导热机理较复杂,并存在多种解释,有一种观点认为液体的导热机理定性上类似于气体,依据分子运动导热,但情况要比气体复杂;另一种观点则认为液体的导热机理类似于非导电体,依靠晶格的振动导热。

4.2.3 导热问题分析过程

研究导热问题的一般步骤如下。

(1) 针对问题列出导热微分方程式,即在所研究的物体中取出一微元体,并且列出相应的热量平衡方程式或能量守恒方程,即

输入微元体的热量+微元体中的内热源=输出微元体的热量+微元体本身的能量增加

(2) 针对问题的性质列出边界条件。边界条件分为以下三类。

① 规定物体某些边界上的温度值。例如:当 $x=0$ 时,$t_w=t_{w1}$,其中 t_{w1} 为已知值。

② 规定物体某些边界上的热流密度值,即单位时间通过该边界面积上的导热量,用 q 表示。例如:$x=0$,$q=0$,表示这时 $x=0$ 的截面为绝热面。

③ 规定了边界上物体与周围流体间的换热情况。

(3) 将边界条件代入导热微分方程式以求出温度场的具体关系式 $t=f(x,y,z,\tau)$,即求导热微分方程的解。

4.2.4 一维稳态导热问题

1822年,傅里叶对一维稳态导热问题给出了导热微分方程式,即

$$Q=-\lambda F\frac{\mathrm{d}t}{\mathrm{d}x} \quad [直角坐标系,图4.4(a)] \tag{4-1}$$

或

$$Q=-\lambda F\frac{\mathrm{d}t}{\mathrm{d}r} \quad [圆柱坐标系,图4.4(b)] \tag{4-2}$$

式中:F 为垂直导热方向的截面积,m^2;λ 为导热系数,又称导热率,$W/m \cdot ℃$;Q 为单位时间的导热量(或热流量),W。

负号表示热量传递的方向指向温度降低的方向,而表达式的物理意义可表示为在导热问题中单位时间内通过给定截面积的热量,正比于垂直于该截面方向上的温度变化率 $\dfrac{\mathrm{d}t}{\mathrm{d}x}$ 及

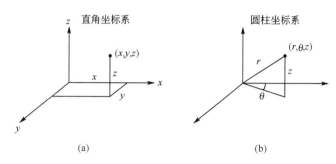

图 4.4 坐标系

截面积 F，这里比例常数为导热系数。

傅里叶定律也可以表示成热流密度的形式，即

$$q=-\lambda\frac{\mathrm{d}t}{\mathrm{d}x} \quad 或 \quad q=-\lambda\frac{\mathrm{d}t}{\mathrm{d}r} \tag{4-3}$$

式中：q 为热流密度，即通过单位截面积的导热量，W/m^2。

显然 $q=\dfrac{Q}{F}$。

下面讨论导热系数 λ 的物理意义。

由傅里叶定律知，$\lambda=-\dfrac{q}{\mathrm{d}t/\mathrm{d}r}$，即导热系数是温度梯度为 1℃ 时的热流密度。它的单位为 W/m·℃。由此可知，导热系数代表了物质的导热能力。导热系数的大小取决于物质材料的成分、内部结构、密度、温度等参数，而与物质的几何形状无关，且一般由专门的实验测定。

一般而论，固体的导热系数最大，液体次之，气体最小。而且在固体中金属导体的导热系数又比非金属大，如常温下铜、玻璃、水、干空气的导热系数依次为 382、0.7～1.05、0.599、0.0259（W/m·℃）。

多孔性固体材料孔隙中的空气处于静止状态，因空气的导热能力很差，故这种材料的导热系数（实际为折合导热系数）很小，因而具有保温作用。习惯上将常温下导热系数小于 0.2 W/m·℃ 的材料称为保温材料，如石棉等。

导热系数除与材料有关外，还与温度有关。在计算时与温度的关系可用线性函数表示，即

$$\lambda=\lambda_0(1+bt)$$

式中：t 为温度；λ_0、b 均为常数，不同的物质有不同 λ_0 和 b 值。

当在导热问题中温度差不大时，导热系数一般当做常数。

下面分析几种典型的一维稳定导热问题导热微分方程的具体求解过程及温度场的形式。

1. 大平壁导热

1）单层大平壁

首先研究通过单层大平壁的导热。已知平壁的两个表面分别维持均匀而恒定的温度 t_{w1} 和 t_{w2}，且 $t_{w1}>t_{w2}$，壁厚为 δ，取坐标轴如图 4.5 所示。由于两壁面是温度等于 t_{w1} 和 t_{w2} 的等温面，因此在平壁内部平行于壁面的每一个平面也必然为等温面，而只有垂直于壁面的方向有温度变化，所以属于一维（x 向）稳定温度场。在工程计算中，如平壁厚度小于高度和宽

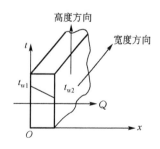

图 4.5 大平壁导热

度的 1/10 时，通常作为一维导热处理，故这样的平壁又称大平壁。

下面来求解当导热系数为常数时这类问题的温度场 $t=f(x)$ 及导热量 Q。

由傅里叶定律可知，在平面坐标中，通过一维稳态导热问题中任一截面 F（与热流方向垂直）的导热量 Q 为

$$Q=-\lambda F \frac{dt}{dx}$$

当稳态导热时，$Q=$ 常数，即单位时间通过与热流方向垂直的任一截面的导热量是相等的，且截面积 F 和导热系数也为常数，故对上式分离变量并积分，可得

$$t=-\frac{Q}{\lambda F}x+C$$

此时写出边界条件，即 $x=0$，$t=t_{w1}$，这是第一类边界条件。

代入解得
$$t=-\frac{Q}{\lambda \cdot F}x+t_{w1} \tag{4-4}$$

再将另一边界条件 $x=\delta$，$t=t_{w2}$ 代入式(4-4)，得

$$Q=\frac{t_{w1}-t_{w2}}{\dfrac{\delta}{\lambda F}} \tag{4-5}$$

将式(4-4)代入式(4-3)有

$$t=(t_{w2}-t_{w1})\frac{x}{\delta}+t_{w1} \tag{4-6}$$

由式(4-5)还可写出热流密度的公式，即

$$q=\frac{t_{w1}-t_{w2}}{\delta/\lambda} \quad (W/m^2) \tag{4-7}$$

式(4-5)及式(4-7)给出了大平壁导热问题中热量的计算式，它表明了导热量 Q（或热流密度 q）、导热系数 λ、壁厚 δ、平壁表面温度 t_{w1} 和 t_{w2} 及截面积 F 间的关系。

由式(4-6)知，温度与 x 呈线性关系，故一维稳态导热问题的温度场为直线分布，如图 4.5 所示。已知 x，由式(4-6)可计算出任一坐标 x 处截面的温度 t。

下面对式(4-5)及式(4-7)进行进一步分析，这里将引入导热热阻的概念。

对照电学中的欧姆定律，即 $I=\dfrac{U}{R}$，这里分子 U 为电流流动的动力，分母 R 为电流流动的阻力，再分析式(4-5)，可知 $t_{w1}-t_{w2}=\Delta t$ 是热量传递的动力，假设热量的转移与电量的转移有着共同的规律，即过程中的转移量 $=\dfrac{过程的动力}{过程的阻力}$，由此可知，式(4-5)中的分母必为热量传递的阻力，简称热阻，记为 R_λ（℃/W），即

$$R_\lambda=\frac{\delta}{\lambda F} \tag{4-8}$$

则
$$Q=\frac{t_{w1}-t_{w2}}{R_\lambda}=\frac{\Delta t}{R_\lambda} \tag{4-8a}$$

参照电学中的电路图，也可画出一个导热过程的热路图，如图 4.6 所示。

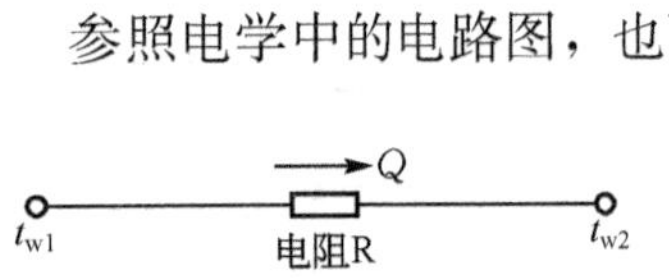

上面只考虑了导热系数 λ 为常数时大平壁的导热问题，这时的 λ 可按壁面平均温度 $t=\dfrac{t_{w1}+t_{w2}}{2}$ 查表。如果问题中温差 $\Delta t=t_{w1}-t_{w2}$ 较大，则要考虑温度对 λ 的影响。

图 4.6 导热热路图

[例 4-1] 设某种材料的局部导热系数按 $\lambda=\lambda_0(1+bt)$ 的关系式变化,用该材料厚为 δ,截面积为 F 的大平壁,且左右两侧壁面分别维持 t_{w1} 和 t_{w2},试推导导热量及温度场的计算式。

解:对该问题任一截面 x 处列出傅里叶定律表达式 $Q=-\lambda F \dfrac{dt}{dx}$,将 $\lambda=\lambda_0(1+bt)$ 代入,有 $Q=-\lambda_0(1+bt)F\dfrac{dt}{dx}$,两边积分 $\int Q dx = -\int \lambda_0(1+bt)F\dfrac{dt}{dx}$,即

$$\frac{Q}{\lambda_0 F}x = -\left(t+\frac{b}{2}t^2\right)+C$$

将边界条件 $x=0$,$t=t_{w1}$ 代入得

$$C = t_{w1}+\frac{b}{2}t_{w2}^2$$

即

$$\frac{Qx}{\lambda_0 F}=(t_{w1}-t)+\frac{b}{2}(t_{w2}^2-t^2) \quad (4-9)$$

再将边界条件 $x=\delta$,$t=t_{w2}$ 代入上式得

$$\frac{Q}{\lambda_0 F}\delta = (t_{w1}-t_{w2})+\frac{b}{2}(t_{w1}^2-t_{w2}^2)$$

即

$$Q=\frac{(t_{w1}-t_{w2})+\dfrac{b}{2}(t_{w1}^2-t_{w2}^2)}{\delta/(\lambda_0 F)} \quad (4-10)$$

热流密度

$$q=\frac{Q}{F}=\frac{(t_{w1}-t_{w2})+\dfrac{b}{2}(t_{w1}^2-t_{w2}^2)}{\delta/\lambda_0} \quad (4-10a)$$

将式(4-10)代入式(4-9)得

$$\frac{x}{\delta}=\frac{2(t_{w1}-t)+b(t_{w2}^2-t^2)}{2(t_{w1}-t_{w2})+b(t_{w1}^2-t_{w2}^2)} \quad (4-11)$$

由此可见,当 λ 为温度的线性函数时,大平壁内温度分布为曲线形式(图 4.7)。

2) 多层大平壁

所谓多层平壁,是由不同材料压合组成的复合壁。例如,采用耐火砖层、保温砖层和普通砖层叠合而成锅炉炉墙,就是一种多层壁。下面将以三层大平壁为例分析,图 4.8 所示是三层大平壁示意图。平壁两侧的壁面分别维持温度为 t_{w1} 和 t_{w4},各层厚度分别为 δ_1、δ_2、δ_3,导热系数相应为 λ_1、λ_2、λ_3,并设为常数。另外还假设各层之间接触良好,即可认为接合面上各处温度相等。

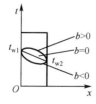

图 4.7 导热系数为温度的线性函数时的大平壁温度分布

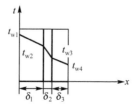

图 4.8 三层大平壁示意图

由式(4-8a)可知，各层的热阻分别为

$$R_{\lambda 1}=\frac{\delta_1}{\lambda_1 F}=\frac{t_{w1}-t_{w2}}{Q}$$

$$R_{\lambda 2}=\frac{\delta_2}{\lambda_2 F}=\frac{t_{w2}-t_{w3}}{Q}$$

$$R_{\lambda 3}=\frac{\delta_3}{\lambda_3 F}=\frac{t_{w3}-t_{w4}}{Q}$$

式中：t_{w2} 为平壁 1 和平壁 2 接合面上温度；t_{w3} 为平壁 2 和平壁 3 接合面上温度。

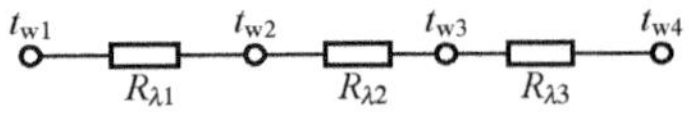

图 4.9 三层平壁热路图

应用串联过程的总热阻等于其分热阻之和，即串联叠加原则可得，总热阻为 3 个分热阻之和（图 4.9）总热阻的计算公式为

$$R=R_{\lambda 1}+R_{\lambda 2}+R_{\lambda 3}=\frac{\delta_1}{\lambda_1 F}+\frac{\delta_2}{\lambda_2 F}+\frac{\delta_3}{\lambda_3 F} \tag{4-12}$$

进而可求得导热量，即

$$Q=\frac{t_{w1}-t_{w4}}{R_{\lambda 1}+R_{\lambda 2}+R_{\lambda 3}}=\frac{t_{w1}-t_{w4}}{\frac{\delta_1}{\lambda_1 F}+\frac{\delta_2}{\lambda_2 F}+\frac{\delta_3}{\lambda_3 F}} \tag{4-13}$$

求出导热量 Q 后，接合面上的未知温度 t_{w2} 和 t_{w3} 可由每层的导热公式求出。

热流密度为

$$q=\frac{Q}{F}=\frac{t_{w1}-t_{w4}}{\frac{\delta_1}{\lambda_1}+\frac{\delta_2}{\lambda_2}+\frac{\delta_3}{\lambda_3}} \tag{4-14}$$

由于各层平壁具有不同的热阻 $\frac{\delta}{\lambda F}$，故各层中温度变化不同，即 $t=f(x)$ 为一折线，如图 4.8 所示。

依次类推，n 层多层平壁的计算公式为

$$Q=\frac{t_{w1}-t_{wn+1}}{\sum_{i=1}^{n}\frac{\delta_i}{\lambda_i F}} \tag{4-15}$$

或

$$q=\frac{t_{w1}-t_{wn+1}}{\sum_{i=1}^{n}\frac{\delta_i}{\lambda_i}} \tag{4-16}$$

[例 4-2] 一台锅炉的炉墙由三层材料叠合而成，最里面的是耐火黏土砖，厚 115mm；中间是 B 级硅藻土砖，厚 125mm；最外层为石棉板，厚 70mm。各层导热系数可视为常数，$\lambda_1=1.12$W/m·℃，$\lambda_2=0.112$W/m·℃，$\lambda_3=0.116$W/m·℃，已知炉墙内、外表面温度分别 495℃ 和 60℃，试求每平方米炉墙内每小时的热损失及耐火黏土砖分界面上的温度。

解：如图 4.8 所示，$\delta_1=115$mm，$\delta_2=125$mm，$\delta_3=70$mm，将所有已知值代入式(4-14)可得每平方米炉墙每小时的热损失。

$$q=\frac{t_{w1}-t_{w4}}{\frac{\delta_1}{\lambda_1}+\frac{\delta_2}{\lambda_2}+\frac{\delta_3}{\lambda_3}}$$

$$= \frac{495-60}{\frac{0.115}{1.12}+\frac{0.125}{0.112}+\frac{0.07}{0.116}}$$

$$= 238.74(\text{W/m}^2)$$

由 $q=\frac{t_{w1}-t_{w2}}{\delta_1/\lambda_1}$ 可求得耐火黏土砖与硅藻砖分界面的温度 t_{w2}。

$$t_{w2}=t_{w1}-\frac{Q\delta_1}{\lambda_1}=495-224\frac{0.115}{1.12}=470(\text{℃})$$

2. 圆筒壁导热

1) 单层圆筒壁导热

在热力设备中,许多导热体是圆筒形的,如内燃机的气缸及换热器中的管道、暖气管道等。这里讨论的圆筒壁均设为无限长圆筒壁,即其长度 l 比外径大许多,通常为 10 倍以上。假设圆筒壁外径和内径分别为 r_1 和 r_2,内、外壁温度分别维持均匀恒定的温度 t_{w1} 和 t_{w2},因圆筒壁的长度尺寸很大,沿轴向和周向的导热就可略去不计,即圆筒壁的温度仅沿半径方向发生变化,单层圆筒壁导热如图 4.10 所示。当采用圆柱坐标(r,θ,z)时,这就是一维导热问题,温度场可写为 $t=f(r)$。

下面就推导这种圆筒壁当导热系数 λ 为常数时的导热量公式和温度场表达式 $t=f(r)$。

由傅里叶定律可知,通过一维稳态温度场中的任一截面(与热流方向垂直)的导热量在圆柱坐标中的表达式为 $Q=-\lambda F \frac{\mathrm{d}t}{\mathrm{d}r}$。

这里 F 为任一半径 r 处的截面积,且 $F=2\pi rl$,将其代入上式得 $Q=-\lambda 2\pi rl \frac{\mathrm{d}t}{\mathrm{d}r}$,即

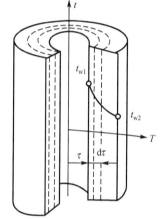

图 4.10 单层圆筒壁导热

$$\mathrm{d}t = -\frac{Q}{2\pi\lambda l}\frac{\mathrm{d}r}{r}$$

对上式两边积分有

$$t = -\frac{Q}{2\pi\lambda l}\ln r + C \tag{4-17}$$

由此可见,在圆筒壁中 t 与半径 r 为一对数关系,利用边界条件 $r=r_1$,$t=t_{w1}$ 及 $r=r_2$,$t=t_{w2}$ 得

$$Q = \frac{t_{w1}-t_{w2}}{\frac{1}{2\pi\lambda l}\ln\frac{r_2}{r_1}} \tag{4-18}$$

$$Q = \frac{t_{w1}-t_{w2}}{R_\lambda} \tag{4-19}$$

式中:$R_\lambda = \frac{1}{2\pi\lambda l}\ln\frac{r_2}{r_1}$,为长为 l 的圆筒壁的导热热阻。

对圆筒壁一般采用单位管长的热流量表示热流密度,即

$$q = \frac{Q}{l} = \frac{t_{w1}-t_{w2}}{\frac{1}{2\pi\lambda}\ln\frac{r_2}{r_1}} \qquad (4-20)$$

当 $\lambda=\lambda_0(1+bt)$ 时,即当考虑温度对导热系数的影响时,同样可推出其导热量公式及温度分布公式,分析过程可参考前面的大平壁导热,这里略去,作为思考题,下面直接给出结果。

$$Q = \frac{t_{w1}-t_{w2}}{\frac{1}{2\pi\lambda_m l}\ln\frac{r_2}{r_1}} \qquad (4-21)$$

式中：$\lambda_m=\lambda_0\left(1+b\dfrac{t_{w1}+t_{w2}}{2}\right)$。

2) 多层圆筒壁

有几种材料紧密结合所构成的圆筒壁称多层圆筒壁。在工程中有许多应用多层圆筒壁的实例,例如,输送蒸汽的管道是内为金属层、外为绝热层的两层圆筒壁。与研究多层大平壁一样,可以采用热阻叠加原理进行计算,即对各层圆筒壁热阻有

$$R_{\lambda 1} = \frac{1}{2\pi\lambda_1 l}\ln\frac{r_2}{r_1} = \frac{t_{w1}-t_{w2}}{Q}$$

$$R_{\lambda 2} = \frac{1}{2\pi\lambda_2 l}\ln\frac{r_3}{r_2} = \frac{t_{w2}-t_{w3}}{Q}$$

$$R_{\lambda 3} = \frac{1}{2\pi\lambda_3 l}\ln\frac{r_4}{r_3} = \frac{t_{w3}-t_{w4}}{Q}$$

总热阻 $\qquad R = R_{\lambda 1}+R_{\lambda 2}+R_{\lambda 3}$

故有

$$Q = \frac{t_{w1}-t_{w4}}{\dfrac{\ln\dfrac{r_2}{r_1}}{2\pi\lambda_1 l}+\dfrac{\ln\dfrac{r_3}{r_2}}{2\pi\lambda_2 l}+\dfrac{\ln\dfrac{r_4}{r_3}}{2\pi\lambda_3 l}}$$

$$= \frac{t_{w1}-t_{w4}}{R_{\lambda 1}+R_{\lambda 2}+R_{\lambda 3}} \qquad (4-22)$$

4.3 对流换热

4.3.1 对流换热的计算

1. 对流换热现象

当流体流过固体壁面时,若两者温度不同,则在流体和固体壁面之间产生热量传递,这一热传递过程称为对流换热。如图 4.11 所示,当一流体流过一平板时,若平板温度 t_w 比流体温度 t_f 高,则有热量 Q 从平板表面传到流体中。由此可见,这种热量的传递应该是流体分子间微观导热作用与流体宏观位移传热的综合效应,故对流换热

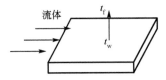

图 4.11 流体纵平板对流换热

是一种复杂的热传递过程。

2. 对流换热的计算

对流换热量 Q 至今仍采用牛顿冷却公式计算，即

$$Q = \alpha F \Delta t \qquad (4-23)$$

式中：Q 为单位时间的换热量，W；α 为对流换热系数，$W/(m^2 \cdot ℃)$；F 为换热表面积，m^2；Δt 为流体和壁面之间的温差，其值取正，℃。

由上可得

$$\Delta t = t_w - t_f (t_w > t_f) \text{ 或 } \Delta t = t_f - t_w (t_w < t_f)$$

式中：t_w 为壁面温度；t_f 为流体温度。

牛顿冷却公式表明，对流换热量 Q 与换热表面积 F 以及流体与壁面之间的温差 Δt 成正比，比例系数为换热系数 α。

在公式中，F 与 Δt 较容易确定，而 α 的变化却错综复杂，所以分析对流换热问题，即计算换热量 Q 的问题，就变成如何根据各种具体情况确定对流换热系数 α 的问题。只要确定了 α，计算换热量 Q 就很容易了。

[例 4-3] 如图 4.12 所示，温度为 80℃ 的水流过内壁温度为 40℃ 的圆管道，已知水与管道的换热系数 α 为 $1500W/(m^2 \cdot ℃)$，且管内径为 $d=10cm$，试计算水与单位长度管壁间的换热量。

解：由题意可知，水与内壁间换热为对流换热，故换热量可按牛顿冷却公式计算，则有

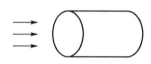

图 4.12 例 4-3 图

$$\begin{aligned} Q &= \alpha F \Delta t \\ &= \alpha \pi d l (t_f - t_w) \\ &= 1500 \times 3.14 \times 10 \times 10^{-2} \times 1 \times (80-40) \\ &= 18.84 (kW) \end{aligned}$$

3. 影响对流换热的因素

由牛顿冷却公式可以看出，对流换热系数 α、换热表面积 F 及温差 Δt 三者均会影响对流换热的强烈程度（即影响 Q 的大小）。因为温差在很大程度上取决于工程问题本身的需要，不可随意调整，故影响对流换热量的关键因素的还是换热系数 α 和换热表面积 F。换热系数越大，换热量越大；同理换热面积越大，换热量也越大。所以增强或削弱对流换热主要从这两方面着手，因此研究影响换热系数的因素及改变换热面积的具体措施，显得非常有意义。

1）影响换热系数的因素

由于对流换热是指流体与固体表面之间的热交换过程，那么有关流体和固体表面的各种因素都将会影响换热系数的大小。综合分析，可将影响因素归纳成以下几个方面。

（1）流动的类别。这里指强制流动或自由流动。强制流动指的是在对流换热过程中流体的流动是由外部因素作用（电扇、水泵等）而产生的，其特点是流体有宏观方向一致的运动。此时，流体的流速 u_f 对换热有较明显的影响。例如，在内燃机中冷却水与壁间的对流换热就是强制对流换热；散热器在风扇的作用下与空气间的对流换热也是强制对流换热。当流体自由流动时，流体的流动完全由流体与壁面间的温差造成的流体内部的密度差所产生的，故内部不存在整齐的宏观运动，此时流速不是影响换热的主要因素，取而代之

的是由流体内部的密度差产生的浮生力的大小，一般用 $\beta \Delta t$（β 为容积膨胀系数，Δt 为壁面与流体的温差）表示。例如在房间中暖气管道与空气的对流换热就属于自由对流换热。正由于强制换热和自由换热间的差别，造成了这两种换热现象中的换热效果上的差别，所以一般强制对流换热比自由对流换热强烈。

（2）流动的结构。这里是指流体的运动状态是层流还是紊流。层流是指流体各部分形成层状平行于壁面流动，层与层之间互不掺和，沿壁面法向的热量传递只能依靠分子导热或晶格振动导热。而当紊流时流体不仅在平行于壁面方向有流动，在垂直于壁面方向也有紊动混合的对流作用，能量的传递将不再受分子导热（或晶格振动）所控制，而主要取决于流体微团的横向混合，故两者的换热程度也不同。一般情况下，紊流时的换热比层流强烈。

（3）流体的物性参数。流体的物性参数是指表征物质性质的一些物性参数。在对流换热过程中影响换热的物性参数主要有流体导热系数 λ、动力黏度 μ、比热容 c 和密度 ρ。

（4）壁面的几何状态。这里是指壁面的形状、主要尺寸大小及壁面与流体的相对位置。几何状态因素不同，流体流动状态就不同，这必然会引起换热系数的差异。例如在强制对流换热中，流体沿平壁流动和沿管内流动时换热系数的计算是不同的；另外流体沿管内流动（纵流）和流体在管外流动（横流）时的换热规律也是不同的，在自由对流换热中，竖平壁和竖圆筒的换热不同，且即使同样是平壁、横放和竖放的换热规律也是不同的。在每种形式的对流换热中，固体壁面的某个尺寸对换热规律有较大影响，该尺寸称定性尺度，用 l 表示。定性尺度取决于流体与壁面的相对位置、固体壁面的形状等。例如，当流体纵向流过平板时，平板的长度是定性尺度；而当流体纵掠圆管内时，管道内径为定性尺度；当流体外掠圆管时，管道外径为定性尺度等。即使同一性质的对流换热，如果定性尺度不同，换热效果也不同。

综上所述，在强制对流换热中，如将各种影响因素考虑进去，则对流换热系数 α 的数学关系式可以写成

$$\alpha = f(u, l, \rho, \mu, \lambda, c) \tag{4-24}$$

而自然对流换热中对流换热 α 的数学关系式可以写成

$$\alpha = f(\beta \cdot \Delta t, l, \rho, \mu, \lambda, c) \tag{4-25}$$

2）通过增加换热面积增强换热效果的途径

空气的对流换热系数 $\alpha = 50 \sim 200 \text{W}/(\text{m}^2 \cdot \text{℃})$，而水的换热系数 $\alpha = 1000 \sim 5000 \text{W}/(\text{m}^2 \cdot \text{℃})$。由此可见，空气与水相比，流体边界层的对流换热系数要小得多。因此，为加强空气与壁面间的换热，在工程上常采用增加换热面积的方法，即将壁面做成肋片的形式（又称散热片），如图 4.13 所示。这种通过增加换热面积加强换热强度的应用实例有散热器芯、风冷发动机缸体及缸盖等。

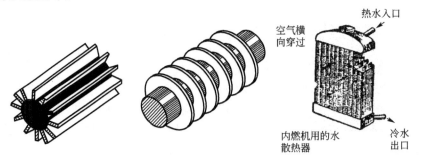

图 4.13　肋化表面

4.3.2 对流换热系数 α 的各种关联式及应用举例

由于影响换热系数 α 的因素较多，使得寻找换热系数 α 关联式的工作变得较复杂。换热系数 α 的确定，目前主要有两种方法，即理论分析法和实验法。

1. 理论分析法

理论分析法有精确解法、近似积分法。精确解法是对一微元体应用动量守恒定律和能量微分方程列出能量平衡方程，然后再引入适当的边界条件求解。由于在精确解法中一系列微分方程式的复杂性，因而使得这种精确解法实际上不能求得解。后来就发展了一种理论分析法，即近似积分法，它的原理是应用动量守恒和能量守恒定律得出一体积控制体（不是微元体）的边界层动量及能量微分方程，然后通过假定边界层内的速度分布和温度分布求得微分方程最后的解。由于该方法中所分析的控制体比精确解法中的微元体粗略，故用该方法求的是近似解，其精确性决定于所假定的速度分布和温度分布接近实际情况的程度。

2. 实验研究法

用理论方法研究对流换热问题比较困难，且存在一定的局限性，故人们自然想到用实验方法去求取对流换热计算式，这是传热研究的一个重要而可行的手段。然而，对于对流换热这样一个存在许多影响因素的复杂物理现象，要找出众多变量间的函数关系，实验的次数十分庞大，以致实验无法实现。因此必须通过某些理论，在组织实验之前，首先将影响对流换热的众多因素根据其内在联系重新组合，以减少总的影响因素数目，得到具有少量变量的换热系数的准则关联式，最后再由实验方法求出换热系数的具体计算式。常用的理论有相似原理和量纲分析法。虽然这两种理论的原理不同，但通过它们都能达到减少换热系数公式中变量个数的目的。下面只简单介绍量纲分析法的基本原理。

在这种方法中首先需选定一个基本的量纲系统。为方便一般选以下 5 个物理量的量纲作为基本量纲：时间 $[T]$、长度 $[L]$、质量 $[M]$、温度 $[\theta]$ 及热量 $[Q]$。方括号内的字母代表量纲。其他物理量的量纲都可由基本量纲导出，称为导出量纲。如密度的量纲为 $[ML^{-3}]$、导热系数的量纲为 $[QL^{-1}T^{-1}\theta^{-1}]$。

量纲间的内在联系，体现在量纲分析的基本依据 Π 定理上。其内容是：一个表示 n 个物理量间关系的量纲一致的方程式，一定可以转换成包含 $n-r$ 个独立的量纲物理量群的关系式。r 指 n 个物理量中所涉及的基本量纲的数目。此定理的证明可参考其他文献，这里只介绍定理的应用。量纲分析法的具体步骤如下：

（1）列出与现象有关的全部物理量的方程。如对强制对流换热，根据前面的分析，有

$$\phi(\alpha, u, l, \rho, \mu, \lambda, c_p) = 0 \tag{4-26}$$

式中 7 个物理量涉及 4 个基本量纲：$[M]$、$[L]$、$[T]$、$[Q/\theta]$。此处因物理量中 $[Q]$ 与 $[\theta]$ 都以其组合 $[Q/\theta]$ 出现，故只能将 $[Q/\theta]$ 作为独立量纲。

根据 Π 定理，式（4-26）必定可以用 $3(n-r)$ 个准则的关联式表示，即

$$\phi(\Pi_1, \Pi_2, \Pi_3) = 0 \tag{4-27}$$

（2）选定各准则的内耗表达式，即幂指数表达式。每个准则由 $r+1$ 个物理量组成，此处选定

$$\Pi_1 = u^{a1} l^{b1} \lambda^{c1} \mu^{e1} \alpha$$

$$\Pi_2 = u^{a_2} l^{b_2} \lambda^{c_2} \mu^{e_2} \rho$$
$$\Pi_3 = u^{a_3} l^{b_3} \lambda^{c_3} \mu^{e_3} c_p$$

选定 3 个 Π 的共同项 $u^a l^b \lambda^c \mu^e$ 的原则是它们必须包括所有 4 个基本量纲而自身不能组成无量纲数。在共同项外还留下 3 个物理量,将它们分别搭配到每个表达式上,组成 5 个物理量的幂次乘积。

(3) 根据 Π 必须是无量纲原则,解出待求幂次的数值,得出准则。为此,展开 Π_1 的量纲得

$$\Pi_1 = L^{a_1} T^{-a_1} L^{b_1} [Q/\theta]^{c_1} L^{-c_1} T^{-c_1} M^{e_1} L^{-e_1} T^{-e_1} [Q/\theta] L^{-2} T^{-1}$$
$$= [L]^{a_1+b_1-c_1-e_1-2} [T]^{-a_1-c_1-e_1-1} [Q/\theta]^{c_1+1} M^{e_1}$$

由于 Π 是无量纲要求,故 $[L]$、$[T]$、$[Q/\theta]$、$[M]$ 的指数都是 0,于是

$$a_1 = 0, \quad b_1 = 1, \quad c_1 = -1, \quad e_1 = 0$$

带入 Π_1 表达式得

$$\Pi_1 = \frac{\alpha l}{\lambda} = N_u \quad (N_u \text{ 称为努谢尔特数})$$

$$\Pi_2 = \frac{\rho u l}{\mu} = R_e \quad (R_e \text{ 称为雷诺数})$$

$$\Pi_3 = \frac{\mu c_p}{\lambda} = P_r \quad (P_r \text{ 称 8 为普郎特数})$$

最后将 Π_1、Π_2、Π_3 带入式(4-27),得准则关联式

$$\Psi(N_u, R_e, P_r) = 0 \tag{4-28}$$

或

$$N_u = f(R_e, P_r) = \frac{\alpha l}{\lambda} \tag{4-29}$$

即影响强制对流换热的因素最终归结为两个无量纲数:雷诺数 R_e 及普朗特数 P_r。同理,对自然对流换热也可以得出一个准则方程式,即

$$Nu = f(G_r, P_r) = \frac{\alpha l}{\lambda} \tag{4-30}$$

式中:$G_r = g\beta\Delta t l^3/v^2$,为格拉晓夫数。

这里 β 为容积膨胀系数,对理想气体有 $\beta = 1/T$;g 为重力加速度;$\Delta t = t_w - t_f$(即壁面温度与流体温度之差);l 为特性尺度;v 为流体的运动黏度。影响自然对流换热的因素最终归结为两个无量纲数:格拉晓夫数 G_r 及普朗特数 P_r。

$$N_u = c(GrP_r)^n \tag{4-31}$$

当得到式(4-30)及式(4-31)这样的准则方程式后,再通过合适地组织实验,就能完全获得各种具体问题的关联式的具体形式。例如对强制管内紊流对流换热,在实验原则上可这样布置:开始使 P_r 等于常数,并保持不变(只要流动本身不变就可做到),改变 R_e 值(可通过变化 R_e 组成式中的任一项做到),获得一组 N_u 随 R_e 而变的实验数据;再使 P_r 等于另一常数并保持不变(可通过调换流体做到),变动 R_e 值获得又一组 N_u 随 R_e 而变的实验数据;重复以上步骤,可得到大量 N_u 随 R_e 和 P_r 而变的实验数据。然后通过数据整理分析,就可得到如下的关联式:

$$N_u = \frac{\alpha l}{\lambda} = 0.023 R_e^{0.8} P_r^n \tag{4-32}$$

式中:流体被加热时,$n = 0.4$;流体被冷却时,$n = 0.3$。

表 4-1 列出了管外和管内强制对流换热中换热系数 α 的实验关联式。表 4-2 列出了自然对流换热中换热系数 α 的实验关联式。

表 4-1 管外和管内强制对流换热中换热系数 α 的实验关联式

强制对流换热	管内紊流流动	$N_{u_f}=0.023R_{e_f}^{0.8}P_{r_f}^{n}\begin{cases}n=0.3 & 流体被冷却\\ n=0.4 & 流体被加热\end{cases}$ 定性温度：$t=\dfrac{t_{f1}+t_{f2}}{2}$（管道进、出口截面温度的平均值） 特性尺寸：$l=d$（内径） 公式适用范围：$10000<R_e<120000$，$P_{r_f}=0.7\text{−}120$，$l/d>60$ 　　　　　　$t_w-t<50$（气体），$t_w-t<20$（水）		
	管外流动	$N_{u_f}=cR_{e_f}^{n}$ 定性温度：$t=\dfrac{t_w+t_f}{2}$ 特性尺寸：外径 D 公式适用范围：主要适用于空气及燃气		
		R_e	c	n
		4～40	0.821	0.385
		40～400	0.615	0.466
		4000～40000	0.174	0.618
		40000～25000	0.0239	0.815

注：t_{f1} 为流体入口温度；t_{f2} 为流体出口温度；t_w 为管壁温度；t_f 为流体温度。

表 4-2 自然对流换热中换热系数 α 的实验关联式

加热表面形状与位置	流动情况实验示意	系数 c 及指数 n			特性尺度	适用范围 $(G_rP_r)^m$ （m 表示采用特性温度 t_m）
		流态	c	n		
竖平壁及竖圆周柱		层流	0.59	1/4	高度	10^4～10^9
		紊流	0.10	1/3	高度	
横圆筒		层流	0.53	1/4	外径	10^4～10^9

注：特性温度采用算术平均温度 $t_m=t_f+t_w$。

公式应用中的定性温度指确定流体物性参数的温度。每个公式都是在特定的定性温度下得出的，应用公式时必须遵循它所指定的定性温度，否则，结果将是无意义的。

在应用各种关联式时应该注意各公式中所规定的定性温度和特性尺寸的含义。

4.4 辐 射 换 热

4.4.1 辐射换热的基本知识

1. 概述

热辐射是热能传播的另一种方式，其特点与导热和对流换热完全不同，它不需要与另外其他物体接触，且物体之间的辐射换热也不需要任何介质，如太阳向地球进行辐射传热。

热辐射是辐射的一种形式。辐射是电磁波传递能量的现象。由于产生电磁波的原因不同因而可以得到不同频率或波长的电磁波。从理论上讲，电磁波的波长可以从 0 到∞，电磁波的波谱如图 4.14 所示。波长的单位为微米，用 $\mu m(1\mu m=10^{-6}m=0.001mm)$ 表示。由于热的原因而产生的电磁波辐射称为热辐射，其波长区域在 $0.1\mu m \sim 100\mu m$ 范围内的红外线和可见光范围内。

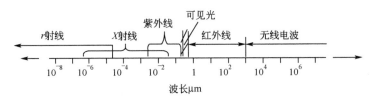

图 4.14 电磁波的波谱

根据量子理论的解释，热辐射是由于物质内部微粒的热运动而向外界发射量子——光子，这些量子具有一定的能量和质量，并以波动的形式传播出去的。因为温度是物质内部微粒热运动的原因，所以热辐射只取决于物质本身的温度。因此只要物体温度在绝对零度以上，它就对外进行热辐射。

在热辐射过程中，能量的转换具有相互的性质。两个温度不同的物体，它们本身都独自发射辐射能，而高温物体所辐射出去的能量较多，这些能量投射在温度低的物体上，有一部分辐射能被吸收后而又重新转变为热能；与此同时，低温度物体也发射辐射能，相对于高温物体，其能量少些，这些辐射能投射在高温物体上，有一部分被吸收而同样转变为热能。但总的效果是高温物体辐射出去的能量多于吸收，低温物体吸收多于放出，因此热能由高温物体传给了低温物体，这就是物体之间的辐射换热。

物体吸收和辐射能量的差称为辐射换热量。当物体发射出去的辐射能正好等于它从外界获得的辐射能，则表示物体的热辐射过程达到了热平衡状态。该物体便可以用一个确定不变的温度 T 来描述。

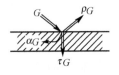

图 4.15 物体对投入辐射的
吸收、反射及透射

实际物体对投射热辐射 G 一般是一部分吸收(αG)，一部分反射(ρG)，另一部分则经折射而透过物体(τG)，如图 4.15 所示。这里 α、ρ、τ 分别称吸收率、反射率和透射率，且有

$$\alpha+\rho+\tau=1$$

实际物体这种属性给辐射换热的分析增加了难度。

为了便于分析,提出了黑体的概念,即假设有一种物体对投入辐射全部吸收,称这种物体为黑体。对于黑体有

$$\alpha = 1$$

显然,黑体只是一种假想的物体。将实际物体作为黑体处理,可以使辐射问题简化。

同理,有一类物体可近似为透明体,即它对辐射能全部透射,$\tau=1$;有一类物体可近似为镜体,即它对辐射能全部反射,$\rho=1$。

2. 黑体辐射

黑体的热辐射现象遵守下面几个基本定律。

1) 普朗克定律

将黑体单位时间单位表面积向半球空间所发射的某特定波长的辐射能称为黑体的单色辐射力。

1900 年,普朗克根据量子理论揭示了在各种不同温度下黑体的单色辐射力按波长变化的规律,即 $E_{\lambda,0}=f(\lambda,T)$,单位为 W/m^3,其具体数学式为

$$E_{b\lambda} = \frac{c_1 \lambda^{-5}}{e^{\frac{c_2}{\lambda T}} - 1} \quad (4-33)$$

式中:λ 为波长,m;T 为绝对温度,K;c_1 为普朗克定律第一常数,等于 3.742×10^{-16},$W \cdot m^2$;c_2 为普朗克定律第二常数,等于 1.4388×10^{-2},$m \cdot K$;下角码 b 表示黑体的参数。

普朗克定律可以用图 4.16 中的曲线来表示。由图 4.16 可以看到,当 $\lambda=0$ 时,辐射能量 $E_{b\lambda}=0$;在一定温度下,$E_{b\lambda}$ 随波长的增加而增加;在某一数值 λ_m 时 $E_{b\lambda}$ 达到最高值,然后又随波长的增加而减小。而且当物体温度 T 不同时,最大单色辐射力所处波长位置 λ_m 不同,温度 T 和 λ_m 之间的关系可由维恩定律确定,即

$$\lambda_m T = 2.9\times10^{-3} m \cdot K \quad (4-34)$$

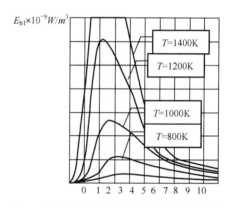

图 4.16 单色辐射力与波长及温度的关系

由此可看出,在不同温度下,单色辐射力的峰值是随着温度的增高而移向波长较短的一方,所以也称为维恩位移定律。同时也可看到,在工程上常用的温度范围内($T<2000K$),辐射能都集中在 $\lambda=0.8\sim10\mu m$ 的红外线范围内,而可见光($\lambda\approx0.4\sim0.8\mu m$)的辐射能是很小的,可以忽略不计。但在温度很高时,如太阳表面温度约 6000K,其可见光射线的辐射能约占总能量的 50%,此时就不能忽略。

2) 斯蒂芬—波尔茨曼定律

黑体单位时间单位表面积向半球空间发射的全部波长范围辐射能的总和称辐射力,用 E_b 表示。

$$E_b = \int_0^\infty E_{b\lambda} d\lambda \quad (4-35)$$

由辐射力和单色辐射力的定义可知,将式(4-33)中的 $E_{b\lambda}$ 代入式(4-35),然后积分,

解得

$$E_b = \sigma_0 T^4 \quad (W/m^2) \tag{4-36}$$

式中：$\sigma_0 = 5.67 \times 10^{-8}$，称为黑体辐射常数，$W/(m^2 \cdot K^4)$。

这一关系称为斯蒂芬—波尔茨曼定律（或四次方定律）。它说明黑体的辐射力与其本身热力学温度的 4 次方成正比，即 $E_0 \propto T^4$。

为了计算高温辐射的方便，式(4-36)可写为

$$E_b = C_0 \left(\frac{T}{100}\right)^4 \tag{4-37}$$

式中：$C_0 = 5.67$，$W/(m^2 \cdot K^4)$。

3) 兰贝特定律

斯蒂芬—波尔茨曼定律确定了物体沿空间各个方向所辐射的总能量。但辐射能在各个方向的分布是不均匀的，所以当研究物体之间的辐射换热时，需要确定一物体向空间所辐射出去的能量中有多少投射到另一物体上去。兰贝特定律阐明了物体表面的辐射能在各个方向的分布规律，即向任意方向辐射出去的能量 E_φ 与该方向和表面法线方向夹角的余弦成正比，如图 4.17 所示。用数学式表示为

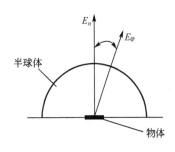

图 4.17 定向辐射

$$E_\varphi = I \cos\varphi \tag{4-38}$$

式中：I 为比例因子，也称定向辐射强度。

这个定律表明，在物体单位面积上向外辐射出去的能量，在各个方向辐射的数值是不一样的。当 $\varphi = 0$ 时，即垂直于法线方向其为最大值；而随着夹角 φ 的增大，其呈余弦规律减弱；当 $\varphi = 90°$ 时其趋于零（图 4.17）。由此可知，物体之间的辐射换热量与物体之间的相对位置有密切关系。

3. 实际物体辐射

1) 基尔荷夫定律

基尔荷夫定律说明了实际物体吸收和辐射之间的关系，即任何物体的辐射力与吸收率之间的比值都相同，且等于同温度下黑体的辐射力，而与物体的性质无关，即

$$\frac{E_1}{\alpha_1} = \frac{E_2}{\alpha_2} = \frac{E_3}{\alpha_3} = \cdots = \frac{E}{\alpha} = E_b \tag{4-39}$$

式中：α 为吸收率。

式(4-39)是根据两个温度相等的表面之间的辐射换热推导出来的，所以它只适用于温度平衡的热辐射。从基尔荷夫定律可以得出以下结论。

(1) 物体的辐射力越大，其吸收率就越大。

(2) 由于各种物体的吸收率永远小于 1，因此在任何温度下，在各种物体中以黑体的辐射力为最大。

基尔荷夫定律的证明可参考其他书籍。

2) 实际物体辐射力的计算

有了黑体辐射力的计算公式，对实际物体辐射力只需引入修正系数即可。该系数反映了实际物体与黑体间的差别。

一般来说，实际物体的辐射力 E 总低于同温度下黑体的辐射力，即 $E < E_b$，而且其单

色辐射力 E_λ 随波长的分布规律也不同，图 4.18 所示为同温度下 3 种不同类型物体的 $E_\lambda = f(\lambda, T)$ 关系。由图 4.18 可见，曲线 1 所示的实际物体的 E_λ 分布是不规则的，即 $\dfrac{E_\lambda}{E_{b\lambda}} \neq$ 常数；曲线 2 表示的物体，E_λ 按波长的分布与同温度下黑体的 $E_{b\lambda}$ 按波长的分布曲线完全相似，但数值要比黑体小，即对这种物体有 $\dfrac{E_\lambda}{E_{b\lambda}} =$ 定值 < 1，称这种物体为灰体。

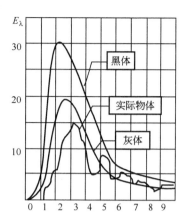

图 4.18　实际物体、灰体和黑体的辐射力

为了比较实际物体与黑体的辐射差异，下面引出两个概念。

(1) 单色黑度：实际物体的单色辐射力与同温度下同一波长黑体的单色辐射力的比值。其用 ε_λ 表示为

$$\varepsilon_\lambda = \frac{E_\lambda}{E_{b\lambda}} \tag{4-40}$$

(2) 黑度：实际物体的辐射力与同一温度下黑体辐射力之比。其用 ε 表示为

$$\varepsilon = \frac{E}{E_b} \tag{4-41}$$

由上面的分析可知 $\varepsilon_\lambda < 1$、$\varepsilon < 1$。

对实际物体有

$$\varepsilon_\lambda = \frac{E_\lambda}{E_{b\lambda}} \neq 常数$$

而对灰体有

$$\varepsilon_\lambda = \frac{E_E}{E_{b\lambda}} = 常数$$

$$\varepsilon = \frac{E}{E_b} = \frac{\int_0^\infty E_\lambda d\lambda}{\int_0^\infty E_{b\lambda} d\lambda} = \frac{\int_0^\infty \varepsilon_\lambda E_{b\lambda} E\lambda}{\int_0^\infty E_{b\lambda} E\lambda} = \varepsilon_\lambda \tag{4-42}$$

事实上，灰体也是一种理想物体，在实际中并不存在。但由于许多工程材料非常接近灰体，所以引入灰体的概念有助于热辐射分析计算，即实际物体在计算中可近似作为灰体考虑。

另外，对于灰体，由基尔荷夫定律有 $\dfrac{E}{\alpha} = E_b$。

将上式与式(4-42)对比可知，对灰体有 $\varepsilon = \alpha$（黑度＝吸收率）。

有了黑体的概念，实际物体的辐射力就可借用黑体辐射力计算公式计算，其只需乘一个修正系数，即

$$E = \varepsilon E_b = \varepsilon \sigma_0 T^4 = \varepsilon C_0 \left(\frac{T}{100}\right)^4 \tag{4-43}$$

因此只要知道物体的温度和黑度，就可按式(4-43)计算出其辐射力 E，各种物体的黑度值由实验给出。

4.4.2 两物体间的辐射换热量的计算

两物体间辐射换热的计算可利用图 4.19 建立的换热关系分析。

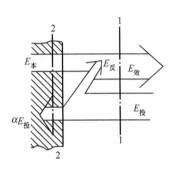

图 4.19 辐射换热计算示意图

设有一物体，其本身辐射用 $E_{本}$ 表示，即物体本身在单位面积和单位时间内所辐射出去的能量，且设物体的黑度为 ε，则 $E_{本}=\varepsilon C_0\left(\dfrac{T}{100}\right)^4$。

同时，外界在单位时间内向物体单位面积投射来的能量，用 $E_{投}$ 表示。设物体的吸收率为 α，则物体吸收了 $E_{投}$ 中的一部分 $\alpha E_{投}$，其余反射出去，而被反射出去的能量称为反射辐射 $E_{反}$，即

$$E_{反}=E_{投}-\alpha E_{投}=(1-\alpha)E_{投}$$

对物体而言，单位时间内的有效辐射 $E_{效}$ 应为本身辐射和反射辐射之和，即

$$E_{效}=E_{本}+E_{反}=E_{本}+(1-\alpha)E_{投}$$

引出这些概念后，即可导出物体之间的辐射换热量的计算方法。

在图 4.19 中以点画线 1-1 为界，则物体与外界的辐射换热量为

$$q=E_{效}-E_{投} \tag{a}$$

以虚线 2-2 为界，则辐射换热量为

$$q=E_{本}-\alpha E_{投} \tag{b}$$

或

$$E_{投}=\dfrac{1}{\alpha}(E_{本}-q)$$

代入式(a)得

$$q=E_{效}-\dfrac{1}{\alpha}(E_{本}-q)$$

或

$$E_{效}=\dfrac{E_{本}}{\alpha}-\left(\dfrac{1}{\alpha}-1\right)q \tag{c}$$

将式(4-43)代入式(c)，得实际物体的有效辐射为

$$E_{效}=\dfrac{\varepsilon}{\alpha}\times 5.67\left(\dfrac{T}{100}\right)^4-\left(\dfrac{1}{\alpha}-1\right)q$$

对于黑体，$\alpha=\varepsilon=1$，故有 $E_{效}=5.67\left(\dfrac{T}{100}\right)^4=E_{本}$，与黑体概念相符。

对于灰体，因 $\varepsilon=\alpha$，故有

$$E_{效}=5.67\left(\dfrac{T}{100}\right)^4-\left(\dfrac{1}{\alpha}-1\right)q \tag{4-44}$$

对于物体 1 和物体 2，分别写出它们的有效辐射为

$$E_{效1}=5.67\left(\dfrac{T_1}{100}\right)^4-\left(\dfrac{1}{\varepsilon_1}-1\right)q_1 \tag{4-45}$$

及

$$E_{效2} = 5.67\left(\frac{T_2}{100}\right)^4 - \left(\frac{1}{\varepsilon_2} - 1\right)q_2 \tag{4-46}$$

这就是实际物体在单位时间内向外辐射的能量(包括了反射的能量),即有效辐射。这也就是说两物体间的辐射换热量应等于它们各自投入到对方物体上的有效辐射能量之差。

由于物体辐射是射向四面八方的,而两个物体的位置是固定的,故一个物体辐射的能量不能全部被另一物体接受,如图 4.20 所示。为此,要计算物体间的辐射换热量,还必须引入角系数的概念。把表面 1 发出的辐射能落到表面 2 上的百分数称为表面 1 对表面 2 的角系数,记为 $X_{1,2}$。同理,也可定义表面 2 对表面 1 的角系数 $X_{2,1}$。

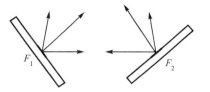

图 4.20 任意放置两物体表面间的辐射换热

当定义了角系数后,则两物体间的换热量为

$$Q_{1,2} = X_{1,2}E_{效1}F_1 - X_{2,1}E_{效2}F_2$$

式中:F_1 及 F_2 分别为两物体的表面积。

由此可见,只要确定了两个角系数,就可计算两物体间的辐射换热量了。

当两物体相对位置比较复杂或表面形状复杂时,按定义计算角系数有一定的困难。在工程上,为了使用方便,通常把角系数理论求解的结果制成图。

有了角系数 $X_{1,2}$ 后,可用角系数的相对性原理求得 $X_{2,1}$,即 $F_1X_{1,2} = X_{2,1}F_2$(证明略)。

例如,求空腔内物体与空腔内壁间的辐射换热量。图 4.21 表示一凸面物体被放在另一个凹面物体 2 之中,物体 2 是一个密闭的空腔体,在工程上具有辐射换热的双套管和装在柴油机排气管中的热电偶温度计均可近似地当做这种情况处理。

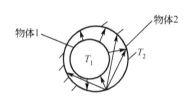

图 4.21 两物体间换热问题举例

现在要求出这两个物体表面之间的辐射换热量。设两物体表面积 F_1 和 F_2 各处于温度均匀的 T_1 和 T_2,物体的黑度及吸收率分别为 ε_1、α_1 和 ε_2、α_2,空腔内为透明介质。

物体 2 为密封的空腔体,它的有效辐射只有一部分投射在物体 1 上,其余则投射在本身的内壁上,即 $X_{2,1} < 1$。物体 1 因为是凸表面,所以它放出的辐射力全部投射在物体 2 的内壁上,即 $X_{1,2} = 1$。根据这些情况,物体 1 和物体 2 之间的辐射换热量为

$$\begin{aligned} Q_{1,2} &= X_{1,2}E_{效1}F_1 - X_{2,1}E_{效2}F_2 \\ &= E_{效1}F_1 - X_{2,1}E_{效2}F_2 \end{aligned} \tag{a}$$

根据式(4-45)与式(4-46)可得,物体 1 与 2 的有效辐射分别为

$$E_{效1}F_1 = 5.67\left(\frac{T_1}{100}\right)^4 F_1 - \left(\frac{1}{\alpha_1} - 1\right)Q_1 \tag{b}$$

$$E_{效2}F_2 = 5.67\left(\frac{T_2}{100}\right)^4 F_2 - \left(\frac{1}{\alpha_2} - 1\right)Q_2 \tag{c}$$

在物体 1 和物体 2 之间的辐射换热时,换热量 $Q_{1,2}$ 应等于物体 1 净失的热量 Q_1 或物体 2 净得的热量 $-Q_2$,即

$$Q_{1,2} = Q_1 = -Q_2 \tag{d}$$

将式(b)、式(c)和式(d)代入式(a),整理得

$$Q_{1,2} = \frac{5.67\left[F_1\left(\frac{T_1}{100}\right)^4 - X_{2,1}F_2\left(\frac{T_2}{100}\right)^4\right]}{\frac{1}{\alpha_1} + X_{2,1}\left(\frac{1}{\alpha_2} - 1\right)} \tag{e}$$

当应用上式计算时,必须确定角系数 $X_{2,1}$ 和 $X_{2,1}$ 的数值只取决于物体之间的相对几何尺寸,而与其他因素无关。由于角系数的相对性,故

$$X_{2,1} = \frac{F_1}{F_2}X_{1,2} = \frac{F_1}{F_2} \tag{f}$$

将式(f)代入式(e)得

$$Q_{1,2} = \frac{5.67F_1\left[\left(\frac{T_1}{100}\right)^4 - \left(\frac{T_2}{100}\right)^4\right]}{\frac{1}{\alpha_1} + \frac{F_1}{F_2}\left(\frac{1}{\alpha_2} - 1\right)} \tag{g}$$

如果实际物体可近似成灰体,则有 $\varepsilon_1 = \alpha_1$ 及 $\varepsilon_2 = \alpha_2$,代入上式得

$$Q_{1,2} = \frac{5.67F_1\left[\left(\frac{T_1}{100}\right)^4 - \left(\frac{T_2}{100}\right)^4\right]}{\frac{1}{\varepsilon_1} + \frac{F_1}{F_2}\left(\frac{1}{\varepsilon_2} - 1\right)} \tag{4-47}$$

对式(4-47)的几点分析如下。

(1) 当两物体的表面积近似相等时,即 $F_1 \approx F_2$,则有

$$Q_{1,2} = \frac{5.67F_1\left[\left(\frac{T_1}{100}\right)^4 - \left(\frac{T_2}{100}\right)^4\right]}{\frac{1}{\varepsilon_1} + \frac{1}{\varepsilon_2} - 1} \tag{4-48}$$

两无限大平行平壁间、很长的双套管之间的换热均属于这种情况。

(2) 当 F_2 比 F_1 大得很多,即 $\frac{F_1}{F_2} \approx 0$ 时,则有

$$Q_{1,2} = 5.67\varepsilon_1 F_1\left[\left(\frac{T_1}{100}\right)^4 - \left(\frac{T_2}{100}\right)^4\right] \tag{4-49}$$

上式可用来计算大空间内物体与四周内壁的辐射换热量、工件与加热炉内壁的辐射换热量、装在发动机排气管中的热电偶温度计与管壁之间的辐射换热量等。

上面分析了几种特殊情况下两物体间的辐射换热量的计算。用类似的方法也可对任意位置两物体间的辐射换热量进行分析,这里将分析过程略去,只给出结果,即

$$Q_{1,2} = \frac{5.67\left[\left(\frac{T_1}{100}\right)^4 - \left(\frac{T_2}{100}\right)^4\right]}{\frac{1-\alpha_1}{\alpha_1 F_1} + \frac{1}{F_1 X_{1,2}} + \frac{1-\alpha_2}{\alpha_2 F_2}} \tag{4-50}$$

如将实际物体看成灰体,则有

$$Q_{1,2} = \frac{5.67\left[\left(\frac{T_1}{100}\right)^4 - \left(\frac{T_2}{100}\right)^4\right]}{\frac{1-\varepsilon_1}{\varepsilon_1 F_1} + \frac{1}{F_1 X_{1,2}} + \frac{1-\varepsilon_2}{\varepsilon_2 F_2}} \tag{4-51}$$

由此可见，物体间辐射换热量的计算的关键问题是求解角系数。

[例 4-4] 在一个大的加热导管中，安装一个热电偶测量通过导管流动气体的温度，如图 4.22 所示。导管壁温为 425℃，热电偶指示的温度为 170℃，气体与热电偶间的换热系数为 50(W/m²)·℃热电偶材料的黑度为 0.43，问：气体的温度是多少？

解：由题可得 $T_1=170℃=443K$，$T_W=425℃=698K$，$\varepsilon=0.43$，$\alpha=50(W/m^2)·℃$。

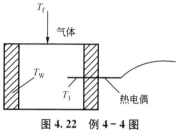

图 4.22 例 4-4 图

如图 4.22 所示，当用热电偶测量温度时，高温气体以对流方式将热量传给热电偶，同时热电偶又以辐射方式将热量传给温度较低的容器壁。当热电偶的对流受热量等于其辐射热量时，热电偶的温度就不再变化，此温度即为热电偶的指示温度，即气体的温度。

所以有
$$\alpha F(T_1-T_f)=\varepsilon F(T_w^4-T_1^4)$$
$$150(443-T_f)=5.67\times10^{-8}\times0.43\times(698^4-443^4)$$

F 为管道内表面积，即
$$T_f=410.7K=137.7℃$$

[例 4-5] 直径为 5cm 的长管道从一房间内通过并且暴露于 20℃ 的空气中，管壁的温度为 93℃。如管道的黑度为 0.6，试求每米管道的辐射热损失。

解：已知 $T_1=93℃=366K$，$T_1=20℃=293K$，$\varepsilon=0.6$。

由于管道相对房间来讲，其表面积非常小，如假设管道和房间表面积分别为 F_1 和 F_2，则可以认为 $F_1/F_2\approx0$，故由式(4-49)得管道的与房间的辐射换热量或辐射热损失为

$$Q=Q_{1,2}=5.67\varepsilon_1 F_1\left[\left(\frac{T_1}{100}\right)^4-\left(\frac{T_2}{100}\right)^4\right]$$
$$=5.67\varepsilon_1\pi dL\left[\left(\frac{T_1}{100}\right)^4-\left(\frac{T_2}{100}\right)^4\right]$$

式中：L 为管道的长度。

故对每米管道的辐射热损失为
$$\frac{Q}{L}=5.67\times0.6\times3.14\times0.05\left[\left(\frac{366}{100}\right)^4-\left(\frac{293}{100}\right)^4\right]$$
$$=5605(W/m)$$

4.4.3 气体辐射

在工程上，经常遇到气体的辐射换热问题，如在锅炉和内燃机气缸中，当燃料在燃烧时，发光的火焰及炽热的多原子气体就具有很强的辐射力。下面介绍气体辐射的特性和计算方法。

气体辐射和固体辐射有所不同，固体能放射和吸收所有从 0 到 ∞ 波长的辐射能量，而气体的辐射却有它的特点。

(1) 气体向外辐射的能量，取决于分子本身的结构。例如对于单原子和分子结构对称的双原子气体，可以认为它们是透明体，既不向外辐射能量也不吸收外来的辐射能量，如

空气、H_2、O_2 等；但对于多原子气体（CO_2、H_2O）则有相当大的辐射力和吸收率。

（2）气体只能辐射和吸收某一定波长间隔范围内的热射线，其他波长范围，它既不能辐射也不能吸收。例如 CO_2 的主要吸收光谱有 3 段：$2.65\mu m \sim 2.8\mu m$、$4.14\mu m \sim 4.45\mu m$、$13.0\mu m \sim 17.0\mu m$。

（3）固体的辐射和吸收是在表面上进行的，而气体的辐射和吸收是在整个气体中进行。

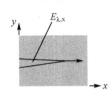

图 4.23 当辐射能在气体层沿途被吸收的情况

当热射线穿过非透明介质层时，辐射能将不断被分子所吸收。图 4.23 表示热射线的能量随射程距离 x 的增加而逐渐减弱，当 $x=\infty$ 时，热射线的能量全部被吸收。

设在 $x=0$ 处，单色辐射力为 $E_{\lambda, x=0}$，当穿过非透明介质层时不断被吸收。若在距离 x 处经过 dx 厚度的介质，辐射力由 E_λ 减弱为 $(E_\lambda - dE_\lambda)$，即减弱了 dE_λ，由此得到

$$\frac{\dfrac{dE_\lambda}{E_\lambda}}{dx} = -K_\lambda$$

式中：K_λ 表示单位距离内辐射力减弱的百分数，称为减弱系数，它与气体的性质、压力、温度及波长 λ 有关，m^{-1}，它与气体。将上式改写为

$$-\frac{dE_\lambda}{E_\lambda} = K_\lambda dx$$

将上式从 0 积分可得

$$\ln\frac{E_{\lambda, x}}{E_{\lambda, x=0}} = -K_\lambda x$$

或

$$E_{\lambda, x} = E_{\lambda, x=0} e^{-K_\lambda x} \tag{4-52}$$

式（4-52）为气体的吸收定律，也称比尔（Beer）定律。这里 $e^{-K_\lambda x}$ 为小于 1 的数值。

在气体辐射换热计算中，要应用到气体的黑度、吸收率和辐射力的概念。气体的单色吸收率 α_λ 可表示为

$$\alpha_\lambda = \frac{\text{气体所吸收的单色辐射能量}}{\text{投射在该气体的单色辐射能量}} = \frac{E_{\lambda, x=0} - E_{\lambda, x}}{E_{\lambda, x=0}}$$

将式（4-52）代入上式得

$$\alpha_\lambda = \frac{E_{\lambda, x=0}(1 - e^{-K_\lambda x})}{E_{\lambda, x=0}} \tag{4-53}$$

在气体温度与壁面温度系相同的情况下，气体的吸收率 A_λ 与黑度 ε_λ 之间的关系符合基尔荷夫定律，即

$$\varepsilon_\lambda = \alpha_\lambda = 1 - e^{-K_\lambda x}$$

由于减弱系数 K_λ 与气体的分子数目有关，故上式又可写成

$$\varepsilon_\lambda = \alpha_\lambda = 1 - e^{-K_\lambda p x}$$

式中：p 为气体的分压力；K_λ 为在 1atm 下单色辐射线减弱系数 K_λ 只与气体性质和温度有关，m^{-1}。

在上面讨论中，x 是气体沿坐标 x 方向的辐射线行程长度，而在整个气体容积中，气体的热辐射和吸收是在各个方向同时进行的。设 s 是整个容器内气体热辐射和吸收的平均

行程长度,则上式中的 x 变为 s,故

$$\varepsilon_\lambda = \alpha_\lambda = 1 - e^{-K\lambda P s}$$

由上式可见,当 $s=\infty$ 时,$\varepsilon_\lambda = \alpha_\lambda = 1$。

对于各个光带内相同波长的气体,其黑度和吸收率可写为

$$\varepsilon = \alpha = 1 - e^{-kPs}$$

但必须指出,当气体温度与壁面温度不相等时,上式就不正确了,即 $\varepsilon \neq \alpha$。如果气体中含有灰粒,则仍可近似地认为 $\varepsilon = \alpha$。

对于气体的辐射力,经过实验已经证明,二氧化碳的辐射力 E_{CO_2} 与热力学温度的 3.5 次幂成正比;水蒸气的辐射力 E_{H_2O} 与热力学温度的 3 次幂成正比,即

$$E_{CO_2} = 3.5(ps)^{1/3}\left(\frac{T}{100}\right)^{3.5}$$

$$E_{H_2O} = 3.5 p^{0.8} s^{0.6}\left(\frac{T}{100}\right)^3$$

为了计算方便,仍采用热力学温度 4 次方的形式,即

$$E_{CO_2} = \varepsilon_{CO_2} C_0 \left(\frac{T}{100}\right)^4 \quad (4-54)$$

及

$$E_{H_2O} = \varepsilon_{H_2O} C_0 \left(\frac{T}{100}\right)^4 \quad (4-55)$$

这样处理后,与 4 次方规律有偏差的因素都包括在黑度 ε_{CO_2} 和 ε_{H_2O} 中,ε_{CO_2} 和 ε_{H_2O} 的实验数据已整理成图,可查有关的资料。

气体辐射层厚度 $s(m)$ 可按下式确定。

$$s = m\left(\frac{4V}{F}\right)$$

式中:系数 m 的值在 $0.85 \sim 1.0$ 的范围内。

一般常取 $m = 0.9$,则

$$s = 0.9\left(\frac{4V}{F}\right) = 3.6\frac{V}{F}$$

式中:V 为气体的容积,m^3;F 为包围气体的固体壁面面积,m^2。

4.4.4 火焰辐射

火焰除了总是存在着三原子气体辐射成分之外,还包含着具有强烈辐射能力的固体颗粒。按颗粒的不同,一般可分为以下 3 种类型。

(1) 不发光火焰。当气体燃料或没有灰分的其他燃料完全燃烧时,得到略带蓝色而近于无色的火焰,通常称为不发光火焰。这种火焰中没有固体颗粒,其主要辐射成分是 CO_2 和 H_2O,其辐射可按 4.4.3 节气体辐射公式计算。

(2) 发光火焰。当液体燃料及预先没有与空气充分混合的气体燃料燃烧时,由于烃类物质在高温下裂解时产生炭烟粒子,因此在燃烧器的根部火焰发光,这种火焰称为发光火焰。有很强辐射能力的固体炭烟粒子和三原子辐射气体都是发光部分的辐射成分,而炭烟粒子的辐射占主要地位。火焰气流离开燃烧器一段距离后,炭烟粒子逐渐燃尽。炭烟粒子燃尽部分的火焰不发光。包括发光、不发光部分的整个火焰辐射取决于发光部分所占的比例。

(3) 半发光火焰。当各种固体燃料燃烧时，形成半发光火焰。这种火焰的主要辐射成分是焦炭粒子和灰粒。焦炭粒子是指颗粒状煤粉在逸出水分和挥发物后的剩余部分。焦炭粒子在燃尽后形成灰粒。焦炭粒子辐射强烈，且灰粒也有一定的辐射能力。在半发光火焰中，H_2O、CO_2 等辐射性气体也是存在的，但不起主要作用。

不难看出，发光和半发光火焰除三原子气体辐射之外，都有许多悬浮的固体颗粒（炭烟、焦炭和灰粒），而且这些微粒是辐射的主要成分。值得指出，微粒尺寸的大小影响辐射特性。与射线波长 λ 相比，直径小于 0.2λ 的较小微粒，对辐射呈现部分透明性，这时不能用简单的几何光学规律来分析，问题十分复杂。例如，天然气在未完全燃烧时，聚合前的炭烟粒子直径约为 $0.03\mu m$，即属此类微粒。与射线波长 λ 相比，直径大于 2λ 的较大微粒，对辐射呈现不透明性，它对射线有完全的遮蔽作用。例如，聚合后的炭烟粒子的直径为 $10\sim20\mu m$，煤粉燃烧生成的焦炭粒子的直径约为 $30\sim150\mu m$，灰粒直径约为 $10\sim20\mu m$，均属此类微粒。

火焰辐射是一个十分复杂的现象。首先，各种火焰的辐射成分不同，而每种成分的辐射特性又有差别。其次，在燃烧室中，不同部位的温度及辐射成分的浓度也不一样，并且它们和燃料种类、燃烧方式和燃烧工况有关。再次，各种辐射成分的辐射相互之间还有影响。因此，要得到一个适用于多种不同场合的火焰黑度计算公式是困难的。

4.5 发动机换热分析

4.5.1 发动机中导热问题的求解方法

如前所述，导热问题按温度场性质可以分为稳态导热问题和非稳态导热问题；按温度场空间分布情况分为一维及多维导热问题；按边界条件性质可分为第一类、第二类、第三类边界条件导热问题。一个具体的导热现象究竟属于哪一类导热问题，有时并不是显而易见的，通常需要进行仔细分析，且必要时要做一些简化处理，包括对物体几何形状、边界条件、工作情况的简化等，因为只有这样才能得到一个明确且较符合实际情况的结论。

发动机中与高温燃气接触的零件，如活塞、缸套、气阀等，由于表面温度及内部温度不一致，存在着导热过程。但由于其工作条件及几何形状的复杂性，使这些零件的导热过程较复杂。这里工作条件的复杂性表现为：当内燃机处于起动、停机、加速、减速等工况时，各高温零件内部温度场是瞬变的，即非稳定的；而当内燃机处于稳定工况时，各高温零件受热表面在内燃机整个工作循环中并非始终与高温燃气接触，而只是在循环中的部分时间内与燃气接触，属于这种情况的有气门头部背面至杆身的过渡曲面等。内燃机中各导热零件的几何复杂性决定了它不能作为一维问题分析，只能视为多维导热问题。而且这些复杂的几何边界使得不可能写出整体边界条件，而只能采用划分网络的方法，将零件划分成有限个小单元，从而对每一小的单元进行边界条件的分析，这就是导热分析中的数值解法，其中最有代表意义的就是有限元法，所以发动机中各零件的导热计算目前常用的是数值求解法。图 4.24 为内燃机零件温度场的计算实例。

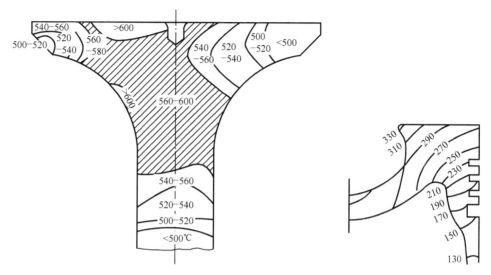

图 4.24 内燃机零件温度场的计算实例

4.5.2 燃气与壁面间的辐射换热

当发动机工作时,燃气对壁面的辐射换热量在数值上要比对流换热量小很多,但在某些情况下,例如当存在火焰辐射时,辐射换热量也将达到燃气对壁面总换热量的 1/4~1/3。因此,辐射换热对零件热量负荷的影响也不能忽略。

按照辐射的通用定律,壁面由燃气接受的辐射热流密度与燃气和壁面热力学温度 4 次方的差值成正比,即

$$q_r = \varepsilon_g \varepsilon'_w C_0 \left[\left(\frac{T_g}{100} \right)^4 - \left(\frac{T_{wl}}{100} \right)^4 \right]$$

式中:q_r 为壁面单位面积单位时间内接受的辐射换热热流量,即热流密度,W/m^2;ε_g 为气体的黑度;ε'_w 为壁面的有效黑度(考虑了壁面反射出的辐射再度被其他壁面吸收等因素);C_0 为黑体辐射系数,数值为 5.67,$W/m^2 K^4$;T_g 为燃气的热力学温度,K;T_{wl} 为壁面的热力学温度,K。

发动机的燃气对周围壁面的辐射比一般气体辐射还要复杂,因为综合的发动机燃气辐射实际上包含了很多内容,其中最重要的两个方面就是气体辐射和火焰辐射。

在气体辐射方面,根据辐射换热的研究,单、双原子气体分子的辐射数值很小可以忽略不计,而只有多原子气体分子(H_2O、CO_2 等)才有可察觉的辐射能力。而多原子气体的辐射黑度与燃气的温度、压力以及壁面所包含的气体容积尺寸有关。气体分子密度越大,且与壁面间的距离越小,对壁面的辐射数值越大。由内燃机的工作过程看,燃气高温一般只发生在上止点后 60°曲轴角的范围,也就是说辐射也只发生在这一较小的范围内,而且绝大多数炽热多原子气体分子的形成也是发生在缸内燃料燃烧以后。因此,对于发动机缸内的气体辐射就只需着重考虑燃料燃烧放热过程这一段。

在火焰辐射方面,研究结果表明,发动机的燃烧火焰在性质上可以分为两种类型:①以气体燃料混合气的预混燃烧为代表的明线光谱火焰;②以液体燃料蒸发扩散燃烧为代表的连续光谱火焰。前者因火焰透明发光很少,辐射量也很低,一般可以忽略;后者由于

火焰中存在很多燃烧分解出的碳粒子云,会产生辐射较强的连续光谱,因此在辐射换热中不能忽略。在汽油机和气体燃料发动机的燃烧过程中,预混燃烧占主要成分,因此其火焰辐射水平较低;而柴油机中的主要燃烧过程是发生在上止点后的扩散燃烧阶段,而且在燃烧中不断有炭烟粒子生成,因此火焰辐射的问题要突出得多。

一些研究者用透明膜覆盖的表面热电偶测量柴油机中燃烧火焰的温度,发现在整个发动机的循环过程中火焰的温度 T_f 往往大大地超过缸内燃气的平均温度 T_g,因此不能用按照示功图计算得到的燃气温度作为火焰温度来计算火焰的辐射换热量。另一些研究者用灵敏光电温度计研究分隔燃烧室柴油机的火焰辐射,结果表明火焰黑度 ε_{gf} 在燃烧最强烈的时期数值较大,以后很快降低,而且在主燃烧室中的这一过程比预燃室中稍有滞后。

总之,可以认为柴油机缸内燃气对壁面的辐射换热量数值较大,而且主要是火焰辐射;汽油机中辐射换热量数值较小,而且主要是气体辐射。许多研究者用各种测试手段同时测量了内燃机中的对流换热量和辐射换热量的数值,其结果都表明在综合换热系数值中对流换热所占比例较大,而且作用时间也较长;辐射换热数值较小,而且只发生在燃料燃烧的阶段。图 4.25 给出一台柴油机的实测结果,可以作为一个典型实例。在图 4.25 中,下面的曲线表示辐射换热所占比例。

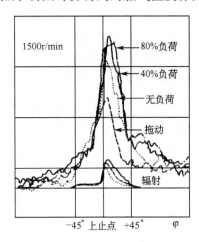

图 4.25 柴油机综合换热结果

4.5.3 燃气与壁面间的瞬时综合换热系数

由于燃气对壁面的换热既包含着对流成分又包含着辐射成分,在分析计算中比较复杂,因此很多研究者都试图根据实际发动机的实验数据综合归纳出一个统一的瞬时综合换热系数计算式。这些计算式的主要依据都是对流换热方程、辐射换热方程以及相似原理和量纲分析方法。

过去应用最广的是 Nusselt 公式和 Eichelberg 公式,但由于这两个公式在换热细节上有些考虑不周之处,而且其实验来源都主要是大型低速内燃机,因此目前在高速发动机传热分析中已很少应用,而应用较多的是 Annand 公式和 Woschni 公式。

Annand 公式的形式为

$$a_g = a\lambda D^{-0.3} v_m^{0.7} \nu^{-0.7} + c \left[\left(\frac{T_g}{100}\right)^4 - \left(\frac{T_{wl}}{100}\right)^4 \right] \Big/ (T_g - T_{wl}) \quad (W/(m^2 \cdot K))$$

式中:λ 为燃气导热系数,$W/(m \cdot K)$;D 为气缸直径,m;v_m 为活塞平均速度,m/s;ν 为燃气的运动黏度系数,m^2/s;T_g、T_{wl} 为燃气及壁面温度,K;a 为系数,随内燃机尺寸而定,范围为 0.35~0.8;c 为系数,对柴油机燃烧过程为 3.21,对汽油机燃烧过程为 0.421,对压缩过程为 0。

Annand 公式的基础是相似准则分析,其数据来源引自他人的四行程高速汽油机、柴油机试验以及本人进行的高速柴油机试验。

Woschni 公式的形式是

$$a_g = 130 D^{-0.2} p^{0.8} T^{-0.53} \left[c_1 v_m + c_2 \frac{V_h T_1}{p_1 V_1}(p - p_0) \right]^{0.8} \quad (W/(m^2 \cdot K))$$

式中：D 为气缸直径，m；p 为燃气压力，MPa；T 为燃气温度，K；v_m 为活塞平均速度，m/s；V_h 为气缸工作容积，m^3；p_1、V_1、T_1 为压缩始点的气体状况；$p-p_0$ 为燃烧引起的压力升高值；c_1 为系数，对换气过程 $c_1=7.14$，对压缩过程 $c_1=2.99$；c_2 为系数，对直喷柴油机 $c_2=3.2\times10^{-3}$，对预燃室柴油机 $c_2=6.2\times10^{-3}$。

Woschni 公式的基础也是相似准则分析，其试验机型是一些四行程高速柴油机。

利用以上介绍的几种经验公式，就可以计算发动机工作循环中各个瞬时的综合换热系数 a_g 的值。其中既包含对流换热成分，也包含辐射换热成分。

最近，由于国内外对绝热（低散热）发动机的研究，发现在大幅度提高壁面温度的情况下，燃气与壁面的实际换热系数 a_g 值要比上述各式的计算结果高出很多。按照 Woschni 等人的研究，认为可能是壁温增高加大了燃气边界层中局部存在燃料的燃烧放热，或者有某些因素减少了边界层的局部厚度，结果使得高温壁面附近的热流增大及 a_g 值加大。因此，这一问题的发现为发动机燃气的放热过程提出了新的研究课题。

思考题与习题

1. 解释下列概念。

热传递　稳态导热　热流密度　导热系数　对流换热　对流换热系数　自由对流换热　强制对流换热　定性尺度　量纲分析法　努谢尔特数　雷诺数　普郎特数　格拉晓夫数　热辐射　黑体　单色辐射力　维恩位移定律　斯蒂芬——波尔茨曼定律（四次方定律）　兰贝特定律　基尔荷夫定律　灰体　黑度　单色黑度　角系数

2. 根据热阻定义，在稳态条件下试写出以下表达式。
   (1) 对总表面而言的通过圆筒体导热的热阻表达式。
   (2) 对单位长度而言的通过圆筒体导热的热阻表达式。

3. 简述气体的辐射的特点。

4. 用平底锅烧开水，与水相接触的锅底温度为 111℃，热流密度为 42400W/(m·℃)。使用一段时间后，锅底结了一层平均厚度为 3mm 的水垢。假设此时与水相接触的水垢的表面温度及热流密度分别等于原来的值，试计算水垢与金属锅底接触面的温度。水垢的导热系数取为 1W/(m·℃)。

5. 一冷藏室的墙由钢皮、矿渣棉及石棉板三层叠合构成，各层的厚度依次为 0.794mm、152mm 及 9.5mm，导热系数分别为 45W/(m·℃)、0.07W/(m·℃) 及 0.1W/(m·℃)。冷藏室的有效换热面积为 37.2m^2，室内、外气温分别为 -2℃ 及 30℃，室内、外壁面的总换热面积可分别按 1.5W/(m^2·℃) 及 2.5W/(m^2·℃) 计算。为维持冷藏室温度的恒定，试确定冷藏室内的冷却排管每小时内需带走多少热量。

6. 一蒸汽锅炉蒸发受热面外的烟气温度为 1000℃，管内沸水温度为 200℃，烟气与受热管子外壁间的总换热系数为 100W/(m^2·℃)，沸水与内壁间的换热系数为 5000W/(m^2·℃)，管壁厚 6mm，管壁 $\lambda=42$W/(m·℃)，外径为 52mm。试计算下列三种情况下受热单位长度上的热负荷。

   (1) 换热表面是干净的。
   (2) 外表面结了一层厚为 1mm 的烟灰，$\lambda=0.08$W/(m·℃)。
   (3) 内表面结了一层厚为 2mm 的水垢，$\lambda=1$W/(m·℃)。

7. 一烘箱的炉门由两种保温材料 A 及 B 做成，且 $\delta_A = 2\delta_B$。已知 $\lambda_A = 0.1\text{W}/(\text{m}\cdot\text{℃})$，$\lambda_B = 0.06\text{W}/(\text{m}\cdot\text{℃})$，烘箱内空气温度 $t_{f1} = 400\text{℃}$，内壁面的总换热系数 $\alpha_1 = 50\text{W}/(\text{m}^2\cdot\text{℃})$。为安全起见，希望烘箱炉门的外表面温度不得高于 50℃。设可把炉门导热作为一维问题处理，试决定所需保温材料的厚度。环境温度 $t_{f2} = 25\text{℃}$，外表面总换热系数 $\alpha_2 = 9.5\text{W}/(\text{m}^2\cdot\text{℃})$。

8. 有一厚度为 20mm 的平面墙，导热系数为 $1.3\text{W}/(\text{m}\cdot\text{℃})$。为使每平方米墙的热损失不超过 1500W，在外表面上覆盖了一层导热系数为 $0.2\text{W}/(\text{m}\cdot\text{℃})$ 的保温材料。已知复合壁两侧的温度分别为 750℃ 及 55℃，试确定此时保温层的厚度。

9. 一双层玻璃窗系由两层厚为 6mm 的玻璃及其间的空气隙所组成，空气隙厚度为 8mm。假设面向室内的玻璃表面温度与面向室外的玻璃表面温度各为 20℃ 及 -20℃，试确定该双层玻璃窗的热损失。如果采用单层玻璃窗，其他条件不变，其热损失是双玻璃的多少倍？玻璃窗的尺寸为 60cm×60cm，不考虑空气间隙中的自然对流，玻璃的导热系数为 $0.78\text{W}/(\text{m}\cdot\text{℃})$。

10. 外径为 100mm 的蒸汽管道，覆盖密度为 $20\text{kg}/\text{m}^3$ 的超细玻璃棉毡保温。已知蒸汽管道外壁温度为 400℃，希望保温外表面温度不超过 50℃，且每米长管道上散热量小于 163W，试确定所需的保温厚度。

11. 在外径为 50 mm 的蒸汽管道外，包覆有厚为 40mm、平均导热系数为 $0.13\text{W}/(\text{m}\cdot\text{℃})$ 的矿渣棉，其外为厚 45mm、平均导热系数为 $0.12\text{W}/(\text{m}\cdot\text{℃})$ 的煤灰泡沫砖。绝热层外表面温度为 50℃。试检查矿渣棉与煤灰泡沫砖交界面处的温度是否超过允许值？又增加煤灰泡沫砖的厚度对热损失及交界面处的温度有什么影响？蒸汽管道的表面温度取为 400℃。

12. 在一根外径为 100mm 的热力管道外拟包覆盖两层绝热材料，一种材料的导热系数为 $0.06\text{W}/(\text{m}\cdot\text{℃})$，另一种为 $0.18\text{W}/(\text{m}\cdot\text{℃})$，两种材料的厚度都取为 75mm。试比较把导热系数小的材料紧贴管壁及把导热系数大的材料紧贴管壁这两种方法对保温效果的影响，这种影响对于平壁的情形是否存在？假设在两种做法中，绝热层内外表面的总温差保持不变。

13. 某种平板材料厚 25mm，两侧面分别维持在 40℃ 及 85℃。测得通过该平板的热流量为 1.82kW，导热面积为 0.2m^2。试计算以下问题。
(1) 确定在此条件下平板的平均导热系数。
(2) 设平板材料的导热系数按 $\lambda = \lambda_0(1+bt)$ 变化（其中 t 为局部温度）。为了确定上述温度范围内的 λ_0 及 b 值，还需要补充测定什么量？给出此时确定 λ_0 及 b 的计算式。

14. 一空心圆柱，在 $r=r_1$ 处 $t=t_1$，在 $r=r_2$ 处 $t=t_2$。$\lambda(t)=\lambda_0(1+bt)$，$t$ 为局部温度。试导出圆柱体中温度分布的表达式及导热量计算式。

15. 水以 $G=0.5\text{kg}/\text{s}$ 的流量在内径 $d=25\text{mm}$、长 $l=2\text{m}$ 的管内流动，进口处水温 $t'_f=10\text{℃}$，沿管全长壁温均高于水温 15℃，试求出口处水温 t''_f。

16. 流体在内径为 25mm 的管内做层流运动，壁面热流密度恒定。假设流体分别是：①空气；②水；③ 机油。试分别确定其放热系数。

17. 一导热系数 $\lambda=0.173\text{W}/(\text{m}\cdot\text{℃})$ 的流体，在内径 $d=6.35\text{mm}$ 的管内做层流流动，管长 $l=7.31\text{m}$，管壁温度均匀而不变，管壁和流体的平均温差 $\Delta t=55.6\text{℃}$。试求放热管子出口处的水温。

18. 机油的平均温度为 40℃，在内径 $d=20\text{mm}$、长 $l=10\text{m}$ 的管内流动，流量 $G=$

1000kg/h。如果管壁温度保持100℃，试求机油和管壁间的换热量。

19. 水以 300ml/s 的流量在内径为 10mm 的管内流动，径口处水温为 8℃。如果管壁温度保持 250℃，试求将水加热至 52℃ 所需的管长。

20. 在 1.7 atm 下，30℃ 的空气以 15m/s 的速度横掠外径为 5cm、壁温为 150℃ 的圆管，试求其放热系数。

21. 10℃ 的水以 1.5m/s 的速度横向掠过外径 $d=25$mm 的单管，管壁温度保持 70℃。试求其放热系数和单位管长的换热量。

22. 在 1atm 下，30℃ 的空气以 50m/s 的速度横向掠过外径为 5cm 的圆柱，圆柱表面温度温度为 150℃。试计算单位长圆柱体的散热量。

23. 水以 1m/s 的速度在管内流动，进出口的温度分别为 160℃ 和 240℃，管壁温度为 250℃，管壁入流密度为 $3.68 \times 10^5 W/m^2$。试求管子内径和长度。

24. 边长为 0.9m 的正方形平板，一个表面绝热，另一个表面均匀且保持 70℃。试计算下列情况下平板和温度为 10℃ 的空气之间的放热系数和换热量：①平板竖直放置；②平板水平放置，热面朝上；③平板水平放置，热面朝下。

25. 一圆柱外直径为 80mm，长为 1.82m，表面温度保持 93℃，放置于温度为 27℃ 的大气中。试确定圆柱水平放置和竖直放置时由于自然对流换热引起的热损失。

26. 一水平蒸汽管道置于空气温度为 40℃ 的房间中，管道外直径为 25cm，表面温度为 410℃。试计算由于自然对流换热每米长管道的热损失。

27. 加热炉的内表面温度 $t_1=1200$℃，炉内金属锭子温度分别处于 $t_2=20$℃、100℃、300℃、500℃、700℃、和 800℃，锭子表面积远小于炉壁面积，其吸收率和黑度为 $\alpha_2=\varepsilon_2=0.8$。试求金属锭子表面上的辐射换热热流密度。

28. 一个冰棒瓶由真空玻璃夹套构成，在夹套中相对两个表面镀银，其黑度和吸收率为 $\varepsilon_1=\varepsilon_2=\alpha_1=\alpha_2=0.04$；两表面的直径分别为 $d_1=140$mm、$d_2=150$mm，高度为 $h=320$mm；温度分别为 $t_1=0$℃，$t_2=30$℃。如不计瓶口的导热损失及夹套中残余气体的导热和对流，试求每小时的传热量。

29. 室内一根冷气管，外直径 $d=70$mm，长为 5m，表面黑度 $\varepsilon=0.96$。已知管子表面温度 $t_w=-15$℃，环境和空气温度 $t_f=20$℃。试求每小时的辐射换热量。

30. 室外横放的一根煤气管道，直径 $d=150$mm，表面黑度和温度分别为 $\varepsilon=0.8$、$t_w=60$℃，周围环境和空气温度 $t_f=20$℃，空气处于自由运动状态。试比较其对流放热系数和辐射放热系数。

第二篇

动力输出与能量利用

在使用动力机械获取所需的机械功的同时，要尽可能减少能量的消耗。因此，任何动力机械的理论，最基本的就是其动力输出与能量利用的原理，也就是动力机械的动力性、经济性问题。当代的汽车发动机，无论是以汽油机为代表的点燃式内燃机，还是以柴油机为代表的压燃式内燃机，其基本工作原理都是将燃料的化学能转化为热能，再利用热力循环将热能转化为机械能，最后通过机械系统进行动力的有效输出。在这一过程中，决定动力输出大小的两个因素就是燃料能量的转换效率和单位时间内加入整机的能量总量——燃料或可燃混合气储能总量，而决定能量利用好坏的因素则是能量的转换效率。

因此，本篇的主要内容就是在热力学基本定律基础上的内燃机的能量转换以及循环充量的原理和规律。第5章"发动机实际循环与评价指标"是对分析发动机性能和指标具有导论和纲领性的内容，这一章分析了发动机实际循环过程并与理论循环进行比较。虽然发动机的能量转换有多个环节，但最重要的是作为内燃机热机循环的转换热效率。在热力工程基础部分中已对内燃机的理论循环作过介绍，但将其应用于发动机实践，并按真实工质和循环特点进行实用和有针对性的分析，仍然是十分必要的。循环分析的目的除了阐明其基本原理外，更重要的是从理论的高度指出改善发动机动力经济性能的基本原则和实施方向，起到理论指导实践的作用。另外，除了阐明与发动机动力经济性有关的基本概念与指标定义之外，还讨论了机械损失和机械效率，并对其检测方法作了必要的介绍，分析了影响发动机动力经济性的环节和因素。这些对理解动力经济性问题的实质和掌握全篇内容，乃至全书的脉络和体系都有重要的意义。

第6章"发动机换气过程与循环充量"则集中论述了决定动力输出的循环充气量问题。众所周知，千方百计增大每循环或单位时间内输入发动机的充气量是提高整机输出功率直接而有效的方法。发动机增压、二冲程机开发、多气门技术的引入，加上发动机转速的提高以及进、排气动态效应的应用等，无一不是从这一思路出发提出的技术措施。这一章不仅分析了四冲程发动机进、排气换气过程的基本原理和规律，还结合上述各方面的技术措施做了进一步的理论分析和实践概括，使得发动机换气过程的分析成为一个全面、有机的体系。

第7章"发动机废气涡轮增压"是有效地利用废气能量、提高发动机循环充量，进而提高功率有效的方法之一，为了凸显其重要性，本篇将该内容单列为一章。

在汽车发动机的发展过程中，由于环保和社会可持续发展的需要，故一些非动力经济性的问题，如防治和降低汽车发动机有害排放物的问题，会成为一个阶段中优先要求解决的课题。即便如此，任何企业在采用防污措施的同时，也不能忽视对动力经济性的要求。减排技术的发展，只会使动力经济性能的改善和研究更加深入和完善。

汽车发动机近百年的发展历史一再证实，提高和改善动力经济性能始终是发动机持续发展的主要技术关键。任何动力经济性能不理想的产品，是不能长久在市场上立足的。

第5章 发动机实际循环与评价指标

教学提示

对发动机实际循环的分析计算,是深入了解发动机工作过程中各种极为复杂的现象和多种影响因素相互作用的一种手段,同时也是发动机设计制造过程中不可缺少的步骤。而发动机的性能指标与它的工作过程密切相关,只有深入研究发动机的工作过程才能找出影响性能指标的各种因素,并从中归纳出提高整机性能的一般规律。

教学要求

本章要求学生能结合四冲程发动机示功图,分析发动机实际循环和理论循环的区别以及影响发动机工作效率的因素;要求学生掌握发动机的指示指标和有效指标;了解机械效率的概念和影响机械效率的因素;了解发动机热平衡分析的内容及意义;会分析发动机能量的合理利用手段和影响发动机动力性、经济性的因素及提升措施。

5.1 四冲程发动机的实际循环

发动机的冲程即为行程,发动机的工作过程就是实际循环不断重复进行的过程。发动机实际循环是由进气、压缩、燃烧、膨胀和排气5个过程所组成的,较之理论循环复杂得多。图 5.1 为四冲程发动机示功图。

5.1.1 发动机的实际循环

1. 进气过程

进气过程如图 5.1(a)中的 r-a 曲线。为了使发动机连续运转,必须不断地吸入新鲜工质,即进气过程。此时进气门开启,排气门关闭,活塞由上止点向下止点移动。首先是上一循环留在气缸中的残余废气膨胀,压力由排气终点的压力 p_r 下降到小于大气压力,然后新鲜工质才被吸入气缸。由于进气系统的阻力,因此进气终了压力 p_{de} 一般小于大气压力 p_a,而压力差 $p_a - p_{de}$ 用来克服进气系统的阻力。因为气流受到发动机高温零件及残余废气的加热,进气终点的温度 T_{de} 总是高于大气温度 T_a。

在进气过程中,进气终点的压力 p_{de} 和温度 T_{de} 的范围如下。

	p_{de}/MPa	T_{de}/K
汽油机	0.080～0.092	340～380
柴油机	0.080～0.095	300～340

2. 压缩过程

在压缩过程中,进、排气门均关闭,活塞由下止点向上止点移动,缸内工质受到压缩,温度、压力不断上升,工质受压缩的程度用压缩比 ε_c 表示。

压缩过程如图 5.1(b) 中的 a-c 曲线所示,其作用是增大做功过程的温差,获得最大限度的膨胀比,提高热功转换效率,同时也为燃烧过程创造有利的条件。在柴油机中,压缩后气体的高温还是保证燃料着火的必要条件。

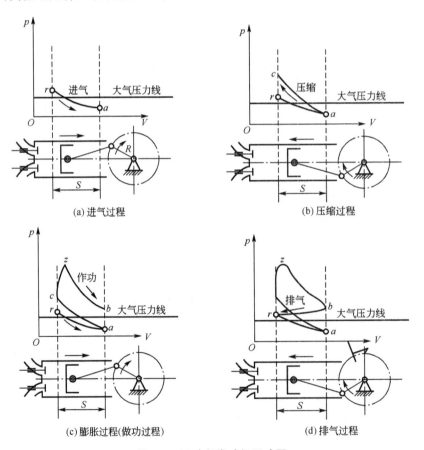

图 5.1 四冲程发动机示功图

在工程热力学中,凡满足 $pv^n = $ 常数的过程统称为多变过程。n 值为 0、1、κ 和 $\pm\infty$

时,分别是等压、等温、等熵和等容过程。在理论循环中,假设压缩过程是绝热的,而在实际中发动机的压缩过程则是一个复杂的多变过程。当压缩开始时,新鲜工质的温度较低,受缸壁加热,多变指数 $n_1'>\kappa$;随着工质温度上升,某一瞬间与缸壁温度相等,$n_1'=\kappa$;此后,由于工质温度高于缸壁,故向缸壁传热,$n_1'<\kappa$。因此,在压缩过程中,多变指数 n_1' 是不断变化的,如图 5.2 所示。

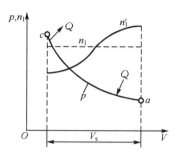

图 5.2 压缩过程及多变压缩指数变化过程

但在实际的近似计算中,常用一个不变的、平均的多变指数 n_1 来代替 n_1',只要以这个指数 n_1 计算而得的多变过程,其始点 a 和终点 c 的工质状态与实际压缩过程的初、终状态相符即可。这里 n_1 称为平均压缩多变指数。

试验测定 n_1 的范围如下。

汽油机	1.32~1.38
高速柴油机	1.38~1.40
增压柴油机	1.35~1.37

n_1 主要受工质与缸壁间的热交换及工质泄漏情况的影响。当发动机转速提高时,因热交换的时间缩短,向缸壁的传热量及气缸泄漏量减少,所以 n_1 增大;而当泄漏量增加或气缸温度降低时,n_1 减小。

压缩终了的压力和温度可用式(5-1)计算。

$$p_{cc}=p_{de}\varepsilon_c^{n_1} \tag{5-1}$$

式中:p_{cc} 为压缩终了的压力,MPa;p_{de} 为进气终了的压力,MPa;ε_c 为压缩比;n_1 为平均压缩多变指数。

$$T_{cc}=T_{de}\varepsilon_c^{n_1-1} \tag{5-2}$$

式中:T_{cc} 为压缩终了温度,K;T_{de} 为进气终了的温度,K。

p_{cc}、T_{cc} 的范围如下。

	p_{cc}/MPa	T_{cc}/K
汽油机	0.8~2.0	600~750
柴油机	3.0~5.0	750~1000
增压柴油机	5.0~8.0	900~1100

压缩比 ε_c 是发动机的一个重要的结构参数。在汽油机中,为了提高热效率,希望增加压缩比,但受到汽油机不正常燃烧的限制,压缩比 ε_c 不能过大。在柴油机中,为了保证喷入气缸的燃料能及时自燃以及在冷起动时能可靠着火,必须使压缩终了有足够高的温度,因此要求有较高的压缩比。

3. 燃烧过程

燃烧过程如图 5.1(c)中的 $c-z$ 曲线。在燃烧过程中,进、排气门均关闭,活塞处在上止点前后。燃烧过程的作用是将燃料的化学能转变为热能,使工质的压力、温度升高。燃烧放出的热量越多,放热时越靠近上止点,热效率越高。

在燃烧过程中,柴油机应在上止点前(图 5.3(a)中的 c' 点)就开始喷油,喷进气缸中的柴油迅速蒸发而与空气混合,并借助于气缸中被压缩的具有很高内能的空气的热量而自燃。开始时燃烧速度很快,气缸容积变化很小,所以工质的压力、温度急剧增加,接近于等容,如图 5.3(a)中的 c-z' 曲线;接着,一面喷油,一面燃烧,燃烧速度缓慢降下来。随着活塞向下止点移动,气缸容积增大,气缸压力升高不大,而温度继续上升,该过程接近于定压,如图 5.3(a)中 z'-z 曲线。

在汽油机燃烧过程中,汽油与空气混合形成的可燃混合气是在上止点前由电火花点火而燃烧,如图 5.3(b)中的 c' 点。火焰迅速传播到整个燃烧室,工质的压力、温度剧烈上升,整个燃烧接近于定容加热,如图 5.3(b)中的 c-z 曲线。

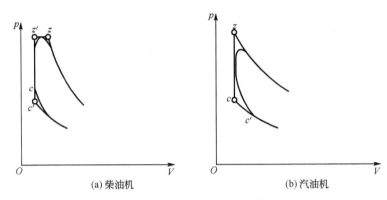

(a)柴油机　　　　　　(b)汽油机

图 5.3　发动机实际循环的燃烧过程

燃烧的最高爆发压力 p_{max} 及最高温度 T_{max} 的范围如下。

	p_{max}/MPa	T_{max}/K
汽油机	3.0～8.0	2200～2800
柴油机	4.5～9.0	1800～2200

可见,柴油机因压缩比高,燃烧的最高爆发压力 p_{max} 很高,但因柴油机的过量空气系数 ϕ_a 相对于汽油机较大,所以柴油机的最高燃烧温度值 T_{max} 反而比汽油机低。

4. 膨胀过程

膨胀过程如图 5.1(c)中的 z-b 曲线。此时,进、排气门均关闭,高温、高压的工质推动活塞,由上止点向下止点移动而膨胀做功,气体的压力、温度也随即迅速降低。

在膨胀过程中有热交换损失、漏气损失和补燃现象,因此膨胀过程也是一个多变过程。多变指数 n_2' 是不断变化的,在膨胀过程初期,由于补燃,故工质被加热,$n_2'<\kappa$;到某一瞬时,对工质的加热量与工质向缸壁等的散热量相等,$n_2'=\kappa$;此后,工质向缸壁散热,$n_2'>\kappa$,如图 5.4 所示。

如同压缩过程一样,为简便起见,在计算中常用一个不变的平均膨胀多变指数 n_2 代替 n_2',只要以这个指数 n_2 计算的多变过程,其始点 z 与终点 b 的状态与实际膨胀过程始、终点状态相同即可。

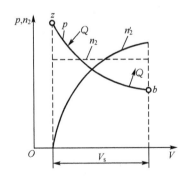

图 5.4　膨胀过程及多变指数变化过程

n_2 的范围如下。

汽油机　　　1.23～1.28
柴油机　　　1.15～1.28

n_2 主要取决于补燃工质放热量的多少、工质与缸壁间的热交换及漏气情况。当转速增加、补燃增多、传热和漏气的时间缩短时，n_2 减小；当混合气形成与燃烧不好、补燃增加时，n_2 减小；当缸壁和活塞环磨损量大、漏气增加以及气缸直径小、相对散热表面积加大、工质传出热量增加时，n_2 增大。

膨胀终点的压力可用下式计算：

$$p_{ex} = p_{max} \left(\frac{V_z}{V_b} \right)^{n_2} \tag{5-3}$$

式中：p_{ex} 为膨胀终了的压力，MPa；p_{max} 为最高爆发压力，MPa；V_z、V_b 分别为活塞运行到对应压力点时气缸的体积；n_2 为平均膨胀多变指数。

膨胀终了的温度（K）可用下式计算：

$$T_{ex} = T_{max} \left(\frac{V_z}{V_b} \right)^{n_2 - 1} \tag{5-4}$$

式中：T_{ex} 为膨胀终了的温度，K；T_{max} 为最高爆发压力时对应点的温度，K。

p_{ex}、T_{ex} 的范围如下。

	p_{ex}/MPa	p_{ex}/K
汽油机	0.3~0.6	1200~1500
柴油机	0.25~0.5	800~1200

可见，由于柴油机膨胀比大，转化为有用功的热量多，热效率高，所以膨胀终了的温度和压力均比汽油机小。

5. 排气过程

排气过程如图 5.1(d) 中的 b-r 曲线。当膨胀过程接近终了时，排气门打开，废气开始靠自身压力自由排气。当膨胀过程结束时，活塞由下止点返回上止点移动，将气缸内的废气排除。

在排气过程中，由于排气系统有阻力，排气终了的压力 p_r 大于大气压力 p_a，而压力差 $p_r - p_a$ 用来克服排气系统的阻力。排气系统阻力越大，排气终了的压力 p_r 越大，残留在气缸中的废气就越多。

排气温度是作为检查发动机工作状况的一个参数。因为排气温度低，说明燃料燃烧后，转变为有用功的热量多，工作过程进行得好。

排气终了的压力 p_r(MPa)、温度 T_r(K) 范围如下。

	p_r/MPa	T_r/K
汽油机	0.105~0.125	900~1100
柴油机	0.103~0.108	700~900

5.1.2 发动机实际循环与理论循环的比较

为了了解实际循环的热量分配情况，寻找它的损失所在，首先应将实际循环与理论循环进行比较。这里用的理论循环是最简单的空气标准循环，它除了不可避免地向冷源放热外，没有其他损失。研究实际循环与空气标准循环的差异，就可找出热量损失所在。分析差异的原因，可探求提高热量有效利用的途径。

图 5.5 示出四冲程非增压发动机实际循环与理论循环的比较。其差别由以下几项损失引起。

1. 实际工质的影响

在理论循环中，假设工质比热容是定值，而实际气体比热容是随温度上升而增大的，且燃烧后生成 CO_2、H_2O 等气体，这些多原子气体的比热容又大于空气，这些原因导致循环的最高温度降低。加之实际循环还存在泄漏，使工质数量减少。实际工质影响引起的损失如图 5.5 中 W_k 所示，这些影响使得发动机实际循环效率比理论循环低。

2. 换气损失

在理论循环中，假设循环是封闭的，工质状态周而复始。在实际循环中，为了使循环重复进行，必须更换工质，由此而消耗的功称为换气损失，如图 5.5 中 W_r 所示。其中，因工质流动时需要克服进、排气系统阻力所消耗的功，称为泵气损失，如图 5.5 中曲线 r-a-b'-r 所包围的面积。在理论循环中，排气是在定容下进行；而在实际循环中，为了使排气完美，排气门要提前开启。由于排气门提前开启而使膨胀后期有用功减少的损失，称为提前排气损失，如图 5.5 中面积 W 所示。

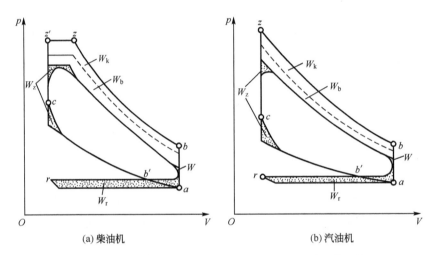

(a) 柴油机　　　　　　　　　　　(b) 汽油机

图 5.5　四冲程非增压发动机实际循环与理论循环的比较

W_k—实际工质影响引起的损失；W_z—非瞬时燃烧损失和补燃损失；W_r—换气损失；
W_b—传热、流动损失；W—提前排气损失

3. 燃烧损失

(1) 非瞬时燃烧损失和补燃损失。在理论循环中，只在定容或定压下进行加热，不考虑燃烧及所需的时间。在实际循环中，燃烧不可能在到达上止点一瞬间完成，需要一定的喷油提前角或点火提前角，既不是在定压下进行，也不是在定容下进行，有部分燃料在膨胀过程初期燃烧，即所谓后燃，造成了非瞬时燃烧损失和补燃损失，如图 5.5 中 W_z 所示。

(2) 不完全燃烧损失。在理论循环中，燃料完全燃烧。在实际循环中会有部分燃料、空气混合不良，部分燃料由于缺氧产生不完全燃烧损失。

(3) 在高温下，如不考虑化学不平衡过程，燃料与氧的燃烧化学反应在每一瞬间都处在化学动平衡状态。如

$2CO_2 = 2CO + O_2$ $\qquad\qquad$ $2H_2O = 2H_2 + O_2$

$2H_2O + O_2 = 4OH$ $\qquad\qquad$ $H_2 = 2H$

$O_2 = 2O$ $\qquad\qquad$ $N_2 + O_2 = 2NO$

以上各式向右的反应为高温热分解，需吸收热量。但在膨胀后期及排气的较低温度下，以上各式向左反应，同时又放出热量。上述过程使燃烧放热的总时间拉长，实质上是降低了循环的等容度，从而降低了循环效率。

4. 传热损失

理论循环假定气缸壁和工质之间无热交换。但在实际循环中，气缸壁（包括气缸套、气缸盖、活塞、活塞环、气门、喷油器等）和工质间自始至终存在着热交换，使压缩、膨胀线均脱离理论循环的绝热压缩、膨胀线，造成损失，如图 5.5 中 W_b 所示。

根据实际统计数据可知，通过气缸壁各部分向外散发的热量损失所引起的发动机功率和热效率下降约占理论混合循环发出的功率和热效率的 10%。由此可见气缸壁的传热损失在实际循环热损失中所占比例的分量。对于气缸壁传热问题的研究，不仅限于改进发动机工作循环的效率，而且从结构设计和运行可靠性等方面来看，气缸壁各部分的温度和温度场均与气缸壁传热有直接关系，而气缸壁的温度与温度场将对运动件的润滑条件、磨损情况、活塞间隙、零件内的热应力和热负荷等起决定性的作用，它是影响发动机使用寿命和可靠性的主要因素之一。

5. 缸内流动损失

这里指在压缩及燃烧、膨胀过程中，由于缸内气流（涡流与湍流）所形成的损失。其体现为，在压缩过程中，多消耗压缩功；在燃烧膨胀过程中，一部分能量用于克服气流阻力，使作用于活塞上做功的压力减小。

缸内流动损失一般不会太大。但人为设计的强涡流、湍流工作的燃烧室，如柴油机涡流室与预燃室，对缸内流动损失会有较大影响。这一设计的目的是牺牲部分动力经济性来换取其他性能，如高速性、噪声、排放等性能的改善。直喷式柴油机燃烧室有时也组织各种类型的较强气流来改善混合气的形成与燃烧，流动损失会因此而得到补偿。

6. 其他几项损失

(1) 涡流和节流损失。活塞高速运动使工质在气缸内产生涡流，从而造成压力损失。对于分隔式燃烧室，由于工质在主、副燃烧室中流进、喷出而引起强烈的节流损失。在活塞平均速度为 10m/s 的涡流室燃烧室中，压缩行程中的气体流入涡流室产生的节流损失可达 23~40kPa，但这种损失可由涡流对混合气形成和对燃烧过程的改善而得到部分弥补。

(2) 泄漏损失。气门处的泄漏可以防止，但活塞环处的泄漏无法避免，不过在良好的磨合状态下泄漏量不多，约占工质的 0.2%。

通过以上分析表明，实际循环与理论循环对比存在 7 项损失。在实际循环诸多损失中，工质影响造成的损失是人们无法改变的。在其余各项损失中，以气缸壁传热损失和燃烧损失所占比重为大。表 5-1 给出各种损失使热效率下降的热量分配的大致情况。

表 5-1　各种损失使热效率下降的热量分配

各种损失使热效率下降	汽油机	柴油机
工质比热容变化	0.1~0.12	0.09~0.1
燃烧不完全及热分解	0.08~0.1	0.06~0.09
传热损失	0.03~0.05	0.04~0.01
提前排气	0.01	0.01

由于上述各项损失的存在，使实际循环热效率低于理论循环。

发动机的理论循环热效率和指示热效率值范围如下。

　　　　　　　理论循环热效率 η_t　　　指示热效率 η_{it}
汽油机　　　　0.54~0.58　　　　　　0.20~0.40
柴油机　　　　0.64~0.67　　　　　　0.40~0.50

5.2　发动机的指示指标

以工质对活塞所做的功为计算基准的指标称为指示性能指标，简称指示指标。指示指标不受动力输出过程中机械摩擦和附件消耗等各种外来因素的影响，直接反映由燃烧到热功转换的工作循环进行的好坏，因而在工作过程的分析研究中得到广泛的应用。

5.2.1　发动机的示功图

燃料燃烧产生的热量是通过气缸内进行的工作循环转化为机械能的，即在气缸中，工质燃烧，气体压力升高，高压气体的压力作用在活塞顶上，通过曲柄连杆机构，在克服了发动机内部各种损耗后，对外做功。压力方向与活塞运动方向相同时，对活塞做正功，反之做负功。因此，要研究发动机的动力经济性能，应首先对发动机一个工作循环中热功转换的质和量两方面加以分析。

发动机气缸内部进行的实际工作循环是非常复杂的，为获得正确反映气缸内部实际情况的试验数据，通常利用不同型式的发动机数据采集系统来观察或记录相对于不同活塞位置或曲轴转角时发动机气缸内工质压力的变化，所得的结果即为 p-V 图或 p-φ 图，如图 5.6 所示。

发动机的 p-V 图可用电子示波器直接从发动机上测出，而在低速发动机上也可用机械式弹簧示功器测出。图 5.6(a) 中的 p-V 图就是直接测出的，横坐标代表活塞位移或气缸容积，纵坐标代表气缸内的气体压力，曲线封闭的面积代表在气体循环中所发出的功的大小，所以 p-V 图又称为示功图。示功图可以分析发动机的实际循环，可以很方便地量出实际循环功（即指示功）的大小及其他参数。

发动机气缸内的实际循环的示功图也可用 p-φ 图表示，此时其纵坐标代表缸内气体压力，而横坐标则代表曲轴转角（一般取压缩过程的上止点为零点），如图 5.6(b) 所示。这种图形多由气电式测功器或示波器测定。气电式测功器测出的 p-φ 曲线是由许多连续而稳定的工作循环综合而成的，因此从这种示功图上得到的指示指标是许多工作循环的平

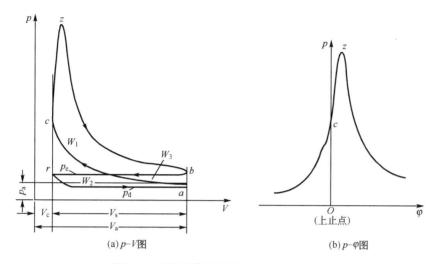

(a) p-V图   (b) p-φ图

图 5.6 四冲程发动机的 p-V 与 p-φ 图

V_a—气缸总容积；V_c—燃烧室容积；V_s—气缸工作容积；p_a—大气压力；
p_d—缸内进气压力；p_e—缸内排气压力

均值，较具有代表性。电子示波器测出的示功图是某一个工作循环的，有一定的偶然性，在相继两个循环中，某一特定点的差异可以达到10%之多。但是，用电子示波器可以同时测定气缸内的 p-φ 曲线、高压油管内泵端和喷嘴端的压力波。喷嘴针阀升程曲线以及排气管压力波和进气管压力波，对研究气缸内的燃烧情况和换气情况等较为方便。

5.2.2 发动机的指示性能指标

1. 指示功和平均指示压力

指示功是指发动机一个气缸的工质在每一个循环中作用于活塞上的功，用 W_i 表示，可由 p-V 图中封闭曲线所占有的面积求得。示功图中的泵气损失计入发动机的机械损失，而不在指示功中考虑。图 5.7 为四冲程增压和非增压发动机的示功图。

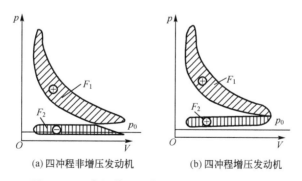

(a) 四冲程非增压发动机   (b) 四冲程增压发动机

图 5.7 四冲程增压和非增压发动机的 p-V 图

图 5.7(a) 中四冲程非增压发动机的指示功面积 F_i 是由相当于压缩、燃烧、膨胀行程中所得到的有用功面积 F_1 和相当于进气、排气行程中消耗的功的面积 F_2（即泵气损失）相减而成，即 $F_i = F_1 - F_2$。图 5.7(b) 中的四冲程增压发动机，由于进气压力高于排气压力，

在换气过程中，工质是对外做功的，因此换气功的面积 F_2 应与面积 F_1 叠加起来，即 $F_i = F_1 + F_2$。

进而可得

$$W_i = \frac{F_i ab}{10^6} \tag{5-5}$$

式中：F_i 为示功图面积，cm^2；a 为示功图纵坐标比例尺，Pa/cm；b 为示功图横坐标比例尺，cm^3/cm。

指示功 W_i 虽然反映了气缸中循环的做功量，但它受气缸容积大小的影响。因此，对不同尺寸的发动机，为了比较它们单位气缸工作容积做功能力的大小，常用另一指示参数——平均指示压力 p_{mi}。

平均指示压力是指在每一个工作循环中，发动机单位气缸容积 V_s 所做的指示功 W_i，即

$$p_{mi} = \frac{W_i}{V_s} \tag{5-6}$$

式中：p_{mi} 为平均指示压力，Pa；W_i 为发动机一个工作循环的指示功，J；V_s 为发动机气缸工作容积，m^3。

指示功 W_i 也可以写成式(5-7)：

$$W_i = p_{mi} V_s = p_{mi} \frac{\pi D^2 S}{4} \tag{5-7}$$

式中：D 和 S 分别为气缸直径和活塞冲程，m。

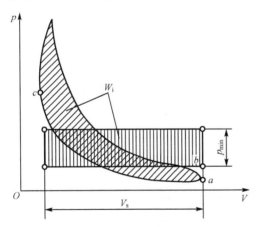

图 5.8 指示功与平均指示压力

平均指示压力可以设想为一个平均不变的压力作用在活塞顶上，使活塞移动一个冲程 S 所做的功，即循环的指示功 W_i，如图 5.8 所示。

平均指示压力是从实际循环的角度评价发动机气缸工作容积利用率高低的一个参数。p_{mi} 越高，同样大小的气缸容积可以发出更大的指示功，而气缸工作容积的利用程度越佳。平均指示压力是衡量发动机实际循环动力性能的一个很重要的指标。

一般发动机在标定工况下的 p_{mi} 范围 (MPa) 如下。

四冲程非增压柴油机	0.6～0.95
四冲程增压柴油机	0.85～2.6
二冲程柴油机	0.35～1.3
四冲程摩托车用汽油机	0.9～1.43
四冲程小客车用汽油机	0.65～1.25
四冲程载货车用汽油机	0.6～0.85
二冲程小型风冷汽油机	0.4～0.85

2. 指示功率

发动机单位时间内所做的指示功,称为指示功率 P_i。

用平均指示压力计算,指示功率为

$$P_i = \frac{p_{mi} V_s n i}{30\tau} \tag{5-8}$$

式中:V_s 为气缸的工作容积,m³;n 为发动机转速,r/min;i 为发动机的气缸数;τ 为冲程数(当为四冲程发动机时;$\tau=4$,当为二冲程发动机时,$\tau=2$)。

故四冲程发动机的指示功率为

$$P_i = \frac{p_{mi} V_s n i}{120} \tag{5-9}$$

二冲程发动机的指示功率为

$$P_i = \frac{p_{mi} V_s n i}{60} \tag{5-10}$$

3. 指示热效率和指示燃油消耗率

指示热效率和指示燃油消耗率是评定发动机实际工作循环经济性能的重要指标。

发动机实际循环指示功与所消耗的燃料热量的之比,称为指示热效率,用 η_{it} 表示。

$$\eta_{it} = \frac{W_i}{Q_1} \tag{5-11}$$

式中:Q_1 为得到指示功 W_i 所消耗的热量,kJ;W_i 为发动机指示功,kJ。

对于一台发动机,当测得其指示功率 P_i(kW)和每小时发动机耗油量 B(kg/h)时,根据 η_{it} 的定义,可得

$$\eta_{it} = \frac{3.6 \times 10^3 P_i}{B H_u} \tag{5-12}$$

式中:3.6×10^3 为 1kW·h 的热当量,kJ/(kW·h);B 为每小时发动机的耗油量,kg/h;H_u 为所用燃料的低热值,kJ/kg。

η_{it} 的范围一般如下。

柴油机　　0.43~0.50
汽油机　　0.25~0.40

单位指示功的耗油量,称为指示燃油消耗率,即 b_i[g/(kW·h)],通常以单位指示千瓦小时的耗油量来表示。

$$b_i = \frac{B}{P_i} \times 10^3 \tag{5-13}$$

因此,表示实际循环的经济性指标 η_{it} 和 b_i 之间存在着以下关系:

$$\eta_{it} = \frac{3.6 \times 10^6}{H_u b_i} \tag{5-14}$$

b_i 值得大致范围如下。

柴油机　　170~200　g/(kW·h)
汽油机　　230~340　g/(kW·h)

5.3 发动机的有效指标

作用在发动机活塞上的指示功要经由活塞、连杆、曲轴传递到曲轴输出端的飞轮上,才能把机械功传输出去作为输出功。以曲轴输出功为计算基准的性能指标,称为有效指标。有效指标包括动力性指标和经济性指标。动力性指标包括有效功率、有效扭矩、平均有效压力;经济性指标包括燃油消耗率和有效热效率。

5.3.1 动力性指标

1. 有效功和有效功率

循环净指示功 W_i 由前述示功图直接求出。而在每一循环中由曲轴输出的单缸功量 W_e 则是循环功的有效指标,称为循环有效功。

在理论上,由净指示功变为输出有效功,应该扣除运转时传动件所消耗的摩擦损失功和各种附件(风扇、水泵等)所消耗的运转功。此两项相加应是循环的实际机械损失功 W_m。于是有

$$W_e = W_i - W_m \tag{5-15}$$

在生产实践中,很少有人直接通过示功图测出 W_i 值。对于自然吸气机型,一般都是先由试验台架的测功机测算出 W_e 值。W_m 值也可以测量,遗憾的是,所有实用的测量 W_m 值的方法,在测得的数据中都包含泵气损失功,无法将其消除。于是,人们干脆把泵气损失也归入机械损失中。

根据以上分析可得,发动机的有效功率 P_e 有以下关系式:

$$P_e = P_i - P_m \tag{5-16}$$

式中:P_e 是有效功率,kW;P_i 是指示功率,kW;P_m 是机械损失功率,kW。

2. 有效扭矩

当发动机工作时,由功率输出轴输出的扭矩称为有效扭矩 T_{tq}。

发动机的有效功率 P_e 可以利用各种型式的测功器和转速计分别测出发动机在某一工况下曲轴的输出转矩 T_{tq} 及在同一工况下的发动机转速 n,并按式(5-17)求得。

$$P_e = T_{tq} \frac{2\pi n}{60} \times 10^{-3} = \frac{T_{tq} n}{9550} \tag{5-17}$$

式中:P_e 为发动机的有效功率,kW;T_{tq} 为发动机输出转矩,N·m;n 为发动机转速,r/min。

3. 平均有效压力

与平均指示压力相似,平均有效压力 p_{me} 是发动机单位气缸工作容积输出的有效功。平均有效压力是衡量发动机动力性能的一个很重要的参数,它与有效功率之间的关系是

$$P_e = \frac{p_{me} V_s n i}{30\tau} \tag{5-18}$$

式中:τ 为冲程数(对于四冲程发动机 $\tau=4$,对于二冲程发动机 $\tau=2$);p_{me} 为平均有效压

力，MPa；V_s 为气缸工作容积，m^3；n 为发动机转速，r/min；i 为缸数。

由式(5-18)可得

$$p_{me}=\frac{30P_e\tau}{V_s in} \quad (5-19)$$

将式(5-17)代入式(5-19)得

$$p_{me}=\frac{30T_{tq}\tau}{9550V_s i} \quad (5-20)$$

由式(5-20)可见，对于某特定的发动机，其冲程数一定，气缸工作容积一定，平均有效压力与有效扭矩成正比，即平均有效压力越大，对外输出的功越多，扭矩越大。所以，平均有效压力是发动机重要的动力性能指标。

发动机 p_{me} 的值(MPa)如下。

农用柴油机	0.6～0.8
汽车用柴油机	0.65～1
强化高速柴油机	1～2.9
固定船用中速柴油机	0.6～2.5
四冲程摩托车用汽油机	0.78～1.2
四冲程小客车汽油机	0.65～1.2
四冲程载货汽车用汽油机	0.6～0.7
二冲程小型风冷汽油机	0.4～0.65

4. 转速 n 和活塞平均速度 C_m

提高发动机的额定转速意味着发动机将经常处在较高的工作转速下运转，是性能设计上的一种强化措施。转速升高意味着单位时间内做功的次数增多，这样，在气缸尺寸相同的情况下发出的功率增大，或在发出相同功率的情况下内燃机体积和质量减小。

转速 n 增加，活塞平均速度 C_m 也增加。n 和 C_m 的关系为

$$C_m=\frac{Sn}{30} \quad (5-21)$$

式中：S 为活塞冲程，m；n 为转速，r/min。

C_m 大，则活塞组的热负荷和曲柄连杆机构的惯性力均增大，磨损加剧，使用寿命下降。所以 C_m 成为表征内燃机强化程度的参数。一般汽油机的 C_m 值不超过 15m/s，柴油机的 C_m 值不超过 13m/s。

为了提高转速又不使 C_m 过大，可以减小冲程 S，即对于高速发动机，在结构上采用较小的冲程缸径比 (S/D) 值。但 (S/D) 值小也会造成燃烧室高度减小，燃烧室表面积与容积的比值增大，混合气形成条件变差，不利于燃烧。当 $S/D<1$ 时，常称为短冲程。

n、C_m、(S/D) 值的范围如下。

	$n/(r/min)$	$C_m/(m/s)$	S/D
小客车汽油机	5000～8000	12～18	0.7～1.0
载货车汽油机	3600～4500	10～15	0.8～1.2
汽车柴油机	2000～5000	9～15	0.75～1.2
增压柴油机	1500～4000	8～12	0.9～1.3

5.3.2 经济性指标

衡量发动机经济性能的重要指标是有效热效率 η_{et} 和有效燃油消耗率 b_e。

1. 有效热效率

有效热效率是实际循环的有效功与得到此有效功所消耗的热量的比值，即

$$\eta_{et} = \frac{W_e}{Q_1} \tag{5-22}$$

实际上，很容易可导出下列关系式：

$$\eta_{et} = \frac{3.6 \times 10^6 P_e}{BH_u} \tag{5-23}$$

当测得发动机有效功率和每小时发动机的耗油量 B 以后，可利用此式计算出 η_{et} 值。一般发动机在标定工况下的 η_{et} 值如下。

低速柴油机	0.38～0.45
中速柴油机	0.36～0.43
高速柴油机	0.30～0.40
四冲程汽油机	0.30～0.20
二冲程汽油机	0.20～0.15

2. 有效燃油消耗率

有效燃油消耗率是指单位有效功所消耗的燃料，用 $b_e[g/(kW \cdot h)]$ 来表示，即

$$b_e = \frac{B}{P_e} \times 10^3 \tag{5-24}$$

$b_e[g/(kW \cdot h)]$ 又可表示为

$$b_e = \frac{3.6 \times 10^6}{\eta_{et} H_u} \tag{5-25}$$

可见，有效燃油消耗率与有效热效率成反比，当知道其中一值后，可求出另一值。

一般发动机在标定工况下的 b_e 值 $[g/(kW \cdot h)]$（其中较低的 b_e 值属废气涡轮增压的四冲程、二冲程柴油机）如下。

低速柴油机	190～225
中速柴油机	195～240
高速柴油机	215～285
四冲程汽油机	274～410
二冲程汽油机	410～545

5.3.3 强化指标

1. 升功率 P_L

在标定工况下（指标定转速、标定功率）发动机每升工作容积所发出的有效功率，即

$$P_L = \frac{P_e}{V_s i} = \frac{p_{me} V_s i n}{30 \tau V_s i} = \frac{p_{me} n}{30 \tau} \tag{5-26}$$

式中：P_L 为升功率；P_e 为发动机的标定功率。

P_L 为从发动机有效功率的角度对其气缸工作容积的利用率做总的评价,它与 p_{me} 和 n 的乘积成正比。P_L 值越大,发动机的强化程度越高,发出一定有效功率的发动机尺寸越小。因此,不断提高 p_{me} 和 n 的水平以获得更强化、更轻巧、更紧凑的发动机,这一直是发动机设计者尽力追求的目标,因而 P_L 是评定一台发动机整机动力性能和强化程度的重要指标之一。

升功率 P_L 的范围如下。

汽油机	30～70kW/L
汽车柴油机	18～30kW/L
拖拉机柴油机	9～15kW/L

2. 比质量 m_e

比质量 m_e(kg/kW)是发动机的质量 m 与所给出的标定功率之比,即

$$m_e = \frac{m}{P_e} \tag{5-27}$$

比质量 m_e 的范围如下。

汽油机	1.1～4.0
汽车柴油机	2.5～9.0
拖拉机柴油机	5.5～16

3. 强化系数 $p_{me}C_m$

平均有效压力 p_{me} 与活塞平均速度 C_m 的乘积称为强化系数。它与活塞单位面积的功率成正比。其值越大,发动机的热负荷和机械负荷越高。由于发动机的发展趋势是强化程度不断提高,所以强化系数 $p_{me}C_m$ 值增大,也是技术进步的一个标志。

强化系数 $p_{me}C_m$(MPa·m/s)范围如下。

汽油机	8～17
小型高速柴油机	6～11
重型汽车柴油机	9～15

5.4 机械损失与机械效率

发动机的机械损失消耗了一部分指示功率,而使对外输出的有效功率减少。其所消耗的功率占指示功率的 10%～30%,是不可忽视的功率损失。因此,降低机械损失,特别是摩擦损失,使实际循环得到的功尽可能转变成对外输出的有效功,是提高发动机性能的一个重要方面。

5.4.1 机械效率

在评定发动机机械损失时,除了机械损失功率 P_m 外,还可用单位气缸工作容积的比参数——平均机械损失压力 p_{mm}。其定义为发动机单位气缸工作容积一个循环所损失的功。平均机械损失压力可以用来衡量机械损失的大小。类似 p_{me} 的表达式,p_{mm} 可表达为

$$p_{mm}=\frac{30\tau P_m}{V_s in} \quad (5-28)$$

式中：p_{mm} 为平均机械损失压力，MPa；P_m 为机械损失功率，kW；V_s 为气缸工作容积，L；n 为转速，r/min，i 为气缸数目。

机械效率是有效功率与指示功率的比值，即

$$\eta_m=\frac{P_e}{P_i} \quad (5-29)$$

也可以写成下列形式：

$$\eta_m=\frac{p_{me}}{p_{mi}}=1-\frac{P_m}{P_i}=1-\frac{p_{mm}}{p_{mi}} \quad (5-30)$$

对于自然吸气机型，这里 η_m 的计算是把泵气损失归入机械损失后算出的，它显然与泵气损失不归入机械损失时定义的 η_m 有差别。实际上如前所述，不归入是无法求出 η_m 的。对于增压机型，由于 W_m 测试的困难，因此当分析 η_m 时要清楚具体是如何定义的，目前对此尚无统一的规定。

机械效率的大致范围如下。

汽油机　　$\eta_m=0.7\sim0.9$

柴油机　　$\eta_m=0.7\sim0.8$

结合前面指示热效率、有效热效率的定义，可以得出下列关系式：

$$\eta_{et}=W_e/Q_1=W_i\eta_m/Q_1=\eta_{it}\eta_m \quad (5-31)$$

可见，在 η_{et} 中已经考虑到实际发动机工作时的一切损失了。

将式(5-30)代入式(5-24)得

$$\eta_{it}\eta_m=\frac{3.6\times10^6}{b_e H_u}$$

即

$$b_e=\frac{3.6\times10^6}{H_u\eta_{it}\eta_m} \quad (5-32)$$

上式说明，有效燃油消耗率和指示效率与机械效率的乘积成反比。

在致力于提高发动机性能指标时，应尽可能减少机械损失，提高机械效率。若不注意这点，有时在改善气缸内部指示指标的同时，却不自觉地增加了机械损失，以致不能获得预期的改进效果。

5.4.2 机械损失的测定

发动机机械损失的原因极为复杂，以致无法用分析的办法来求出准确的数值，即使有些经验公式可用来计算，也是极为近似而不可靠的。为了获得较为可信的结果，只有通过实际发动机的试验来测定。常用的测试方法有示功图法、倒拖法、灭缸法和油耗线法等。

1. 示功图法

运用各种示功器测录气缸的示功图，从中算出 P_i 值，从测功器和转速计读数中测出发动机的有效功率，从而可以算出 P_m、η_m 及 p_{mm} 值。这种直接测定方法是在真实的试验工况下进行的，从理论上讲也完全符合机械损失的定义，但试验结果的正确程度往往决定于示功图测录的正确程度。由于上止点处缸内压力的变化非常平缓，因而在 $p\text{-}V$ 图或 $p\text{-}\varphi$

图上活塞上止点位置不易正确地确定。而上止点位置的少许误差，会引起 W_i 测算值的较大误差。此外，在多缸发动机中，各个气缸存在着一定的不均匀性，而在试验中往往只测量一个气缸的示功图用以代表其他气缸，这也会引起一定的误差，因此，示功图法一般只有当上止点位置能得到精确校正时，才能取得较满意的结果。

2. 倒拖法

在电力测功器的试验台上，先使发动机在给定工况下稳定运转。当冷却水、机油温度到达正常数值时，立即切断对发动机的供油（柴油机）或停止点火（汽油机），同时将电力测功器转换为电动机，倒拖发动机到同样转速，并且维持冷却水和机油温度不变，这样测得的倒拖功率即为发动机在该工况下的机械损失功率。

将倒拖法测定机械损失功率设定的工况与发动机实际运行情况相比。①气缸内无可燃混合气燃烧，所以作用在活塞上的气体压力在膨胀冲程中大幅度下降，使活塞、连杆、曲轴的摩擦损失有所减少；②按这种方法求出的摩擦功率中含有不应该有的泵气损失功率 P_p 这一项，且由于排气过程中温度低、密度大，使 P_p 比实际工况还要大；③倒拖在膨胀、压缩冲程中，由于充量向气缸壁的传热损失，使 p-V 图上膨胀线和压缩线不重合而处于它的下方，即出现了图 5.9 所示的负功。实际上，在测量该工况的有效功率时，这部分传热损失已被考虑在内。

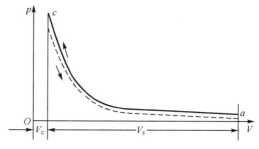

图 5.9 发动机被倒拖时的 p-V 图

上述三种因素的综合结果是倒拖时所消耗的功率要超过柴油机在给定工况下工作时的实际机械损失。在低压缩比发动机中，误差大约为 5%；在高压缩比发动机中，误差有时可高达 (5~15)%，因而此方法在测定汽油机机械损失时得到较广泛的应用。

3. 灭缸法

灭缸法也称断缸法，仅适用于多缸发动机。当发动机调整到给定工况下稳定工作后，先测出其有效功率 P_e，之后在喷油泵齿条位置或节气门位置不变的情况下，停止向某一气缸（例如第一缸）供油或点火，并用减少制动力矩的办法迅速将转速恢复到原来的数值，并重新测定其有效功率 P'_{e1}。这样，如果灭缸后其他各缸的工作情况和发动机的机械损失没有变化，则被熄灭的气缸原来所发出的指示功率 P_{i1} 为

$$P_{i1} = P_{e1} - P'_{e1}$$

依次将各缸灭火，有

$$P_{i2} = P_{e2} - P'_{e2}$$
$$\vdots$$

把各式相加，最后可以从各缸指示功率的总和中求得整台发动机的指示功率 P_i 为

$$P_i = \sum_{k=1}^{i}(P_{ek} - P'_{ek})$$

式中：i 为气缸数。

因此整台发动机的机械损失功率 P_m 为

$$P_m = (i-1)P_e - (P'_{e1} + P'_{e2} + \cdots) \tag{5-33}$$

当采用这种方法时,只要停止一缸的燃烧不致引起进、排气系统的异常变化,如在排气管结构不致因一个气缸灭火而引起足以破坏其他气缸换气规律和充量系数的排气压力波的情况下,就会相当准确,其误差在5%以下。对于汽油机,由于进气情况的改变,因此往往得不到正确的结果。同样的道理,该方法也不能用于废气涡轮增压发动机及单缸发动机。

4. 油耗线法

由指示效率的定义可导出

$$BH_u\eta_{it} = 3.6 \times 10^3 P_i = 3.6 \times 10^3 (P_e + P_m)$$

当发动机空转(无负荷),若η_{it}不随负荷增减而变化时,应有

$$B_0 H_u \eta_{it} = 3.6 \times 10^3 P_m$$

两式相除,得

$$\frac{B}{B_0} = \frac{P_e + P_m}{P_m} = \frac{p_{me} + p_{mm}}{p_{mm}} \tag{5-34}$$

式中:p_{me}为平均有效压力。

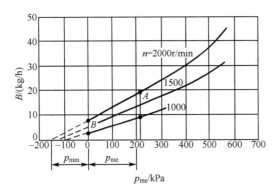

图 5.10 用油耗线法求 p_{mm} 值示意图

为保证发动机转速不变,逐渐改变发动机节气门(或供油齿条)的位置,测出每小时耗油量 B 随负荷 p_{me} 变化的关系,绘制成如图 5.10 所示的曲线,此曲线称为负荷特性曲线(第 11 章)。在曲线中找出接近直线的线段,并顺此线段作延长线,直至与横坐标相交,则交点到坐标原点的长度为该机的平均机械损失压力 p_{mm} 的数值。此方法的基础是,假设转速不变时 p_{mm} 和指示热效率都不随负荷增减而变化。

根据以上的分析,得到图中 A、B 两工况的关系式为

$$B_A H_u \eta_{it} = 3.6 \times 10^3 P_i = 3.6 \times 10^3 (P_e + P_m)$$
$$B_B H_u \eta_{it} = 3.6 \times 10^3 P_m$$

两式相除,得

$$\frac{B_A}{B_B} = \frac{P_e + P_m}{P_m} = \frac{p_{me} + p_{mm}}{p_{mm}} \tag{5-35}$$

这个方法虽然只是近似的方法,但只要在低负荷附近,燃油消耗量曲线为直线就相当可靠,即使没有电力测功器和示功器也能进行测定。但是这种方法不适用于用节气门调节功率的汽油机。

当测得其 p_{mm} 值后,其机械效率可近似地用下式估算:

$$\eta_m = \frac{p_{me}}{p_{me} + p_{mm}} = 1 - \frac{p_{mm}}{p_{me} + p_{mm}} = 1 - \frac{B_B}{B_A} \tag{5-36}$$

在以上所介绍的几种测定机械效率的方法中，倒拖法只能用于配有电力测功器的情况，因而不适用于大功率发动机，从而较适用于测定压缩比不高的汽油机的机械损失。对于废气涡轮增压柴油机（$p_b < 0.15\text{MPa}$），由于倒拖法和灭缸法破坏了增压系统的正常工作，因而只能用示功图法、油耗线法来测定机械损失。对于废气涡轮中增压、高增压的柴油机（$p_b \geqslant 0.15\text{MPa}$），除示功图外，尚无其他适用的方法可取代。

一般发动机的机械效率 η_m 如下。

非增压柴油机　　0.78～0.85
增压柴油机　　　0.80～0.92
汽油机　　　　　0.80～0.90

5.4.3　影响机械效率的主要因素

（1）气缸内的最高燃烧压力。发动机的最高燃烧压力的大小决定了整个燃烧膨胀过程的压力水平。气缸压力高，活塞环背压按比例增加。活塞裙部对缸套壁的侧压力和轴承负荷增大，活塞环和活塞的摩擦损失也相应大；另一方面，压力高，为保证各受负荷零件的强度、刚度和工作耐久性，也有必要加大活塞、连杆、曲轴尺寸和质量，加宽轴承的承载面积，这就随之而增加了运动零件的惯性力，从而导致摩擦损失的增大。因此可以说，凡是导致最高燃烧压力上升的因素都将加大摩擦损失。

由此也可以看出，发动机的压缩比不宜过高，汽油机的点火提前角、柴油机的供油提前角和初始供油率也不宜过大。

（2）发动机转速或活塞平均速度。当发动机转速或活塞平均速度增加时，各摩擦表面间的相对速度增大，摩擦损失增大。同时，因转速上升引起运动件惯性力加大，活塞侧压力和轴承负荷增加，活塞摩擦损失及轴承摩擦损失迅速增加，非增压发动机的泵气损失、辅助机械损失，二冲程发动机的扫气泵驱动功率也要增加。在高速四冲程发动机中，燃烧压力只在一个冲程起作用，而惯性力在每一个冲程都有影响，因此惯性力对机械损失的影响要比对气缸压力的影响更为明显。所以，当转速提高后，机械损失增加，使机械效率下降。根据实测的统计资料，平均机械损失压力大致与转速成直线关系，而机械损失功率与转速的平方近似成正比，因此随转速的升高，机械效率下降很快。

（3）发动机负荷。发动机负荷通常是指发动机扭矩的大小。由于平均有效压力正比于扭矩，也常用它来表示负荷。在转速不变的情况下，当负荷减小，缸内的指示功率下降，机械损失功率亦略有下降，但几乎不变。这是由于当负荷减少时，缸内压力下降，从而使活塞和气缸摩擦减少，同时气缸和活塞的温度下降，活塞间隙和润滑也有所改善，但是这种变化很小。

由公式 $\eta_m = 1 - P_m/P_i$ 可知，负荷减少，P_i 降低，机械效率下降，直到怠速时，指示功率全部用来克服机械损失，即 $P_m = P_i$ 故 $\eta_m = 0$。当负荷由小变大时，指示功率迅速上升，而机械损失功率上升缓慢，所以机械效率提高，但在大负荷时机械效率上升缓慢。

（4）润滑油品质和冷却水温度。润滑油品质和冷却水温度对发动机的机械损失影响较大。

润滑油黏度大则流动性差，内摩擦力大，摩擦损失增加，但其承载能力强，易于保持液体润滑状态；反之，机械损失减少，但承载能力差，油膜易于破裂而失去润滑作用。

润滑油的黏度主要与润滑油的温度和润滑油的牌号有关，温度越低，黏度越大；牌号越大,黏度越大。在选用牌号时,应根据发动机的性能和使用条件(包括机型、地区、季节、车速等),在保证可靠润滑的前提下,尽量选用牌号较小的润滑油,以减少摩擦损失,提高机械效率。

冷却水温度的高低直接影响润滑油温度的高低。水温过高或过低,都会使机械效率下降。实践证明,水冷式发动机水温保持在80～95℃可减少机械损失,从而提高机械效率。因此,发动机在使用过程中,应严格保持一定的水温和油温。通常发动机的冷却水要达到正常后才允许发动机带负荷运转。

(5) 发动机的技术状况。长期使用的发动机,技术状况变差,对机械效率的影响很大。这是由于活塞环与缸套磨损后,间隙增大,漏气增多,指示功率下降。尤其是对于汽油机,漏气还会稀释润滑油,使润滑条件变坏,气缸的磨损加快。轴与轴承间的磨损,使机油的泄漏增加,油压下降,运动件工作表面的润滑不良。水道中的水垢增多,使气缸表面温度升高,影响油膜厚度。这些都会使机械效率下降。因此,发动机在使用中,要定期检查维护,出现故障应及时修复,并确保机油、燃油、空气的滤清效果,以减少摩擦,提高机械效率。

5.4.4 发动机的热平衡

燃料在发动机气缸中发出的总热量除20%～45%能转化为有效功外,其他部分均以不同的热传递方式散失于发动机之外。按照热能在有效功和各种损失方面的数量分配来研究燃料中总热量的利用情况,称为发动机的热平衡。

热平衡表示热量分配情况。只有了解热量损失所在,才能进一步去减少它或设法利用它。发动机热平衡通常按下列方法由试验确定。

1. 发动机所耗燃油的热量 Q_T

在发动机中,热量是由燃料燃烧而产生的,假设燃料完全燃烧,则每小时所发出的热量 Q_T(kJ/h)为

$$Q_T = BH_\mu$$

2. 转化为有效功的热量 Q_E

若测得发动机有效功率 P_e,则因为

$$1\text{kW} \cdot \text{h} = 3.6 \times 10^3 \text{kJ}$$

所以 Q_E(kJ/h)为

$$Q_E = 3.6 \times 10^3 P_e$$

3. 传递给冷却介质的热量 Q_S

这部分热量包括实际循环中工质与缸壁的传热损失、废气通过排气道时传给冷却介质的热量、活塞与缸壁摩擦产生又传给冷却介质的热量以及润滑油传给冷却介质的热量等,则传递给冷却介质的热量 Q_S(kJ/h)为

$$Q_S = G_S c_S (t_2 - t_1)$$

式中:G_S 为通过发动机冷却介质每小时的流量,kg/h;c_S 为冷却介质的比热容,kJ/(kg·℃);

t_1、t_2 为冷却介质的入口和出口温度,℃。

4. 废气带走的热量 Q_R

废气带走的热量 Q_R(kJ/h)为

$$Q_R = (B + G_K)(c_{pr}t_2 - c_{pk}t_1)$$

式中：B、G_K 是每小时消耗的燃料量和空气量,kg/h；c_{pr}、c_{pk} 是废气和空气的定压比热容,kJ/(kg·℃)；t_2 是靠近排气门处的废气温度,℃；t_1 是进气管入口处工质的温度,℃。

5. 燃料不完全燃烧热损失 Q_B

在汽油机中,因采用空气不足的浓混合气,而在柴油机中,因空气和燃料混合不均,均可产生不完全燃烧。其热损失 Q_B(kJ/h)近似计算为

$$Q_B = Q_T(1 - \eta_r)$$

式中：η_r 是燃烧效率。

6. 其他热量损失 Q_L

其包括所有未计的损失。由于不能分别给予它们准确的估计,所以一般只根据下式确定其总值,Q_L(kJ/h)为

$$Q_L = Q_T - (Q_E + Q_S + Q_R + Q_B)$$

热平衡常以燃料总热的百分数表示,即

$$q_e = \frac{Q_E}{Q_T} \quad q_s = \frac{Q_S}{Q_T} \quad q_r = \frac{Q_R}{Q_T} \quad q_b = \frac{Q_B}{Q_T} \quad q_l = \frac{Q_L}{Q_T}$$

则有

$$q_e + q_s + q_r + q_b + q_l = 100\%$$

热平衡中各项数值范围见表 5-2。

表 5-2 热平衡中各项数值范围

型 式	q_e	q_s	q_r	q_b	q_l
汽油机	25～30	12～27	30～50	0～45	3～10
柴油机	30～40	15～35	25～45	0～5	2～5
增压柴油机	35～45	10～25	25～40	0～5	2～5

从表 5-2 可见,在燃料的总热量中,仅有 25%～40% 的热量转变为有效功,其余 60%～75% 都损失掉了。其中,主要由废气带走,其次传给冷却水,在某些汽油机中不完全燃烧损失的热量所占比例也不小。

冷却水带走的热量占总热量的 10%～35%,其中一部分是排气道中废气传给冷却水的热,一部分是由摩擦产生的热,而真正由燃烧、膨胀过程散出的热大约占冷却损失的 15%。废气带走的热量占总热量的 25%～50%。废气涡轮增压是回收这部分热量的一种方式,由表 5-2 可见,其有效热效率最高。

图 5.11 表示的是发动机的热平衡图,由该图可以清楚地看到发动机中的热量流动情

况以及各项损失如何纳入外热平衡的各个项目中去。

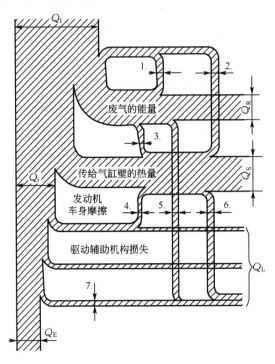

图 5.11 发动机的热平衡图
1—从残余废气和排气中回收的热量；2—由气缸壁传给进气的热量；
3—排出废气传给冷却水的热量；4—在摩擦中传给冷却水的部分热量；
5—从排气系统辐射的热量；6—从冷却水和水套壁辐射的热量；
7—从曲轴箱壁和其他不冷却部分辐射的热量

5.5 提高发动机性能指标的途径

5.5.1 发动机能量的合理利用

1. 能量利用的环节

发动机的热平衡表达了能量分配关系，进一步分析发动机能量流动的各环节有利于发展合理利用能量的技术和措施，图 5.12 表示了某四冲程自然吸气柴油机能量利用率递减框图。

结合热平衡可以得出，发动机能量的合理利用包括两方面，即进一步提高有效热效率和损失能量的再利用。

由 A 到 E 共 5 个阶段，分析如下。

（1）由 A 到 C 出现 46.5% 的能量损失。在循环和燃烧模式和不改变时，这些损失值无法改变。理论循环效率最高，由 A 到 C 效率的下降，这取决于理论的平均加热和放热

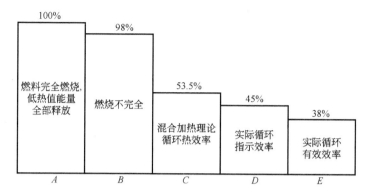

图 5.12　某四冲程自然吸气柴油机能量利用率递减框图

温度，即受热力学第二定律制约。

(2) 由 C 到指示效率 D 的损失。其表示了真实循环趋于理论循环的完满程度，取决于第 1 节所论及的各种损失。

(3) 由 D 到有效输出功率的损失。其由机械效率 η_m 来反映。

往复活塞式内燃机经过 100 多年的发展，以上各环节能量利用已趋于完善。为了适应节能要求，特别是在满足排放、噪声等综合性能前提下的节能需要，还希望在现有基础上有所提高。总结起来，可以从改变现有的循环模式、换用工质（燃料）以及改变燃烧及负荷调节模式等方面着手。

2. 变革循环模式

1) 超膨胀循环

现有发动机都是按等容放热模式工作的，等容放热线如图 5.13 中的 b-a 线所示。如果能将图 5.13 中绝热膨胀线 z-b 延为 z-b'，再按 b'-a 进行等压放热回到压缩始点 a，则会增加图 5.13 所示 $bb'ab$ 面积大小的有效功量，从而提高循环效率。此种循环叫做 Atkinson 循环，也称为增大膨胀体积的超膨胀循环。

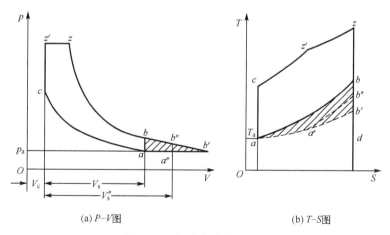

(a) P-V 图　　　　(b) T-S 图

图 5.13　超膨胀发动机循环

2) 米勒循环

由于换气过程的要求（第 6 章）及膨胀行程增加过大，Atkinson 循环无法实现。但根据这种思想开发的具有混合放热模式的超膨胀发动机循环——Mill(米勒)循环可以实现。如图 5.14 所示,若将绝热膨胀线适当延长到 b'' 进行等容放热 $b''-a''$,再按 $a''-a$ 进行等压放热回到压缩始点 a,这种模式就是米勒循环。

米勒循环的实质是膨胀比大于压缩比,如图 5.14 所示,获得图 5.14 所示 $b''a''ab$ 面积大小的超膨胀功。

米勒循环在实用时并不要求增大活塞冲程,因而在现生产中也难于实现。此时采用的做法是根据实际情况,灵活控制进气终点,从而达到实现米勒循环的效果。

(1) 米勒循环在汽油机中的应用。图 5.14 所示为某自然吸气型汽油机低负荷时的示功图,原机泵气损失由实线所示的封闭面积 $rb'aer$ 表示。如果能加大节气门开度,甚至取消节气门,而又维持原工况进气量不变,则进气门只需开到 a' 点即可。则此时的泵气损失将减少为图上剖面线所示的封闭面积 $rb'a'r$。实质节气门开大和进气时间缩短的双重因素使进气损失大下降。进气门在点 a' 关闭后,活塞继续下行到 a 点,常规的动力过程可膨胀到 b 点。这样的循环就是米勒循环。即由 a' 点决定的实际压缩比小于由 b 点确定的膨胀比。不难看出,米勒循环主要用于改善中、低负荷的经济性。

实现米勒循环的关键——可变进气门冲程的技术已经实现,已有汽油机的米勒循环机型投入市场使用。

(2) 米勒循环在柴油机上的应用。图 5.15 是某应用米勒循环的增压中冷柴油机换气过程示功图。其增压比为 1.4(即经过增压后的气体压力与增压前压力之比,见第 7 章),示功图见图 5.15 所示的实线 $raer$。若将其增压比提高到 2.0,则在相同进气量条件下,进气门将提前到 a' 点关闭。其示功图见图 5.15 所示虚线 $raa'r$,剖面线所示面积为此时所做的泵气正功,该部分功增加了,即按米勒循环在工作。

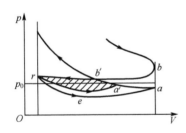

图 5.14 汽油机米勒循环

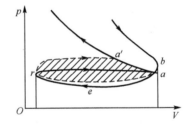

图 5.15 增压中冷柴油机米勒循环示功图

3. 燃烧模式变革

传统汽油机经济性能低于柴油机的原因有 3 个方面:①均匀混合气点火、火焰逐层传播的燃烧方式,受"爆燃"限制(第 8 章),压缩比不能提高;②部分工况混合气要浓,负荷越低越浓,造成不完全燃烧;③节气门调节的方式,不仅加大了进气阻力,而且负荷越小,残余废气越多,燃烧越恶化,低负荷区与柴油机热效率的差距越大。

解决的办法是采用稀燃技术,"稀燃"就是让汽油机在更稀空燃比条件下工作,但均质的稀燃受着火极限的限制。因此,需使燃烧室内混合气浓度分层分布,火花塞附近是适于点火的较浓混合气,而其他部位则较稀,这样,平均空燃比就会进一步变稀,可以提高压缩比,解决易于"爆燃"和"负荷量调节"的本质缺陷。

在电控技术出现之前,"稀燃"由于技术原因进展不大。近年来,缸内直喷汽油机的开发成功实现了"分层燃烧"和"稀燃"。此方式类似柴油机,在压缩终了时向缸内直喷汽油,负荷"质调节",但仍用火花点火。这样将柴油机和汽油机的优点相结合,使得汽油机的经济性能接近了柴油机的水平。

有关汽油机稀燃、分层燃烧以及缸内直喷的燃烧原理和组织等实际问题见第 8 章。

4. 发动机损失能量的再利用

由冷却介质和废气带走的热量各占燃料总能量的 1/3 左右,存在再利用的可能性。

(1) 废气涡轮增压。废气涡轮增压机型结构原理如图 5.16 所示。当高温、高速的废气进入增压器的涡轮机后,低温、低速排出,废气的热能和动能差转化为涡轮机的机械功,用以带动压气机,提高发动机的进气压力。

增压的主要目的是加大进气充量,提高输出功率。同时,由于增压机泵气时做正功,再加上机械效率的相对提高,因而整机热效率有较大提高。如果增压后对较热的空气再进行冷却,降低进气温度,增大密度,则输出功率将进一步增大,排放、噪声等性能均可以改善。另外,增压器排出的废气中所含的热能还可以直接利用动力涡轮反馈回发动机曲轴而增大输出功。这种发动机称为复合式发动机,复合式发动机原理示意图如图 5.17 所示。

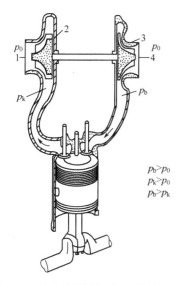

图 5.16 废气涡轮增压机型结构原理图
1—排气口;2—涡轮机;
3—压气机;4—进气口

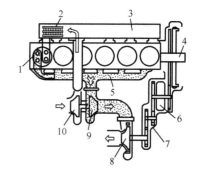

图 5.17 复合式发动机原理示意图
1—气缸;2—中冷器;3—进气歧管;4—输出轴;
5—排气歧管;6—液力偶合器;7—齿轮系;
8—动力涡轮;9—涡轮;10—压气机

有关废气涡轮增压的更多技术问题参看第 7 章。

(2) 低散热发动机。低散热发动机也称为绝热发动机,其初衷是利用陶瓷材料使燃烧室及排气系统高度隔热,从而减少冷却损失。但是隔热虽然能降低冷却损失,却不可能获得明显的功率增益。这是因为,从热力循环的观点,冷却系统损失热量实质上应归于向低温热源放出的热量范围。这部分能量不由冷却系带走,就会改由废气排出。

另外,由于陶瓷件达不到发动机工作所要求的高可靠性以及燃烧室内温度过高所带来的工作过程恶化的影响,因此低散热发动机研究进展不大。

(3)"废热"利用。被加热的冷却水和增压中冷(气冷)后的热空气的能量适用于供热。冬季驾驶室及客车车厢内的供暖可直接利用这些能量。

5.5.2 决定动力输出的"量"与"质"的两大因素

综合前几节,基本明确了发动机有效功的输出环节,本节通过定义各环节参数,分析推导各参数间的关系式,给出提高发动机性能指标的具体技术措施。

概括起来,发动机热功转换及能量传递过程需要经过以下 3 个环节。

(1)混合气的形成并导入气缸的过程。在该过程中,燃料按一定的方式与空气混合,形成可燃混合气。

(2)燃烧放热过程。通过燃烧过程的组织,有效控制放热规律。

(3)能量转换过程。其关键是总热量转换成有效功的热效率,包括指示热效率和机械效率。

由以上分析,改善内燃机性能的所有技术,都体现在如何完善上述 3 个环节的问题上。

(1)决定动力输出的"量"与"质"的两大因素的概念。发动机输出功率的大小,首先取决于单位时间内加入整机的化学能的多少,即"量"的因素;其次则取决于化学能转换为输出功的效率,即转换过程的优劣,这是"质"的因素。

由式(5-22)可知,发动机的输出功率为

$$P_e = 3.6 \times 10^6 \eta_{et} B H_u \quad (\text{kW}) \qquad (5-37)$$

式(5-36)适于任何类型的发动机。对于在机外先预制好均匀混合气的机型,如点燃式汽油机,也可表示为

$$P_e = 3.6 \times 10^6 \eta_{et} G_m H_{um} \quad (\text{kW}) \qquad (5-38)$$

式中:P_e 为发动机输出功率;G_m 为单位时间输入的混合气总量,kg/h;H_{um} 为混合气的质量低热值,kJ/kg。

(2)燃料与可燃混合气。

① 燃料的低热值。单位质量的燃料在指定状态(标准温度 25℃,初始压力 101.3kPa)下,定压或定容完全燃烧所能放出的热量,即反应热,称为燃料的热值。完全燃烧是指燃料中的 C 全变为 CO_2,H 变为 H_2O。

在燃烧时,燃烧产物的 H_2O 以气态排出,其汽化潜热未能释放,所以称低热值(H_2O 呈液态,汽化潜热全释放后称为高热值)。在发动机排出的废气中,水都呈气态,所以适用低热值。

② 可燃混合气热值。可燃混合气热值是单位质量或单位体积可燃混合气的低热值。它取决于燃料热值和燃料与空气的混合比,即混合气浓度,有以下 3 种表示方法。

过量空气系数 ϕ_a 设单位质量的燃料完全燃烧所需的理论空气量为 L_0(kg)(其计算方法见第 5 章),而实际供给的空气量为 L(kg),其定义为

$$\phi_a = \frac{L}{L_0} \qquad (5-39)$$

$\phi_a > 1$ 为稀混合气;$\phi_a < 1$ 为浓混合气;$\phi_a = 1$ 则为具有化学计量比(也称理论混合比)理论空气量的混合气。在西方国家资料中,常用 $1/\phi_a$ 表示混合气浓度,称为燃空当量比。

空燃比 a 指混合气中空气质量与燃料质量之比,表示为

$$a = A/F$$

燃空比 $1/a$ 指混合气中燃料质量与空气质量之比，是空燃比的倒数。

以上三种表示法可相互转换。若燃烧燃料量为 m 时，供给 $mL=mL_0\phi_a$ 的空气，则

$$a = mL\phi_a/m = L_0\phi_a \tag{5-40}$$

汽油的化学计量比为 14.9，轻柴油的化学计量比为 14.5，而为了计算简便，也有的文献将汽油、柴油的化学计量比统一用 14.7 或 15.0 来参与计算，当然会有一定误差。

一个质量单位的燃料若供给空气量为 L 个质量单位的空气，则可燃混合气质量热值 H_{um} 的计算式为

$$H_{um} = H_u/(1+L) = H_u/(1+\phi_a L_0) \quad (\text{kJ/kg}) \tag{5-41}$$

③ 整机燃料与可燃混合气消耗量。设单缸循环供油量为 g_b，则有每小时耗油量

$$B = \frac{60 i n g_b}{\tau/2} \quad (\text{kg/h}) \tag{5-42}$$

对于缸内直喷的汽油机和柴油机，用式(5-42)计算比较方便。

定义可燃混合气流量 G_m 为单位时间(每小时)进入整机的新鲜空气量和燃料量之和。对于非缸内直喷的汽油机，进入气缸的是混合气；对于缸内直喷的汽油机和柴油机，进入气缸的是空气。为了概念清楚和叙述方便，以下统一称为新鲜充量或充量。

在理论上，每循环进入缸内的新鲜充量，应为按进气系统前的状态计算而得的与气缸排量相同的量。但由于进气系统存在阻力以及缸内状态变化，充量并非理论值。为此，引入了充量系数(也称充气效率或容积效率)的概念。

充量系数 ϕ_c 定义为每缸每循环实际吸入气缸的新鲜充量质量与进气状态下理论计算充满气缸工作容积的质量比值。

$$\phi_c = \frac{m_a}{m_s} = \frac{V_1}{V_s} \tag{5-43}$$

式中：m_a 为实际进入气缸的新鲜空气的质量；V_1 是实际进入气缸的新鲜空气在进气状态下的体积；m_s 为进气状态下理论计算充满气缸工作容积的空气质量；V_s 为气缸工作容积。

在进气状态下，在自然吸气发动机上一般采用当时、当地的大气状态；在增压发动机上，采用增压器出口的压力状态。

充量系数大，每循环进入一定气缸容积的新鲜工质量多，则可提升发动机动力性，而有关充量系数的影响因素见第 4 章。

如果将发动机的进气过程采用当时的大气状态，根据大气密度的概念可得

$$\rho_s = \frac{p_0}{RT_0} \quad (\text{kg/m}^3)$$

其理论充量为

$$m_s = \frac{p_0 V_s}{RT_0} \quad (\text{kg}) \tag{5-44}$$

则每循环每缸的实际充量为

$$m_a = \phi_c m_s = \frac{p_0 V_s}{RT_0} \phi_c \quad (\text{kg}) \tag{5-45}$$

1kg 燃油实际供给的空气量为 $\phi_a L_0$，当实际充量为 m_a 时，供给的循环供油量 g_b 为

$$g_b = \frac{p_0 V_s}{RT_0} \frac{\phi_c}{\phi_a L_0} \quad (\text{kg}) \tag{5-46}$$

可燃混合气流量 G_m 的表达式为

$$G_m = \frac{60in}{\tau/2}(m_a + g_b) = \frac{60in}{\tau/2}\frac{p_0 V_s}{RT_0}\phi_c\left(1+\frac{1}{\phi_a L_0}\right) \quad (kg/h) \tag{5-47}$$

(3) 燃料及可燃混合气的利用效率与性能指标的关系。根据式(5-45)，并考虑到燃烧效率 η_c，每循环燃油燃烧放出的热量为

$$Q_1 = \eta_c g_b = \eta_c \frac{p_0 V_s}{RT_0}\frac{\phi_c H_u}{\phi_a L_0} \quad (kJ) \tag{5-48}$$

每循环的指示功为

$$W_i = Q_1 \eta_{it} = \frac{p_0 V_s}{RT_0}\frac{\phi_c H_u}{\phi_a L_0}\eta_c \eta_{it} \quad (kJ) \tag{5-49}$$

平均指示压力为

$$p_{mi} = \frac{W_i}{V_s} = \frac{p_0 H_u}{RT_0}\frac{1}{\phi_a L_0}\eta_c \eta_{it}\phi_c \quad (kJ) \tag{5-50}$$

平均有效压力为

$$p_{me} = p_{mi}\eta_m = \frac{p_0 H_u}{RT_0}\frac{1}{\phi_a L_0}\eta_c \eta_{it}\eta_m \phi_c \quad (kJ) \tag{5-51}$$

在大气压力下，p_0/RT_0 视为常数，而通常石油中的 H_u、L_0 近乎不变，因此平均有效压力可表示为

$$p_{me} = k\frac{1}{\phi_a}\eta_c \eta_{it}\eta_m \phi_c = k\frac{1}{\phi_a}\eta_{et}\phi_c \quad (kJ) \tag{5-52}$$

式中：k 为比例常数，对每种发动机均有一定的数值；$\eta_{et} = \eta_c \eta_{it} \eta_m$ 为有效热效率，也是燃料能量转换的总效率。

发动机的有效功率为

$$\begin{aligned} P_e &= \frac{p_{me}iV_s n}{30\tau} \\ &= \frac{iV_s n}{30\tau}\frac{p_0 H_u}{RT_0}\frac{1}{\phi_a L_0}\eta_c \eta_{it}\eta_m \phi_c \\ &= \frac{k_1 n}{\phi_a}\eta_c \eta_{it}\eta_m \phi_c \\ &= \frac{k_1 n}{\phi_a}\eta_{et}\phi_c \quad (kW) \end{aligned} \tag{5-53}$$

式中：$k_1 = \frac{iV_s p_0 H_u}{30\tau RT_0 L_0}$，对每种发动机都为常数。

发动机扭矩可表示为

$$T_{tq} = 9550\frac{P_e}{n} = \frac{k_2}{\phi_a}\eta_c \eta_{it}\eta_m \phi_c = \frac{k_2}{\phi_a}\eta_{et}\phi_c \quad (Nm) \tag{5-54}$$

式中：$k_2 = 9550k_1$，k_2 对每种发动机也为常数。

结合式(5-41)和式(5-45)，发动机每小时耗油量为

$$\begin{aligned} B &= \frac{60in}{\tau/2}\frac{p_0 V_s}{RT_0}\frac{\phi_c}{\phi_a L_0} \\ &= k_3 \frac{\phi_c}{\phi_a} \quad (kg/h) \end{aligned} \tag{5-55}$$

式中：$k_3 = \dfrac{60in}{\tau/2} \dfrac{p_0 V_s}{RT_0} \dfrac{1}{L_0}$。

结合式(5-41)和式(5-52)，推导出发动机的有效燃油消耗率 b_e

$$b_e = \frac{3600}{H_u \eta_{et}} \times 1000 = \frac{3.6 \times 10^6}{H_u \eta_{et}} = \frac{k_4}{\eta_{et}} \quad (\text{g/kW} \cdot \text{h}) \tag{5-56}$$

式中：$k_4 = \dfrac{3.6 \times 10^6}{H_u}$。

由此可以看出，式(5-55)与式(5-24)是一致的。值得说明的是，从混合气的流量与热值出发也能推导出相同的结果，感兴趣的读者不妨一试。

5.5.3 影响发动机动力性、经济性的因素

以上从决定动力输出的"量"与"质"的两大因素推导出了整机动力性、经济性参数的综合表达式即式(5-52)~式(5-55)。在实际中，因为柴油机的循环油量 g_b 是一个可直接测出的值，所以将式(5-52)直接写成下式更适合做直观分析。

$$P_e = \frac{in}{30\tau} g_b H_u \eta_c \eta_{it} \eta_m \tag{5-57}$$

由前面的推导可知，式(5-52)与式(5-56)可以互相转换，因此适用于任何发动机。只不过式(5-52)更适合汽油机，而式(5-56)更适合柴油机。

综合表达式涉及了动力经济性能中"量"与"质"两大因素的诸多性能与结构方面参数，以有效功率这一指标为例，仔细分析式(5-52)与式(5-56)，可得参数分别如下。

H_u，L_0——燃料特性与燃烧热化学参数；

i，V_s——缸数与排量；

τ——四冲程或二冲程；

R——工质热力特性；

η_c——混合气形成与燃烧过程的完全性；

η_{it}——工作过程热力循环与工质特性；

η_m——与机械损失有关的机械学、摩擦学、流体力学特性；

ϕ_c——进、排气过程的完善程度；

ϕ_a——混合气浓度；

ρ_0 或 $\dfrac{p_0}{RT_0}$——进气状态是大气还是与增压、中冷；

n——转速或做功的频率；

g_b——柴油机喷油系统供油特性。

各因素所起的作用可以从表达式中一目了然，从而大大理顺了分析发动机动力、经济性问题的思路。当混合气加浓、发动机转速提高、充量系数加大、指示热效率提高、机械损失减小时，发动机的有效功率和扭矩都将得到提高。但当转速过高时，由于气体流动阻力和配气相位的影响，所以功率会下降。当混合气过浓和过稀时，燃烧效率会下降。

事实上，改善和提高任何一个因素就是促进发动机动力性、经济性提升的一个领域或研究方向，而有关进、排气和燃烧及混合气组织的种种问题，在以后的章节中将详细分析。

思考题与习题

1. 解释下列概念。
   (1) 示功图　提前排气损失　泵气损失　换气损失
   (2) 指示功　平均指示压力　指示功率　指示热效率　指示燃油消耗率
   (3) 有效功　有效扭矩　有效功率　平均有效压力　有效热效率　有效燃油消耗率
   (4) 活塞平均速度　升功率　比质量　强化系数
   (5) 平均机械损失压力　机械效率
   (6) 发动机的热平衡　超膨胀循环
   (7) 过量空气系数　空燃比　理论混合比

2. 简述四冲程发动机的实际循环的 5 个过程(进气、压缩、燃烧、膨胀、排气)，说明汽油机、柴油机主要参数(压缩比、温度、压力)的不同点。

3. 分析自然吸气发动机与增压发动机的指示功，说明其相同点和区别。

4. 发动机实际循环的损失有哪些？

5. 分析指示功、平均指示压力、指示功率、指示热效率的表示方法。

6. 分析有效功、有效扭矩、有效功率、平均有效压力、有效热效率、有效燃油消耗率的表示方法。

7. 机械损失由哪些方面组成？

8. 说明机械损失测定方法(倒拖法、灭缸法、油耗线法)。

9. 简述发动机润滑油的选用方法。

10. 以发动机的新鲜充量和能量转换效率等参数为基础，为推导出平均有效压力、有效功率(升功率)、每小时耗油量、有效燃油消耗率的表达式，阐明提高发动机动力性、经济性的途径。

11. 某四缸柴油机用灭缸法测机械效率，测得的数据如下表所示。

工况	转速/(r/min)	测得的有效功率 P_e/kW
四缸全工作	2000	40
灭第一缸	2000	28
灭第二缸	2000	29
灭第三缸	2000	26
灭第四缸	2000	27

试求该机的机械效率 $\eta_m =$?

第 6 章 换气过程与循环充量

教学提示

换气过程的质量对发动机动力性、经济性和排放指标有重要的影响。本章的目的是研究换气过程的进行情况，分析影响充量的各种因素、从中寻找减少换气损失、提高充气量的措施，以适应发动机日益强化的需要。

教学要求

本章要求学生掌握四冲程发动机的换气过程；了解进、排气损失的相关内容；掌握充量系数的概念和影响充量系数的因素以及提高发动机充量系数的措施；掌握二冲程发动机换气的基本方案和如何评价二冲程发动机的换气效果。

6.1 四冲程发动机的换气过程

6.1.1 换气过程

四冲程发动机配气机构均采用气门换气方式，其换气过程包括从上一循环排气门开启到下一循环进气门关闭的整个时期。当运行时，要在短时间内使排气干净、进气充足是比较困难的。为了增加气门开启的时间、充分利用气流的流动惯性、减少换气过程的损失，从而改善换气过程、提高发动机的性能。进、排气门一般都提前开启、滞后关闭，不受活塞行程的限制。所以，整个换气过程超过两个冲程，占 410°～490°曲轴转角。实际循环的换气过程进行的时间非常短暂，进、排气门的启闭由于结构和动力负荷等原因，不可能全开或全闭。当换气时，工质是在配气机构流通截面变化的情况下做不稳定流动，气缸内工质的温度和压力是随时间变化的,具有复杂的气体动力学现象。

图 6.1 为一实测四冲程发动机在换气过程中,气缸压力和排气管内压力随曲轴转角变化的关系和相应的进、排气门流通截面的变化情况。根据气体流动的特点,换气过程可分为排气和进气两大部分。

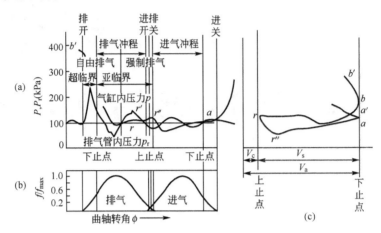

图 6.1　换气过程中气缸压力 p、排气管内气体压力 p_r 及进、排气门流通截面积的变化

1. 排气阶段

(1) 自由排气阶段。从排气门打开到气缸压力接近于排气管压力的这个时期称为自由排气阶段。由于排气机构惯性力的限制,若在活塞到下止点时才打开排气门,则在气门开启的初期,开度极小,废气不能通畅流出,气缸内压力来不及下降,在活塞向上回行时形成较大的反压力,增加排气冲程所消耗的功,所以有必要在活塞到达下止点之前打开排气门。从排气门开始打开到下止点这段曲轴转角称为排气提前角。一般排气提前角为 30°~80°曲轴转角。

从图 6.1 中可以看到,在排气门刚开启时气缸内废气压力还很高,缸内压力与排气管压力之比往往大于临界值,排气的流动处于超临界状态,废气以声速流过排气门开启截面。在超临界排气时期内,废气流量与排气管内压力 p_r 无关,只决定于气缸内的气体状态和气门最小开启截面。随着废气大量流出,缸内压力迅速下降,排气的流动转入亚临界状态。到某一时刻气缸内和排气管内压力相等,则自由排气阶段结束。

自由排气阶段到下止点后 10°~30°曲轴转角处应该结束,而时间过长会增加强制排气活塞推出功,从而使排气损失加大。在发动机高速运转时,同样的自由排气时间(以秒计)所相当的曲轴转角增大,而为使缸内废气及时排出,应该加大排气提前角。自由排气阶段虽然占整个排气时间的百分比不大,但废气流速很高,排出废气量可达 60% 以上。

(2) 强制排气阶段。随着活塞向下止点移动,气缸内压力不断降低。当活塞到达下止点及稍后一些,随着缸内压力降到接近排气管压力,排气流动也早已转变为亚临界流动,强制排气开始。此时废气才在真正的意义上被早已上行的活塞强制推出,其流速取决于压差,压差越大,流速越大,所消耗的功也越多。此阶段持续时间虽然长,但由于缸内压力逐渐接近大气压力,所以气体密度低,流速较慢,排出的废气量较少,只占总排气量的较小部分。

(3) 惯性排气阶段。当强制排气阶段接近终了时,在上止点附近,废气尚有一定的流动能量，可利用气流的惯性进一步排除废气。同时，如果排气门在上止点时关闭，则在上止点之前它就要开始关小，从而产生较大节流作用，此时活塞还在向上运动，致使气缸内压力上升，结果排气消耗的功和残余废气量都会增加。因此，排气门是在活塞过了上止点后才关闭，从上止点到排气门完全关闭终了的这段曲轴转角称为排气迟闭角。一般排气迟闭角为 $10°\sim35°$ 曲轴转角。

2. 进气阶段

进气阶段可分为准备进气、正常进气和惯性进气 3 个阶段。

(1) 准备进气阶段。为了增加进气量，使新鲜气更顺利地进入气缸，尽可能增大进气截面积，减少进气抽吸功，则进气门在上止点前、排气尚未结束时就开启。从进气门开启到活塞行至上止点这个时期，称作准备进气阶段，相应曲轴转过的角度称作进气提前角，一般为 $10°\sim30°$ 曲轴转角。由于进气提前角较小，相应开启的通道截面也小，加之缸内残余废气压力高于大气压力，所以在此阶段新气一般不会进入气缸。

(2) 正常进气阶段。当准备进气阶段结束后，活塞由上止点开始下行。初期，由于气缸内残余废气压力仍高于大气压力，新气不能充入气缸，所以只有当残余废气膨胀到压力低于大气压力后，新气才被吸入气缸。由于气门提前开启，所以此时进气通道截面已开启较大，保证大量新气进入气缸内。由于进气阻力，所以当活塞移到下止点时，气缸内压力仍然低于大气压力。

(3) 惯性进气阶段。为了利用高速进气流的惯性，增加充气量，减少功耗，则气缸在活塞运行到下止点后才完全关闭进气门。从活塞由下止点上行至气门完全关闭这个时期，称为惯性进气阶段。该阶段曲轴转过的角度，称为进气迟闭角，一般为 $40°\sim80°$ 曲轴转角。

3. 气门重叠和燃烧室扫气

由于排气门的滞后关闭和进气门的提前开启，所以存在进、排气门同时打开的现象，称为气门重叠或气门叠开。当气门重叠时曲轴相应转过的角度，称为气门重叠角或气门叠开角。由于气门重叠角较小，进气门升起的高度不大，且废气又有一定的流动惯性，所以废气不会倒流入进气管中。气门重叠期间进气管、气缸、排气管连通，可以利用气流的压差和惯性清除残余废气，增加进气量。特别是增压发动机，其进气压力高，有一定数量的新鲜充量直接扫过燃烧室，帮助清除废气后进入排气管，扫气效果更明显。对于化油器式汽油机而言，特别是在怠速和部分负荷时，若气门重叠角过大，由于进气管真空度高，废气可能直接从燃烧室流入进气道或从排气道经燃烧室流入进气道，引起"回火"，因此气门重叠的角度选择以新鲜充量不流入排气管为原则。柴油机没有燃料损失问题，但气门重叠角过大，会发生气门与活塞相碰的问题。对于增压发动机，扫气的优点很多，可以适当加大气门重叠角。在非增压发动机中，重叠角一般为 $20°\sim60°$ 曲轴转角。增压柴油机重叠角一般为 $80°\sim160°$ 曲轴转角。四冲程发动机进、排气相位图如图 6.2 所示。

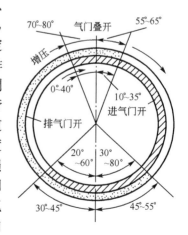

图 6.2 四冲程发动机进、排气相位图(外圈表示增压)

6.1.2 换气损失

换气损失的概念在第 5 章已论及，即提前排气损失和泵气损失的和。不过对于自然吸气发动机和增压发动机有一些差别。

1. 提前排气损失

排气门提前打开，由自由排气引起的损失，即提前排气损失，如图 6.3、图 6.4 中面积 W。因排气门提前打开，排气压力线从 p'_b 点开始偏离理想循环膨胀线，导致膨胀功减少。对于任何发动机都存在这部分损失。

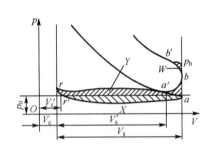

图 6.3 自然吸气四冲程发动机换气损失

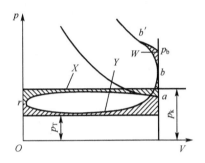

图 6.4 废气涡轮增压四冲程发动机换气损失

W—自由排气损失；Y—强制排气损失；
X—进气过程损失；$Y+X$—泵气损失

随着排气提前角的增大，自由排气损失 W 增加，而此时强制排气损失面积 Y 减小。因而最有利的排气提前角应使面积 $(W+Y)$ 之和为最小，如图 6.5 所示。当发动机转速高时，按曲轴转角计算的超临界排气时间延长，为减少排气损失，应当加大排气提前角。

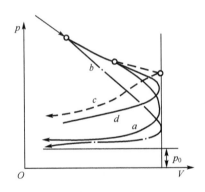

图 6.5 排气门提前角和排气损失

a—最合适；b—过早；
c—过晚；d—排气门面积过小

2. 泵气损失

泵气损失定义为克服进、排气系统阻力所消耗的功。

对于自然吸气四冲程发动机，其包括强制排气损失和吸气损失。强制排气损失是由于排气压力高于大气压力 p_0，活塞将废气推出所消耗的功。吸气损失(图 6.3 中面积 X)是由于进气压力低于大气压力 p_0，活塞吸入新鲜充量需要形成真空所消耗的功。

对于废气涡轮增压四冲程发动机，强制排气损失(图 6.4 中面积 Y)是由于排气压力高于涡轮机进口压力 p_T，活塞将废气推出气缸所消耗的功。而进气过程由于压气机出口压力 p_k 高于涡轮机进口压力 p_T，更高于大气压力，所以做正功。但由于存在流动损失(如进气门的节流作用)，所以实际进气压力低于压气机出口压力 p_k，即损失了图 6.4 中面积 X 所示的功。也就是说，废气涡轮增压发动机进气过程应得到 p_k 与 p_T 的压力差而实现的正功，但损失了($Y+X$)的阴影部分，即泵气损失。其他增压形式也可做类似分析。

因此，所有发动机换气损失都可统一用面积($W+X+Y$)表示。

减小泵气损失是改善发动机动力性和经济性的有效措施。为此，应尽可能减小强制排气损失和进气损失，例如当合理设计配气定时时，尽可能加大气门流通截面积，减小进排气管流动阻力，适当降低活塞的平均速度等都有利于减小泵气损失。随着电控技术的发展，通过采用排量可变技术，提高小负荷时的节气门开度(如米勒循环)，可有效改善发动机中、小负荷时的燃油经济性。另外，可变配气相位技术（即可变配气定时技术，见第3节），可以优化发动机全工况范围内的性能。

6.2　四冲程发动机的充量系数

6.2.1　充量系数解析式

在第5章已给出了充量系数ϕ_c的概念，它是衡量不同发动机换气过程完善程度和动力性能的重要指标。本节在详细分析了换气过程的基础上，导出充量系数的解析式。

换气过程的完善程度可以从两个方面进行评价，即气缸内前一个循环的废气被这一循环的新鲜充量替换的程度和本次循环进入气缸新鲜充量的程度。

用图6.3进行分析，当进气门关闭时(a'点)，气缸容积为$V_c+V'_s$，气缸压力为$p_{a'}$。此时缸内工质的质量$m_{a'}$为

$$m_{a'}=(V_c+V'_s)\rho_{a'} \tag{6-1}$$

式中：$\rho_{a'}$为进气门关闭时气缸工质的密度。

假定排气门关闭点(r'点)气缸体积为$V_{r'}$，此时缸内工质的质量$m_{r'}$为

$$m_{r'}=V_{r'}\rho_{r'} \tag{6-2}$$

式中：$\rho_{r'}$为排气门关闭时气缸工质的密度。

由此可得每循环充入气缸的新鲜充量的质量m_1为

$$m_1=(V_c+V'_s)\rho_{a'}-V_{r'}\rho_{r'}$$

m_1还可表示为

$$m_1=m_a+g_b$$

式中：m_a是空气质量；g_b为每循环燃料量。

由空燃比的关系得

$$m_a=\left(\frac{\phi_a L_0}{1+\phi_a L_0}\right)m_1$$

式中：ϕ_a为过量空气系数；L_0为单位质量的燃料燃烧理论空气量。

令$K_a=\dfrac{\phi_a L_0}{1+\phi_a L_0}$，$K_a$也称为混合气的空气量比例系数。由于燃料所占体积较小，有的文献将$K_a\approx 1$，所以，有下列等量关系

$$\phi_c V_s \rho_0 = K_a[(V_c+V'_s)\rho_{a'}-V_{r'}\rho_{r'}] \tag{6-3}$$

式中：ρ_0为大气密度。

考虑到进、排气门迟闭，令$\xi=\dfrac{V_c+V'_s}{V_c+V_s}$，$\varphi=\dfrac{V_{r'}}{V_c}$，压缩比$\varepsilon_c=\dfrac{V_c+V_s}{V_c}$，则有

$$\phi_c = \frac{K_a}{(\varepsilon_c - 1)\rho_0}(\xi \varepsilon_c \rho_{a'} - \varphi \rho_{r'}) \tag{6-4}$$

假定残余废气与新鲜充量的气体常数近似相等，应用气体状态方程式 $\rho = \frac{p}{RT}$ 代入上式(4-4)，则

$$\phi_c = \frac{K_a}{\varepsilon_c - 1}\frac{T_0}{p_0}\left(\xi \varepsilon_c \frac{p_{a'}}{T_{a'}} - \varphi \frac{p_{r'}}{T_{r'}}\right) \tag{6-5}$$

式中：p、T 的下标 0、a'、r' 分别代表大气和进、排气门关闭时缸内压力和温度的状态。

为了比较不同发动机残余废气量的多少，引入残余废气系数的概念。残余废气系数 γ 是当进气过程结束时气缸内残余废气量与进入气缸中新鲜空气的比值，即

$$\gamma = \frac{m_{r'}}{m_{a'}} = \frac{V_{r'}\rho_{r'}}{K_a[(V_c + V_s)\rho_{a'} - V_{r'}\rho_{r'}]} = \frac{\varphi V_c \rho_{r'}}{K_a[\xi(V_c + V_s)\rho_{a'} - \varphi V_c \rho_{r'}]} = \frac{\rho_{r'}}{K_a\left(\frac{\xi}{\varphi}\varepsilon_c \rho_{a'} - \rho_{r'}\right)}$$

将 γ 代入式(6-5)，得

$$\phi_c = K_a \frac{\xi \varepsilon_c}{\varepsilon_c - 1}\frac{T_0}{p_{0c}}\frac{p_{a'}}{T_{a'}}\frac{1}{1 + \gamma} \tag{6-6}$$

6.2.2 影响充量系数 ϕ_c 的因素

由式(6-5)可见，影响充量系数 ϕ_c 的因素有进气(或大气)的状态、进气终了的气缸压力和温度、残余废气系数、压缩比及进排气相位角等。

1. 进气门关闭时缸内压力 $p_{a'}$

由式(6-5)可见，$p_{a'}$ 对充量系数 ϕ_c 的影响较大，$p_{a'}$ 值越高，ϕ_c 值越大。

$$p_{a'} = p_s - \Delta p_a$$

式中：Δp_a 为气体流动时，由进气系统阻力而引起的压降。

这种流动阻力的一般公式可写成

$$\Delta p_a = \lambda \frac{\rho v^2}{2} \tag{6-7}$$

式中：λ 为管道阻力系数；ρ 为进气状态下气体的密度，kg/m³；v 为管道内气体流速，m/s。

Δp_a 主要取决于各段管道阻力系数 λ 和气体流速 v。若 λ 大和 v 高时，Δp_a 增加，则 $p_{a'}$ 下降。

进气门是整个进气系统截面最小，流速最大的地方，因此也是进气阻力的重要部分。发动机转速 n 升高，气体流速增加，Δp_a 显著加大(呈平方关系)，使 $p_{a'}$ 迅速下降。

汽车发动机的使用特点是转速和负荷都不断地在宽广的范围变化，例如当汽车沿阻力降低的道路行驶，当汽油机节气门开度保持一定时，车速会不断增加。由于曲轴转速增高，气流速度加大，$p_{a'}$ 迅速下降。

综上所述，当负荷变化时，在柴油机和汽油机进气门关闭时缸内压力 $p_{a'}$ 的变化不同。柴油机 $p_{a'}$ 基本不随负荷变化，而汽油机 $p_{a'}$ 随负荷变化显著。$p_{a'}$ 随使用工况(转速、负荷)的变化，也决定了充量系数 ϕ_c 的变化，从而直接关系到发动机的使用性能。

2. 进气门关闭时缸内气体温度 $T_{a'}$

当进气门关闭时，缸内气体温度 $T_{a'}$ 高于进气状态温度 T_s。引起 $T_{a'}$ 升高的原因是新鲜

工质进入发动机与高温零件接触而被加热,新鲜工质与高温残余废气混合而被加热。$T_{a'}$值越高,充入气缸工质密度越小,充量系数ϕ_c降低。因此,在条件允许的情况下应力求降低$T_{a'}$值。

当负荷不变而转速增加时,由于新鲜工质与缸壁等接触时间短,壁面等传至空气的热量减少,所以$T_{a'}$稍有下降。当转速不变而增加发动机负荷时,因为缸壁温度升高,所以当进气门关闭时缸内气体温度$T_{a'}$有所上升。

3. 残余废气系数 γ

气缸中残余废气增多会恶化燃烧,使充量系数ϕ_c下降,对发动机经济性和排放性能亦有影响。

进排气门的叠开角大、压缩比高,γ值下降,故一般柴油机γ值较低。

γ的一般范围如下。

四冲程非增压柴油机　　0.03～0.06
四冲程增压柴油机　　　0.00～0.03
四冲程汽油机　　　　　0.06～0.16

排气终了时废气压力p_r高,说明残余废气密度增加,γ上升,充量系数ϕ_c下降。与进气过程同理,p_r主要决定于排气系统特别是排气门处的阻力,而且转速越高,流阻越大,p_r越高。

汽油机在低负荷运转时,因节气门关小,新鲜充量减少,γ大大增加,稀释可燃混合气,使燃烧过程缓慢,易造成汽油机低负荷工作不稳定和经济性变差。当前电控汽油发动机普遍采用废气再循环技术。根据不同的运行状态,发动机电子控制单元控制再循环废气的量,使γ在一定范围内变化,从而控制尾气中氮氧化合物的含量。

4. 配气相位

配气相位是指进、排气门的启闭角与曲轴转角的对应关系。在这当中,进气迟闭角对进气终了压力影响最大。当发动机转速变化时,气流的惯性发生变化,但进气迟闭角不变。因此当转速高时气流的惯性没有被利用;而当转速低时,又会造成气体倒流,从而影响进气压力与发动机的正常工作。选择适当的配气相位,可获得较高的充量系数。

配气相位是否合理,主要从以下几个方面来衡量。

(1) 充量系数的变化是否符合动力性要求。通过迟闭角对充量系数的影响对其进行合理选择,以实现所需的扭矩特性。转速增大,充量系数所对应的迟闭角增大。

(2) 换气损失是否尽可能小。这主要取决于排气提前角。在保证排气损失最小的前提下,尽量晚开排气门,以提高膨胀比,提高热效率。

(3) 能否保证必要的燃烧扫气作用。这主要取决于气门重叠角。必要的燃烧室扫气和不高的排气温度,对于废气涡轮增压机十分有利。进气门早开和排气门迟闭,主要是为了增加气门开启的时间断面。

(4) 排放指标好。应把排气门开启时间调到它能在下止点处使缸内压力降至接近大气压力,过早打开排气门会使有害排放物增加。

5. 压缩比

压缩比ε_c增加,余隙容积减小,残余废气的相对量随之减少,因此充量系数ϕ_c有所增大。

6. 进气状态

进气温度 T_d 升高，进气压力 p_d 下降均会使进入气缸充量的密度减小，绝对进气量减少。但是，由式(6-5)可知，充量系数 ϕ_c 是在同一进气状态下的相对值。进气温度 T_d、进气压力 p_d 变化一般对充量系数 ϕ_c 影响不大。

6.2.3 提高发动机充量系数措施

1. 降低进气系统的阻力

发动机的进气系统(非增压发动机)是由空气滤清器、进气管、进气道和进气门所组成。减少各段通路对气流的阻力可以有效提高充量系数 ϕ_c。

1) 减少进气门处的流动损失

在整个进气系统中，进气门处的通过断面最小而且截面变化大，因此流动损失大部分集中于此。

进气马赫数 M 是进气门处气流平均速度 V_m 与该处声速 α 之比($M=V_m/\alpha$)，它是决定气流性质的重要参数。M 反映气体流动对充量系数的影响，是分析充量系数的一个特征数。

进气门处气流平均速度 V_m 定义为实际进入气缸的新鲜空气与进气门有效时间截面值 $F(t)$ 之比，即

$$V_m = \frac{\phi_c V_s}{F(t)} \tag{6-8}$$

$$F(t) = \mu_m F_m(t)(t_e - t_c) = \mu_m F_m(t)(\theta_e - \theta_c)\frac{1}{6n} \tag{6-9}$$

式中：μ_m 为进气门开启期间的平均流量系数；$F_m(t)$ 为进气门平均开启面积；t_c、t_e 为进气门开、关时间；θ_c、θ_e 为进气门开、关角度。

而由马赫数的定义可得

$$M = \frac{V_s \phi_c}{\alpha \mu_m F_m(t)(t_e - t_c)} = \frac{6V_s \phi_c n}{\alpha \mu_m F_m(t)(\theta_e - \theta_c)} \tag{6-10}$$

$$M \propto \frac{FC_m}{\alpha \mu_m F_m(t)(\theta_e - \theta_c)} \propto \left(\frac{D}{d}\right)^2 \frac{C_m}{\alpha \mu_m (\theta_e - \theta_c)} \tag{6-11}$$

式中：F 为活塞面积；C_m 为活塞平均速度；D、d 为活塞与进气门直径。

大量试验结果表明，当 M 超过一定数值时，大约在 0.5 左右，充量系数 ϕ_c 便急剧下降。M 是决定气流性质，影响充量系数 ϕ_c 的重要参数，应使 M 在最高转速时不超过一定数值。M 受气门大小、形状、升程规律、进气相位等因素影响。

由式(6-10)、式(6-11)可知，增大气门相对通过面积，提高气门处流量系数以及合理的配气相位是限制 M 值、提高充量系数 ϕ_c 的主要方法。

增大进气门直径可以扩大气流通路截面积，从而提高 ϕ_c。目前在两气门(一进、一排)结构中，进气门直径可达活塞直径的 45%~50%，气门和活塞面积之比为 0.2~0.25。通常通过牺牲排气门直径来加大进气门直径，一般进气门直径比排气门直径大 15%~20%。不过排气门直径也不能过分缩小，否则会导致不合理地增加排气损失和残余废气量。高速

发动机可采用较小的冲程缸径比 S/D，气缸直径相对增大，使得气门直径有可能增大，因而使进气能力相应增加，从而提高充量系数 ϕ_c。

增加气门的数目，采用三气门结构（二个进气门，一个排气门）、四气门结构（二个进气门，二个排气门），甚至五气门结构（三个进气门，二个排气门）都是增大进气门流通面积、降低排气损失的有效措施。此外，在汽油机上，四气门的燃烧室紧凑，可增加压缩比，二个气道能适当改变进气气流扰动状况，改善部分负荷的性能，提高了燃油经济性。另外，四气门结构能减少排气阻力，降低泵气损失。但它结构相对复杂，造价较高。

改进配气凸轮型线，适当增加气门升程，在惯性力容许条件下，使气门开闭得尽可能快，都可以提高气门处的通过能力。

改善气门处的流体动力性能，可以降低流动阻力。例如，气门头部到杆身的过渡形状为平面形顶时，过渡半径小，流动阻力较大；改为凹面形顶，过渡半径增较大，则有利于改善进气流动。又例如，当气门升起后，气门头不应过分靠近缸壁或燃烧室侧壁，否则过于接近壁面的部分通道不能得到有效利用。

2）减少进气道、进气管和空气滤清器的阻力

气缸盖内的进气道形状比较复杂，因受到气门导管凸台的影响，所以截面形状急剧改变，进气阻力增大。为减少进气道阻力，气道通路断面应有足够的面积，各断面要避免突变。在进气道内部，过渡圆角半径应大一些，且要避免急剧转弯。

进气管必须保证足够的流通截面积，管道表面光洁，避免急转弯及流通截面突变，以减少阻力。为保证各气缸进气均匀，各气缸进气管独立，长度尽可能一致。进气管的整体走势和内壁断面形状要满足使新鲜充量在气缸中形成涡流的要求。

空气滤清器阻力随结构的不同而变化。油浴式滤清器的原始阻力对小功率发动机小于 980Pa；对中等以上功率则大于 980Pa；随着使用时间增加，阻力可增至 2990Pa。采用微孔纸质滤芯的原始阻力不大于 390Pa，但积尘以后阻力可增到 3900~5900Pa。必须在保证滤清效果的前提下，尽可能减小空气滤清器的阻力。例如加大通过断面、改进滤清性能、创制低阻高效滤清器等。在使用中要经常清洗滤清器，特别要避免纸芯的油污堵塞，并及时更换滤芯。

2. 减少对进气充量的加热

新鲜充量在吸入过程中，受到进气管、进气道、气门、气缸壁和活塞等一系列受热零件的加热，从而引起温升。温升的大小与许多因素有关，如发动机转速与负荷、冷却水温度和进气本身的温度等。从结构方面来看，进、排气管两侧分开布置，可以避免或减少高温排气管对进气的加热，且有利提高充量系数。柴油机和现代高速汽油机，为获得较高充量系数而采用进、排气管分两侧布置的方案。为了避免进气受热，有的发动机的进气歧管采用工程塑料制成。

3. 降低排气系统流通阻力

降低排气系统流通阻力，使气缸内废气压力 p_r 下降，这不仅可以减少残余废气系数 γ，有利于提高充量系数，而且可以减少泵气功。

在排气系统中，流通截面最小处是排气门座处，这里的气流速度最高，压力降最大。如果将排气道的一部分做成扩压形，则能使通过气门座缝隙的气体动能一部分转化为压力能，使压力获得明显回升，从而降低了气缸内与排气管内的压力差，降低了气缸内废气压

力，达到提高充量系数 ϕ_c 和降低泵气功的目的。同时，选择良好的排气歧管的流型，避免排气道内截面突变、急转弯和凸台，有助于降低整个流通阻力。此外，在满足必要的消声效果要求下应尽可能降低消声器的流通阻力。

4. 合理选择进、排气相位角

合理选择进、排气相位角，可以获得较好的充气效果。特别是在高转速时，适当推迟进气门关闭时间，可以利用高速气流的惯性来增加每循环气缸充气量，即转速一定，气流动能一定，则存在相应的最佳进气门迟闭角度。

传统发动机的配气定时是不能改变的，此时，充量系数 ϕ_c 在某一转速下达到最高值，说明在这个转速下工作，能最好地利用气流惯性充气。当转速高于此转速时，气流惯性增加，而进气门迟闭角不变，就使一部分本来可以利用气流惯性进入气缸的气体被关在气缸之外，加之转速上升，流动阻力增加，所以使充量系数 ϕ_c 下降。当转速低于此转速时，气流惯性减小，又可能使一部分气体被推回进气管，充量系数 ϕ_c 也下降。

利用气门可变正时技术则可在全部转速范围内提高充量系数。在进气冲程中，进气管内由于活塞下行产生的向下压力波到达进气门，即在反射的瞬间，关闭进气门，可以较好地利用这种惯性增压。实验表明，当发动机转速增高时，这种压力波的波峰随曲轴转角的变化向曲轴转角增大的方向推移。优化气门正时可以提高充量系数，当发动机转速增高时，推迟进气门关闭可以充分利用进气充气的惯性增压效应，提高扭矩；当低转速时，进气充气惯性增压效应减弱，为保证最大有效压缩比，不再推迟进气门关闭。这样可以使发动机在高、低转速时均获得较高的充量系数 ϕ_c。

5. 谐振进气与可变进气歧管

谐振进气与可变进气歧管，都是利用进气管的动态效应来提高充量系数。由间断进气而引起的进气压力波动对发动机进气量影响很大，进气管长度、直径等进气系统参数会改变进气压力波。适当调整这些参数，可以有效地利用进气歧管的压力波，以增加充量系数，改善扭矩特性，这已在车用发动机上得到利用。

进气歧管压力波动对充量系数的影响主要决定于下止点到进气门关闭这一期间进气歧管靠近气缸一端压力变化情况。在进气门打开初期，由于活塞向下运动以及气流惯性，在气缸内产生很大的负压（即真空度），而在进气歧管内也产生很大负压，则新鲜充量从进气歧管的外端流入。同时从气缸中传出膨胀波，通过气门，气道沿进气歧管向开口端传播。当膨胀波到达开口端后，又从开口端向气缸方向反射回压缩波。此压缩波反射到气缸后，使气缸内的压力上升。如果进气歧管的长度适当，使从膨胀波发出到压缩波回到气缸处所经过的时间，正好与进气门从开启到关闭所需的时间配合，即当压缩波到达气缸时，进气门正好处于关闭前夕，则能把较高压力的空气关在气缸内，从而得到增压效应，这种效应是本循环的波动效应。反之若进气管的长度不适当，当进气门关闭时，压力不是处于波峰位置而是在波谷，即到达气门外的不是压缩波而是膨胀波，那么就会降低气缸压力，得到相反结果。

当进气门关闭后，进气歧管里的气柱还在继续波动，则对下一个进气循环的进气量有影响，这一效应称为前面循环波动效应。当进气门关闭时，进气歧管内流动的空气因急速停止而受到压缩，在进气门处产生压缩波，向进气歧管的开口端（即入口端）传播。当压缩波传到管端时，将要产生反射波，由于这种边界条件（开口、管外压力不变）的作用，所以反射波的性质与入射波的性质相反，即为膨胀波。该波向进气门处传播，当到达进气门处时，若气门尚未打开，则其边界条件为封闭型(速度为0)，那么在气门处的反射波的性质与入射波的性质相同，即为膨胀波，此膨胀波向进气歧管的管端传播，当在开口端再次反射时，反射波为压缩波，又向进气门处传播。这样周而复始，气波在进气管中来回传播，而进气门处的压力也时高时低，从而形成压力波动。如果使正压力波与下一循环的进气过程重合，就能使进气终了时的压力升高，因而提高充量系数。如与负压力波重合，当气门关闭时压力便会下降，从而充量系数 ϕ_c 降低。

压力波动的固有频率 f_0 为

$$f_0 = \frac{a}{4L} \tag{6-12}$$

式中：a 为进气管内声速，m/s；L 为进气管长度，m。

当发动机转速为 n(r/min)时，进气频率 f_n 为

$$f_n = \frac{n}{60 \times 2} = \frac{n}{120} \tag{6-13}$$

用 q 来表示波动次数，则有

$$q = \frac{f_0}{f_n} = \frac{30a}{nL} \tag{6-14}$$

它说明进气歧管内压力波动的固有频率和发动机进气频率之间的配合关系。

当 $q = 1\frac{1}{2}, 2\frac{1}{2}, \cdots$ 时，下一次气门开启期间正好与正压力波相重合，从而使充量系数 ϕ_c 增大。当 $q = 1, 2, \cdots$ 时，进气频率与压力波动频率合拍，则下一次气门开启期间与负压力波重合，从而使充量系数减小。本次循环的压力波动衰减小、振幅大，而前面循环压力波动是经过多次反射后的波，衰减大、振幅小(图 6.6)。

汽车发动机工作转速范围宽。转速不同理想的进气歧管长度也不同，一般高转速用较短进气歧管，而低转速所需进气歧管较长。传统的进气歧管常常是只能在满足某一常用转速区域的运转时，进气动态效果较佳。

谐振进气系统利用一定长度和直径的进气歧管与一定容积的谐振室，在特定的转速下产生大幅值压波，从而增加进气。在此基础上，随转速变化控制谐振室接入进气道，可以在特定的高、低两个转速阶段，利用进气歧管的动态效应来提高充量系数。

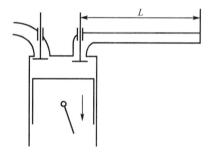

(a) 进气系统简图

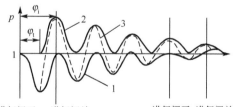

(b) 进气门处压力波动

图 6.6　进气管内压力波动

1—吸气波；2—反射波；3—合成波
φ_i—进气持续角；ϕ_i—曲轴转角；
L—进气歧管长度

随着电子控制技术的发展,出现了可变进气歧管。其中可变长度进气歧管如图 6.7 所示。当发动机低速运转时,发动机电子控制单元 5 发出指令,转换阀控制装置 4 关闭转换阀 3,这时空气经空气滤清器 1 和节气门 2 沿着细长的进气歧管流进气缸。弯曲细长的进气歧管提高了进气速度,气流的动能增大,使进气量增多。当发动机转速增高时,转换阀开启,空气通过空气滤清器和节气门直接进入粗短的进气歧管。粗短的进气歧管进气阻力小,也使进气量增多。

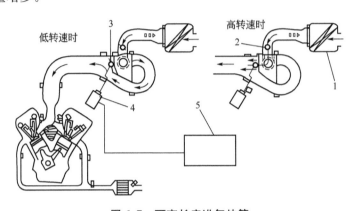

图 6.7 可变长度进气歧管
1—空气滤清器;2—节气门;3—转换阀;
4—转换阀控制装置;5—发动机电子控制单元

双通道可变进气歧管如图 6.8 所示。其每个歧管有一长一短两个进气通道。根据发动机转速的高低,通过旋转阀控制空气流经哪一个通道。当发动机在中、低速运转时,旋转阀将短进气通道封闭,空气沿长进气通道经进气道进入气缸。当发动机高速工作时,旋转阀使长进气通道短路,从而将长进气通道也变为短进气通道。空气同时经两个短进气通道进入气缸。

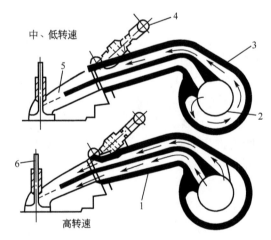

图 6.8 双通道可变进气歧管
1—短进气通道;2—旋转阀;3—长进气道;4—喷油器;
5—进气道;6—进气门

6.3 二冲程发动机的换气过程

与四冲程发动机不同,二冲程发动机完成一个工作循环只需要两个活塞冲程,活塞每一个向下的冲程都是一个做功冲程,同时兼有排气和进气的功能。这样,二冲程发动机就与四冲程发动机有了很大的不同,尤其是换气过程。

6.3.1 换气过程

图 6.9 是二冲程发动机换气过程示意图。二冲程发动机的换气过程是在膨胀冲程的后期,在排气口打开后,缸内已燃气体首先开始排出。当活塞向下运行到某一位置后,扫气口开启,具有足够高压力的新鲜充量由扫气口流入气缸,并强迫废气排出,进行充量更换。活塞向下运动,通过下止点后上行,依次将扫气口和排气口关闭,换气过程结束。在二冲程发动机中,废气的排出和新鲜充量的进入是重叠在一起进行的,这一复合换气过程称做二冲程发动机的扫气。由于当扫气口打开时缸内压力较高,所以要顺利完成扫气过程,必须对新鲜充量进行增压。根据进排气口的开启和关闭时刻,通常把二冲程发动机的换气过程分为自由排气、扫气和过后排气或过后充气 3 个阶段。

(1) 自由排气阶段。二冲程发动机的排气口一般在下止点前 60°~75°曲轴转角开启,且早于扫气口打开。从排气口开启到扫气口开启,缸内压力高于排气背压,燃气可以自由的流出缸外,这一时期称为自由排气阶段。在排气口刚开启的一段时间或曲轴转角内,气缸内压力 p 较高,约为 300~600kPa,排气后的压力 p_r 较低,排气口前后的压力比 p_r/p 小于临界值,属超临界排气。在超临界排

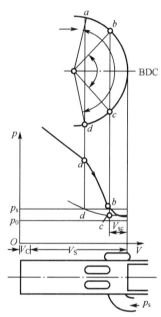

图 6.9 二冲程发动机换气过程示意图
V_s—活塞排量;V_c—余隙容积;
V_{sc}—扫气行程;p_s—扫气压力;
BDC—下止点

气阶段中,排气流量与排气管内的气体状态无关,只取决于缸内气体的状态和排气口流通截面的大小。在自由排气阶段,缸内燃气可以流出大约 70%~80%,所以它是二冲程发动机换气过程的一个重要阶段。

(2) 扫气阶段。从扫气口打开,直到活塞运动到下止点后上行将扫气口关闭为止,这一时期称为扫气阶段。在扫气阶段中,扫气和排气同时进行。当缸压力下降到接近于扫气压力 p_s 时,扫气口开启,由于压差很小,扫气口开启面积也很小,再加上燃气的黏性和惯性,因而不会造成倒流。随着活塞的向下运动和排气的进行,缸内压力迅速下降,并形成较大的扫气压差,此时扫气口也已开大,流通面积增加,新鲜充量大量进入气缸,从而清扫缸内废气。

(3) 过后排气或过后充气阶段。一般二冲程发动机排气口的关闭时刻迟于扫气口,这

时在活塞上行的推挤和排气气流的惯性作用下，一部分废气(可能混有少量的新鲜充量)继续由排气口排出，直到排气口关闭为止。从扫气口关闭到排气口关闭这一时期称为过后排气阶段。

有些二冲程发动机，扫气口关闭时刻晚于排气口，以获得额外的新鲜充量。这样，从排气口关闭到扫气口关闭这一时期称为过后充气阶段。由于活塞上行速度较快，缸内气体受到压缩而压力提高，因此这有利于过后排气而不利于过后充气。要达到过后充气的目的，就必须提高扫气泵的扫气压力，因此过后充气阶段持续时间较短。

6.3.2 二冲程发动机换气过程的特点

二冲程发动机的换气过程与四冲程发动机相比，有如下一些特点。

(1) 换气时间短。二冲程发动机的换气过程持续时间为 $120°\sim150°$ 曲轴转角，而四冲程发动机的换气时间为 $410°\sim490°$ 曲轴转角，前者明显短于后者。由于换气时间短，所以换气质量必然较差。从气门重叠角占整个发动机换气时间的比例来看，自然吸气发动机为 $3\%\sim8\%$，增压发动机为 $20\%\sim30\%$，而二冲程发动机达到了 $70\%\sim80\%$。这就意味着在扫气期间，将有较多的新鲜充量经过排气口直接流入到排气管中，从而增加了新鲜充量的消耗量。

(2) 进排气过程同时进行。二冲程发动机的进、排气过程是同时进行的，因而换气质量比四冲程发动机的差。四冲程发动机的换气过程在两个不同的活塞冲程中进行，从而新鲜充量与废气掺混的机会较少，换气终了时的残余废气系数较小；而当二冲程发动机换气时，进、排气过程同时进行，从而新鲜充量与废气易于掺混，则气缸内残余废气系数较大。

(3) 扫气消耗功大。尽管二冲程发动机换气过程没有泵气损失，但扫气泵耗功多，再加上扫气损失，其指示热效率明显低于四冲程发动机，因此燃油消耗率较高。

(4) HC 排放高。对于化油器式二冲程汽油机而言，由于在扫气期间有较多新鲜充量直接流入排气管，因此导致其未燃 HC 排放较高。

6.3.3 二冲程发动机的扫气方案

根据新鲜充量在气缸内流动的性质，二冲程发动机的扫气方案可以分为横流扫气、回流扫气和直流扫气3种，如图 6.10 所示。

(1) 横流扫气。横流扫气是二冲程发动机最早采用的扫气方案，如图 6.10(a)所示。其特点是扫气口与排气口位于气缸两侧，为了使扫气进行完善，扫气口在纵横方向均有倾斜角，以控制气流进入气缸的方向。由于扫气和排气正时对称，扫气口比排气口早关，产生过后排气，因此会使本来已进入气缸的一小部分新鲜充量外逸。这种扫气方案易在气缸顶部区域残留废气，而且扫气口与排气口之间易产生新鲜充量的短路现象，扫气效果差。另外，由于进气口与排气口的两侧缸壁热负荷不同，因此容易造成活塞与气缸受热不均匀。但它的优点是结构简单，制造方便，且还可以降低发动机的高度尺寸。

(2) 回流扫气。图 6.10(b)所示为一种回流扫气方案，其特点是扫气口不是正对着排气口，而是处于排气口的两侧。扫气口也在纵横方向有倾斜角，使扫气气流的主流在气缸内沿活塞顶和气缸壁流动时转弯而形成回流，从而将废气由排气口挤出。这样，可以克服部分横流扫气时新鲜充量短路的缺点，且扫气效果要比横流扫气好得多。同时，这种扫气

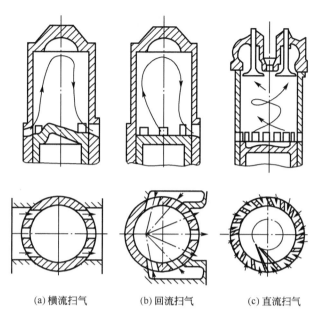

(a) 横流扫气　　　　(b) 回流扫气　　　　(c) 直流扫气

图 6.10　二冲程发动机的扫气方案

方案结构简单,制造方便,在小型高速汽油机上获得广泛应用。

某些小型单缸风冷二冲程汽油机,广泛采用曲轴箱三孔式扫气方案,如图 6.11 所示。从扫气形式上说,它也是横流或回流扫气,只是用曲轴箱来代替扫气泵而已。当活塞上行时,曲轴箱容积增大,且产生一定的真空度,当混合气通过簧片止回阀(图 6.11(a))或在活塞裙底边开启进气口后(图 6.11(b)),进入曲轴箱。当活塞下行时,曲轴箱中的混合气受到压缩,当扫气口打开后进入气缸进行扫气,完成扫气过程。该换气方案不需要附加的扫气泵,结构简单。

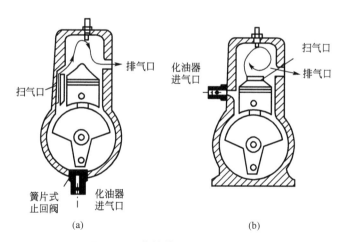

图 6.11　曲轴箱三孔式扫气方案

(3) 直流扫气。直流扫气方案的主要特点是扫气气流沿气缸轴线运动,扫气品质最好。图 6.10(c)所示的是直流扫气方案中的一种,即气门—气孔扫气方案。在该方案中,排气门由凸轮机构驱动,因此可以实现不对称换气,而其排气门较早关闭,则可以实现过后充气。为了使新鲜充量不与废气掺混,扫气口沿切线方向排列,以使进入气缸的充量旋转,形成一个"空气活塞",从而可以较好地避免新鲜充量与废气的互相混合,并将废气经燃烧室顶部的排气门推出气缸。活塞由于受到扫气空气的冷却作用,因此工作条件较好。同时,由于扫气口沿整个气缸圆周分布,气孔的高度可以缩短,以减少冲程损失。但由于保留了类似四冲程发动机的气门机构,因此结构较为复杂。

6.3.4 换气效果的评价

最理想的换气过程,应是废气和新气毫不相混,且扫气气流将废气全部挤出。事实上,废气与新气相混是不可避免的,也总有一部分废气留在气缸内,而一部分新气由排气口逸出。对柴油机来说,多耗一点功,多供一些空气,就可使废气清除得更为彻底;而汽油机是用油气混合气扫气,就要多消耗燃油。因此,二冲程发动机多用在柴油机上,而汽油机则只用于小功率机。

常用扫气效率和过量扫气系数来衡量二冲程发动机的换气效果。

(1) 扫气效率 η_s。

$$\eta_s = \frac{扫气后留在缸内的新气质量}{换气后缸内气体的总质量} = \frac{m_0}{m_0 + m_{rs}}$$

式中:m_r 为扫气后缸内残留废气的质量;m_0 为扫气后留在缸内的新气质量。

扫气效率高,说明留在缸内的废气少,则换气效果好。

(2) 过量扫气系数 β。

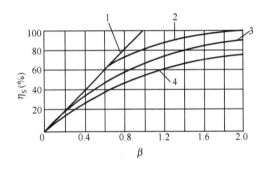

图 6.12 各种扫气形式的扫气效率
1—完全扫气;2—直流式扫气;
3—回流式扫气;4—横流式扫气

$$\beta = \frac{扫气中所用的新气总质量}{在大气状态下充满气缸工作容积的新气质量} = \frac{m_s}{m_{s0}}$$

过量扫气系数 β 表示向气缸供给的新气的多少。β 小,说明消耗的新气少,且压气机消耗的功少。好的换气系统应是在较小的过量扫气系数下保证较高的扫气效率。图 6.12 为各种扫气形式的扫气效率。改善换气效果的最好办法是进行换气实验,从中找出最佳方案。

目前汽车、拖拉机用二冲程发动机换气过程的主要参数的大数范围如下。

扫气压力 p_s　　125~196kPa
扫气效率 η_s
　　直流扫气　　0.8~0.95
　　回流扫气　　0.8~0.9
　　曲轴箱换气　0.72~0.8
过量扫气系数 β　　1.2~1.5(曲轴箱换气为 0.65~0.9)

6.3.5 影响扫气效率的因素

(1) 扫气方式。比较三种扫气方案,直流扫气的扫气效率最高,回流次之,横流最低。

(2) 扫气压力。当过量扫气系数一定时，扫气压力越高，扫气流的扰动越强，越容易短路，扫气效率降低，尤其是在横流扫气时，下降急剧。

(3) 冲程缸径比 S/d。当冲程缸径比加大时，直流扫气的扫气效率略有提高，而回流扫气和横流扫气则扫气效率减小，特别是横流扫气下降显著。因此，对气口扫气式二冲程发动机不适宜采用长冲程。

(4) 转速。由于扫气泵在高转速时扫气压力较高而使扫气效率下降。缸径与转速的乘积 dn 越大，扫气越困难。因此，直流扫气的 $dn \leqslant 28000(\text{mm} \cdot \text{min})$；回流扫气的 $dn \leqslant 140000(\text{mm} \cdot \text{min})$。

(5) 扫气排气系统。其主要指排气管的长度和直径的影响。当排气管的长度适当减小时，管内的压力波会使扫气时排气的背压降低，从而改善换气质量。因此排气管做得粗而短。

由于二冲程发动机的性能受换气质量的影响较大，因而在变工况运行时，换气过程的状况易偏离设计工况，使换气质量变差。一般而言，四冲程发动机的最低燃油消耗在 50%～60% 标定工况，且燃油消耗率曲线比较平坦；而二冲程发动机的最低燃油消耗在 80%～90% 标定工况，且燃油消耗率曲线变化陡峭，所以二冲程发动机变工况运行的经济性能较差。二冲程发动机单位时间的做功次数比四冲程发动机增加了一倍，但其功率只增加了 50%～70%，燃油消耗率反而高出 20%～30%，而且热负荷水平高。

目前，在大功率柴油机上，主要应用二冲程发动机；在摩托车、赛艇及小型农用汽油机上，也广泛应用二冲程发动机；其他方面仍以四冲程发动机为主。

思考题与习题

1. 解释下列概念。
超临界排气　气门叠开　燃烧室扫气　配气相位　换气损失　泵气损失　充量系数　残余废气系数　时面值和角面值　谐振进气

2. 为什么发动机进气门要滞后关闭、排气门要提前开启？

3. 充量系数的解析式为 $\phi_c = K_a \dfrac{\xi \varepsilon_c}{\varepsilon_c - 1} \dfrac{T_0}{p_{0c}} \dfrac{p_a'}{T_a'} \dfrac{1}{1+\gamma}$，据此分析影响充量系数的主要因素有哪些。

4. 提高发动机转速，从换气方面会遇到哪些阻碍因素？如何克服？

5. 实际选择一种可变气门定时系统，观察其结构并说明其工作原理。

6. 分析发动机进气管的惯性效应和波动效应，说明可变进气管长度的工作原理。

7. 二冲程发动机的换气方案有哪些？各有何特点？

8. 如何评价二冲程发动机的换气效果？

第7章 发动机废气涡轮增压

发动机废气涡轮增压技术的成熟，使车用发动机的动力性、经济性与排放性能有了很大的改善。本章在介绍发动机增压的概念、种类和衡量指标的基础上，重点介绍了废气涡轮增压器的结构和工作原理、废气涡轮增压的类型和废气能量的利用、废气涡轮增压对发动机性能的影响，并对汽油机增压的内容做了简单的介绍。

本章要求学生了解发动机增压的概念、衡量指标和发动机增压的种类；了解废气涡轮增压器的结构，熟悉并掌握其工作原理；了解废气涡轮增压的类型，掌握废气能量的利用；熟悉并掌握废气涡轮增压对发动机性能的影响；了解汽油机增压的基本内容。

7.1 发动机增压的基本方法与原理

7.1.1 增压的概念

由式(5-18)可知，发动机的有效功率为

$$P_e = \frac{p_{me} V_s i n}{30\tau} \times 10^{-3}$$

$$V_s = \frac{\pi d^2}{4} S$$

$$C_m = \frac{Sn}{30}$$

由此可知，发动机的有效功率与其结构参数 D、S、i、τ 和活塞平均速度 C_m 及发动机的平均有效压力 p_{me} 有关，即

$$P_e \propto (iD^2 S n p_{me}/\tau) \propto (iD^2 C_m p_{me}/\tau) \tag{7-1}$$

而

$$p_{me} \propto \frac{\eta_{it}}{\phi_a} \eta_m \phi_c \rho_s \tag{7-2}$$

由式(7-1)、式(7-2)可知，提高发动机的单机功率有以下 3 条途径。

(1) 改变发动机的结构参数，如增加气缸数 i、增大气缸直径 D、活塞冲程 S 和减少冲程数 τ 等。

(2) 提高发动机转速 n 或活塞平均速度 C_m。

(3) 提高发动机的平均有效压力 p_{me}。

显然，用加大车用发动机结构参数来提高发动机功率，将受到安装位置和自重的限制。例如，虽然通过提高发动机转速，向高速发动机发展虽然是可行的，但发动机转速的提高受到活塞平均速度的限制，因为充量系数 ϕ_c 和机械效率 η_m 都将随着活塞平均速度的提高而显著下降。此外，燃料经济性、发动机运转可靠性、零件寿命及噪声等因素也限制了活塞平均速度的提高。只有提高发动机的平均有效压力才是最经济有效的方法，而它可通过减小过量空气系数 ϕ_a、提高充量系数 ϕ_c 和增加进入气缸的充量密度 ρ_s 来实现。

所谓增压，就是利用增压器将空气或可燃混合气进行压缩，再送入发动机气缸的过程。在增压后，每循环进入气缸内的新鲜充量密度增大，以使实际充量增加，从而达到提高发动机功率和改善经济性的目的。

发动机的增压技术历史悠久，尤其是近年来随着增压技术的不断发展，载货汽车柴油机的数量不断增加，且部分轿车用柴油机也采用了增压技术，而汽油机增压的许多问题也已经得到成功的解决。

7.1.2 增压发动机的特点

增压发动机的优点如下。

(1) 增压后增大了进气密度，提高了升功率，降低单位功率成本，提高材料的利用率，且当功率相同时，发动机的空间尺寸减小，质量减轻。

(2) 对于发动机随海拔高度升高而导致的功率下降(海拔每上升 1km 功率约下降 10%)，可通过增压来弥补。

(3) 排气能量得到回收利用，热效率显著提高。由于平均有效压力提高，机械损失相对值小，且在相同结构的前提下，增压发动机在达到额定输出功率时，摩擦损失相对更小，因而效率提高，经济性改善。

(4) 在柴油机增压后，缸内压力和温度都提高，滞燃期缩短，降低压力升高率和燃烧噪声，且与增压器消声作用一起，使噪声显著降低。

(5) 增压可以使排放降低。涡轮内的后燃使 HC、CO 值降低，降低压力升高率使 NO_x 降低。对于增压柴油机，由于空气更加过量，所以使 HC、CO 和烟度有所下降。

增压发动机的缺点和需要解决的问题如下。

(1) 增压后的气缸压力和温度明显提高，机械负荷和热负荷加大，影响发动机的工作可靠性和耐久性，所以需限制缸内最大爆发压力。

(2) 废气涡轮增压发动机在低速时，由于排气能量不足，因此造成增压效果差。需通过增压器的合理设计与匹配，将发动机扭矩特性改进为低速高扭矩，以适应车用机的要求。

(3) 废气涡轮增压从排气能量的变化到进气压力的建立需要一定的时间，所以加速响应特性不如自然吸气式。

7.1.3 增压的衡量指标

1. 增压度 φ_k

为了说明发动机在采用增压后使功率得到提高的程度，提出增压度的概念。所谓增压度 φ_k，是指发动机在增压后增长的功率与增压前的功率之比。

$$\varphi_k = \frac{P_{e-k} - P_{e-0}}{P_{e-0}} = \frac{P_{e-k}}{P_{e-0}} - 1 \tag{7-3}$$

式中：P_{e-0} 为增压前的功率；P_{e-k} 为增压后的功率。

增压度取决于所采用的增压系统，采用中冷可使增压度提高。汽油机的增压度受到爆燃燃烧的限制，而柴油机的增压度受到燃烧最高爆发压力的限制，通常以降低压缩比来补偿。

当增压度小于 1.9 时，为低增压；当其为 1.9～2.5 时，为中增压；当其为 2.5～3.5 时，为高增压；当其大于 3.5 时，为超高增压。

目前，车用发动机的增压度不高，为 0.1～0.6，且大部分为 0.2～0.3，而船用大型低速四冲程柴油机的增压度可达到 3.0 以上。这是因为车用发动机增压不仅要求功率增加，而且还要在较大的转速和负荷范围内满足动力性、经济性、排放与成本等多方面的要求，因此增压度一般不宜过高。

2. 增压比 π_k

增压比 π_k 是指增压后气体压力 p_k 与增压前气体压力 p_0 之比，简称压比，即

$$\pi_k = \frac{p_k}{p_0} \tag{7-4}$$

此外，也可用增压比来确定发动机的增压程度。当 π_k 为 1.3～1.6 时，为低增压，相应的发动机平均有效压力 p_{me} 为 700～1000kPa；当 π_k 为 1.6～2.5 时，为中增压，相应的 p_{me} 为 1000～1500kPa；当 π_k 大于 2.5 时，为高增压，相应的 p_{me} 在 1500kPa 以上；当 π_k 为 4.5～5.5 时，为超高增压，相应的 p_{me} 为 2500～3500kPa。

7.1.4 增压的结构形式及分类

按增压系统的结构形式和工作原理的不同，发动机增压可分为机械式增压、废气涡轮增压、气波增压、复合式增压、组合式涡轮增压。

1. 机械式增压

机械式增压系统如图 7.1 所示。在机械式增压系统中，增压器的压气机由发动机曲轴通过齿轮变速箱或其他类型传动装置来驱动，以将气体压缩并送入发动机气缸中。机械式增压又分为挤压式和流动式。流动式工作效率高，但其性能不适合于车用机。挤压式又分

为柱塞式、螺旋式、叶片式、转子式,其工作原理都是通过工作容积的减少对新气进行压缩而实现增压。

机械式增压可有效地提高内燃机的功率,并能用于二冲程发动机的扫气和复合增压系统中。其主要优点是结构简单、价格比较便宜。但当增压比较高时,消耗的驱动功率很大,可超过指示功率的10%,从而使整机的机械效率下降,比油耗增加。因此其主要用于小型机,而且通常其压气机出口压力不超过160~170kPa。由于涡轮增压在低转速、小负荷时供气不足,因而机械式增压在轿车发动机上重新采用,例如轿车有95%的采用罗茨增压机(转子式增压机的一种)。

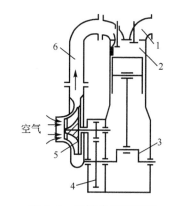

图7.1 机械式增压系统
1—排气管;2—气缸;3—曲轴;
4—齿轮副;5—压气机;6—进气管

2. 废气涡轮增压

废气涡轮增压系统如图7.2所示。发动机排出的具有一定能量的废气进入涡轮并膨胀做功,且废气涡轮的全部功率用于驱动与涡轮机同轴旋转的压气机工作叶轮,在压气机中将新鲜空气压缩后再送入气缸。废气涡轮与压气机通常装成一体,称为废气涡轮增压器,其结构简单、工作可靠。

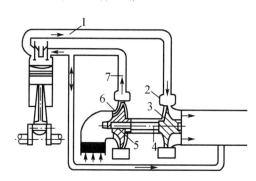

图7.2 废气涡轮增压系统
1—排气管;2—涡轮壳体;3—涡轮;
4—转子轴;5—压气机;
6—集气器;7—进气管

与其他增压方式相比,废气涡轮增压的主要优点有以下几个。

(1)在发动机不做重大改变、质量和体积增加很少的情况下,一般可提高功率20%~50%,而且容易实现高增压。

(2)由于压气机消耗的功是涡轮从废气中回收的一部分能量,再加上相对地减少了机械损失和散热损失,提高了机械效率和热效率,因而使内燃机涡轮增压后的油耗率可降低5%~10%,且经济性有明显提高。

(3)可降低排气噪声和烟度。废气在涡轮中可以实现充分膨胀,排气噪声降低;废气中的有害成分也可减少,因而减少了对环境的污染。

正是由于涡轮增压的这些突出优点,因而使其在各种用途的内燃机中得到了广泛的应用。

但是废气涡轮增压也有一些缺点。例如涡轮增压内燃机气体流路长、加速性能较差、热负荷问题较严重(特别是高增压时)、对大气温度和排气背压较敏感。

3. 气波增压

气波增压系统如图7.3所示。所谓气波增压,是指由曲轴驱动一个特殊转子,在转子中废气直接与空气接触,利用高压废气的脉冲气波迫使空气在互相不混合的情况下受到压缩,从而提高进气压力。

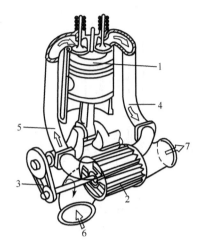

图7.3 气波增压系统
1—发动机；2—转子；3—带轮驱动；
4—高压排气；5—高压空气；
6—低压空气；7—低压排气

气波增压是利用排气的压缩波和膨胀波来传递能量的。它由一个转子和两个定子组成。从发动机排出的高压燃气经定子，在转子中对空气进行压缩。当空气的压力、温度升高后，从另一定子进入发动机气缸。同时，空气对高压燃气产生一个膨胀波，使燃气压力下降，而低压燃气从原来的定子排入大气。转子由曲轴通过带轮等传动装置驱动，而压缩能量由排气直接供应，且克服摩擦和通风损耗所需的功率不大，约消耗整机功率的1.0%～1.5%。与废气涡轮增压相比，气波增压具有如下优点。

(1) 在整个运行工况下，气波增压的压力较高，尤其是在低转速下更为明显，且在低速时也能获得大扭矩。

(2) 在整个运行工况下，气波增压的空气密度较高。

(3) 当低速时，气波增压有较大的平均有效压力和功率，且有较好的经济性。

(4) 在运行转速范围内，气波增压的排气温度较废气涡轮增压低。

(5) 气波增压加速性好。因其转子轻巧，所以对负荷改变的响应几乎无延滞，适合车用。

(6) 通常不需要阀门控制。

也就是说，气波增压与废气涡轮增压比，有更佳的低速运行特性、经济性及加速性，且结构简单、制造方便。但气波增压的结构尺寸较大，在发动机上的安装位置受到限制，并且噪声大。当用于汽油机时，由于其转速范围宽、流量大、温度更高，因此还存在许多困难。

4. 组合式涡轮增压

组合式涡轮增压如图7.4所示，它是由废气涡轮增压与进气惯性增压组合而成。在该系统中，除废气涡轮增压器外，还有由稳压箱、共振管、共振室等构成的进气惯性增压系统，从而利用压力峰值来进一步提高增压后的压力，以使发动机在最大扭矩转速时达到最佳充气性能，同时提高低速扭矩、加快增压器的响应速度。组合式涡轮增压结构简单、运行可靠，并已在车用发动机中得到较多应用。

5. 复合式增压

将废气动力涡轮与废气涡轮增压器串联起来，称为复合式增压系统，并已在第5章有所介绍，如图5.17所示。

复合式增压用在某些增压度较高的发动机上，废气能量除驱动增压器外，尚有多余的能量用于驱动低压动力涡轮。该涡轮通过齿轮变速箱及液力耦合器与发动机输出轴联结，从而使增压器达到增压的目的，而涡轮将废气能量直接输送给曲轴。此系

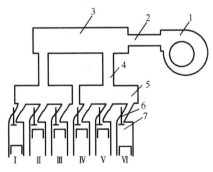

图7.4 组合式涡轮增压系统
1—涡轮增压器；2—连接管；
3—稳压箱；4—共振管；5—共振室；
6—进气管；7—气缸

统可充分利用废气能量,动力性、经济性大为改善,但结构复杂,成本高且技术难度大。

7.2 废气涡轮增压器的基本结构和工作原理

废气涡轮增压器是利用内燃机排出的部分废气能量,推动涡轮机高速旋转,从而带动安装在同一根轴上的离心式压气机,以增大内燃机进气压力的工作机械。按废气在涡轮机中的不同流动方向,其可分为径流式废气涡轮增压器与轴流式废气涡轮增压器两类。一般车用发动机多采用径流式,以适应高转速及较高响应性能的要求。

径流式废气涡轮增压器由离心式压气机(包括压气机叶轮、压气机蜗壳等)、径流式废气涡轮(包括涡轮叶轮、涡轮蜗壳等)和中间体3个主要部分以及支承装置、密封装置、冷却系统和润滑系统等组成。图7.5是一个径流式废气涡轮增压器的结构示意图。

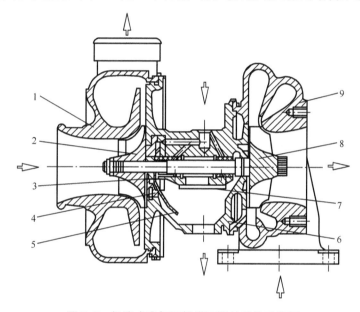

图 7.5 径流式废气涡轮增压器的结构示意图
1—压气机蜗壳;2—压气机叶轮;3—密封套;4—推力轴承;5—挡油板;
6—隔热板;7—卡环;8—涡轮机叶轮;9—涡轮机蜗壳

7.2.1 径流式废气涡轮的工作原理

涡轮的功能是将废气所拥有的能量尽可能多地转化为涡轮旋转的机械功。以下以小型径流式废气涡轮为例,介绍涡轮的工作原理与主要工作参数。

1. 燃气在涡轮机中的流动

径流式废气涡轮机主要是由进气蜗壳、喷嘴叶片环、工作叶轮以及进、出气道等组成,径流式废气涡轮机的工作简图如图7.6所示。

废气从工作叶轮转子的外缘由进气蜗壳流入,经过一系列工作路径后从涡轮中心轴向流出。进气蜗壳的作用是引导内燃机的废气均匀地进入涡轮。根据增压系统的要求,蜗壳

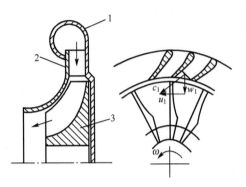

图 7.6 径流式废气涡轮机的工作简图

可以有一个或两个甚至更多的进气口。由内燃机中排出的气体具有一定的压力、温度与速度,经进气蜗壳直接流入喷嘴叶片环中。喷嘴叶片环是由周向均匀安装、带有一定倾角的叶片所组成的多个渐缩通道。当气流流过喷嘴叶片环时,部分压力能转变为动能,气体得到加速而压力、温度下降,且具有很强的方向性,以便于均匀而有序地流入涡轮机的工作叶轮。

在涡轮工作叶轮中,叶片之间的通道也呈渐缩状,而气体在通道中将继续膨胀。当气流流过工作叶轮叶片时,气流转弯。由于离心力作用的结果,因而在叶面的凹面上压力得到提高,而在凸面则降低。而作用在叶片表面的压力的合力,产生了转矩。此时,在工作轮出口处压力、温度以及速度均下降,而出口处的气体速度已经大大小于进口速度,这说明气体膨胀所获得的动能已大部分传给了工作叶轮。但由于排出的气体仍然具有的一定速度,且该部分动能未能在涡轮中得到利用而直接进入排气管,故通常将该部分动能称为余项损失。

总而言之,在废气涡轮的工作过程中,具有一定动能及压力能的废气在喷嘴叶片环通道中仅部分地得到加速而转变为废气的动能,而从喷嘴叶片环中流出的具有一定动能及压力能的废气,则在工作叶轮中大部分转变为机械功,并最终用来驱动压气机。

2. 涡轮机特性曲线

涡轮机的主要工作参数有涡轮效率、膨胀比、气体流量和涡轮转速等,并以这些参数及其相互关系来表示涡轮机的工作性能。

1) 涡轮效率 η_T

涡轮将废气能量转换为机械功的有效程度称为涡轮机效率,即

$$\eta_T = \frac{W_T}{H_T} \tag{7-5}$$

式中:W_T 是涡轮机轴上的有用功;H_T 是废气所拥有的能量,即可用焓降,也可以理解为废气在涡轮机入口处具有的压力能与动能的总和。

当可用焓降在涡轮机中绝热膨胀至涡轮出口背压时所做的功,就是实际上废气可用能量转换为机械功的最高限额。据统计,涡轮效率 $\eta_T = 0.65 \sim 0.85$。

2) 膨胀比 π_T

涡轮膨胀比是代表气体在涡轮中具有做功能力的重要参数,定义为涡轮进口气体滞止压力 p_T^* 与涡轮出口气体静压力 p_0' 之比,即

$$\pi_T = \frac{p_T^*}{p_0'} \tag{7-6}$$

3) 气体流量 q_{mT}

单位时间内通过涡轮的气体质量称为涡轮的气体流量。在涡轮增压发动机中,当无泄漏和放气时,通过涡轮的气体流量等于压气机流量和发动机燃烧的燃料流量之和。

在分析各性能参数之间的关系时,为使涡轮性能在不同入口气体状态下具有可比性,

应采用无量纲的相似流量 $q_{mT}\sqrt{T_T^*}/p_T^*$ 来表征涡轮的流量。其中 T_T^* 为滞止温度，p_T^* 为气体滞止压力。

4) 涡轮转速 n

由于涡轮与压气机同轴，因此涡轮转速与压气机转速相等，统称涡轮增压器转速。在分析各性能参数之间的关系时，应采用相似转速 $n/\sqrt{T_T^*}$。但涡轮的相似转速和压气机的相似转速并不相等。

于是，涡轮机所发出的功率 $P_T(kW)$ 为

$$P_T = \frac{q_{mT} H_T}{1000} \eta_T \tag{7-7}$$

在涡轮机变工况运行时，上述参数之间的关系就是涡轮机的特性。涡轮机特性曲线是以相似流量 $q_{mT}\sqrt{T_T^*}/p_T^*$ 为横坐标，以膨胀比 p_T^*/p_0' 为纵坐标，以相似转速 $n/\sqrt{T_T^*}$ 为参变量的一组曲线，如图 7.7 所示。

由图 7.7 可见，当转速一定时，相似流量随膨胀比的增大而增大，直到达到流量最大值。若喷嘴环或涡轮叶片轮中某处气流速度已经达到了当地声速，则即使再继续增大膨胀比，该处的气流速度仍维持当地声速，涡轮流量也不会再增加，这种现象称为涡轮机的堵塞现象，这时的流量称为堵塞流量。当涡轮实际工作时，由于喷嘴出口处流速最高，因此往往是该处先于叶轮发生流量堵塞。当膨胀比不变、转速增加时，由于离心力的增加使叶轮进口处的压力增加，从而使喷嘴环出口气流速度下降，喷嘴环前后压差减小，流量降低；同理，当流量不变时，转速增加则膨胀比会增大。

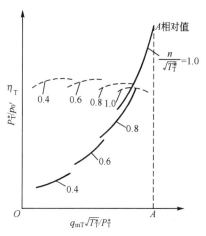

图 7.7 涡轮机的特性

径流式废气涡轮在小流量时有较多的优点，如效率高、膨胀比大、结构简单、尺寸小、制造成本低等，故在小功率的内燃机中应用较多。其缺点是变工况的性能不佳、工作叶轮和高温气流接触面积大，热应力大等。

7.2.2 离心式压气机的工作原理与特性

1. 基本工作原理和主要参数

如图 7.8 所示，离心式压气机一般由进气道(1)、工作轮(2)、扩压器(3)以及出气蜗壳(4)所组成。

空气沿收敛型的轴向进气道略有加速进入工作轮，并沿着工作轮上叶片所构成的通道流动。由于工作轮中的空气随工作轮一起旋转，工作轮的机械能传递给气体，转变为气体的动能，因而使气体运动的线速度增大，使之能克服气体微团所受径向压差的作用，而沿着螺旋线轨迹向轮缘方向运动。这样既达到了增压的目的，又使气流速度从 c_1 增加到 c_2（图 7.9）。在扩压器中，从工作轮流出的空气，其动能变为压力能，使空气流速从 c_2 降到 c_3 而压力从 p_2 增加到 p_3。在出气蜗壳中，空气的动能继续转变为压力能，使空气流速从 c_3 降到 c_4，而压力从 p_3 增加到 p_4。总之，空气流经压气机的各个通道之后，完成了一系列

的能量转换,从而将涡轮机传给压气机工作轮的大部分机械功转变为空气流的压力能。

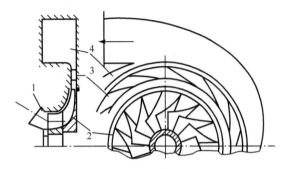

图 7.8 离心式压气机简图
1—进气道;2—工作轮;3—扩压器;4—出气蜗壳

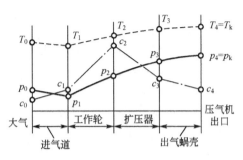

图 7.9 压气机中气流参数的变化

压气机的主要参数如下。

(1) 增压比 $\pi_k = p_k/p_0$。

(2) 每秒流经压气机的质量流量 m_k(kg/s)或容积流量 V_0(m³/s)(相应于压气机的进口状态)。

(3) 压气机转速 n_k。由于压气机的工作轮与废气涡轮共轴旋转,因此压气机的转速 n_k 就是涡轮的转速 n。其每分钟可达几万转,甚至十几万转。

(4) 压气机的绝热效率 η_{ad-k}。η_{ad-k} 可定义为 1kg 空气的绝热压缩功 h_{ad-k} 与实际压缩功 h_k 之比。其物理意义可表述为转动压气机的功有多少转变为有用的压缩功,以用来表明压气机流通部分设计的完善程度。

图 7.10 为压气机中的压缩过程。$p\text{-}V$ 和 $T\text{-}S$ 图中的点 0 表示压气机进口处的空气状态,点 $4'$ 表示当绝热压缩时压气机出口处的空气状态。但实际的压缩过程是多变过程,它的出口状态沿着熵增的方向达到点 4。

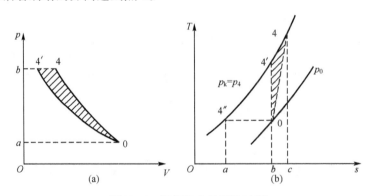

图 7.10 压气机中的压缩过程

根据绝热方程式

$$T'_4 = T_0 \left(\frac{p_k}{p_0}\right)^{\frac{(k-1)}{k}} \tag{7-8}$$

按理想情况,将 1kg 空气从 p_0 压缩到 p_k,耗功最小的是绝热过程,所需的绝热压缩功为

$$h_{\text{ad-k}}=c_p(T'_4-T_0)=\frac{k}{k-1}RT_0\left[\left(\frac{p_k}{p_0}\right)^{\frac{(k-1)}{k}}-1\right] \tag{7-9}$$

由于实际压缩是多变过程，伴随着摩擦和流动损失，所以将1kg空气从p_0压缩到p_k消耗的实际压缩功为

$$h_k=c_p(T_4-T_0)=\frac{k}{k-1}R(T_4-T_0) \tag{7-10}$$

故压气机的绝热效率$\eta_{\text{ad-k}}$为

$$\eta_{\text{ad-k}}=\frac{h_{\text{ad-k}}}{h_k}=\frac{\frac{k}{k-1}RT_0\left[\left(\frac{p_k}{p_0}\right)^{\frac{k-1}{k}}-1\right]}{\frac{k}{k-1}R(T_4-T_0)}=\frac{T'_4-T_0}{T_4-T_0} \tag{7-11}$$

目前在涡轮增压器上应用的单级离心式压气机的绝热效率为$\eta_{\text{ad-k}}=0.60\sim0.81$。

(5) 压气机功率P_k。如已知1kg空气的绝热压缩功为$h_{\text{ad-k}}$，空气的质量流量为m_k，则驱动压气机所需的功率为

$$P_k=m_k\frac{h_{\text{ad-k}}}{\eta_{\text{ad-k}}} \tag{7-12}$$

2. 压气机特性曲线

1) 压气机的流量特性

压气机的流量特性是表示当压气机转速n_k不变时，压气机的增压比π_k和绝热效率$\eta_{\text{ad-k}}$随空气流量m_k的变化关系。通常以增压比π_k为纵坐标，质量流量m_k为横坐标，转速n_k为参变量，以等绝热效率曲线的形式绘制压气机的特性曲线，也称为增压器特性线。从曲线中可方便地看出在各种工况下压气机主要工作参数之间的相互关系。

图7.11是径向式叶片单级离心式压气机的流量特性曲线。考察某一转速下增压比的变化曲线，可以看出，曲线的左边有一条称之为喘振边界的边界线。从喘振边界开始，随着流量的增加，增压比开始是增加的；当流量到达某一值后，增压比达到最高；当进一步增加流量时，增压比反而逐渐降低；直到流量超过某值后，性能曲线甚至接近垂直状，这时增压比继续降低，空气流量不再增加，即压气机的流量特性达到所谓的堵塞工况。于是，压气机的特性曲线类似抛物线。

2) 压气机的喘振与堵塞

从图7.11中可以看出，在压气机的特性曲线上有一条线为喘振边界，又称稳定工作边

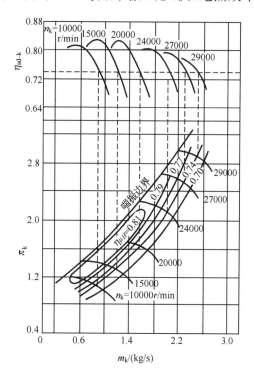

图7.11 径向式叶片单级离心式压气机的流量特性曲线

界。其含义是：当压气机工作在喘振线右侧时，其工作是稳定的；而当处于喘振线左侧时，压气机的工作就变得不稳定甚至有危险了。因此，把出现喘振的工作点称为喘振点，对应的流量就是喘振流量。显然，随着流量和转速的增加，喘振点对应的增压比是向增大方向移动的。当压气机出现喘振后，气流出现强烈的振荡，引起工作轮叶片强烈的振动，并产生很大的噪声，而压气机的出口压力显著下降，并伴随着很大的压力波动。这样，不仅达不到预期的压力升高效果，严重时反而还会损坏压气机的元件如叶片等。因此，不允许压气机在喘振条件下工作。

喘振是当流量过小时，在叶片扩压器内和工作轮进口处由于气流与壁面分离而引起的。分离产生气流旋涡，则撞击损失开始增大。当流量小于某一数值后，气流的分离现象会扩展到整个叶片扩压器和工作轮通道内，从而使气流产生强烈的振荡和倒流，这就是压气机的喘振。一般来说，叶片扩压器流道内气体分离的扩大是压气机喘振的主要原因，而工作轮进口处气流分离的扩大会使喘振进一步加剧。

喘振是离心式叶轮机械所特有的一种异常工作现象，因此必须给予足够的重视。例如，小型增压器中普遍采用的无叶扩压器不仅扩大了工作流量范围，还避免了压气机不稳定工况（如喘振现象）的发生。

除了喘振外，压气机中还存在着堵塞现象。在某一增压器转速下，通过压气机的气体流量随增压比的降低而增加。当流量增加到一定数值后，压气机通道中的某个截面达到临界条件（即流速达到当地声速，马赫数为1）。当增压比继续降低时，气体流量不再增加，这时的气体流量称为堵塞流量，它也是该转速下压气机所对应的最大流量。试验研究表明，临界截面的位置一般出现在叶片扩压器的进口喉部附近或是工作轮叶片进口的喉部附近。当压气机堵塞后，流量便不能再增加，从而限制了压气机的流量范围。

可见，离心式压气机的工作特点是在高转速时可能发生堵塞，在低速时可能引起喘振。因此，在设计时应设法保证压气机具有较宽的工作范围。

3）压气机通用特性

上述的压气机特性曲线中的参数（p_k/p_0、η_{ad-k}、n_k、m_k）都是在试验地点的外界大气状态下测得的。当大气状况变化时，这些参数以及由这些参数做出的压气机特性曲线也就随之变化。因此，当压气机运转时，只有在吸气的进口处条件适合原来绘制曲线时的大气条件时，这个特性曲线才能应用。可是在实际压气机运转时，进口处条件是变化的。为了实用上的方便，常应用相对的折合参数概念，把试验时测得的上述参数根据气流动力相似理论换算成标准大气状态（1atm=101.33kPa、标准大气温度=298K）下的参数值。换算后的质量流量称为折合流量 m_{k-np}，即

$$m_{k-np} = m_k \frac{101.33}{p_0} \sqrt{\frac{T_0}{293}} \quad (7-13)$$

换算后的转速称为折合转速 n_{k-np}，即

$$n_{k-np} = n_k \sqrt{\frac{293}{T_0}} \quad (7-14)$$

式中：p_0 为试验测量时的大气压力，kPa；T_0 为试验测量时的温度，K。

由于增压比 $\pi_k = p_k/p_0$ 和绝热效率 η_{ad-k} 是无因次参数，故仍保持不变。由这些无因次参数整理出的曲线称为通用特性曲线，具有广泛的实用性。

7.3 废气涡轮增压的类型与废气能量的利用

7.3.1 废气涡轮增压的类型

在废气涡轮增压内燃机中，根据废气能量的利用方式，可以分为定压废气涡轮增压系统和脉冲(变压)废气涡轮增压系统两种基本类型，其他增压系统大都是由这两种系统演变而来。

(1) 定压废气涡轮增压系统。定压废气涡轮增压系统(图 7.12(a))的特点是涡轮前的废气压力基本上保持恒定。把各缸的排气管通向一根排气总管上，且排气总管的容积要足够大，应能起稳定压力的作用。这时虽然各气缸的排气时间互有差异，压力波动较大，但当汇集到排气总管后，互相混合减速和滞止，从而废气基本保持恒定压力，然后废气按定压由排气总管导入涡轮机的喷嘴环。

(2) 脉冲废气涡轮增压系统。为了更好地利用内燃机废气的脉冲能量，可以采用脉冲废气涡轮增压系统，如图 7.12(b)所示。这种增压系统的特点是把各缸的排气歧管做得短而细，涡轮增压器尽量靠近气缸，并且几个气缸(通常二个缸或三个缸)连接一根排气管，这样在每一根排气管中就形成几个连续的互不干扰的废气脉冲波(或称废气压力波)以进入废气涡轮机中，同时把涡轮的喷嘴环根据排气管的数目分组隔开，使它们互不干扰。由于涡轮处在进气压力波动较大的条件下工作，所以该系统又称为变压废气涡轮增压系统。

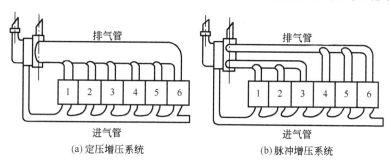

图 7.12　废气涡轮增压系统的两种基本形式

7.3.2 废气能量的利用

废气涡轮增压器是利用内燃机排出气缸的废气能量进行工作的，因此提高废气能量的利用率对改善废气涡轮增压发动机性能有重要意义。

由内燃机的热平衡分析可知，在燃料通过燃烧所释放出的总热量中，有25%以上被废气所带走，而废气中的可用能又约占废气总能量的60%。充分利用这部分废气能量，是提高内燃机热效率的重要途径。

1. 废气的最大可用能

在目前生产的增压柴油机中，除有些潜艇用柴油机采用机械式增压系统外，其他的基本上都采用了废气涡轮增压系统。下面结合四冲程增压柴油机的理论示功图(图 7.13)，分析说明可被废气涡轮增压器利用的柴油机废气中的能量。

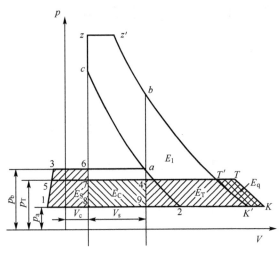

图7.13 四冲程增压柴油机理论示功图

如图7.13所示，1-2为压气机的进气过程，2-a为压气机绝热压缩过程，a-3为压气机排气过程，a-c为柴油机绝热压缩过程，c-z为柴油机等容燃烧过程，z-z′为等压燃烧过程，z′-b为柴油机绝热膨胀过程，b-4为等容排气过程，4-5为等压排气过程，5-4-T′为废气涡轮的进气过程，T′-2-1为废气涡轮的排气过程。

在图7.13中，面积1-2-a-3-1为压气机耗功，其中面积8-2-a-6-8为进入发动机气缸并留在气缸内的空气的压缩耗功，面积1-8-6-3-1为扫气空气的压缩耗功。面积$a-c-z-z′-b-a$为柴油机缸内气体膨胀功，面积6-7-4-a-6为柴油机泵吸正功。这两块面积之和为柴油机指示功。面积$b-9-K′-b$为柴油机排气门打开时废气等熵膨胀至大气压力p_a时所能做的功，用E_b表示，其中面积$b-4-T′-b$为废气经排气门节流和排气歧管中自由膨胀所损失的能量，用E_l表示；另一部分，即面积4-9-$K′-T′$-4为废气在涡轮中进一步膨胀所回收的能量，用E_T表示，则

$$E_b = E_l + E_T \tag{7-15}$$

面积1-K-T-5-1为涡轮中废气的总能量，用E_2表示，由4部分组成：①面积1-8-7-5-1为扫气空气进入涡轮后具有的能量，用$E_s′$表示；②面积8-9-4-7-8为活塞推出废气使废气增加的能量，用E_c表示；③面积4-9-$K′-T′$-4为废气在涡轮中的膨胀功，即E_T；④面积$T′-K′-K-T-T′$为损失的能量E_l中的一小部分，转变为热能，加热废气，使焓值增加而得的附加能量，用E_q表示，故

$$E_2 = E_s′ + E_c + E_T + E_q \tag{7-16}$$

由此可见，废气的最大可用能E由3部分组成：①当排气门打开时，气缸内气体等熵膨胀到大气压力p_a所做的功，即$E_b = E_l + E_T$；②活塞推出废气，废气得到的能量E_c；③扫气空气所具有的能量E_s，则

$$E_s = E_s′ + E_s″ \tag{7-17}$$

式中：$E_s″$为面积5-7-6-3-5所代表的扫气空气流经进、排气门的节流损失。

这样，废气的最大可用能量可表示为

$$E = E_b + E_c + E_s = E_l + E_T + E_c + E_s \tag{7-18}$$

排气门前废气具有的能量，在流经排气门、气缸盖排气歧管、排气总管，最后到达涡轮前，存在着一系列的损失，能量损失ΔE包括如下几个方面：

$$\Delta E = \Delta E_V + \Delta E_C + \Delta E_D + \Delta E_M + \Delta E_F + \Delta E_h \tag{7-19}$$

式中：ΔE_V为流经排气门处的节流损失；ΔE_C为流经各种缩口处的节流损失；ΔE_D为管道面积突扩时的流动损失；ΔE_M为不同参数气流掺混合撞击形成的损失；ΔE_F为由于气体的黏性而形成的摩擦损失，ΔE_h为气流向外界散热所形成的能量损失。

这些损失直接影响着废气的能量可被涡轮回收的程度，也是废气涡轮增压柴油机排气管设计和改进时所必须关注的重要方面。

ΔE_V是能量传递中的主要损失，占总损失的60%～70%。尤其是在排气初期，当气缸中的高压高温气体流出时，因排气管中压力低而形成超临界流动，因此减少这部分节流损失对提高废气中能量的利用率是很重要的。在设计中，应使排气门的通流面积尽可能大（一般采用四气门结构）、开启速度尽可能快，以使废气很快流出、排气门后的压力P_r很快升高，从而减少节流损失。有些低速机为此采用开启速度较快的凹弧排气门凸轮。此外，排气管要细而短，且容积不应太大。当在结构上受限制时，做得"细而长"比"粗而短"要好。因为在排气初期，大量废气涌入较细长的歧管中形成"堵塞"，很快在排气门后建立起较高的压力波峰，减小了排气门前后压差，从而大大减少了节流损失，并把气体所具有的较大速度在歧管中保持下来并传送到涡轮，提高了对废气动能的利用率。虽然由于歧管中流速高而使摩擦损失加大，但其他损失则减小了，因此总体来说它的能量传递效率较高。细而长的排气管不仅能够使排气门后的压力P_r在排气初期很快升高，而且又能很快下降，使活塞排气功减少，并且有利于扫气。

为减少节流损失ΔE_C，应力求管道光顺、避免缩口。

ΔE_D是由于排气管路直径大小变化而形成的，故目前经常把排气总管内径做得与歧管内径一样大，以避免突扩损失。

至于ΔE_M，由于气流的掺混总是不可避免的，应力求避免气流撞击，故一般排气歧管都不用T形接头或十字接头，而用顺着气流的斜向接头，以避免撞击损失。

摩擦损失ΔE_F是由气流与管壁的摩擦形成的。因此要力求管壁光滑，减少摩擦。

为降低能量损失ΔE_h，一般大型涡轮增压柴油机的排气管都用石棉包裹以隔热。若为了降低舱室温度而必须冷却，宜采用中间有空气或水夹层的非直接冷却。

通常，反映能量传递过程中的损失多以废气能量传递效率η_E来表示，即

$$\eta_E = \frac{E_T}{E_C} \tag{7-20}$$

式中：E_T为涡轮进口处气体的可用能量；E_C为排气门前气体的可用能量。

2. 影响脉冲能量利用的因素

脉冲增压系统就是要尽可能地利用脉冲能量，而脉冲能量的利用又主要取决于排气管中压力波的合理组织。这与气缸内的压力、排气歧管的粗细和长短以及喷嘴环喉部面积大小等均有密切的关系。为了充分利用废气脉冲能量，要求：①在排气门打开后，排气歧管内的压力应尽快建立起来，以减少流动损失；②废气自排气门逸出应迅速，阻力尽可能小；③在柴油机扫气过程中，排气管中的压力要尽可能低，以利于扫气进行。

下面分析几种影响脉冲能量利用的主要因素。

（1）排气门开启定时。排气门开启定时的早晚，对脉冲压力波的大小有直接的影响。当排气门开启较早时，涡轮进口焓值高，涡轮做功能力大。但过早地打开排气门，也将使气缸内的燃气在膨胀冲程对活塞所做的功减少，无助于整机功率的提高和经济性的改善。所以，必须权衡利弊，找出排气门最佳开启定时。

（2）排气门流通面积。排气门最大有效流通截面积对脉冲压力波的大小有显著的影响。当排气门流通面积增大，废气自排气门排出不仅阻力小，而且排出迅速，在排气歧管

中能很快建立起较高的压力,从而有利于脉冲能量的利用。但增大排气门流通面积往往受到缸盖结构的限制。

(3) 排气门开启规律。排气凸轮升程越大,凸轮作用角越小,意味着排气门开启越迅速,缸内压力下降得越快,排气歧管上脉冲压力波建立得越敏捷,脉冲能量利用得越好。因此,要在气门机构允许的加速度范围内,使气门的开启速度越快越好。

(4) 排气管流通面积。排气管流通面积大小直接影响废气在管中的流动速度,也影响压力波在管中的传递速度。当排气管长度取一定时,流通面积减小,排气管容积就减小,排气管中的脉冲压力就建立得迅速,而排气门内外的压力差小,节流损失少,脉冲压力波峰值就高,脉冲能量利用就好。但排气歧管的流通面积也不能过小,因为流通面积过小,流动速度过大,流动损失就会显著增加。

(5) 排气管长度。排气管长度直接影响脉冲压力波的反射时间、反射波和下一个脉冲波互相干扰的程度,从而影响脉冲能量的利用。废气在排气管中的流动是不稳定流动,压力波以该处声速 a 传播。对长为 L 的排气管,在排气门处建立起来的压力波经过 L/a 时间后到达涡轮端,在同一时刻,排气管各处的波形互不相同。排气管两端边界条件不同,引起的压力波的反射,进一步加剧了压力波沿管长的变化。

在发动机一定工况下,当转速和废气温度一定且取适当排气管长度时,可使反射波的波峰和下一个压力波的波峰正好重合,从而波峰压力升高,波谷压力下降,这对扫气十分有利,脉冲能量利用最佳。在实际增压系统中,发动机工况变化复杂,而受总体布置的限制,排气管一般只能做成某一适当长度。

(6) 涡轮当量流通面积。涡轮当量流通面积与排气管压力波大小、增压器转速、增压压力和温度乃至发动机背压等参数均有密切联系。减小涡轮当量流通面积,排气管压力和涡轮转速增加,增压压力增加,但活塞排空耗功增加,对扫气也不利。因此应综合考虑,予以优化匹配。

7.3.3 定压增压系统与脉冲增压系统的比较和选择

定压式和脉冲式废气涡轮增压系统具有下列不同特点。

(1) 废气能量利用的效果。脉冲废气涡轮增压由于排气过程的超临界阶段相对较短,气流的流动阻力小,所以废气能量的损失比定压增压系统小。同时,在脉冲增压系统中,充分考虑了对废气脉冲能量的应用;而在定压增压系统中,脉冲能量由于排气管容积大而几乎损失殆尽,所以脉冲增压对废气能量的利用比定压增压要好。但是,当增压比提高时,定压增压系统排气管内的压力也相应提高,排气损失有所下降,且脉冲能量在废气能量中所占的比重也随增压比增加而减小,所以两种系统对废气能量的利用效果将随增压比的提高而逐渐接近。一般而言,当增压比小于 2.5 时,采用脉冲增压系统,对于废气能量的利用是比较有利的。

(2) 发动机气缸内的扫气作用。在发动机扫气期间,脉冲增压系统的排气管压力正处于波谷,因此即使在部分负荷工况下,仍能保持足够的扫气压力差,以保证气缸有良好的扫气,从而达到提高充量系数、减小燃烧室中受热零件热负荷的目的。在定压增压系统中,由于排气管压力波动小,扫气压力差就大为减小,因此不容易保证气缸内的扫气。

(3) 发动机的加速性能。在脉冲增压系统中,由于排气管容积较小,当发动机负荷改变时,废气的压力波就会立刻发生变化,并迅速传递到涡轮机,从而改变增压器转速,以适应负荷变化的要求,所以采用脉冲增压系统的发动机加速性能较好。此外,在发动机转速降低时,脉冲增压系统的可用能与定压增压系统的可用能之比增大,有利于改善发动机的转矩特性。在排气管容积较大的定压增压系统中,涡轮机前的压力变化比较缓慢,且加速性能比较差,特别是在低增压时,废气能量的利用程度差,加速性能不佳,且定压增压系统的转矩特性也不如脉冲增压系统。

(4) 增压器效率与增压系统的结构。从废气涡轮的效率来看,脉冲增压系统的平均绝热效率比定压增压系统略低。这是因为在发动机开始排气时,废气以很高的流速进入涡轮,流动损失很大。同时,涡轮前的废气温度和压力都是周期性脉动的,进入工作轮叶片的废气流动方向也是周期性地改变,这使气流的撞击损失增大,且有时还存在着涡轮机的部分进气现象。定压增压系统的涡轮前压力恒定,且涡轮喷嘴环全周进气,则涡轮的效率较高。

此外,与定压增压系统相比,脉冲增压系统的尺寸较大,排气管的结构也比较复杂。

综上所述,可以得出这样的结论:在低增压时,采用脉冲增压系统是较为有利的;而在高增压时,则是两种系统同时存在、各有所长。因此应根据实际情况(如用途、气缸数目、冲程数、在发动机上的安装等)综合考虑。例如,车用发动机大部分时间都在部分负荷下工作,对加速性能和转矩特性要求较高,故在高增压的车用发动机上较多采用脉冲增压系统。

7.4 废气涡轮增压对发动机性能的影响

7.4.1 废气涡轮增压对发动机动力性和经济性的影响

发动机的动力性指标(以有效功率 P_e 为代表)与经济性指标(以有效燃油消耗率 b_e 为代表)可以表示为

$$P_e \propto \frac{\eta_{it}}{\phi_a} \phi_c \eta_m \rho_s n \tag{7-21}$$

$$b_e \propto \frac{1}{\eta_{it} \eta_m} \tag{7-22}$$

假定增压前后发动机的转速 n 及过量空气系数 ϕ_a 保持不变,并以下标"0"表示非增压(原机)参数,下标"k"表示用压后的参数,则有

$$\frac{p_{ek}}{p_{e0}} = \frac{\rho_{sk}}{\rho_{s0}} \frac{\eta_{itk}}{\eta_{it0}} \frac{\phi_{ck}}{\phi_{c0}} \frac{\eta_{mk}}{\eta_{m0}} \tag{7-23}$$

$$\frac{b_{ek}}{b_{e0}} = \frac{\eta_{it0}}{\eta_{itk}} \frac{\eta_{m0}}{\eta_{mk}} \tag{7-24}$$

根据假定,过量空气系数 ϕ_a 在增压前后保持不变,则增压后的供油量将相应增大,以适应空气质量增加的需要,同时配气定时也要进行适当的调整,这样可以保证热效率基本不变或略有提高,故可认为 $\eta_{itk}/\eta_{it0} \approx 1$。

增压前后气体密度的变化,与增压压力和增压气体的温度都有直接关系。根据压气机的绝热效率 η_{ad-k} 关系式

$$\eta_{ad-k} = \frac{T_0\left[\left(\frac{p_k}{p_0}\right)^{\frac{k-1}{k}} - 1\right]}{T_k - T_0}$$

以及理想气体状态方程

$$\frac{\rho_{sk}}{\rho_{s0}} = \frac{p_k}{p_0}\frac{T_0}{T_k}$$

可以求得

$$\frac{\rho_{sk}}{\rho_{s0}} = \frac{p_k}{p_0}\left[1 + \frac{1}{\eta_{ad-k}}\left[\left(\frac{p_k}{p_0}\right)^{\frac{k-1}{k}} - 1\right]\right]^{-1} \tag{7-25}$$

由此可见，增压前后工质密度的变化，与增压比 p_k/p_0 和压气机绝热效率 η_{ad-k} 直接相关，增压比高则工质密度增幅大；即使在增压比确定之后，降低压缩过程中空气的温度，也同样可以提高绝热效率，从而使进气密度增加。对增压后的进气进行中间冷却可以达到这一目的，这就是增压发动机特别是在高增压时较多采用进气中冷技术的原因。

由于增压后平均指示压力提高，而平均机械损失压力 p_{mm} 基本保持不变（在转速相同的前提下），那么机械效率在增压后将是增加的。实际上

$$\frac{\eta_{mk}}{\eta_{m0}} = \frac{p_{mik} - p_{mmk}}{p_{mik}}\frac{p_{mi0}}{p_{mi0} - p_{mm0}}$$

将 $p_{mmk} \approx p_{mm0}$ 以及定义式 $p_{mm0} = p_{mi0}(1 - \eta_{m0})$ 代入后，有

$$\frac{\eta_{mk}}{\eta_{m0}} = \frac{1}{\eta_{m0}}\left[1 - \frac{p_{mi0}}{p_{mik}}(1 - \eta_{m0})\right] \tag{7-26}$$

由于 $p_{mik} > p_{mi0}$，所以上式最终的结果是大于1的，这就意味着增压后发动机的机械效率得到了提高。

增压后充量系数可用下面的近似关系式估算：

$$\frac{\phi_{ck}}{\phi_{c0}} = \left(\frac{T_k}{T_0}\right)^{0.25} \tag{7-27}$$

由于 $T_k > T_0$，故增压后发动机的充量系数是增大的。

利用上述公式，可以对增压后发动机的性能参数进行估算。

[例7-1] 一台六缸柴油机，原机的机械效率为0.78，增压比为1.57，压气机的绝热效率为0.74，增压前发动机的进气温度为15℃，无进气中冷。试估算其增压后动力性与经济性的变化情况。

解： 根据绝热效率的定义式，可以得到增压前后温度的变化值为

$$\frac{T_k}{T_0} = 1 + \frac{1}{\eta_{ad-k}}\left[\left(\frac{p_k}{p_0}\right)^{\frac{k-1}{k}} - 1\right] = 1 + \frac{1}{0.74}[1.57^{\frac{0.4}{1.4}} - 1] = 1.186$$

根据状态方程，增压后气体密度的改变为

$$\frac{\rho_{sk}}{\rho_{s0}} = \frac{p_k}{p_0}\frac{T_0}{T_k} = \frac{1.57}{1.186} = 1.324$$

增压前后，发动机充量系数的变化为

$$\frac{\phi_{ck}}{\phi_{c0}} = \left(\frac{T_k}{T_0}\right)^{0.25} = 1.186^{0.25} = 1.044$$

于是，增压前后平均指示压力之比为

$$\frac{p_{mik}}{p_{mi0}} = \frac{\rho_{sk}}{\rho_{s0}}\frac{\phi_{ck}}{\phi_{c0}} = 1.324 \times 1.044 = 1.382$$

机械效率的变化率为

$$\frac{\eta_{mk}}{\eta_{m0}} = \frac{1}{\eta_{m0}}\left[1 - \frac{p_{mi0}}{p_{mik}}(1-\eta_{m0})\right] = \frac{1}{0.78}\left[1 - \frac{1}{1.382}\times(1-0.78)\right] = 1.078$$

于是，有效功率与燃油消耗率的变化即可求出

$$\frac{P_{ek}}{P_{e0}} = \frac{p_{mik}}{p_{mi0}}\frac{\eta_{mk}}{\eta_{m0}} = 1.382\times 1.078 = 1.490$$

$$\frac{b_{ek}}{b_{e0}} = \frac{\eta_{it0}}{\eta_{itk}}\frac{\eta_{m0}}{\eta_{mk}} \approx \frac{\eta_{m0}}{\eta_{mk}} = 0.928$$

车用增压柴油机可以改善车辆的经济性，但在不同运行区的经济性是不一样的。一般非增压柴油机在最大转矩点的平均有效压力 p_{me} 为 800～900kPa。进一步提高 p_{me}，将由于空气量不足而受到冒烟的限制。而同一排量的增压柴油机在最大转矩点的平均有效压力 p_{me} 为 1100～1300kPa。增压使指示功率和有效功率都提高了（机械效率也提高了），可以明显地改善高负荷区的运行经济性。增压不仅使功率范围扩大了，而且使高负荷的经济运行范围也扩大了；至于在低负荷区，涡轮增压器的能量转换较差，柴油机进、排气阻力及换气损失增加，此时增压对经济性没有明显的好处。显然，增压柴油机的这一特点，有利于经常处于高速满载运行的长途运输重型载货汽车。

7.4.2 改善废气涡轮增压发动机转矩特性的途径

为了保证发动机在低速时具有较高的增压压力和较高的转矩，而在高速时增压压力又不致过高，防止发动机热负荷过大和涡轮增压器超速，可以通过旁通放气和变截面涡轮来实现对废气涡轮增压器的调节，从而改善发动机和废气涡轮增压器的匹配，进而改善车用增压发动机的扭矩特性。

1. 排气旁通

废气涡轮增压发动机的离心式压气机，通常在 1/4 发动机额定转速以下的转速范围内，出口工质压力增加甚微；当高于该转速后，压力逐步上升，如果不加控制，则压力会超过发动机能承受的最高增压压力，因此废气涡轮增压器常采用排气旁通或别的措施，使其压力控制在允许值以下。

图 7.14 所示为排气旁通增压系统，旁通阀与增压器的涡轮并联连接在发动机的排气

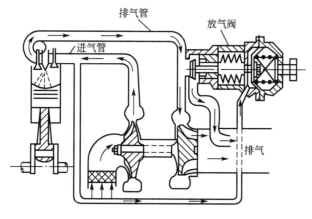

图 7.14 排气旁通增压系统

管上。旁通阀的阀门固定在膜片上,而膜片上部通大气,并受弹簧的作用,下部与压气机出口的增压空气相通。平时,弹簧将旁通阀的阀门压在阀座上,内燃机排气管内的废气不能经阀门旁通到涡轮出口的排气管内。

一旦增压压力对膜片的作用力超过弹簧预压紧力,旁通阀打开,则一部分废气不经涡轮做功而直接从涡轮出口排入大气中。涡轮做功基本维持不变,压气机转速稳定,则工质的增压压力基本维持稳定。旁通的废气量最多时达30%~40%,仍可使空气增压压力基本稳定。但这种调节只限于在全负荷时的增压压力调节。

2. 进气旁通

部分增压空气返回到压气机入口或大气中,减少进入气缸的空气量而使发动机进气压力适当降低,以适应发动机的要求。但这种方式消耗了部分涡轮做的功,对增压发动机的效率有一些影响。

3. 可变截面涡轮

(1) 双蜗壳通道涡轮。涡轮壳入口通道由壁板分隔成两个通道,然后再汇总到涡轮叶轮边缘入口处。在涡轮壳总入口处,有一个开关平板阀。发动机在低速工作时,平板阀关闭,气流仅通过一个通道流向涡轮,此时由于流通截面较小,废气流速增加,并以接近90°的角度冲向涡轮的叶片,推动叶轮旋转的能量大,于是涡轮和压气机的转速都迅速增加。而在发动机转速较高时,平板阀开启,气流通过两个通道流向涡轮,此时气流速度较低,并以钝角射向叶片,于是涡轮及压气机保持在适度的转速上。

(2) 可变蜗壳通道流通截面涡轮。涡轮壳通道流通截面面积随曲面形阀门不同开度而改变。曲面形阀门由膜片式作用器操纵,后者本身由可变阀角度控制器控制。控制器可以让增压工质的压力传递到膜片上,使曲面形阀门开启,从而打开通道。当需要时,放走增压空气,让曲面形阀关掉部分通道。当流通截面减小后,废气流速增大,撞向涡轮叶片冲量增加,于是废气涡轮增压器转速及增压压力上升。如果流通道截面扩大,其结果则相反。

(3) 可变喷嘴环流通截面涡轮。改变涡轮流通截面还可通过调节位于涡轮壳与涡轮叶轮间的喷嘴环角度来实现。各喷嘴环叶片通过轴销固定在涡轮壳上,在发动机低速、低负荷工况下,喷嘴环叶片转动使流通截面变小,废气流速增加,并以较小的角度、较大的冲量推动涡轮高速旋转。而当发动机在高速、大负荷工况下工作时,喷嘴环叶片的转动使流通截面变大,于是废气流速减小,并以较大的角度、较小的冲量推动涡轮旋转。于是增压器的转速及增压压力被控制在适当的水平上。

7.4.3 废气涡轮增压对发动机其他性能的影响

(1) 降低排气污染和噪声。通常增压柴油机为富氧燃烧,其有害气体 HC 和 CO 的排放量一般为非增压机的1/3~1/2。如果措施得当(例如采用高喷射率并延迟喷射),NO_x 排放量也显著降低,尤其在采用增压中冷以后,对减少有害排放物更为有利。

由于与非增压内燃机相比,废气能量可以在涡轮中得到进一步的利用,因而增压发动机的排气噪声有所降低。在增压后,由于压缩终点温度与压力提高,所以着火落后期缩短、压力升高比有所降低、燃烧柔和、燃烧噪声有所降低。由于废气涡轮增压器的设置,所以排气噪声也有所减少。在稳定的高负荷工况下,增压柴油机总的噪声级(取决于机械噪声水平)比非增压低 3～5dB(A)，而在低负荷工况下降低噪声的效果没有这么明显。

(2) 低速转矩性能变差。一般废气涡轮增压柴油机在低速段转矩性能很不理想，影响了车辆的加速性能及爬坡能力，其原因主要是由于低速时发动机排出的废气能量低，增压器增压压力不高，因而致使循环供气量不足，转矩增量明显比高速时低。采用脉冲增压系统，充分利用低速时的脉冲能量，使增压器与柴油机在较低转速下实现最佳配合以及采用低速气门定时等，是可以改善其低速转矩的。近代各种增压机型可以获得较好的转矩特性。不过，增压后最大的转矩所对应的转速比非增压机型均有所增加，这对改善载货汽车的牵引性能是不利的。

(3) 加速性能变差。内燃机对负荷与转速的迅速响应，对车辆行驶的安全性、经济性都是有利的。可是由于废气涡轮增压器与内燃机没有机械联系，增压器自身的惯性使其对突变负荷的响应能力变差，因此，增压内燃机的加速性能比非增压内燃机的差。在加速过程中，增压压力上升缓慢，使柴油机转速及平均有效压力增加都要经历一段相对较长的时间过程，而且在加速过程中烟度也会增加。为了防止加速时冒烟，需要加装增压压力未达到规定值时的限制供油量的装置，因而进一步延缓了整个加速过程。

为了改善加速性能，可以采用脉冲增压系统，减少进、排气管道容积；采用放气调节或可变喷嘴，减少转子的转动惯量；采用较小的气门重叠角等。另外，利用车辆上空气制动系统的高压空气向压气机工作轮进行喷射，可以起到帮助增压器加速的作用，这是简单而有效的方法。

(4) 起动与制动有一定困难。当柴油机起动时，因无高温废气，所以涡轮机无法正常工作，则压气机也就不能正常供气。增压柴油机在起动瞬时的进气压力及温度均不高，再加上增压柴油机的压缩比较低，使起动时压缩终点的温度降低，造成着火与起动困难。

增压可以在保持原机功率和较高转矩的情况下，适当降低内燃机转速，从而减少机械损失和磨损。这不仅改善了整机的经济性，而且使可靠性及使用寿命提高，维修费用降低。所以一般非增压机改为增压机后，转速均有所降低，这时车辆后桥传动比也应作相应改动。应该指出，增压促使经济性改善，是需要重新组织内燃机工作过程，并与车辆参数合理配合才能实现。

7.5 汽油机增压

汽油机增压，虽然在增压原理上与柴油机增压基本相同，但在技术上要比柴油机增压困难得多。这主要是由于汽油机增压后爆燃的倾向增大，热负荷增高，且增压系统较为复杂。过去除高强化汽油机的赛车和高原行驶车辆采用增压技术外，一般汽油机很少使用。20 世纪 70 年代后，世界各地特别在发达国家，城市污染与噪声已成公害，再加上石油危机，这就促使汽油机增压技术得到较快的发展。当前，汽油机涡轮增压有两种发展类型。

(1) 化油器式汽油机涡轮增压型。如美国的 Buick V6 增压汽油机。

(2) 电控汽油直接喷射涡轮增压型。如德国的 BMW、Ponsche 924 RURBO 汽油机等。

在电控汽油喷射、电子自动点火式的汽油机上进行涡轮增压，将是一次内燃机的技术革命，而在燃料经济性方面可以与柴油机媲美。

7.5.1 汽油机增压的特点

(1) 爆燃。当汽油机增压后，由于混合气压缩始点的压力、温度增高以及燃烧室受热零件热负荷提高等原因，将促使爆燃的发生。为此，必须采用降低压缩比、推迟点火时刻、采用进气中冷等技术措施，但相应会带来热效率下降、排温过高、成本增加等不利影响。正因为如此，汽油机的增压比一般比柴油机低得多，功率最高增加幅度为40%~50%。

(2) 混合气的调节。汽油机采用变量调节，当化油器式汽油机进行增压时，气体流经化油器喉口的压力是变化的，这样不仅难于精确供应一定浓度的混合气，还增加了一些如增压方案的选择、化油器的密封、加速响应性能等新问题。电控汽油喷射技术的应用，为增压技术在汽油机中的应用扫除了一大障碍。

(3) 热负荷。汽油机的过量空气系数小，燃烧温度高，膨胀比小，废气温度也比柴油机高200~300℃。在增压后，汽油机的整体温度水平提高，热负荷问题加重。同时，为避免可燃混合气的损失，一般气门叠开角不大，燃烧室的扫气作用不明显，因此增压汽油机的排气门、活塞、涡轮等处的热负荷均比增压柴油机严重。

为此，汽油机在进行涡轮增压时，一般都采用涡轮前放气的调节方案，以抑制发动机在高速、高负荷时增压压力的过度增长，这不仅是限制最高燃烧压力的需要，也是抑制爆燃、降低热负荷的需要。

(4) 对增压器的特殊要求。汽油机增压比低，流量范围广，热负荷高，最高转速高且转速变化范围大。这就要求增压器体积要小、耐高温性能要好、转动惯量要小，同时效率还要保证在一定的范围内，还要求有增压调节装置。因此，要求是很苛刻的，这就造成它的成本比柴油机用增压器要高。

总体而言，汽油机的增压技术在过去的20年中获得了重大的突破，各种装备增压汽油机的高性能轿车陆续推出。

7.5.2 汽油机涡轮增压的主要技术措施

1. 降低压缩比

汽油机增压由于受爆燃的限制，所以必须降低压缩比、使用高辛烷值燃料、采用中间冷却混合气和向气缸喷水等技术措施。

在燃料辛烷值保持不变时，增压后的允许压缩比可用式(7-28)估算其近似值：

$$\varepsilon_k = \frac{\varepsilon_0}{\sqrt{p_k/p_0}} \tag{7-28}$$

式中：ε_0 为非增压时的许用压缩比；ε_k 为增压后的许用压缩比。

试验数据表明，在使用辛烷值为90的汽油时，汽油机的压缩比从8.6降到7.0，废气涡轮增压后的最大功率可增加40%~50%。

2. 增压压力控制系统

汽油机运行转速范围比柴油机宽，从低速到高速进气流量变化范围大，而涡轮增压器的特性很难完全满足各种工况的要求，可能出现低速时增压压力不足，高速时增压压力过高的情况。此外，汽油机过量空气系数范围窄、排温高、涡轮入口的废气可用能大，再加上为了避免爆燃及限制热负荷，使汽油机允许的增压压力比柴油机要低，因此必须对汽油机增压压力进行控制。

3. 减小增压后的"反应滞后"现象

非增压汽油机的加速性较好，但增压后，当节气门位置突然变化时，要求混合气浓度迅速变化，但增压器供气往往跟不上，从而增压汽油机的"反应滞后"现象比增压柴油机更为严重。一般可采用脉冲废气涡轮增压、增压器前置方案、带旁通阀的控制系统、减小进排气管长度及容积、提高压缩比及可变点火正时等措施，来减小"反应滞后"现象。

4. 燃料供给系统的调整

（1）汽油泵。增压汽油机要求汽油泵供油压力随增压压力的变化而自动调节。为此，可以采用由电动油泵和燃油压力调节阀联合工作的方法，来满足增压所需的供油压力和供油量。

（2）点火提前角的调整。在汽油机增压后，由于压缩比、混合气成分、混合气压力和温度等均有变化，因此对点火正时有特殊要求。

当增压汽油机不带中冷器时，爆燃倾向随增压压力增加而上升，因此必须减小点火提前角或采取其他消除爆燃的措施。

当汽油机满负荷工作时，增压压力将随转速升高而增大。而在采用放气阀控制时，增压压力达到预定值后虽不再随转速而上升，但由于增压器效率下降，使增压空气的温度随转速升高而升高，因此汽油机在满负荷工况下，爆燃容易在高转速出现，故应采用随增压压力增加而自动推迟点火提前角的装置。在美国通用汽车公司生产的 Buick V6 增压汽油机上，采用了电子控制装置来自动推迟点火提前角，推迟的幅度为 $4°\sim20°$，该装置由爆燃传感器、电子控制装置和电子点火装置等组成。它能使点火提前角始终处于接近爆燃的有利值，使汽油机的动力性和经济性都得到提高。

此外，增压汽油机如果降低压缩比，则当使用抗爆剂或较高辛烷值的燃料时，应适当增大点火提前角。

增压汽油机应选用冷型火花塞并适当缩小火花塞的间隙。

除以上几项主要技术措施外，对汽油机和增压器的润滑，机油散热器、中冷器、汽油机冷却系的强化及防止增压器喘振等都应给予充分考虑。

总体上，增压汽油机具有升功率高、油耗较低、排污较少等优点。可是从车辆应用的角度，对增压汽油机在不同运行工况下的整机性能还需要做进一步分析。

7.5.3 汽油机废气涡轮增压器的布置

在喷射式汽油机上增压时，一般燃油在增压器之后喷入，也有的在压气机前吸入一小部分燃油，经过压气机改善了雾化，并降低了压气机出口温度，增加了汽油机的充量系数，但这种布置方式结构更为复杂。增压器的布置方式如图 7.15 所示。

（1）后置方式：将增压器置于化油器之后，从化油器出来的油气混合气在压气机中进一步混合、搅拌、升压，然后进入发动机。

其优点主要是：化油器的工作条件与非增压时一样，不得考虑其密封问题；化油器特性容易满足增压要求，但由于通过化油器的空气的容积流量增大，所以化油器的喉管截面应加大、主供油量孔的尺寸也应随发动机功率的增大而增大，而在化油器中形成的混合气

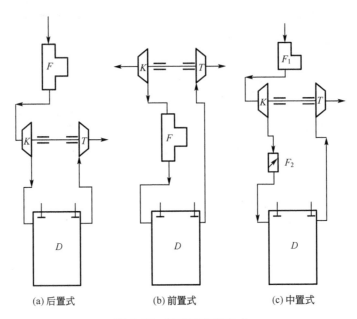

图 7.15 增压器布置方式

F—化油器；K—压气机；T—涡轮；D—发动机

体，在增压器中受到强烈扰动，油气混合更加均匀；在进入压气机的混合气中，由于燃油颗粒的蒸发、吸热，降低了混合气的温度，从而减少了压气机所消耗的功量。

其缺点主要是：混合气经过的路线过长，从化油器到发动机进气门管道容积大，因而怠速性、加速性、起动性都受到影响；在低速、低负荷运行时，汽化不良的汽油的重馏分在压气机蜗壳内沉积，在增压压力作用下，有可能外泄而着火，进入气缸的仅仅是已蒸发的轻馏分，而当发动机转速及负荷增加时，这部分重馏分又被气流带入气缸，使混合气加浓，造成燃油过度消耗；在发动机高速空载下运转时，压气机在高真空度下工作，其出口压力远低于大气压力，使机油沿增压器轴窜入压气机蜗壳，随混合气流入气缸，出现烧机油的情况；此外，怠速时汽油在压气机蜗壳中沉积会造成怠速不稳，加速时汽油在压气机蜗壳中沉积会使加速反应迟钝，在发动机回火时易损坏叶轮。

(2) 前置方式：将增压器置于化油器前面，经压缩后的空气在化油器中和燃油混合。

其优点主要是：化油器的安装位置不变，其喉管流通截面不变，增压系统的起动性、加速性、和怠速稳定性与非增压时一样；经压缩机压缩的空气温度较高，有利于燃料的汽化；发动机如发生回火，不易损坏叶轮；增压器如发生故障，可与发动机脱开，恢复原机运行。

其缺点主要是：化油器在增压压力下工作，必须考虑密封，汽油易沿浮子室结合面和节气门轴漏出，且随压力的增大而加剧，使高速贫油更为严重，从而降低了使用的安全性；当节气门关小时，限制了压气机的排气，易使增压器产生振动；供油系统比较复杂，汽油泵的供油压力必须随增压压力的提高而提高，供油量也必须适应增压的要求；化油器在变密度的压缩空气下工作，混合比难以随负荷调整，常发生高速贫油、低速富油的情况。

(3) 中置方式：将化油器拆成两段，喉管浮子室及其附件在增压器前，节气门及其附件在增压器后。该方式是综合了前两个方式的优点,克服了二者的缺点而提出来的。它具有如下特点。

避免了前置方式中化油器在增压压力下工作,漏油严重、密封困难的缺点,且容易调整混合比,因化油器进口空气的压力不随工况变化,克服了高速贫油、低速富油的缺点,且过量空气系数随转速或增压压力的变化非常平稳,使发动机能在整个原设计的转速范围内平稳运行;由于急速时汽油和加速时汽油从压气机后引入,因而这就保持了前置方式所具有的起动迅速、急速平稳、加速反应快的优点;避免了当节气门开度小时,机油从增压器轴承漏出,混入进气而造成严重烧机油的情况;在低速、小负荷情况下,虽仍有汽油在蜗壳中沉积的现象,但加速时汽油不经过增压器,使汽油分离沉积现象大为减轻,对发动机的正常工作没有明显影响。

从理论分析和初步试验来看,中置方式显然优于前置和后置方式,为化油器式汽油机的增压提供了一个新的前景。

思考题与习题

1. 解释下列概念。
增压度　增压比　涡轮效率　膨胀比　涡轮堵塞流量　压气机的绝热效率　压气机的喘振与堵塞　压气机通用特性
2. 简述增压发动机的优点和需要解决的问题。
3. 常用的增压形式有哪几种?画简图说明机械式增压的结构原理。
4. 画简图说明压气机中气流参数的变化。
5. 对照压气机的压比流量特性曲线,说明如何避免喘振与堵塞。
6. 对照发动机与增压器的联合运行特性曲线,简要说明发动机与增压器的匹配关系。
7. 简述可变喷嘴环流通截面涡轮的工作原理。
8. 比较定压式和脉冲式废气涡轮增压系统的不同特点。
9. 简述汽油机增压的技术难点和解决措施。

第三篇

燃烧与排放

燃烧是内燃机发展中的永恒课题。直到 20 世纪 60 年代，发动机燃烧过程的研究一直是以动力性和经济性为追求目标。近几十年来，汽车排放污染、噪声等所造成的环境公害成了重大社会问题之一，同时也成了已有 100 余年历史的内燃机能否继续生存下去的生死攸关问题，为此，人类做出了极大努力以降低内燃机排放污染及其他公害，甚至不惜牺牲动力性和经济性。近年来，随着全球汽车保有量的持续增长和石油资源的日益枯竭以及对二氧化碳温室效应的关注，内燃机再次面临严重的能源和环境问题。因此，为满足现代社会对环境和能源问题的要求，需持之以恒地研究和完善内燃机燃烧过程，不断开发高效低污染的新型燃烧系统。

本篇主要介绍发动机的燃烧过程与有害排放物及噪声控制。第 8 章中介绍了汽油机混合气的形成和燃烧过程；比较了化油器式和汽油机的电控喷射系统两种混合气形成的基本特点；阐述了汽油机的爆燃和循环波动等各种不正常燃烧和不规则燃烧现象及其影响因素。与第 8 章相对照，第 9 章对在柴油机混合气形成中的燃油喷射特性和各种缸内气流运动形式进行了介绍并阐述了柴油机燃烧过程，而与汽油机不同的是，放热规律是柴油机燃烧过程中研究的重点，与柴油机动力性、经济性、排放性以及噪声的密切相关的燃烧室及其调整参数的优化匹配是该章的重要内容。通过第 8、9 章，对汽油机和柴油机的燃烧特性做了对比，在分析现有发动机优缺点的基础上对近年来燃烧研究的最新进展做了简要介绍，包括汽油机的稀薄燃烧和柴油机的均质预混合燃烧。

第 10 章介绍由燃烧产生的各种有害排放物的生成机理及控制方法，其中包括作为主要排放控制技术的三效催化器等排气后处理技术，介绍了发动机排放标准与测试方法，最后介绍了发动机噪声来源与控制措施。

第 8 章
汽油机混合气的形成和燃烧

燃烧过程是将燃料的化学能转变为热能的过程。燃烧完全的程度，影响热量产生的多少和排出废气的成分，而燃烧时间和时刻又关系到气缸压力变化和热功转换的程度，所以燃烧过程是影响发动机经济性、动力性和排气污染的主要过程，对噪声、振动、起动性能和使用寿命也有很大影响。传统汽油机的特点是形成均质混合气，而燃烧过程是由定时的火花点火，火焰以正常的速度传遍整个燃烧室。要避免不规则燃烧和不正常燃烧。混合气的制备需满足汽油机工况要求，在混合气的形成方式上汽油喷射已经逐步取代化油器，在燃烧室结构上，以缸内直喷为代表的稀燃系统也逐渐走向成熟。

本章要求学生掌握汽油机燃烧过程，会分析影响汽油机燃烧过程的因素；掌握汽油机不正常燃烧的原因及对策；掌握工况对混合气的要求；了解利用化油器和电控燃油喷射系统制备混合气的工作原理；了解汽油机燃烧室设计要求及新型燃烧系统的特点。

8.1 汽油机燃烧过程

8.1.1 正常燃烧过程

汽油机正常燃烧过程由定时的电火花点火开始，火焰以正常速度传遍整个燃烧室。

通过示功图研究汽油机的正常燃烧过程，如图8.1所示。为了分析方便，按其压力变化，将正常燃烧过程分成着火落后期、明显燃烧期和后燃期3个阶段。

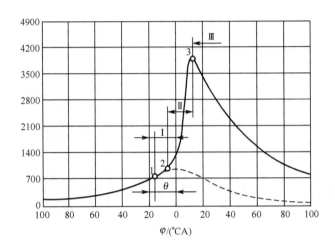

图 8.1 汽油机的正常燃烧过程

Ⅰ—着火落后期;Ⅱ—明显燃烧期;Ⅲ—后燃期
1—开始点火;2—形成火焰中心;3—最高压力点

(1) 着火落后期(图 8.1 中 1-2 段)指从火花塞点火到火焰中心形成的阶段。其定义为从火花塞点火(点 1)至气缸压力线明显脱离压缩线而急剧上升时(点 2)的时间或曲轴转角。

依靠火花塞电极间的高电压(10~15kV)击穿电极间隙的混合气,以产生电火花并点燃附近的混合气,形成火焰中心。在着火落后期内,气缸压力线较压缩压力线无明显变化。

着火落后期长短与混合气成分(ϕ_a=0.8~0.9 时最短)、缸内气体温度和压力、缸内气体流动、火花能量及残余废气量等因素有关。每循环都可能发生变动,为了提高热效率,希望尽量缩短着火落后期。为了发动机运转稳定,更希望着火落后期保持稳定。

(2) 明显燃烧期(图 8.1 中 2-3 段)指火焰由火焰中心传遍整个燃烧室的阶段,也称为火焰传播阶段。其定义为气缸压力线脱离压缩线开始急剧上升(图 8.1 中 2 点,虚线为压缩线)到压力达到最高点(图 8.1 中 3 点)止,是汽油机燃烧的主要时期。

传统汽油机为均质混合气,当火焰中心形成之后,火焰向四周传播,形成一个近似球面的火焰层,即火焰前锋,从火焰中心开始层层向未燃混合气传播,直到连续不断的火焰前锋扫过整个燃烧室。根据缸内气体流动的状况,可分为层流火焰传播和紊流火焰传播(参看第 3 章)。

由于绝大部分燃料在这一阶段燃烧,活塞又靠近上止点,所以压力升高很快。定义压力升高率为 $dp/d\varphi$,代表汽油机工作的粗暴程度。

一般汽油机 $dp/d\varphi$=0.2~0.4[MPa/(°CA)],也可用明显燃烧期平均压力上升速率 $\dfrac{\Delta p}{\Delta \varphi}$[MPa/(°CA)]表示平均压力升高率,即

$$\frac{\Delta p}{\Delta \varphi}=\frac{p_3-p_2}{\varphi_3-\varphi_2} \tag{8-1}$$

式中:p_2、p_3 分别为第二阶段起点和终点的压力,MPa;φ_2、φ_3 分别为第二阶段起点和终点相对于上止点的曲轴转角,°CA。

压力升高率越高,说明燃烧越迅速,动力性和经济性越好,但会使燃烧噪声和振动增大。提高火焰传播速率,可使 $dp/d\varphi$ 增大。火花塞位置、燃烧室型式对压力升高率也有影响。

图 8.1 中最高燃烧压力点 3 到达的时刻,对发动机的动力性、经济性有重大影响。如点 3 到达时刻过早,说明混合气过早点燃,引起压缩负功增加;相反,如 3 点到达时刻过迟,则降低膨胀做功能力,同时,燃烧高温期的传热表面积增加,增大了传热损失。点 3 的位置可以通过调整点火提前角来调整。

(3) 后燃期(图 8.1 中点 3 以后)指明显燃烧期终点 3 开始至燃料基本上完全燃烧为止。点 3 表示燃烧室主要容积已被火焰充满,且混合气燃烧速率开始降低,加上活塞向下止点加速移动,使气缸中压力从点 3 开始下降。为了保证高的循环热效率和尽量大的循环功,应使后燃期尽可能短。

研究表明,为了保证汽油机工作柔和、动力性能良好,一般应使点 2 在上止点前 12~15°CA 到达,最高燃烧压力点 3 在上止点后 12~15°CA 到达,$(dp/d\varphi)_{max} = 0.175$~$0.25 MPa/(°CA)$,整个燃烧持续期在 40~60°CA。其基本方法是控制点火提前角达到最佳。

8.1.2 不规则燃烧

汽油机不规则燃烧是指在稳定正常运转的情况下,各循环之间的燃烧变动和各气缸之间的燃烧差异。前者称为循环波动,后者称为各缸工作不均匀。

1. 循环波动

燃烧循环波动是点燃式发动机燃烧过程的一大特征,是指当发动机以某一工况稳定运行时,这一循环和下一循环燃烧过程的进行情况不断变化。其具体表现在压力曲线、火焰传播情况及发动机功率输出均不相同,图 8.2 示出汽油机典型的气缸压力循环变化情况。

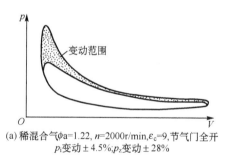
(a) 稀混合气 $\phi_a=1.22$, $n=2000 r/min$, $\varepsilon_c=9$, 节气门全开
p_i 变动 ±4.5%; p_z 变动 ±28%

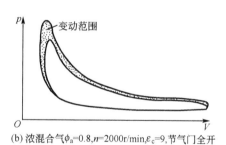
(b) 浓混合气 $\phi_a=0.8$, $n=2000 r/min$, $\varepsilon_c=9$, 节气门全开

图 8.2 汽油机典型的气缸压力循环变化情况

由于存在循环波动,对于每一循环,点火提前角和空燃比等参数都不可能调整到最佳值,因而使发动机油耗上升,功率下降,性能指标得不到充分优化。随着循环波动的加剧,燃烧不正常甚至失火的循环数逐渐增多,碳氢化合物等不完全燃烧产物增多,动力性、经济性下降。同时,由于燃烧过程不稳定,所以也使振动及噪声增大,零部件寿命下降。当采用稀薄燃烧时,这种循环的波动会加剧。所以,循环波动也是汽油机实施稀薄燃烧的难点所在。

导致点燃式发动机燃烧循环变动的原因很多,目前火花塞附近混合气成分波动和气体运动状态波动这两个因素被认为是最重要的。

(1) 混合气成分波动。尽管汽油机的燃烧方式被称为预制均匀混合气燃烧，但这只是相对于柴油机燃烧来说，其宏观是均匀的，而实际上，气缸内燃料、空气及残余废气不可能在短时间内完全混合均匀，所以混合气成分在微观上并不均匀，火花塞附近的混合气成分是随时间不断变化的，这会导致着火落后期的长短和火焰中心初始生长过程随循环产生变动。

(2) 气体运动状态波动。燃烧室内气体的流场特别是湍流强度分布是极不均匀的，火花塞附近微元气体的运动速度和方向，影响火花点火后形成的火焰中心的轨迹以及火焰的初始生长速率，其后的火焰向整个燃烧室发展的进程，如火焰与壁面的关系、火焰前锋面积的变化以及燃烧速率等，也受燃烧室内微元气体的运动速度和方向的影响。气体运动状态波动加剧了循环变动。

下列因素或措施影响或改善循环波动。

(1) 一般当 $\phi_a = 0.8 \sim 1.0$ 时循环波动最小，而过浓或过稀都会使循环波动加剧。可见过量空气系数 ϕ_a 对循环波动的影响很大。

(2) 适当提高气流运动速度和湍流程度可改善混合气的均匀性，进而改善循环波动。

(3) 残余废气系数 γ 过大，则循环波动加剧。

(4) 发动机在低负荷（γ 会增大）、低转速（湍流程度会降低）时，循环波动加剧。

(5) 多点点火有利于减少循环波动。

(6) 提高点火能量、优化放电方式、采用大的火花塞间隙，有助于减小循环波动。

2. 各缸工作不均匀

各缸工作不均匀是针对多缸发动机而言的，各缸间燃烧差异称为各缸工作不均匀。产生各缸工作不均匀的主要原因是各缸进气充量的不均匀、混合气成分不均匀等。由于汽油机是外部混合，在汽油机进气管内存在空气、燃料蒸汽、各种浓度的混合气、大小不一的油粒以及沉积在进气管壁上厚薄不均的油膜，即进气管内的油气分布是多相和极不均匀的，所以要想让它们均匀分配到各个气缸是很困难的。另外，由于进气系统设计不当、进气管动态效应以及各缸进气重叠干涉等原因，使得各缸的实际充量系数不均匀，而汽油机进的是油气混合气，因而进入各缸的燃料绝对量不同。这些原因造成进入各缸的混合气的质和量都不同，由此造成各缸工作不均匀。

各缸工作不均匀性的存在，使得难以找到对各缸都是最佳的点火提前角和过量空气系数，动力性、经济性、排放性等整机指标难以优化，振动及噪声也会增加。

8.1.3 不正常燃烧

汽油机的不正常燃烧是指设计或控制不当，汽油机偏离正常点火的时间及地点，由此引起燃烧速率急剧上升，压力急剧增大等异常现象。不正常燃烧可分爆燃和表面点火两类。

1. 爆燃

爆燃（爆震）是汽油机最主要的一种不正常燃烧，常在压缩比较高时出现。图 8.3 为正常燃烧与爆燃时 $p\text{-}t$ 图和 $\mathrm{d}p/\mathrm{d}t$ 图的比较。如图 8.3 所示，在爆燃时，缸内压力曲线出现高频大幅度波动（锯齿波），同时发动机会产生一种高频金属敲击声，因此也称爆燃为敲缸。当轻微敲缸时，发动机功率上升，而当严重敲缸时，发动机功率下降、转速下降、工作不稳定、机身有较大振动，同时冷却水过热，润滑油温度明显上升。

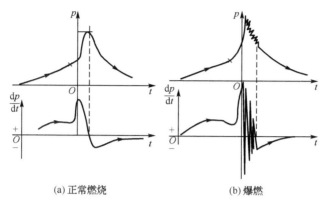

图 8.3　正常燃烧与爆燃时 p-t 图和 dp/dt 图的比较

在火花塞点火后，火焰前锋面呈球面波形状并以正常传播速度（30～70m/s）向周围传播，气缸内压力和温度都急剧升高。混合气燃烧产生的压力波迅速向周围传播，在火焰前锋面之前先期到达燃烧室边缘区域，该区域的可燃混合气（即末端混合气）在压缩终点温度的基础上进一步受到压缩和热辐射，加速其先期反应，并放出部分热量，使本身压力和温度不断升高，燃前化学反应加速。一般来说，这些都是正常现象，但如果这一反应过于迅速，以致在火焰锋面到达之前末端混合气即以低温多阶段方式开始自燃，则引发爆燃。爆燃着火方式类似于柴油机，同时在较大面积上多点着火，所以放热速率极快，局部区域的温度压力急剧增加。这种类似阶跃的压力变化，形成燃烧室内往复传播的激波，猛烈撞击燃烧室壁面，使壁面产生振动，发出高频振音（即敲缸声），这就是爆燃。在爆燃发生时，火焰传播速度为 100～300m/s（轻微爆燃）或 800～1000m/s（强烈爆燃）。

爆燃会给汽油机带来很多危害。当发生爆燃时，最高燃烧压力和压力升高率都急剧增大，因而相关零部件所受应力大幅度增加，机械负荷增大；当爆燃时压力波冲击缸壁破坏了油膜层，导致活塞、气缸和活塞环磨损加剧；当爆燃时剧烈无序的放热还使气缸内温度明显升高，热负荷及散热损失增加；这种不正常燃烧还使动力性和经济性恶化。

根据末端混合气是否易于自燃来分析，影响爆燃的因素如下。

(1) 燃料性质。辛烷值高的燃料，抗爆燃能力强。

(2) 末端混合气的压力和温度。末端混合气的压力和温度增高，则爆燃倾向增大。例如，提高压缩比，则气缸内压力、温度升高，爆燃易发生。

(3) 火焰前锋传播到末端混合气的时间。提高火焰传播速度、缩短火焰传播距离，都会减少火焰前锋传播到末端混合气的时间，有利于避免爆燃。

从以上的分析可以得出结论，发动机工作是否有爆燃现象，一方面取决于所用燃料，另一方面取决于发动机的运转条件和燃烧室的设计。

2. 表面点火

在汽油机中，凡是不靠电火花点火而由燃烧室内炽热表面（如排气门头部、火花塞绝缘体或零件表面炽热的沉积物等）点燃混合气的现象，统称表面点火。表面点火的点火时刻是不可控制的。

早燃是指在火花塞点火之前,炽热表面就点燃混合气的现象。由于它提前点火而且热点表面比火花大,从而使燃烧速率快,气缸压力、温度增高,发动机工作不正常,并且由于压缩功增大,向缸壁传热增加,从而致使功率下降,火花塞、活塞等零件过热。图 8.4 给出汽油机早燃示功图。

早燃会诱发爆燃,爆燃又会让更多的炽热表面温度升高,促使更剧烈的表面点火,两者互相促进,危害可能更大。

与爆燃不同,表面点火一般是在正常火焰燃烧到来之前由炽热物点燃混合气所致,其没有压力冲击波,敲缸声比较沉闷,主要是由活塞、连杆、曲轴等运动件受到冲击负荷产生振动而造成。

凡是能促使燃烧室温度和压力升高以及促使积炭等炽热点形成的一切条件,都能促成表面点火。几种非正常燃烧过程的示功图如图 8.5 所示。

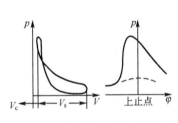

图 8.4 汽油机早燃示功图

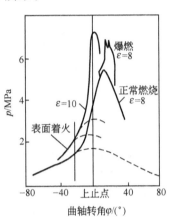

图 8.5 几种非正常燃烧过程的 $p-\varphi$ 图

8.1.4 运转因素对燃烧的影响

1. 点火提前角

点火提前角是从发出电火花到上止点间的曲轴转角。其数值应视燃料性质、转速、负荷、过量空气系数等很多因素而定。

当汽油机保持节气门开度、转速以及混合气浓度一定时,汽油机功率和耗油率随点火提前角改变而变化的关系称为点火提前角调整特性,如图 8.6 所示。对应于每一工况都存在一个最佳点火提前角,这时汽油机功率最大,耗油率最低。已经确定,最佳点火提前角相当于使最高燃烧压力在上止点后 12°～15°时到达,这时实际示功图与理论示功图最为接近(时间损失最小)。

不同点火提前角的 $p-\varphi$ 图如图 8.7 所示。点火过迟,则燃烧延长到膨胀过程,燃烧最高压力和温度下降,传热损失增多,排温升高,热效率降低,但爆燃倾向减小,NO_x 升高,功率、排放量降低。

点火提前角对汽油机的经济性影响较大。据统计,如果点火提前角偏离最佳值 5°曲轴转角,热效率下降 1%;偏离 10°曲轴转角,热效率下降 5%;偏离 20°曲轴转角,热效率下降 16%。影响最佳点火提前角的因素较多(如大气压力、温度、湿度、缸体温度、燃料

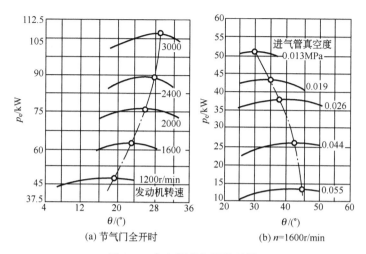

图 8.6 点火提前角调整特性

辛烷值、空燃比、残余废气系数、排气再循环等),且传统的真空和离心调节装置只能随转速、负荷的变化对点火提前角做近似控制。传统的点火控制装置只考虑了影响最佳点火提前角的两个因素,为实现点火提前角的精确控制,近年来发展了一种点火时刻电子控制,它大体上分成两类。一类是计算机开环控制,它是一种预定顺序控制,根据转速传感器和负荷传感器测得的信号,在存储器中预定的点火 MAP 图上找出对应于该工况的近似最佳点火提前角来控制点火系统点火。点火 MAP 图是事先通过试验得到的近似最佳点火提前角与转速和负荷的三维曲线图或表格(第 12 章),存储在存储器中,若多加几个传感器还可监控更多的参数。另一类是闭环控制,闭环控制根据发动机实际运行的反馈信息来控制点火提前角的,所以又称为反馈控制。反馈控制所用的反馈信息是发动机的爆燃信号。在实际应用中,一般都是开环控制和闭环控制并用的混合控制方式。

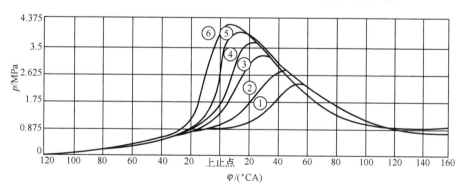

图 8.7 不同点火提前角的 p-φ 图
①、②、③、④、⑤、⑥分别表示 10°、20°、30°、40°、50°、60°点火提前角

2. 混合气浓度

在汽油机的转速、节气门开度保持一定并点火提前角为最佳值时调节供油量,记录功率、燃油消耗率、排气温度随过量空气系数的变化曲线,称为汽油机在某一转速和节气门开度下的混合气浓度调整特性,如图 8.8 所示。

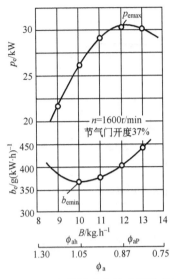

图 8.8 汽油机的混合气浓度调整特性

混合气浓度对汽油机动力性、经济性是有影响的,当 $\phi_a = 0.8 \sim 0.9$ 时,由于燃烧温度最高,火焰传播速度最大,所以 P_e 达最大值,但爆燃倾向增大;当 $\phi_a = 1.05 \sim 1.1$ 时,由于燃烧完全,所以 b_e 最低。使用 $\phi_a < 1$ 的浓混合气工作,由于必然会产生不完全燃烧,所以 CO 排放量明显上升。当 $\phi_a < 0.8$ 及 $\phi_a > 1.2$ 时,火焰速度缓慢,部分燃料可能来不及完全燃烧,因而经济性差,HC 排放量增多且工作不稳定。可见,在均质混合气燃烧中,混合气浓度对燃烧影响极大,必须严格控制。

3. 负荷

在汽油机中,转速保持不变,通过改变节气门开度来调节进入气缸的混合气量,以达到不同的负荷要求。

当节气门关小时,充量系数急剧下降,但留在气缸内的残余废气量不变,使残余废气系数增加,滞燃期增加,火焰传播速率下降,最高爆发压力、最高燃烧温度、压力升高率均下降,冷却水散热损失相对增加,因而燃油消耗率增加。因此,随着负荷的减小,最佳点火提前角要提早(图 8.9)。

4. 转速

当转速增加时,气缸中湍流增加,火焰传播速率大体与转速成正比例增加,因而最高爆发压力、压力升高率随转速的变化不大。此外,在转速升高时,由于散热损失减少,进气被加热,使气缸内混合得更均匀,从而有利于缩短滞燃期。但另一方面,由于残余废气系数增加,因而气流吹走电火花的倾向增大,又促使滞燃期增加。以上两种因素使以秒计的滞燃期与转速的关系不大,但是按曲轴转角计的滞燃期却随转速的增加而增大。因此,当转速增加时,应增大点火提前角。

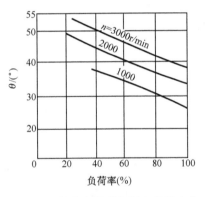

图 8.9 最佳点火提前角随负荷的变化

8.2 汽油机混合气制备原理

8.2.1 汽油机理想混合气特性

混合气浓度是影响汽油机燃烧的重要因素,图 8.8 所示的混合气浓度调整特性表达了过量空气系数 ϕ_a 随工况参数转速 n 和 P_e 的变化关系,使动力性、经济性、排放等指标达到最佳,从而又称为汽油机的理想混合气特性,本节就其制备原理做进一步阐述。

1. 功率混合气与经济混合气

由图 8.8 可知，汽油机在转速和节气门开度不变时，随着混合气浓度的加大（ϕ_a 下降），P_e 会增大，但存在一个最大功率的 ϕ_a 值，以其过量空气系数 ϕ_{aP} 表示，此混合气称为"功率混合气"。此时空气能得到充分的利用而发出最大的功率。过稀则燃料量少，功率减小；过浓则燃烧不完全，燃速会下降，功率也下降。反之，随着 ϕ_a 的上升，又存在一个最低燃油消耗率的 ϕ_a 值，其过量空气系数以 ϕ_{ab} 表示，此混合气称为"经济混合气"。此时，燃油会得到充分的利用，过浓则燃烧效率变低；过稀又会出现燃烧不完全、燃速下降等现象。

2. 理想混合气

汽油机在全负荷运行时，希望获得更大的功率以达到最大的动力性能，此时要求供给功率混合气，而在其他负荷运行时，则应从经济性要求出发，来选用合适的混合气浓度。

1) 经济混合气及功率混合气特性线

图 8.10 为转速不变条件下，不同负荷条件下汽油机的调整特性曲线族，从中可找出 P_e 线族的功率混合气 ϕ_{aP} 线和 b_e 线族的经济混合气 ϕ_{ab} 线。可以看出，随着负荷的下降，ϕ_{aP} 及 ϕ_{ab} 值都往加浓的方向移动。这是因为负荷越低，残余废气系数 γ 越大，燃烧越不理想，使得混合气的可燃限变浓，所以 ϕ_{aP} 及 ϕ_{ab} 都只有偏浓一点才能保持前述的最大功率与最经济的条件。试验结果表明，在中大负荷条件下，ϕ_{aP} 在 0.80～0.90 而 ϕ_{ab} 在 1.05～1.10 范围内变动；当低于 40% 节气门开度时，$\phi_{ab}<1.0$；在起动、怠速条件下，$\phi_{ab}=0.67$～0.84。试验结果还表明，当负荷不变而转速变化时，ϕ_{aP} 及 ϕ_{ab} 值的变化都不大。

以图 8.10 曲线为基础，可做出经济混合气 ϕ_{ab} 随节气门开度（或 P_e）的变化特性线，如图 8.11 所示。此外，在图 8.11 上 100% 节气门开度处取功率混合气 ϕ_{aP} 值，再从 85% 开度起逐步由 ϕ_{ab} 过渡到 ϕ_{aP}。以虚线表示。实际上，这只是一种近似的结果。真正的理想混合气特性是通过台架试验的全面调整做出来的（见下文）。

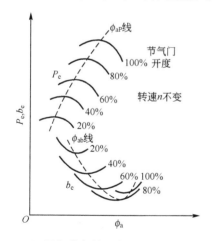

图 8.10 不同负荷条件下汽油机的调整特性曲线族

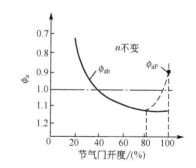

图 8.11 ϕ_{aP} 及 ϕ_{ab} 随节气门开度的变化特性

2) 理想负荷特性线

理想混合气特性是由理想负荷特性曲线转换而得的。负荷特性线是指在转速不变时，

b_e 随负荷而变化的规律,在第 11 章中将详细说明。若负荷特性线在节气门全开时获得功率混合气,从而达到最大功率,而在其他点都达到最经济时,则此线就是理想负荷特性线。通过发动机台架试验求取理想负荷特性的方法如下。

(1) 当转速固定时,作出各个节气门位置的调整特性线。图 8.12(a)为其中的一例。

(2) 将这些调整特性线转为图 8.12(b)所示的负荷特性线。此线呈鱼钩状,其 P_{emax} 及 b_{emin} 两个点分别与图 8.12(a)的 ϕ_{aP} 及 ϕ_{ab} 对应。

(3) 将所有节气门位置的鱼钩线统一画在图 8.12(c)的 b_e-P_e 坐标图上,然后取其外包络线,它就是该转速的最经济的负荷特性线。因为经过了全面的调整,各负荷的 b_e 值不可能再低于此包络线。

如果将各个鱼钩线的最低点,即各负荷的经济混合气 ϕ_{ab} 之 b_e 值点连起来,得到虚线所示的曲线,这正是图 8.12 上 ϕ_{ab} 线对应的负荷特性线,与包络线相比,显然不是最经济的负荷特性线。

(4) 若图 8.12(c)中的最经济负荷特性线从 85% 节气门开度到 100% 节气门开度时逐步过渡调整到 ϕ_{aP} 功率混合气,则得到最大功率 P_{emax} 值,这就得到理想负荷特性线。

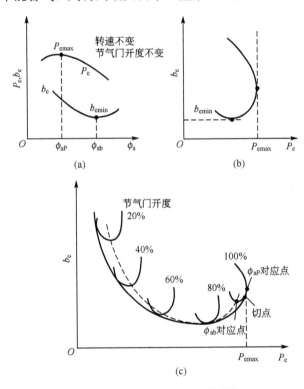

图 8.12 理想负荷特性线的制取

3) 理想混合气特性

将上述试验作出的理想负荷特性线,按图 8.12 的相反顺序作图,可得到对应的 ϕ_a-P_e 线或 ϕ_a-节气门开度线,这就是该转速的理想混合气特性线。各转速的特性线叠在一起,就是理想混合气的全特性线族,如图 8.13 所示。

理想混合气的特性是所有汽油机供油装置制备混合气的依据。当然,在此基础上还要考虑排放、噪声等性能的综合影响,才会成为实用的混合气控制 MAP 图。应该指出,这只是汽油机在均匀混合气工作时的理想特性,并未包括非均匀稀燃混合气工作时的空燃比范围。

4) 动态过程对混合气特性的要求

汽车在运行中的主要动态过程过渡工况可分为冷起动、暖机、加速和减速 3 种形式,分述如下。

当冷车起动时,由于发动机的转速和燃烧室壁面温度低、空气流速慢,导致汽油蒸发和雾化条件不好,因此要求发动机供给很浓的混合气。为保证冷起动顺利,要求供给的混合气空燃比达 2∶1 才能在气缸中产生可燃混合气。

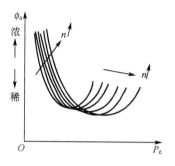

图 8.13 理想混合气全特性线族

在暖车过程中,尽管发动机温度随着转速的提升也在逐步上升,但发动机温度仍然较低,气缸内的废气相对较多,混合气受到稀释,对燃烧不利,为保持发动机稳定运行也要求浓的混合气。暖车的加浓程度,应在暖车过程中逐渐减小,一直到发动机能以正常的混合气在稳定工况下运转为止。

汽车在加速时,节气门突然开大,进气管压力随之增加。由于液体燃料流动的惯性和进气管压力增大后燃料蒸发量减少,大量的汽油颗粒沉积在进气管壁上,形成厚油膜,这样会造成实际混合气成分瞬间被稀释,从而使发动机转速下降。为防止这种现象发生,要喷入进气管附加燃料,才能获得良好的加速性能。

汽车在急减速时,驾驶员迅速松开加速踏板,节气门突然关闭,此时由于惯性作用,发动机仍保持很高的转速。因为进气管真空度急剧升高,进气管内压力降低,促使附着在进气管壁上燃油加速气化,造成混合气过浓。为避免这一情况发生,在发动机减速时,供给的燃料应减少。

8.2.2 化油器式供油系统混合气的形成原理

1. 理想化油器特性

图 8.14 是化油器制备混合气的原理简图。化油器的喉管(2)位于空滤器与进气总管之间。在吸气过程进行中,当进气气流流经喉管时,因气流加速而出现一定真空。化油器燃

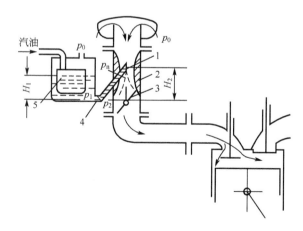

图 8.14 化油器制备混合气的原理简图

1—燃油喷管;2—喉管;3—节气门;4—主量孔;5—浮子室

油喷管(1)插入喉管(2)。喉管真空度将化油器浮子室(5)中的燃油吸入喉管,与进入的空气混合形成可燃混合气再进入气缸。

在化油器和汽油机的结构参数不变的条件下,混合气的 ϕ_a 值只取决于喉管的真空度 Δp_n 或进气流量 $\dot{m}_a$。$\Delta p_n = p_0 - p_n$,这里 p_n 是喉管最小截面处的绝对压力,p_0 为喉管上方、空滤器之后的压力,一般视为大气压力。Δp_n 与 $\dot{m}_a$ 是和汽油机功率 P_e 或节气门开度成正比的,所以化油器只能调制出一条 $\phi_a = f(P_e)$ 或 $\phi_a = f(\dot{m}_a)$、$\phi_a = f(\Delta p_n)$ 曲线,而图 8.13 的理想混合气特性是 ϕ_a-P_e 的一族曲线,这就意味着化油器调制出的一个点要适应多个工况的要求。例如,同一进气流量 $\dot{m}_a$,既可由高速、小节气门开度工况得到,也可由低速、大节气门开度工况获得。因此 ϕ_a 的确定只能是多工况要求的折中,也就是说化油器制备原理本身就满足不了理想混合气精确调控的要求。

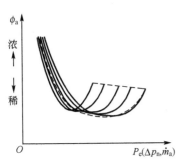

图 8.15 理想化油器特性线

图 8.15 中的虚线是由理想混合气全特性线折中后得到的一条 $\phi_a = f(P_e)$ 线,被称为理想化油器特性线。化油器若能调制出这一条线,则将达到化油器的最佳水平。此线右方折返的横虚线,代表各个转速条件下功率混合气 ϕ_{aP} 值的连线。

2. 简单化油器特性

简单化油器实际上就是只有主供油系的化油器。图 8.14 中除前已说明的 Δp_n、p_n、p_0 等量之外,p_1 是浮子室下部油量孔处的压力;p_2 是喷管下部油量孔外的压力;H_1、H_2 分别是由油量孔中心算起的到达浮子室油面和喷管口的高度,$\Delta H = H_2 - H_1$。

简单化油器的进气流量计算式为

$$\dot{m}_a = \mu_a F_a v_a \rho_a \tag{8-2}$$

式中:μ_a 为喉口流量系数;F_a 为喉口最小截面积;ρ_a 为通过喉口的空气密度;v_a 为喉口空气流速。

$$v_a = \sqrt{2\Delta p_n / \rho_a}$$

将 v_a 代入上式后得

$$\dot{m}_a = \mu_a F_a \sqrt{2\Delta p_n \rho_a} \tag{8-3}$$

通过喷油口(亦即通过主量孔)的供油率为

$$\dot{m}_f = \mu_f F_f v_f \rho_f = \mu_f F_f \sqrt{2\Delta p \rho_f} \tag{8-4}$$

上式各符号的下标 f 表示燃油,符号意义与气流相同。

$\Delta p = p_1 - p_2$ 为主量孔前后的压差。因为 $p_1 = p_0 + gH_1\rho_f$,$p_2 = p_n + gH_2\rho_f$,所以 $\Delta p = p_1 - p_2 = \Delta p_n - g\Delta H\rho_f$。

将 Δp 代入式(8-4)整理后得

$$\dot{m}_f = \mu_f F_f \sqrt{2(\Delta p_n - g\Delta H\rho_f)\rho_f} \tag{8-5}$$

由式(8-3)、式(8-5)的 $\dot{m}_a$、$\dot{m}_f$ 可求得 ϕ_a 的表达式

$$\phi_a = \frac{\dot{m}_a}{\dot{m}_f l_0} = \frac{\mu_a F_a}{l_0 \mu_f F_f} \sqrt{\frac{\rho_a}{\rho_f}} \sqrt{\frac{\Delta p_n}{\Delta p_n - g\Delta H\rho_f}} \tag{8-6}$$

按式(8-6),在图 8.16 上做出实线所示的 $\phi_a = f(\Delta p_n)$ 曲线就是简单化油器特性线。

该线有如下特点。

(1) $\Delta p_n < g\Delta H \rho_f$ 时，不供油。此时，真空度 Δp_n 不足以提升 ΔH 的油柱，致使油面达不到喷管口。

(2) 在 Δp_n 加大后开始喷油。ϕ_a 由 ∞ 趋于一个常数。该值由式(8-5)中各参数所决定，并可以按要求选用不同参数来加以调节。

3. 实际化油器特性的获取

在图 8.16 上选择此常数为 1.0，再画上虚线所示的理想化油器特性线，可以明显看出两条线有很大的差距。为此，要进行各种校正来接近理想化油器特性的要求。现将曲线分为 Ⅰ、Ⅱ、Ⅲ 3 个区段。

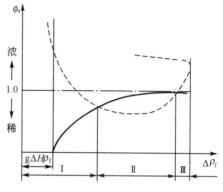

图 8.16　简单化油器特性的校正

(1) 低怠速的 Ⅰ 区值 ϕ_a 过大，即混合气过稀，甚至不出油。为此，要附加怠速油系进行怠速供油，同时，由怠速圆滑过渡到主喷油段，满足低速供油和平稳过渡的要求。

(2) 主供油 Ⅱ 区的 ϕ_a 值过小，混合气偏浓。一般采用渗气补偿装置(带泡沫管的补偿油井)来校正。

(3) 大负荷、满负荷 Ⅲ 区 ϕ_a 过大而混合气偏稀。因此要加装机械及真空加浓装置(省油器)，使油门开度从 85% 左右开始逐步加浓到满负荷的 ϕ_{aP} 值。

经过上述校正，化油器才能满足现代汽油机的稳态运行的基本要求。

4. 动态过程的混合气制备

在汽车加速时，由于燃油的惯性比空气大得多，所以燃油量的增加相对于空气量的增加要滞后，再加上节气门突然加大，进气管真空度陡然下降，管壁的油膜蒸发量立即减少，这些都造成短时间混合气的过稀，使加速性能下降，甚至发动机灭火。为此，现代化油器上都加装了加速加浓(加速油泵)装置。

在汽车减速时则相反，燃油比空气减得慢，而节气门关小，进气管真空度加大，使管壁油膜蒸发量快速增多，这些又使混合气短期变浓，从而造成燃烧恶化，碳氢化合物等有害物质排放量激增。为此，设置了节气门缓冲器以减慢节气门关闭速度。

在起动时，由于转速极低，喉管真空度太小，以致连怠速油系都出不了油。为此，要加装阻风门等各种起动辅助装置，使起动—暖机—怠速过程能正常、迅速地完成。

以上稳态和动态的各种化油器校正与辅助装置，保证了现代化油器能满足汽油机制备混合气的基本要求。

8.2.3　电控燃油喷射式供油系统混合气的形成

1. 电控汽油喷射供给系统的分类

1) 按喷射位置分类

根据汽油的喷射位置，汽油喷射系统可分为缸内喷射和进气管喷射两大类，进气管喷射又进一步分为单点喷射和多点喷射。

(1) 缸内喷射。缸内喷射是将喷油器安装于缸盖上而直接向气缸内喷油，因此需要较高的喷油压力(3.0～4.0MPa)。由于喷油压力较高，故对供油系统的要求较高，成本也相应较高。另外在发动机设计时需保留喷油器的安装位置。

(2) 进气管喷射。进气管喷射又分为单点喷射和多点喷射。

单点喷射系统是把喷油器安装在化油器所在的节气门段，它是用一个喷油器将燃油喷入进气流，形成混合气进入进气歧管，再分配到各缸中，其结构示意图如图 8.17(a)所示。

多点喷射系统是在每缸进气口处装有一只喷油器，由电控单元(ECU)控制进行顺序喷射或分组喷射，汽油直接喷射到各缸的进气门前方，再与空气一起进入气缸形成混合气。多点喷射系统是目前最普遍的喷射系统，其结构示意图如图 8.17(b)所示。

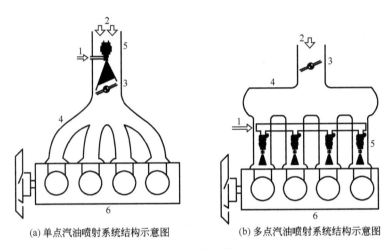

(a) 单点汽油喷射系统结构示意图　　(b) 多点汽油喷射系统结构示意图

图 8.17　进气管喷射示意图

1—汽油；2—空气；3—节气门；4—进气歧管；5—喷油器；6—发动机

2) 按喷射方式分类

按喷射方式不同，汽油喷射系统可分为连续喷射和间歇喷射两种。

连续喷射是指在发动机整个工作过程中连续喷射燃油。连续喷射是燃油喷到进气道内，而且大部分的燃油是在进气门关闭时喷射的，因此大部分的燃油是在进气道内蒸发的。由于连续喷射系统无须考虑发动机的工作顺序，故控制系统结构较为简单，一般多应用于机械式或机电结合式燃油喷射系统中。

间歇喷射又称为脉冲喷射。间歇喷射是每缸每次喷射都有一个限定的持续时间，其特点是喷油频率与发动机转速同步，且喷油量只取决于喷油器的开启时间(喷油脉冲宽度)。因此 ECU 可以根据各种传感器所获得的发动机运行参数动态变化的情况，精确计量发动机所需喷油量，再通过控制喷油脉冲宽度来控制发动机在各种工况下的可燃混合气的空燃比。由于间歇喷射方式的控制精度较高，故被现代发动机广泛采用。

间歇喷射按喷油时序又可细分为同时喷射、分组喷射和顺序喷射 3 种形式，有关内容参见第 12 章。

3) 按空气流量测量方法分类

按空气流量测量方法不同，汽油喷射系统可分为两种：①直接测量空气质量流量的方式，称为质量(或体积)流量控制的汽油喷射系统；②根据进气管压力和发动机转速，推算吸入的空气量，并计算燃油流量的速度密度方式，称为速度密度控制的汽油喷射系统。

2. 化油器与汽油喷射系统的比较

电子控制汽油喷射系统是以燃油喷射装置取代化油器，通过微电子技术对系统实行多参数控制。概括起来，与化油器相比，汽油喷射具有下列优点。

（1）可以对混合气空燃比进行精确控制，使发动机在任何工况下都处于最佳工作状态，特别是对过渡工况的动态控制，更是传统化油器式发动机所无法做到的。

（2）由于进气系统不需要喉管，减少了进气阻力，加上不需要对进气管加热来促进燃油的蒸发，所以充量系数高。

（3）由于进气温度低，使得爆燃燃烧得到了有效控制，从而有可能采取较高的压缩比，这对发动机热效率的改善是显著的。

（4）保证各缸混合比的均匀性问题比较容易解决，相对发动机可以使用辛烷值低的燃料。

（5）发动机冷起动性能和加速性能良好，且过渡圆滑。

3. 几种电控喷射系统的结构

（1）D型电控汽油喷射系统。D型电控汽油喷射系统是根据进气管压力和发动机转速推算每次循环吸入的空气量，再根据推算的空气量计算出需要喷射的燃料量，并控制喷油器工作。由于进气管压力和空气流量呈非线性关系，且管内空气压力波动，所以影响进气量的测量精度。图8.18为D型电控喷射系统的简图。

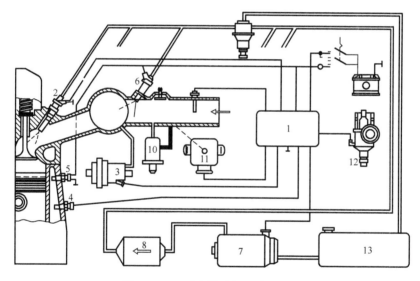

图8.18　D型电控喷射系统的简图

1—电子控制单元；2—喷油器；3—进气歧管绝对压力传感器；
4—冷却液温度传感器；5—温度开关或温度时间开关；
6—冷启动喷油器；7—电动燃油泵；8—燃油滤清器；
9—燃油压力调节器；10—辅助空气阀；11—节气门开关；
12—带喷油脉冲触发触点的分电器；13—油箱

（2）L型电控汽油喷射系统。L型电控汽油喷射系统是根据空气流量计直接测量进气歧管的空气量，再根据测量的空气量和发动机转速计算出需要喷射的燃料量，并控制喷油器工作。由于空气量为直接测量，所以测量准确程度高于 D 型。图 8.19 为 L 型电控喷射系统的简图。

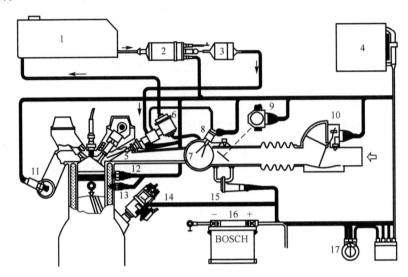

图 8.19 L 型电控喷射系统的简图

1—燃油箱；2—电动燃油泵；3—燃油滤清器；4—电子控制单元 ECU；5—喷油器；
6—燃油分配管(油轨)和燃油压力调节器；7—进气总管；8—冷起动喷油器；9—节气门开关；
10—阻流板式空气流量传感器；11—氧传感器；12—温度时间开关；13—冷却液温度传感器；
14—分电器；15—辅助空气阀；16—蓄电池；17—点火-起动开关

(3) Mono 系统。Mono 系统如图 8.20 所示。该系统是一种低压中央喷射系统，即单点喷射系统，在原来安装化油器的部位仅用一只电磁喷油器进行集中喷射，与化油器相比，其能迅速输送燃油通过节气门，在节气门上方没有或很少有燃油附着壁面现象，因而消除了由此而引起的混合与燃烧的延迟，缩短了供油和空燃比信息反馈之间的时间间隔，提高了控制精度，从而使排放效果得以改善。

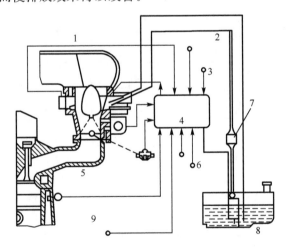

图 8.20 Mono 系统

1—中央喷射组件；2—起动电动机；3—点火装置；4—电子控制器；5—温度传感器；
6—转速/触发传感器；7—燃油滤清器；8—电动燃油泵；9—氧传感器

4. 电控汽油喷射供给系统控制原理

汽油机电控汽油喷射系统一般由进气系统、燃料供给系统和电子控制系统三部分组成，这三部分结构和工作原理参考有关发动机构造书籍。基本控制原理如下。ECU 是电控汽油喷射系统的核心，内装有微型计算机，而发动机工作状态通过传感器反映给 ECU。在 ECU 内存储喷射持续时间、点火时刻、怠速和故障诊断等数据，这些存储的数据与发动机工况以及计算机程序相匹配。ECU 利用这些数据和来自发动机上各种传感器的信号，经过逻辑运算，又输出控制信号给执行器，从而通过执行器控制发动机工作状态。

电子控制单元原理图如图 8.21 所示，电子控制单元 ECU 的硬件分成输入级、微型计算机和输出级三部分。随着芯片集成度的提高，现代 ECU 中的微处理机、存储器、时钟发生器、定时器、输入/输出(I/O)接口和输入级中的模/数(A/D)转换器等均已集成于一块大规模集成电路芯片中，称为单片机，其具有计算机的全部功能。执行元件也称执行器，它是受 ECU 控制、具体执行某项控制功能的装置。喷油控制系统中主要的执行元件是电控喷油器等。由于空燃比(喷油量)控制只是汽油机众多调控参数之一，故有关控制功能与控制策略内容参看第 12 章。

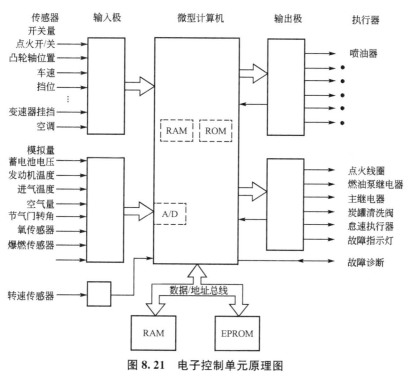

图 8.21 电子控制单元原理图

8.3 汽油机的燃烧室

8.3.1 汽油机对燃烧室的要求

燃烧室结构直接影响到发动机充量系数、火焰传播速率及放热率、传热损失及爆燃的发生,从而影响发动机的性能。为了使汽油机动力性高、经济性好、工作平稳、噪声小、排气污染小,对燃烧室的要求如下。

1. 结构紧凑

面容比 F/V(燃烧室表面积与容积之比)常用于表示燃烧室的紧凑性。它与燃烧室型式以及汽油机的主要结构参数有关,例如,侧置气门燃烧室的 F/V 大,而顶置气门燃烧室的 F/V 要小得多;即使都是顶置气门,不同形状燃烧室的 F/V 值也是有差别的。

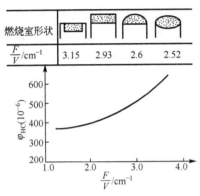

一般来说,F/V 大,火焰传播距离长,容易爆燃,HC 排放高(图 8.22),相对散热面积大,热损失大。面容比值较小,则燃烧室紧凑,其具有的优点为:①火焰传播距离小,不易爆燃,可提高压缩比;②相对散热损失小,热效率高;③熄火面积小,HC 排量少。

2. 具有良好的充气性能

应允许有较大的进、排气门流通截面,这样可以提高充气系数,降低泵气损失;燃烧室壁面与气门头部要有足够的间隙,以避免壁面的遮蔽作用。

图 8.22 几种燃烧室的 F/V 与 HC 排放

3. 火花塞位置安排得当

火花塞的位置直接影响火焰传播距离的长短、火焰面积扩大率和燃烧率,从而影响抗爆性,也影响火焰面积扩展速率和燃烧速率。在布置火花塞时必须考虑以下因素。

(1) 能利用新鲜混合气充分扫除火花塞间隙处的残余废气,使混合气易于着火。这一点对暖机和低负荷的运转稳定性更为重要,但气流不能过强,以免吹散火花。

(2) 火花塞应靠近排气门处,使受灼热表面加热的混合气及早燃烧,以免发展为爆燃燃烧。

(3) 火花塞的布置应使火焰传播距离尽可能的短。

(4) 不同的火花塞位置对燃料辛烷值要求也不同。图 8.23 表示一种顶置气门燃烧室火花塞位置对辛烷值的要求。

4. 燃烧室形状合理分布

不同的燃烧室形状实际上反映混合气气体的分布情况,与火花塞位置相配合,也就决定了不同的燃烧放热率和火焰传播到边缘可燃混合气的距离,从而影响抗爆性、工作粗暴性、经济性和平均有效压力。在特制形状的燃烧室中的试验结果表明,在圆锥形底部点火时,开始燃烧速率大,后期缓慢;在圆锥形顶部点火时则正好相反,开始缓慢,后期快速燃烧;而圆柱形介于两者之间。楔形燃烧室与圆锥形底部点火类似,浴盆形燃烧室与圆柱形类似。燃烧室形状对燃烧放热率的影响如图 8.24 所示。

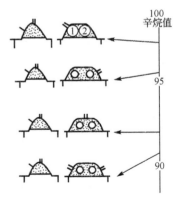

图 8.23 顶置气门燃烧室火花塞位置对辛烷值的要求

$n=1000$ r/min;$\varepsilon_c=9$;

1—进气门;2—排气门

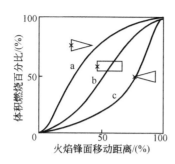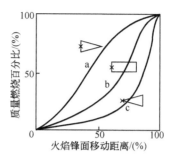

图 8.24 燃烧室形状对燃烧放热率的影响

合理的分布应使燃烧初期压力升高率小，工作柔和；中期放热量最多，获得较大的功；后期补燃较少，有较高的热效率。

5. 要产生适当的气体流动

在燃烧室内形成适当强度的气体流动有以下优势：①增加火焰传播速度；②扩大了混合气体的着火界限，可以燃烧更稀的混合气；③降低了循环变动率；④降低了HC排量。需要注意的是过强的气流会使热损失增加，还可能因吹熄而失火。

6. 适当冷却末端混合气

末端混合气要有足够的冷却强度，以降低终燃混合气温度，减轻爆燃倾向。但又不可使激冷层过大，以免增加 HC 的排放。

8.3.2 传统汽油机燃烧室

（1）楔形燃烧室。楔形燃烧室如图 8.25 所示。这种燃烧室结构较紧凑，火焰传播距离较短。气门倾斜 6°～30°，使得气道转弯小，且这种燃烧室气门直径较大，所以充气性能较好。楔形燃烧室有一定的挤气面积，并且末端混合气冷却作用较强，故压缩比可达 9.5～10.5。这种燃烧室有较高的经济性、动力性。

楔形燃烧室的火花塞布置在楔形高处，对着进、排气门之间，有利于新鲜混合气扫除火花塞附近的废气，且低速、低负荷性能稳定。但由于混合气过分集中在火花塞处，因而使得初期燃烧速度大、$\Delta p/\Delta \varphi$ 值较高、工作粗暴、NO_x 排出量较高。由于挤气面积内的熄火现象，废气中 HC 的含量也较多，故需控制挤气面积。

楔形燃烧室曾是车用汽油机采用比较广泛的一种，过去我国 CA-72 型小客车汽油机及 486(3Y)、491(4Y)、489(GM2.0) 型汽油机均采用此种燃烧室。由于楔形燃烧室进、排气门只能单行排列，采用多气门机构困难，故现在高性能轿车汽油机上较少应用。

（2）浴盆形燃烧室。浴盆形燃烧室如图 8.26 所示。

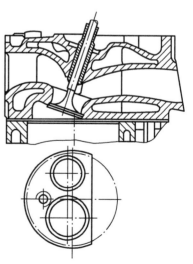

图 8.25 楔形燃烧室

这种燃烧室高度是相同的，宽度允许略超出气缸范围来加大气门直径。从气流运动考虑，希望在气门头部外径与燃烧室壁面之间保持 5～6.5mm 的壁距，这样使气门尺寸所受的限制比楔形大。浴盆形燃烧室的特点是：具有一定的挤气面积，但挤流效果差；火焰传播距离较长，燃烧速度较低，使整个燃烧时间长，经济性、动力性不高，HC 排量多；$\Delta p/\Delta \varphi$ 值低，工作柔和，NO_x 的排量较少，工艺性好。我国 6100Q 汽油机、BJ212 汽油机采用此种燃烧室。

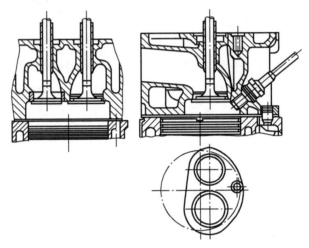

图 8.26 浴盆形燃烧室

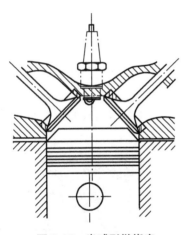

图 8.27 半球形燃烧室

（3）半球形燃烧室。半球形燃烧室如图 8.27 所示。这种燃烧室结构紧凑，且由于火花塞位于中间，故火焰传播距离也是最短的。进排气门倾斜布置，使气门直径较大、气道转弯较小、充气效率高，且对转速变化不敏感，最高转速在 6000r/min 以上的车用汽油机几乎都采用此类燃烧室。因此半球形燃烧室有较好的动力性和经济性，由于面容比较小，故 HC 排放量低。其缺点是由于火花塞附近有较大容积，因而使燃烧速率大，压力升高率大，工作粗暴；NO_x 排放较多，末端混合气冷却较差，气门驱动机构也较复杂。

8.3.3 汽油机稀薄燃烧系统

常规汽油机（包括化油器式和大部分进气道喷射式汽油机）其混合气是均质的，一般在空燃比 $\alpha=12.6\sim17$ 范围内工作。常规汽油机的主要缺点是：为了防止发生爆燃，采用较低压缩比，这导致热效率较低；浓混合气的比热容低，使热效率降低；只能用进气管节流方式对混合气充量进行调节，即所谓量调节，这使得泵气损失较大；在化学计量比附近燃烧，其有害排放特别是 NO_x 排放较高。总之，常规汽油机，特别是用三元催化剂的汽油机，过量空气系数必须控制在 $\phi_a=1$ 左右，从而限制其性能进一步提高。

稀薄燃烧汽油机是一个范围很广的概念，只要 $\alpha>17$，就可以称为稀薄燃烧汽油机。稀燃汽油机分可为两类，一类是非直喷式稀燃汽油机，包括均质稀燃和分层稀燃式汽油机，一般只能在 $\alpha<25$ 的范围内工作；另一类是缸内直喷式稀燃汽油机，可在 $25\leqslant\alpha\leqslant50$ 范围内稳定工作。与常规汽油机相比，稀薄燃烧汽油机同时兼顾了燃油经济性和低排放特性。

图 8.28 表示了常规、非直喷稀燃和直喷式稀燃三种燃烧方式的汽油机排放特性和燃油经济性对比。

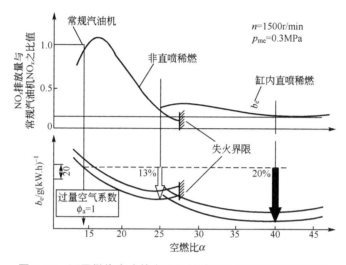

图 8.28 不同燃烧方式的汽油机排放特性和燃油经济性对比

1. 均质稀混合气的燃烧室

1）TGP 燃烧室

如图 8.29 所示，在 TGP 燃烧室中设有一个预燃室，其容积 V_p 与主燃烧室容积 V_m 之比不大于 20%，火花塞位于通道中。在压缩过程中，新鲜混合气进入预燃室，产生适当的涡流，并对火花塞间隙进行扫气，促进着火。火焰中心进入预燃室，引起迅速燃烧，结果形成火焰束喷入主燃烧室，使主燃烧室气体产生强烈紊流，促进了主燃烧室燃烧。TGP 燃烧室与传统型燃烧室放热率、NO_x 的比排放量的比较分别如图 8.30 和图 8.31 所示。

2）双火花塞燃烧室

在图 8.32 所示的双火花塞燃烧室中，在离半球形燃烧室中心两边等距离处各布置一个火花塞，因而火焰传播距离仅为缸径的一半，点火提前角可减小，这样提高了点火时混合气的压力和温度，使着火性能得到改善，燃烧持续时间缩短，从而提高了发动机的性能。

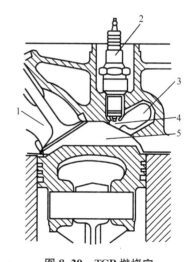

图 8.29 TGP 燃烧室
1—进气口；2—火花塞；3—紊流发生器 V_p；
4—孔道；5—主燃烧室

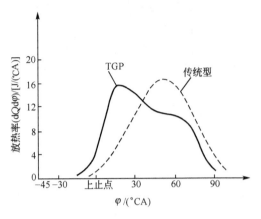

图 8.30 TGP 燃烧室与传统型
燃烧室放热率的比较

（$n=2000$ r/min，$\alpha=15$，排量：四缸，2000mL）

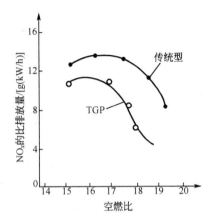

图 8.31 TGP 燃烧室与传统型燃烧室
NO_x 的比排放量的比较

（$n=2400$ r/min，排量：四缸，2000mL）

2. 分层燃烧燃烧室

均质预混合燃烧通过采用燃烧室改进、高湍流和高能点火（或双火花塞）等技术，可使汽油机的稳定燃烧界限超过 $\alpha=17$，即实现均质稀燃。但随 α 继续增大，这种均质的混合气逐渐难以点燃并且燃烧速度也显著减慢，造成燃烧不稳定和 HC 排放回升，以致无法正常工作。

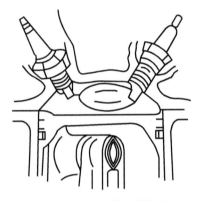

图 8.32 双火花塞燃烧室

为了提高稀燃界限，可采用分层充气燃烧，即在火花塞附近形成具有良好着火条件的较浓的可燃混合气，而在周边区域是较稀混合气或空气。分层燃烧的汽油机可稳定工作在 $\alpha=20\sim25$ 范围内。分层充气使燃烧燃油耗率降低 13% 左右，且 NO_x 也有显著降低。

分层往往是通过不同的气流运动和供油方法实现的，从 20 世纪 70 年代起，人们就开始探索在化油器式汽油机上进行分层稀薄燃烧的研究。

1) 美国德士古分层燃烧系统（TCCS）

如图 8.33 所示，此系统吸入气缸的是空气，由螺旋进气道或导气屏组织强进气涡流。在压缩上止点前 30°左右，喷油嘴顺气流方向将汽油喷入气缸，燃油随气流流动，火花塞位于喷嘴下方边缘，此处混合气浓，容易着火。在着火后，火焰、燃气随气流扩展，被气流带离火花塞、喷油嘴，新鲜空气又被涡流带到燃油喷射区。这种燃烧系统并不一定利用气缸中的全部空气，且当小负荷时，燃烧产物扩展区域并不大，随负荷增加，喷油持续期延长，燃烧产物区域也随之扩展。

TCCS 具有以下优点。

(1) 压缩比可提高到 12，功率可采用变质调节，因此在部分负荷时有较高的经济性。

(2) 对燃料辛烷值不敏感，可以燃烧汽油、煤油、柴油，具有优异的多种燃料性能。

TCCS 系统具有以下缺点。

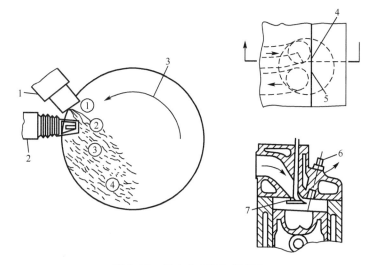

图 8.33　德士古 TCCS 燃烧室
1—喷嘴；2—火花塞；3—空气流动方向；4—喷嘴；
5—火花塞；6—喷嘴；7—挡板阀

（1）NO_x 的含量高。

（2）当分层不好时，高负荷冒黑烟，低负荷因过量空气系数过大，燃烧不好，HC 含量增加。

（3）对加速、减速等过渡工况及周围环境变化适应性较差。

（4）技术要求高，推广有一定困难。

2）CVCC(Compound Vortex Controlled Combustion)燃烧系统

由本田公司提出的 CVCC 燃烧系统如图 8.34 所示。它实际上是一种分区燃烧方式，有主、副两个燃烧室和两个化油器。当工作时，向主燃烧室供给较稀混合气，而向副燃烧室供给少量浓混合气，而在压缩过程中，副燃烧室内形成的是易于着火的混合气。火花塞首先点燃副燃烧室中的混合气，再由副燃烧室喷出的火焰点燃主室的稀混合气。

CVCC 燃烧系统主燃烧室不组织涡流，加上主、副燃烧室之间的火焰孔面积较大，不可能引起强烈的燃烧紊流，因此燃烧速度低，过后燃烧严重，而且 CVCC 燃烧系统的 NO_x 排放量仅为一般汽油机的 1/3。同时由于富氧和燃烧较慢的原因，排气温度高且处于氧化性气氛，加之装有热反应器，因而使排气中的 HC 和 CO 进一步氧化。

3）轴向分层稀燃系统

轴向分层稀燃系统工作原理如图 8.35 所示。进气过程早期只有空气进入气缸，进气组织较强的涡流；当进气门开启接近最大升

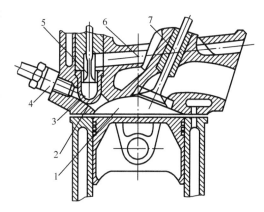

图 8.34　CVCC 燃烧系统
1—主燃烧室；2—火焰通道；3—副燃烧室；
4—火花塞；5—辅助进气门；
6—副进气道；7—主进气门

程时,通过安装在进气道上的喷油器将燃料对准进气阀喷入缸内;燃料在涡流的作用下,沿气缸轴向发生上浓下稀分层;压缩过程维持这种轴向分层,在火花塞附近存在较浓的混合气,而其余部分混合气较稀。

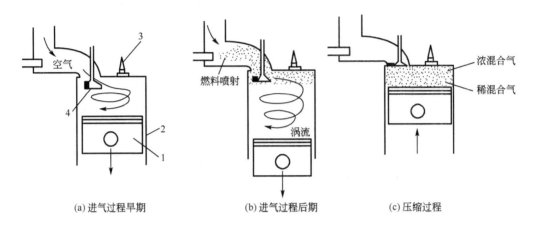

图 8.35 轴向分层稀燃系统工作原理

1—活塞;2—气缸;3—火花塞;4—导气屏进气门

4) 滚流(纵涡)分层稀燃系统

图 8.36 为三菱公司在 1991 年开发成功的纵涡分层稀燃系统(Mitsubishi Vertical Vortex,MVV)。在进气道中设置两块薄的垂直隔板,使进气在气缸内形成三股独立的滚流,外层的两股涡流仅由空气组成,中间的一股是浓的混合气,这样强的空气和燃料线型气流,大大抑制了水平涡流的形成,同时防止它们彼此混合,使燃料和空气在压缩过程维持分层,保证在火花塞附近形成浓混合气,并向缸壁逐渐稀化。

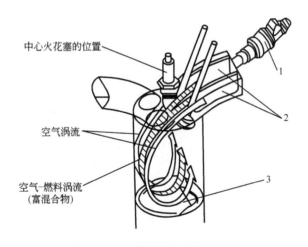

图 8.36 三菱纵涡分层燃烧系统

1—燃料喷射器;2—进气口隔板;3—翻滚控制活塞

5) 四气门分层稀燃系统

AVL 公司在 1990 年提出的四气门高压缩快速燃烧系统(High Compression Fast Burn,HCFB)如图 8.37 所示。在进气系统中有一个切向进气道(1)和一个中性进气道(2)分别独立地通往各自的进气门。切向进气道产生绕气缸中心线旋转的进气涡流；同时，中性进气道末端与气缸中心线的夹角较小而产生向下的气流，该气流与活塞运动相配合，产生一种其旋转轴线平行于曲轴中心线的滚流。安置在中性进气道中的涡流控制阀(3)控制着两个进气道中的流量比，进而决定缸内充量运动的涡流比。涡流控制阀下游的进气道上开有一个"窗口"，双束喷油器(4)通过这个"窗口"将两支油束分别喷入两个进气道。两支油束的燃油流量相等，持续时间相同。当涡流控制阀(3)不是完全开启时，中性进气道的混合气较浓，切向进气道的混合气较稀，造成分层充气。如果配以恰当的燃烧室形状，便能使上述充气的分层保持到点火时刻。涡流控制阀的开度由 ECU 根据发动机负荷和转速确定。

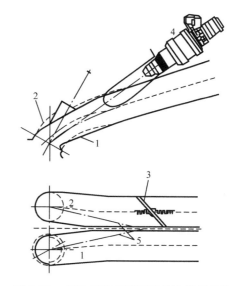

图 8.37　AVL 四气门高压缩快速燃烧系统
1—切向进气道；2—中性进气道；
3—涡流控制阀；4—双油束喷油器；5—双油束

3. 缸内直喷式稀薄燃烧方式

与常规汽油机相比，分层充气燃烧已经大大提高了空燃比。但是因为在分层充气燃烧时浓混合气区域难以维持很长时间，所以随着空燃比的进一步提高，单靠分层充气燃烧已不能保证稳定着火。缸内直喷式非均质混合燃烧方式较好地解决了这个问题，类似柴油机缸内直喷，汽油机的缸内直接喷射(Gasoline Direct Injection, GDI)是指直接往气缸内喷射汽油。这样在空燃比很稀时，可在接近点火时刻才开始喷油，即在压缩过程后期喷油，使火花塞周围的浓混合气来不及变稀就被点燃了。缸内直喷式汽油机一般可在 $25 \leqslant \alpha \leqslant 50$ 范围内稳定工作，从而燃油耗率得到进一步改善。

1) 福特缸内直喷燃烧系统(PROCO)

福特缸内直喷燃烧系统如图 8.38 所示。喷油器直接把汽油喷入燃烧室，利用涡流和滚流进行燃油—空气的混合，因燃油在缸内蒸发吸收一部分空气热量，从而使温度下降，充量系数提高。这种燃烧系统由于是直接喷射，使缸内充量得到冷却，可以使用较大的压缩比，故发动机压缩比达 11.5，且燃油消耗率可进一步下降，并可大幅度降低冷起动时的 HC 排放，而稳定工作的最大空燃比可达 25。

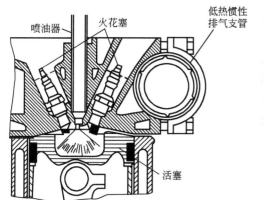

图 8.38　福特缸内直喷燃烧系统

2) 三菱 4G 系列缸内直喷式稀薄燃烧

图 8.39 所示是三菱 GDI 燃烧系统示意图。三菱 GDI 燃烧系统的主要工作特点是利用立式进气道在气缸中产生逆向翻滚气流；利用一个高压(喷射压力 5MPa)的旋流式电磁

喷油器，使得喷出的燃油有好的贯穿度和合适的雾化；可以实现小负荷时分层燃烧；可以精确控制火花点火时火花塞附近的空燃比，提高了发动机点火的可靠性；可以实现两段燃烧（二段燃烧法是指在进行正常燃烧的怠速运转时，不仅在压缩行程后期喷油，还在膨胀行程的后期补充喷油的燃烧技术）；在全工况范围内，可以实现均质、分层、二段混合燃烧等。

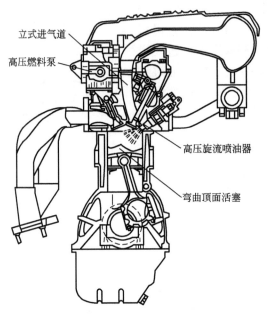

图 8.39　三菱 GDI 燃烧系统示意图

3）丰田 D-4 缸内直喷稀燃发动机

图 8.40 所示是丰田公司开发的 D-4 缸内直喷式稀燃发动机燃烧系统示意图。通过安装在进气道上的电子涡流控制阀，形成不同斜向角度的进气涡流。燃烧室为半球屋顶形，活塞顶部设有唇型深皿凹坑，与进气涡流旋向以及高精度的喷油时间和喷油方向控制相配合，在火花塞周围形成较浓的易点燃混合气区域。该系统采用高压（8～13MPa）旋流喷油器，可实现燃油喷射高度微粒化（喷雾粒度小于 $5\mu m$），从而有效抑制扩散燃烧所产生的黑烟。为控制分层燃烧时 NO_x 的产生，采用了电控 EGR 系统。

图 8.40　丰田公司 D-4 缸内直喷式稀燃发动机燃烧系统示意图

当然，GDI 的广泛应用，还需要解决一些技术问题。GDI 发动机不能采用已十分成熟的传统三元催化剂，而稀燃催化剂开发难度大，生产成本高。尽管已有若干种稀燃催化剂得到应用，但目前 GDI 发动机的实际排放水平略高于加三元催化剂的发动机；因为越接近压缩上止点喷油，混合气形成时间越短，要想形成高质量的燃油混合气，GDI 燃烧系统需要像柴油机那样对"油—气—燃烧室"三者的匹配进行大量工作；GDI 燃烧系统虽然 NO_x 明显降低，但 HC 排放增加，有时燃烧组织不好甚至冒黑烟；由于汽油比柴油的润滑性差，GDI 燃烧系统对喷油系统要求很高,因此 GDI 用喷油器的设计制造十分复杂。但因为 GDI 燃烧系统明显改善燃油消耗率,从长远看,GDI 燃烧系统终将取代传统的燃油喷射系统。

思考题与习题

1. 解释下列概念。
   压力升高率　循环波动　爆燃　表面点火　最佳点火提前角(MBT)功率混合气　经济混合气　理想混合气特性　涡流　滚流　挤流　GDI 燃烧系统
2. 绘图说明汽油机正常燃烧过程。
3. 分析过量空气系数和点火提前角对燃烧过程的影响。
4. 何谓汽油机爆震燃烧?有何危害?负荷、转速、点火提前角、过量空气系数对爆震有何影响?
5. 分析汽油机混合气浓度与性能的关系。
6. 以化油器为例(参考其他文献的化油器结构),说明理想混合气特性线的制原理。
7. 简述与化油器相比,电控汽油喷射系统的优点。
8. 画图说明电控汽油喷射混合气形成和控制原理。
9. 试说明汽油机燃烧室设计的一般要求。
10. 电控汽油喷射系统有哪些型式?目前采用比较广泛的型式是哪种?
11. 在汽油机上燃烧稀混合气有什么优点?它所面临的主要困难是什么?目前解决的途径有哪些?
12. 分析 GDI 燃烧系统技术优势和技术难点。
13. 电控汽油喷射系统与化油器相比有哪些优点?

第 9 章 柴油机混合气的形成和燃烧

教学提示

柴油机具有热效率高、可靠性好、排气污染少和较大功率范围内的适应性等优点，与汽油机相比，柴油机所用燃料的理化特性决定了燃料供给、着火方式的不同。柴油机采用压燃点火，即在压缩行程接近终了时，把柴油喷入气缸，使之与空气混合成可燃混合气，并利用空气压缩所形成的高温、高压使其自行发火燃烧。柴油机燃油供给系统的作用是根据柴油机各种工况的需要，将适量的柴油在适当的时间并以合理的空间形态喷入燃烧室，即对燃油喷入量、喷油时间和油束的空间形态三方面进行有效控制。柴油机燃油供给系统和燃烧室的对于混合气的形成、燃烧过程的组织以及形成合理的燃烧放热规律具有重要作用，是对柴油机的动力性、经济性和排放重大影响因素。

教学要求

本章要求学生掌握柴油机燃烧过程与燃烧放热规律，会分析柴油机燃烧过程对柴油机性能的影响；掌握柴油机混合气的形成方式和混合气浓度调节原理；了解柴油机直喷式和分隔式燃烧室的性能特点及选型。

9.1 柴油机燃烧与放热

9.1.1 柴油机燃烧过程

柴油机燃烧过程可分为 4 个阶段，即着火延迟期(又称为滞燃期)、速燃期、缓燃期和补燃期。柴油机燃烧过程、喷油速率和放热规律如图 9.1 所示。

1. 着火延迟期

着火延迟期又称为滞燃期、着火落后期(图 9.1 中的 AB 段),即从燃油开始喷入燃烧室内(A 点)至由于开始燃烧而引起压力升高以使压力线明显脱离压缩线开始急剧上升(B 点)。随压缩过程的进行,缸内空气压力和温度不断升高,在上止点附近气体温度高达 600℃,且高于燃料在当时压力下的自燃温度。在 A 点被喷入气缸的柴油,经历一系列复杂的物理化学过程,包括雾化、蒸发、扩散、与空气混合等物理准备阶段以及低温多阶段着火的化学准备阶段,在空燃比、压力、温度以及流速等条件合适处,多点同时着火,随着着火区域的扩展,缸内压力和温度升高,并脱离压缩线。虽然对于局部而言,物理过程和化学过程是相继进行的,但对于整体而言,物理过程和化学过程是重叠在一起的。

以毫秒和曲轴转角为单位的着火延迟期,分别用 τ 和 φ_i 表示。一般 $\varphi_i=8°\sim12°$,$\tau=0.7\sim3\mathrm{ms}$。

影响着火延迟期长短的主要因素是这时燃烧室内工质的状态。图 9.2 表示了对于十六烷值为 56 的柴油,温度与压力对着火延迟期的影响。由图可见,温度越高或压力越高,则着火延迟期越短。柴油的自燃性较好(十六烷值高),着火延迟期也较短。其他影响着火延迟期长短的因素还有燃烧室的形式和缸壁温度等。

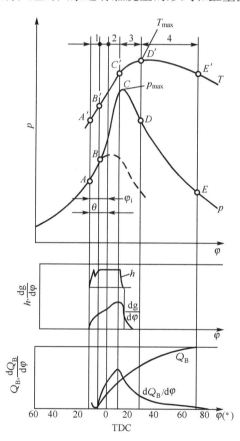

图 9.1 柴油机燃烧过程、喷油速率和放热规律

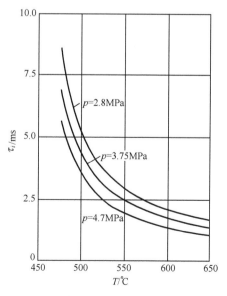

图 9.2 温度与压力对着火延迟期的影响

柴油机着火延迟期长短会明显影响该阶段喷油量和预制混合气量的多少，从而影响柴油机的燃烧特性、动力性、经济性、排改特性以及噪声振动，因此必须精确控制。

2. 速燃期

速燃期为图 9.1 中的 BC 段，即从压力脱离压缩线开始急剧上升（B 点）至达到最大压力（C 点）。在速燃期内，由于在着火延迟期内做好燃前准备的非均质预混合气多点大面积同时着火，而且是在活塞靠近上止点时气缸容积较小的情况下发生，因此气体的温度、压力急剧升高，燃烧放热速率 $dQ_B/d\varphi$ 很快达到最高值。燃烧室内的最大压力（又称为最大爆发压力）可达到 13MPa，最大爆发压力的高低除了受燃烧过程的直接影响外，还主要与压缩比、压缩始点的压力等因素有关。一般用平均压力升高率 $\Delta p/\Delta\varphi$ [MPa/(°)曲轴]以及最大压力升高率 $(dp/d\varphi)_{max}$ 来表示压力急剧上升的程度。平均压力升高率定义为

$$\frac{\Delta p}{\Delta \varphi} = \frac{p_C - p_B}{\varphi_C - \varphi_B} \tag{9-1}$$

式中：p_C、p_B 分别为 B 点和 C 点的压力；φ_C、φ_B 分别为 B 点和 C 点所对应的曲轴转角。

压力升高率的大小对柴油机性能有至关重要的影响，一般柴油机 $dp/d\varphi=0.2\sim0.6$MPa/(°)，而直喷式柴油机较大，$dp/d\varphi=0.4\sim0.6$MPa/(°)。从提高动力性和经济性的角度来看，希望 $dp/d\varphi$ 大一些为好，但 $dp/d\varphi$ 过大会使柴油机工作粗暴，噪声明显增加，运动零部件受到过大冲击载荷而寿命缩短，且过急的压力升高会导致温度明显升高，使 NO_x 生成量明显增加。为兼顾柴油机运转平稳性，$dp/d\varphi$ 不宜超过 0.4MPa/(°)，而为了抑制 NO_x 的生成，$dp/d\varphi$ 还应更低。

为控制压力升高率，应减少在着火延迟期内的可燃混合气的量。可燃混合气的生成量要受着火落后期内喷射燃料量的多少、着火落后期的长短、燃料的蒸发混合速度、空气运动、燃烧室形状和燃料物化特性等多种因素的影响。一般来说，这可以从两个方面来考虑，一方面可缩短着火延迟期的时间，另一方面可减少着火延迟期内喷入的燃油或可能形成可燃混合气的燃油。对 $dp/d\varphi$ 和最大爆发压力的控制一直是柴油机的重要研究课题。

3. 缓燃期

缓燃期为图 9.1 中的 CD 段，即从最大压力点（C 点）至最高温度点（D 点）。一般喷射过程在缓燃期都已结束，随着燃烧过程的进行，空气逐渐减少而燃烧产物不断增多，燃烧的进行也渐趋缓慢。缓燃期的燃烧具有扩散燃烧的特征，对混合气形成的速度和质量起着十分重要的作用。在这一阶段内，采取措施使后期喷入的燃油能及时得到足够的空气，尽可能地加速混合气的形成，保证迅速而完全的燃烧，从而提高柴油机的经济性和动力性。柴油机燃烧室内的最高温度可达 2000K，一般在上止点后 20°~35°曲轴转角处出现。

一般要求缓燃期不要过长，否则会使放热时间加长，循环热效率下降，即缓燃期不要缓燃，而应越快越好。加快缓燃期燃烧速度的关键是加快混合气形成速率。

由于不可能形成完全均匀的混合气，所以使柴油机必须在过量空气系数大于 1 的条件下工作，保证基本上完全燃烧的最小过量空气系数的大小随燃烧室的不同而异，在分隔室燃烧室中最小可达 1.2。与汽油机相比，柴油机的空气利用率较低，这也是其升功率和比重量的指标较汽油机差的主要原因之一。

4. 补燃期

补燃期为图9.1中的 DE 段,即从最高温度点(D 点)至燃油基本燃烧完(E 点)。补燃期的终点很难准确地确定,一般当放热量达到循环总放热量的95%~99%时,就可以认为补燃期结束,也是整个燃烧过程的结束。由于燃烧时间短促,混合气又不均匀,因此总有少量燃油拖延到膨胀过程中继续燃烧。特别在高速、高负荷工况下,因过量空气系数小,混合气形成和燃烧的时间更短,这种补燃现象就更为严重。补燃期过长,缸内压力不断下降,燃烧放出的热量得不到有效利用,还使排气温度提高,并导致散热损失增大,从而对柴油机的经济性不利。此外,还增加了有关零部件的热负荷。

因此,应尽量缩短补燃期,减少补燃所占的百分比。当柴油机燃烧时,总体空气是过量的,只是混合不均匀造成局部缺氧。因此,加强缸内气体运动,可以加速后燃期的混合气形成和燃烧速度,而且会使炭烟及不完全燃烧成分加速氧化。

9.1.2 柴油机燃烧放热规律

1. 燃烧放热规律的定义

瞬时放热速率是指在燃烧过程中的某一时刻,单位时间内(或1°曲轴转角内)燃烧的燃油所放出的热量;而累积放热百分比是指从燃烧过程开始至某一时刻为止已经燃烧的燃油与循环供油量的比值。瞬时放热速率和累积放热百分比随曲轴转角的变化关系,称为燃烧放热规律,如图9.3所示。燃烧放热规律影响到燃烧过程中缸内压力、温度的变化,进而影响到柴油机的性能。

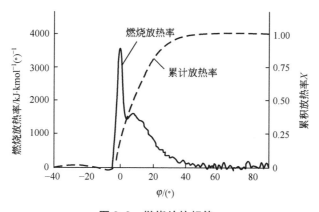

图 9.3 燃烧放热规律

由能量守恒定律可以得到,单位曲轴转角(或单位时间)内燃烧放出的热量等于单位曲轴转角(或单位时间)内缸内工质的热力学能、工质对活塞做的功和通过燃烧室壁向外传递的热量之和,即

$$\frac{dQ_B}{d\varphi}=\frac{dU}{d\varphi}+\frac{dW}{d\varphi}+\frac{dQ_w}{d\varphi} \tag{9-2}$$

式中:Q_B 为燃烧放出的热量;U 为缸内工质热力学能;W 为工质对活塞做的功;Q_W 为通过燃烧室壁向外传递的热量;φ 为曲轴转角。

有了实测的示功图,在式(9-2)的基础上通过数值计算就可以求得燃烧放热规律。

2. 柴油机合理的燃烧放热规律

1) 放热规律三要素

一般将燃烧放热始点(相位)、放热持续期和放热率曲线的形状称为放热规律三要素。

放热始点决定了放热率曲线距压缩上止点的位置,在持续期和放热率形状不变的前提下,也就决定了放热率中心(指放热率曲线包围的面心)距上止点的位置。如前所述,这一因素对循环热效率、压力升高率和燃烧最大压力都有重大影响。

放热持续期的长短,在一定程度上是理论循环等压放热预膨胀比大小的反映。显然这是决定循环热效率的一个极为关键的因素,且对有害排放量也有较大的影响。

放热率曲线形状决定了前后放热量的比例,对噪声、振动和排放量都有很大的影响。在放热始点和循环喷油量不变的条件下,形状的变化既影响放热曲线面心的位置,也影响放热持续期的长短,并间接对循环热效率等性能指标产生影响。

放热规律三要素既有各自的特点,又相互关联,因此对其进行合理选择与控制是极为重要的。

2) 理想的燃烧放热规律及其控制

(1) 放热始点的位置要能保证最大燃烧压力出现在上止点后 $12°\sim15°$。为此柴油机可通过喷油提前角的变化以及着火落后期长短来对其加以调控。由于各工况的着火落后期不相同,所以每个工况都有其最佳的喷油提前角。

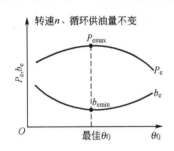

图 9.4 喷油提前角的调节特性

图 9.4 是任一工况的喷油提前角对动力、经济性指标的影响曲线。在最佳喷油提前角条件下,能获得最大有效功率和最小燃油消耗率。此曲线称为喷油提前角的调节特性。

柴油机的喷油提前的调节规律是要求转速及负荷都提前。转速提前的原因与汽油机类似,即当油量调节杆位置不变时,高转速的着火延迟角要比低转速大得多,再加上喷油持续角和相应的燃烧持续角也都加大(这是喷油和燃烧特性所决定的),所以要求转速提前。但是当转速不变喷油量增多时(负荷增大),由于喷油持续角的加大也要求适当提前。这一点与汽油机负荷减小时的真空提前正好相反。

传统的车用柴油机一般都装有自动喷油提前器来完成转速提前的功能。因负荷提前量较小,所以一般未予控制。电控柴油机则可通过提前角的脉谱图(即 MAP 图,控制数据的集合)对二者进行精确的控制。

虽然柴油机着火延迟期可通过喷油提前角的调控而达到合理的着火位置,但同时也要求尽可能缩短着火延迟期以减少预喷油量。缩短延迟期的主要因素是提高喷油初期燃烧室中的温度与压力。一般直喷式柴油机 $\tau=0.7\sim3$ ms,而车用柴油机则在 1ms 左右,非直喷柴油机则 $\tau=0.6\sim1.5$ ms。车用增压柴油机由于进气温度提高,致使压缩终了温度也增加,结果 τ 缩短到 $0.4\sim1.0$ ms,所以增压柴油机可降低振动和噪声。

(2) 放热持续期首先取决于喷油持续角的大小,这是显而易见的。喷油时间越长则扩散燃烧期越长。其次,取决于扩散燃烧期内混合气形成的快慢和完善程度。喷油再快,混合气形成跟不上也不能缩短燃烧时间,而混合气形成不完善就会拖延后燃时间。以上两个环节又受诸多因素的影响,将在后面有关燃烧室内空气运动和混合气形成一节详加叙述。

(3) 影响放热规律曲线形状的因素比较复杂。为便于定性分析,一般假定 4 种柴油机简单的放热率图形,如图 9.5 所示,并据此计算出各自的示功图 a,b,c,d 曲线。在图 9.5 中,假定 4 种放热规律都在上止点开始放热,放热总量相同,持续期均为 40°。曲线 a 先快后慢的放热形状表明初期放热多,$dp/d\varphi$ 值最大,最高爆发压力达 8MPa,且此时的指示效率 52.9%,是 4 种方案中的最高值。曲线 d 先慢后快的放热形状则相反,放热速率前缓后急,$dp/d\varphi$ 和最高爆发压力最低,指示热效率最低,为 45.4%。这种形状对降低噪声、振动和 NO_x 排放有明显效果。曲线 b 和 c 则介于二者之间。

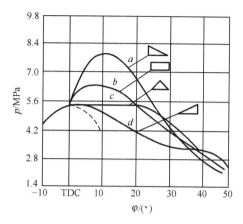

图 9.5 放热规律曲线形状对示功图的影响

实际发动机的放热率形状取决于不同的机型、不同的燃烧室和混合气形成方式以及对性能的具体要求。图 9.6 为不同类型柴油机的燃烧放热规律比较。由图 9.6 可以看到,直

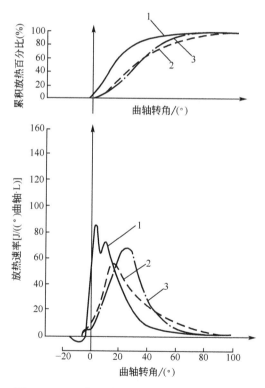

图 9.6 不同类型柴油机的燃烧放热规律比较

	$D(mm) \times S(mm)$	ε	$n(r/min)$	$p_e(kPa)$	a
1—直喷式燃烧室柴油机	85×94	22.0	2800	730	1.39
2—涡流室燃烧室柴油机	76.5×80	23.0	3000	670	1.30
3—预燃室燃烧室柴油机	91×92	22.0	3200	708	1.34

喷式燃烧室柴油机的瞬时放热速率和累积放热百分比在燃烧的起始阶段上升最快，放热速率很快就达到最大值，而且这一最大值相对两种分隔式燃烧室柴油机都高。此外，高速的直喷式燃烧室柴油机的放热速率往往呈现双峰的特点。在燃烧的起始阶段，两种分隔式燃烧室柴油机的放热速率和累积放热百分比都上升得比较慢，放热速率的最大值也较低且燃烧过程持续较长。

9.2 柴油机混合气的形成原理

9.2.1 燃油的喷射与雾化

1. 供油过程

供油系统的主要作用是定时、定量并按一定规律向柴油机各缸供给高压燃油，传统机械式的供油系统有直列柱塞式喷油泵供油系统和分配式喷油泵供油系统两种类型。它们都属于传统上应用最广泛的泵—管—嘴系统。通过仪器可以测取系统的各项喷射参数，包括泵端压力、嘴端压力、针阀升程和喷油规律等。

图 9.7 所示为系统简图及喷油过程。当柴油机工作时，曲轴通过正时齿轮驱动喷油泵凸轮(1)旋转，燃油从油箱经过滤清器、输油泵以较低的压力(0.1~0.15MPa)输入喷油泵的低压油腔。当喷油泵挺柱体(2)的滚轮与凸轮基圆接触时，柱塞(3)处于下止点，柱塞腔(5)与低压油腔相通，燃料经进、回油孔(4)进入柱塞腔。

此时，由于高压油路内上一次喷射过程已结束，喷嘴针阀(14)关闭，出油阀(6)落座，高压油路内保持一定残余压力，因此随着喷油泵凸轮的转动，凸轮推动挺柱体克服柱塞弹簧力向上运动。当柱塞上升使进、回油孔关闭时，柱塞腔与低压油腔隔绝。柱塞再向上运动，柱塞腔内的燃油被压缩，压力升高。当压力上升到大于出油阀开启压力与高压油管内的残压之和时，出油阀开启，燃油经出油阀紧帽腔进入高压油管、喷油器体油路及针阀体盛油槽内。柱塞继续上升，油压升高。当针阀体盛油槽内的油压达到并超过针阀开启压力时，针阀打开，向缸内喷油。

由于柱塞顶面积远喷油器的喷孔面积，故喷射压力继续升高。当柱塞上升到斜槽边缘打开回油孔以后，柱塞腔与低压油腔相通，燃油流经回油孔的开启截面进入低压油腔，柱塞腔油压下降。随后出油阀在弹簧力和两端油压差的综合作用下开始下行，当出油阀的减压环带进入出油阀座孔后，出油阀紧帽腔与柱塞腔隔离，使紧帽腔到喷油器所组成的高压油路内保持一定量燃油，同时，出油阀仍继续下行到落座。在出油阀落座过程中，由于减压容积的作用，使高压油路中燃油压力迅速下降，而当喷油器盛油槽内的燃油压力小于针阀关闭压力时，针阀落座，喷油停止。

由于燃油的可压缩性与惯性，因此喷油泵端产生的压力是以压力波的形式且以声速向嘴端传递并根据嘴端与泵端的边界条件在高压油管内来回反射。若出油阀卸载容积过小，在喷油结束后，压力波需经过好几次来回反射才逐渐衰减至残余压力；若出油阀卸载容积足够大，则压力波衰减很快，残压迅速趋向于零，所以应合理设计出油阀卸载容积。

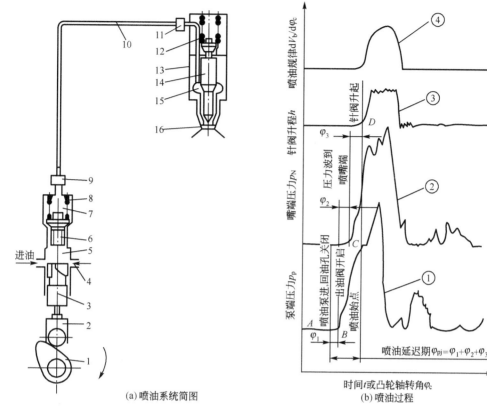

图 9.7 传统泵—管—嘴柴油机供油系统的喷油过程

1—凸轮；2—挺柱体；3—柱塞；4—进、回油孔；5—柱塞腔；6—出油阀；
7—出油阀紧帽腔；8—出油阀弹簧；9、11—传感器；10—高压油管；
12—针阀弹簧；13—喷油器总成；14—针阀；15—盛油槽；16—喷孔
①—泵端压力；②—嘴端压力；③—针阀升程；④—喷油规律

2. 喷射与雾化过程

以喷油特性(规律)和喷雾特性考察燃油喷射的效果。喷油特性是高压油路中的行为，主要包括喷油开始时刻、喷油持续期、喷油速率变化以及喷油压力。喷雾特性是燃油喷入燃烧室后的行为，包括贯穿距离、喷雾锥角和喷雾粒径以及油束中燃油浓度、速度和粒度的分布规律。

1) 喷射过程

喷射过程是指从喷油泵开始供油直至喷油器停止喷油的过程，其在全负荷工况下约占 15°～40°CA 曲轴转角。图 9.7(b)表示燃油喷射过程中喷油泵端压力 p_P 喷油器端压力 p_N 以及针阀升程 h 的变化过程。整个过程分为 3 个阶段，即喷射延迟阶段、主喷射阶段和喷射结束阶段。

(1) 喷射延迟阶段。该阶段从喷油泵的柱塞顶封闭进回油孔的供油始点到喷油器的针阀开始升起(喷油始点)为止。供油始点和喷油始点一般用供油提前角 θ_H 和喷油提前角 θ_G 来表示，两者之差称为喷油延迟角。在图 9.7(b)中，其包括 3 个角度，即进、回油孔关闭到出油阀开启 φ_1、出油阀开启到嘴端压力开始上升 φ_2 和嘴端压力开始上升到针阀打开 φ_3。

发动机转速越高以及高压油管越长,则喷油延迟角越大。

(2) 主喷射阶段。该阶段从喷油始点到喷油器端压力开始急剧下降为止。喷油泵端压力和喷油器端压力都保持较高而不下降,由于针阀打开和上升让出容积以及一部分燃油喷入燃烧室内,因此喷油器端压力有一短暂下降。当针阀刚刚开启时,因开度小,喷油泵端压力并不立即下降;随着油孔逐渐打开与出油阀落座后减压容积的作用,压力才急剧下降。

(3) 喷油结束阶段。该阶段从喷油器端压力开始急剧下降到针阀落座停止喷油为止。由于回油孔打开和出油阀减压容积的作用,泵端压力与喷油器端压力都急剧下降。当喷油器端压力低于针阀开启压力时,针阀开始下降并落座。由于喷射压力下降,雾化变差,因而应尽可能缩短这一阶段,使喷油结束阶段应干脆迅速。

2) 供油规律与喷油规律

单位凸轮轴转角(或单位时间)由喷油泵供入高压油路中的燃油量称供油速率;单位凸轮轴转角(或单位时间)由喷油器喷入燃烧室内的燃油量称为喷油速率。供油规律和喷油规律分别是指供油速率和喷油速率随凸轮轴转角(或时间)的变化关系。

图 9.8 给出了供油规律与喷油规律的曲线。显然,喷油规律由供油规律决定,但两者之间存在明显差异,除了始点一般差别 8°～12°喷射延迟之外,喷油持续时间较供油持续时间长,最大喷油速率较最大供油速率低,其形状有明显畸变,循环喷油量也低于循环供油量。

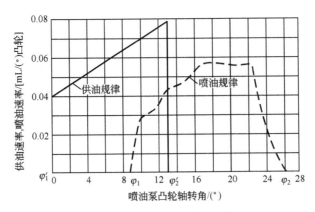

图 9.8 供油规律和喷油规律

产生差异原因如下。

(1) 燃油的可压缩性。燃油在高压(30～200MPa)时必须考虑其可压缩性。实验表明,如果开启压力为 25MPa,则内径为 2mm、长 1m 高压油管中的燃油体积缩减量相当于循环供油量的 24%。如果再计及高压油路中还有出油阀室(紧帽腔)、喷油器盛油槽等高压容积,压缩量会更多。

(2) 压力波传播滞后。尽管压力波在油路传播速度高达 1400m/s,但仍会造成明显的相位差。如 1m 高压油管在发动机转速为 3000r/min 时,相位差可达 10°曲轴转角以上。

(3) 压力波动。在高压系统中,压力波的往复反射和叠加会造成喷油规律与供油规律在形状上的显著差异。

(4) 高压容积变化。这是指高压油管的弹性变形以及出油阀和针阀两个弹性系统的影响。

由于喷油规律对燃烧放热规律有直接的影响,因而喷油规律一直是柴油机燃烧和性能优化中的重要研究方向。

3) 异常喷射与穴蚀。

喷油系统内的压力高、变化快，峰值压力往往为数十至 100MPa 以上，甚至高达 200MPa，而谷值压力由于出油阀减压容积的作用往往接近零以致出现真空。由此容易造成二次喷射、断续喷射、隔次喷射等异常喷射现象，通过测量针阀升程来判定不正常喷射现象，图 9.9 示出了各种异常喷射时的针阀升程的变化，并与正常喷射比较。

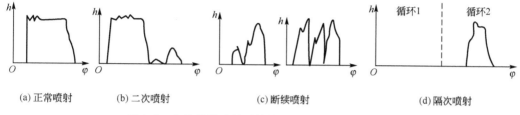

图 9.9 各种异常喷射时的针阀升程与正常喷射比较

(1) 二次喷射。喷油器针阀落座以后，在压力波动的作用下再次升起，引起喷油。由于二次喷射是在燃油压力较低的情况下喷射的，从而导致这部分燃油雾化不良，燃烧不完全，炭烟增多，并易引起喷孔堵塞。二次喷射易发生在高速、大负荷工况下。

(2) 断续喷射。由于在某一瞬间喷油泵的供油量小于从喷油器喷出的油量和填充针阀上升空出空间的油量之和，因此造成针阀在喷射过程中出现周期性跳动。此时喷油泵端压力及针阀的运动方向不断变化，容易导致针阀偶件的磨损。

(3) 不规则喷射和隔次喷射。当供油量过小时，循环喷油量波动加大，导致出现有的循环不喷油。不规则喷射和隔次喷射易发生在怠速工况下，造成怠速运转不稳定，并限制了柴油机的最低稳定转速。

(4) 滴油现象。在针阀密封正常的情况下，当喷射终了时，由于系统内的压力下降过慢使针阀不能迅速落座，因此出现仍有燃油流出的现象。这种在喷射终了时流出的燃油速度及压力都很低，难以雾化，易生成积炭堵塞喷孔。

为避免出现不正常喷射，应尽可能地缩短高压油管长度，减小高压容积，以降低压力波动的影响，同时，合理选择喷射系统的参数，包括喷油泵柱塞直径、凸轮廓线、出油阀形式及尺寸、出油阀减压容积、高压油管内径、喷油器喷孔尺寸、针阀开启压力等。

(5) 穴蚀。与一般有压力的流动系统一样，喷油系统也会出现穴蚀。穴蚀的机理是当有压容积内产生压力波动时，由于出现极低的压力（低于燃油的蒸汽压）而形成气泡，随后压力迅速升高使气泡爆裂而产生冲击波，这种冲击波长时间多次作用于金属表面，会出现小坑并不断发展，称为穴蚀。穴蚀会严重影响喷射系统的工作可靠性和使用寿命。

4) 喷油器的流通特性

喷油器有孔式喷油器和轴针式喷油器两类，其头部结构如图 9.10 所示。

孔式喷油器一般用于直喷式燃烧室，喷孔的数目、孔径及喷射角度等参数要视具体的燃烧室形状和空气运动而定。对缸径小（$D \leqslant 150mm$）、又具有较强进气涡流的直喷式燃烧室，喷孔数为 4～5 个，对大缸径、不组织进气涡流的直喷式燃烧室，喷孔数为 6～12 个。孔径小可使雾化质量提高，但加工困难，并容易引起积炭堵塞。

轴针式喷油器一般用于分隔式燃烧室，通过针阀头部在喷孔内的上下运动，可起到防止积炭堵塞的自清洁作用，有标准轴针式和节流轴针式两种。

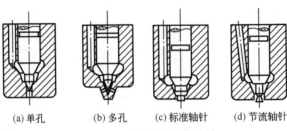

图 9.10 喷油器的头部结构

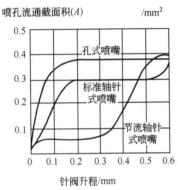

图 9.11 不同喷油嘴的流通特性

喷孔流通截面积与针阀升程的关系称为喷油嘴的流通特性。图 9.11 示出了不同喷油嘴的流通特性。

孔式喷油嘴的流通截面积随针阀的上升增长最快;标准轴针式较慢;节流轴针式因针阀头部圆锥部分的节流作用,初期的流通面积小,可减少着火延迟期内的喷油量。

5) 喷雾特性与雾化质量

燃油的雾化可以增加与周围空气接触的表面积,加速从空气中的吸热过程和油滴的汽化过程,对混合气的形成起着重要的作用。油滴越细小,与空气接触表面积越大。例如,假设 1mL 的燃油为一球体,其表面积约为 483.6mm²,若雾化为直径 40μm 的均匀球状油滴,油滴数目约 $3×10^7$ 个,其总的表面积约为 $1.5×10^5$ mm²,为原来的 300 多倍。

燃油在喷油泵中被压缩,在高压(20~160MPa)、高速(100~400m/s)和高强度紊流状态下从喷油器的喷孔喷入燃烧室。燃油在高速流动中,在与燃烧室内高压空气的相对运动中及空气紊流的作用下,被粉碎分散成直径为 2~50μm 的液滴并组成油束,如图 9.12 所示。

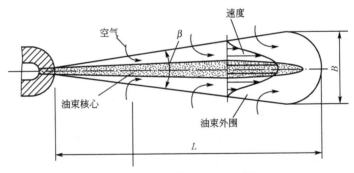

图 9.12 油束的几何形状和参数

油束的几何形状包括油束射程(又称为贯穿距离)L 和喷雾锥角 β(或油束的最大宽度 B)。另外,贯穿率也是常用的参数之一。贯穿率是指油束的贯穿距离与喷孔沿轴线到燃烧室壁距离的比值。贯穿率若大于 1,则有一部分燃油喷射到了壁面上。

影响油束几何形状的主要因素有喷射压力、喷孔的长度直径比和空气与燃油密度比等。一般情况下,喷雾锥角 β 过大,贯穿距离会减少;而 β 过小,则雾化程度会变差。

当柴油机燃烧时,希望油束尽可能到达燃烧室壁面附近,以扩大燃料分布区域,特别是当高负荷时,由于喷油过程一般要持续到着火以后,因此易产生"火包油"现象,这时希望油束有足够的贯穿力,穿透火焰到达周围空气区。

对于直喷式柴油机,在静止气流或弱涡流条件下,一般贯穿率可小于1,以避免大量燃油喷到壁面上;但在强涡流时,油束偏转,呈不规则的阿基米德螺线形(见下文),为保油束仍能到达燃烧室壁面附近,应使贯穿率大于等于1。

油束的雾化质量是指油束中液滴的细度和均匀度。一般油束核心部分液滴密集且直径较大,运动速度较高,空气少;油束外围部分液滴稀少且直径较小,运动速度低。细度可以用液滴直径来表示。

评价喷雾细度和均匀度的指标有平均粒径、索特粒径和粒径分布。平均粒径即所有油粒直径的算术平均值,而索特(Sauter)粒径 SMD 则是所有油粒总体积与总表面积之比,设直径为 d_i 的油粒数为 n_i,则

$$SMD = \frac{\sum d_i^3 n_i}{\sum d_i^2 n_i} \tag{9-3}$$

式中分子项正比于所有油滴的总体积,而分母项正比于所有油滴表面积总和。在相同循环供油量条件下,若 SMD 相同,则总表面积相同,也就是决定汽化速率及化学反应速率的条件基本相同。一般柴油喷雾粒径为 $10\sim50\mu m$,则 SMD 为 $20\sim40\mu m$。

粒径分布则既表示了油滴大小又表示了其均匀程度。如图9.13所示,有3种分布曲线:1表示油粒细而匀、3为粗而匀、2为不均匀。显然,1线的总表面积最大,雾化时间最短。油滴直径大小受多种因素的影响,一般减小喷孔直径、增大喷油压力以使喷射初速度增加、空气密度增大、燃油黏度和表面张力的减小等,都会使油滴直径减小。另外,随喷油压力的提高,喷雾粒径变细且均匀。

图9.14为某柴油机喷雾特性的实测结果,表明了喷油压力、喷射背压和喷孔直径对喷雾特性的影响。

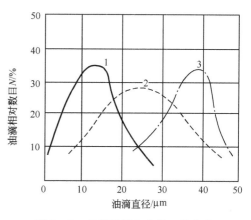

图9.13 喷雾粒径分布的3种方式

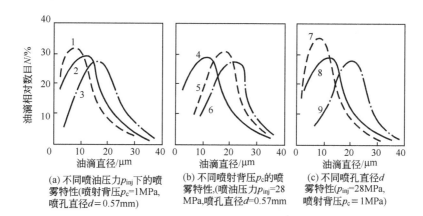

(a) 不同喷油压力 p_{inj} 下的喷雾特性(喷射背压 $p_c=1MPa$,喷孔直径 $d=0.57mm$)

(b) 不同喷射背压 p_c 的喷雾特性(喷油压力 $p_{inj}=28MPa$,喷孔直径 $d=0.57mm$)

(c) 不同喷孔直径 d 的喷雾特性($p_{inj}=28MPa$,喷射背压 $p_c=1MPa$)

图9.14 柴油喷雾特性的实测结果

1—$p_{inj}=35MPa$;2—$p_{inj}=28MPa$;3—$p_{inj}=22MPa$;4—$p_c=1MPa$;5—$p_c=0.5MPa$;6—$p_c=0.1MPa$;7—$d=0.4mm$;8—$d=0.57mm$;9—$d=0.8mm$

9.2.2 燃烧室与混合气形成

1. 柴油机的混合气形成特点和方式

柴油机在进气过程中进入燃烧室的是纯空气，在压缩过程接近终了时柴油才喷入，经过一定准备后即自行着火燃烧。由于柴油机的混合气形成的时间比汽油机短得多，而且柴油的蒸发性和流动性都较汽油差，使得柴油难以在燃烧前彻底雾化蒸发并与空气均匀混合，因此柴油机不得不采用较大的过量空气系数，才能使燃烧室内的柴油燃烧得比较完全。

柴油机的混合气形成方式可分为两大类，即空间雾化混合与壁面油膜蒸发混合。

1) 空间雾化混合

将燃油喷射到空间进行雾化，通过燃油与空气之间的相互运动和扩散，在空间形成可燃混合气的方式称为空间雾化混合。这时，燃油与空气的相对运动速度是起主要作用的因素。相对运动速度越高，油粒与空气的摩擦和碰撞越激烈，分散后的油粒也越细小，混合气越均匀。混合气在这一过程中混有尚未蒸发汽化的液态油粒，不完全是气相的。

 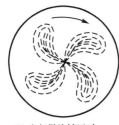

(a) 静止空气　　　(b) 空气做旋转运动

图 9.15 直喷式柴油机的混合气形成方式

直喷式柴油机的混合气形成方式如图 9.15 所示。一种方法是采用多孔喷油器(6~12 孔)以高压将燃油喷入燃烧室中的静止空气中，通过燃油的高度雾化和多个油束均匀覆盖大部分燃烧室，形成可燃混合气。混合所需能量主要来源于油束，空气是被动参与混合的，因而是一种"油找气"的混合方式。由于不组织进气涡流，进气充量较高，但混合气浓度分布不均匀，在早期的柴油机和目前的大型低速柴油机中，一般过量空气系数较大，燃烧时间较长，故采用这种混合方式尚能达到满意的指标。而在车用高速柴油机中，由于转速高，燃烧时间短，故这种混合方式不能保证迅速和完全的燃烧。

图 9.15(b)则表示油和气相互运动的混合气形成方法。用喷孔较少(3~5 孔)的喷油器将燃油喷到空间中，由于组织进气涡流，在喷油能量和空气旋流的同时作用下，油束的扩散范围急剧扩大。这时，涡流强度与油束的匹配是十分重要的，在理想的涡流强度下，相邻油束几乎相接，以使油雾尽可能充满燃烧室。涡流太弱，油束扩散范围不够；涡流过强，上游油束的已燃气体又会妨碍下游油束前端部的燃烧，这种现象也称为过强涡流。

在分隔式燃烧室中，尽管也是空间混合方式，但采用的是两阶段混合方法，在第一阶段混合时，利用压缩涡流和较低压力油束双方的能量，在不十分均匀的混合状态下进行着火燃烧。然后利用高温高压的燃烧气体本身的能量，在主燃烧室内进行第二阶段的混合。

还有一种撞击喷射(将燃油高速喷向壁面产生撞击)，基本上也是一种空间混合方式。通过油束对不同形状壁面的撞击和反弹，使油束的分布范围扩大，在涡流的作用下，快速形成混合气。

2) 油膜蒸发混合

以球形燃烧室为代表的壁面油膜蒸发混合方式如图 9.16 所示。燃油沿壁面顺气流喷射，在强烈的涡流作用下，在燃烧室壁面上形成一层很薄的油膜。在较低的燃烧室壁温控制下，油膜底层保持液态，表层油膜开始时以较低速度蒸发，加上喷油射束在空间的少量蒸发，形成少量可燃混合气。当着火后，随燃烧的进行，油膜受热逐层加速蒸发，使混合气形成速度和燃烧速度加速。这一混合方式中起主要作用的因素是燃烧室壁面温度、空气相对运动速度和油膜厚度。混合气在这一过程中完全是气相的。

3) 两种混合方式的对比

在空间雾化混合中，燃油的喷雾特性对混合起决定性的作用。为提高混合气形成速度，往往要将燃料尽可能喷得很细，分布均匀。这样就会使较多的油滴受热蒸发，在着火延迟期内形成大量的可燃混合气，造成燃烧初期放热率过大，压力急剧升高，工作粗暴，NO_x 排放高。但如果减小着火延迟期内混合气生成量，则势必造成大量燃油在着火后的高温高压下蒸发混合，容易因空气不足而裂解成炭烟。因此，空间雾化混合方式尽管有较高的热效率，但炭烟、NO_x 和燃烧噪声均较高。

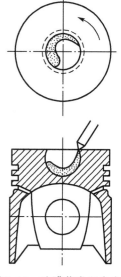

图 9.16 油膜蒸发混合方式

油膜蒸发混合的指导思想是利用燃油蒸发速率控制混合气生成速率，此时燃烧室壁面温度和空气旋流起了主要作用。在喷入燃烧室的燃料量相同的条件下，由于油膜受热蒸发所需时间要比细小油滴长得多，加之燃烧室壁温控制较低，使油膜蒸发混合方式在着火延迟期内生成的混合气量远小于空间雾化方式。随燃烧进行，在高温和火焰辐射作用下，油膜蒸发加速，使混合气生成速度加快。另外，大部分燃料是在蒸发后以气体状态与空气或高温燃气接触，可以避免空间雾化混合时常有的液态燃油高温裂解问题，使炭烟特别是大颗粒炭烟排放降低。

由于油膜蒸发混合方式存在一些难以解决的问题，所以在实际中应用不多，但它的提出打破了原来空间雾化混合概念的束缚，开阔了内燃机混合气形成和燃烧的思路，从而具有重要的理论意义。例如，有的缸内直喷式汽油机采用了这种壁面油膜蒸发混合方式。

2. 缸内气流运动

内燃机缸内的气流运动形式可分为涡流、挤流、滚流和湍流 4 种形式，被分别或组合应用于不同的燃烧系统。

1) 涡流

缸内的涡流运动一直是柴油机混合气形成的主要手段，根据形成方法不同，涡流又可分为进气涡流和压缩涡流。涡流转速与发动机转速之比称为涡流比 Ω，作为衡量涡流强度的指标。

(1) 进气涡流。在进气过程中形成的绕气缸轴线旋转的有组织的气流运动，称为进气涡流。所以，进气涡流需要人为组织的。内燃机中进气涡流的产生方法一般有 4 种，即用导气屏、切向气道、螺旋气道及组合进气系统。图 9.17 和图 9.18 分别示出了切向气道、螺旋气道的原理和进气门出口处的速度分布示意图。

导气屏设置在进气门上，引导进气气流以不同角度流入气缸，在气缸壁面的约束配合下产生涡流。这种方法结构简单，进气道可不做特殊设计，通过改变导气屏的包角和导气

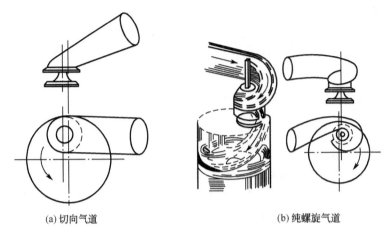

图 9.17 切向气道、螺旋气道的原理示意图

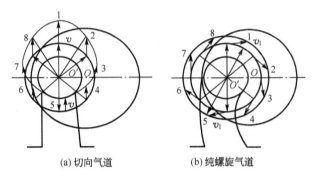

图 9.18 切向气道、螺旋气道的进气门出口处的速度分布示意图

屏中点的安装位置,可调节涡流强度,涡流比 $\Omega=0\sim4$,但阻力最大,一般用于试验研究用发动机。切向气道形状简单,涡流比 $\Omega=1\sim2$,适用于对涡流强度要求不高的发动机。螺旋气道的形状最复杂,涡流比 $\Omega=2\sim4$,适用于对进气涡流强度要求较高的发动机。

组合式进气系统是指在两个进气门的发动机上,采用不同类型(例如 1 个切向气道和 1 个螺旋气道)或不同角度的两个进气道,以组合出所需要的涡流和流速分布。

进气涡流在压缩过程中,一边旋转一边被挤入燃烧室凹坑。设进气涡流比和压缩终点时燃烧室凹坑内的涡流比分别为 Ω 和 Ω_c,根据动量守恒关系,有

$$\frac{\Omega_c}{\Omega}=\frac{D^2}{d_k^2} \tag{9-4}$$

式中:D 为气缸直径;d_k 为燃烧室凹坑入口直径。

显然,$\Omega_c>\Omega$,即进气涡流在气缸内有一个发展过程。所以,为加速混合气的形成,不仅应注意进气涡流比 Ω 的大小,更应注意压缩终点时燃烧室内的涡流比 Ω_c,对燃烧过程影响更大的是 Ω_c 以及上止点后的涡流强度。

(2) 压缩涡流。在涡流室燃烧室中,气体在进气过程中并不产生涡流,而在压缩过程中由主燃烧室经连通道进入涡流室时,形成强烈的压缩涡流。虽然这种产生涡流的方式不会使进气阻力增大和进气充量下降,但形成压缩涡流时会伴随着不同程度的能量损失,使循环热效率降低。

2) 挤流

挤流也是一种有效的缸内气体运动,挤流的形成如图9.19所示。在压缩过程中,当活塞接近上止点时,气缸内的空气被挤入活塞顶部的燃烧室凹坑内,由此产生挤压涡流(挤流)。当活塞下行时,凹坑内的燃烧气体又向外流到活塞顶部外围的环型空间,与空气进一步混合燃烧,这种流动称为逆挤流。

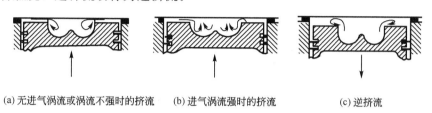

(a) 无进气涡流或涡流不强时的挤流　　(b) 进气涡流强时的挤流　　(c) 逆挤流

图9.19 挤流的形成

挤压涡流的强度与活塞顶部凹坑喉口直径以及活塞顶间隙有密切关系。活塞顶部凹坑喉口直径和活塞顶间隙越小,则挤压涡流的强度越大。挤压涡流(包括逆挤压涡流)不会影响充量系数,但却有助于混合气的形成。其持续的时间较短(仅在上止点附近),强度与进气涡流相比一般较小,在混合气形成和燃烧中起到配合作用。

值得说明的是,挤流在柴油机和汽油机上都得到了广泛的应用。例如,汽油机紧凑型燃烧室都利用较强的挤流运动来增强燃烧室的湍流强度,从而促进混合气快速燃烧。

3) 湍流

在气缸中形成的无规则的小尺度气流运动称为湍流,也称微涡流。湍流可以促进燃油和空气的微混合程度,并加速燃烧过程,对柴油机和汽油机都是不可缺少的。活塞运动虽然可以自然形成湍流,但其强度较弱并且无法控制。常用的产生湍流的方式有各种形式的挤流、预燃室中由压缩生成的湍流、非回转体燃烧室中伴随涡流运动产生的边角处湍流等。

4) 滚流

在进气过程中形成的绕垂直于气缸轴线的有组织的空气旋流称为滚流,也称为纵涡或横轴涡流。滚流在压缩过程中动量衰减较少,而在活塞接近于压缩上止点时,大尺度的滚流被破碎成许多小尺度的涡流和湍流,从而可大大改善混合燃烧过程。

3. 柴油机燃烧室

柴油机燃烧室可分为两大类:直喷式燃烧室和分隔式燃烧室。

1) 直喷式燃烧室

直喷式燃烧室可根据活塞顶部凹坑的深浅分为半开式燃烧室和开式燃烧室两类。图9.20为有代表性的各种直喷式燃烧室的形式。开式燃烧室有浅盆形,而半开式燃烧室有 ω 形、挤流口形、各种非回转体形、球形等。

浅盆形燃烧室(图9.20(a))属于开式燃烧室,活塞顶中心呈略有凸起的浅 ω 形或平底的浅盆形,凹坑较浅,凹坑口径与活塞直径之比一般大于0.7。

浅盆形燃烧室中的混合气形成主要依靠燃油的喷射,因此对雾化质量,也就是对喷射系统有很高的要求。开式燃烧室采用较多喷孔数目(常见的为7~12孔)的孔式喷油器和较高的喷射压力,最大喷射压力达到100MPa;而一般不组织或只有很弱的涡流,在混合气

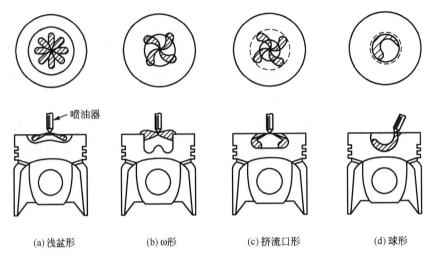

图 9.20 各种直喷式燃烧室形式

形成中空气运动所起的作用相对很小。混合气在燃烧室的空间内形成,从而避免油束直接喷到燃烧室的壁面(油束贯穿率要求小于或约等于 1)。

对于浅盆形燃烧室,希望通过油束与燃烧室形状的配合,使燃油尽可能均匀地分布在整个燃烧室的空间中。所以,浅盘形燃烧室属于较均匀的空间混合方式,在着火延迟期内形成较多的可燃混合气,因而最高燃烧压力和压力升高率高,工作粗暴,燃烧温度高,NO_x 和排气烟度较高,噪声、振动及机械负荷较大。它空气利用率相对较低,一般采用增压来保证较大的过量空气系数(1.5~2.2),以实现完善的燃烧。相反,正是由于不组织空气运动,散热损失和流动损失均小,加之雾化质量好,燃烧迅速,因而其最大优点是经济性好,容易起动。

开式燃烧室一般适用于缸径较大(≥140mm),转速较低(≤2000r/min)的柴油机,随缸径的不同,其结构形状有所不同。

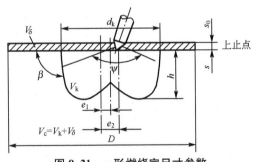

图 9.21 ω 形燃烧室尺寸参数

ω 形燃烧室(图 9.20(b))属于半开式燃烧室,其尺寸参数如图 9.21 所示,在活塞顶部设有比较深的凹坑,其中 ω 形凹坑的中心凸起是为了帮助形成涡流以及排除气流运动很弱的中心区域的空气而设置的。一般 d_k/D 为 0.6 左右,$d_k/h=1.5\sim3.5$。采用 4~6 孔均布的多孔喷油器中央布置(四气门时)或偏心布置(二气门时),喷雾贯穿率一般为 1.05。空气运动以进气涡流为主,挤流为辅。进气涡流比介于最低的浅盘形燃烧室(<1.5)和最高的球形燃烧室(>3)之间,通过减小 d_k/D,和余隙高度 S_0,可使挤流强度增加。由于其利用燃油喷射和空气运动两方面的作用形成混合气,因而比浅盆形燃烧室更容易形成均匀的混合气,空气利用率提高,可在过量空气系数为 1.3~1.5 的条件下实现完全燃烧。

与浅盆形燃烧室的"油找气"方式相比,ω 形燃烧室采用"油和气相互运动"的混合气形成方式,以满足车用高速柴油机混合气形成和燃烧速度更高的要求。

但是，一般空气运动的强度随着转速的提高而增大，而涡流强度过强或过弱会造成油束贯穿不足或过度，均会影响混合气形成和燃烧，故ω形燃烧室对转速的变化较为敏感，一般适用于缸径80~140mm，转速低于4500r/min的柴油机中。若要应用于更小缸径的柴油机中，则在燃油喷射、气流运动与燃烧室形状间的配合上出现困难。同时，喷孔直径过小和喷油压力过高，也给制造和使用提出更高的要求。尽管如此，ω形燃烧室的应用范围仍在向着小缸径方向发展。

挤流口形燃烧室(图9.20(c))也属于半开式燃烧室，混合气形成原理与ω形燃烧室基本相同，最大区别就是采用了缩口形的燃烧室凹坑，这就使得挤流和逆挤流运动更强烈，涡流和湍流能保持较长时间。同时，随着d_k/D的减小，挤流口式燃烧室的"半开式"燃烧特点逐渐明显，并具有燃烧柔和的特点(类似分隔式燃烧室)。挤流口抑制了较浓的混合气过早地流出燃烧室凹坑内，使初期燃烧在还原气氛中进行，压力升高率较低，因此NO_x排放和燃烧噪声均较ω形燃烧室低。但是，由于挤流口的节流作用，活塞的热负荷高，挤流口边缘容易烧损，喷孔易堵塞，因此加工也比一般ω形燃烧室复杂。

非回转体燃烧室中涡流和挤流都是尺度较大的气体运动，适当组织微涡流或湍流可以促进燃油与空气的微观混合。这类燃烧室中具有代表性的有日本五十铃公司推出的四角形燃烧室、日本小松公司的微涡流燃烧室(Micro Turbulence Combustion Chamber，MTCC)、英国Perkins公司的Quardram燃烧室以及上海内燃机研究所研制的花瓣形燃烧室(图9.22)。

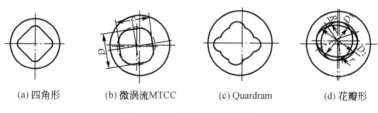

(a) 四角形　　(b) 微涡流MTCC　　(c) Quardram　　(d) 花瓣形

图9.22　非回转体燃烧室

图9.23为MTCC的结构和工作原理，其上部为四角形，下部仍为回转体，在气缸内做涡流运动的气体一边旋转一边进入燃烧室凹坑，在缩口的4个角上以及四角形与回转形的交界处产生微涡流和湍流，将燃油喷向这些区域，可加快混合气形成和燃烧速度。

非回转体燃烧室形状各异，但是其基本特点是相同的，即在半开式燃烧室的基础之上，利用燃烧室形状的设计来产生微涡流，改善混合气形成和燃烧。除大尺度的涡流(如进气涡流和挤压涡流)以外，小尺度的涡流，又称为微涡流或湍流，对混合气形成和燃烧的促进作用已得到公认。微涡流主要是利用大尺度的涡流在燃烧室内不同位置造成的速度差以及流经一些特殊设计的边角、凹凸时产生的气流扰动所形成的。

一些特殊设计的边角、凹凸对空气涡流有衰减作用，而且这种衰减作用随着空气涡流的增强而增大，对提高柴油机的转速适应性、解决半开式燃烧室中存在的低速涡流太弱和高速涡流太强的问题是有利的，特别适合于车用柴油机在宽广的转速范围内工作的情况。

所以，非回转体燃烧室的优点是着火延迟期较短、压力升高率相对较低、燃烧比较完善、有害排放量较小、对转速变化不太敏感、油耗曲线较平坦等。其缺点是加工相对较复杂、一些突出部位的热负荷较高、影响工作的可靠性。

与上述各直喷式燃烧系统的空间混合方式不同，球形燃烧室以油膜蒸发混合方式为

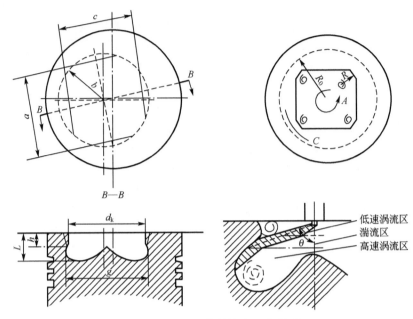

图 9.23 MTCC 的结构和工作原理

主，这种燃烧方式是由德国 MAN 公司的 J. S. Meurer 博士在 1951 年提出的，所以也称为 M 燃烧过程。球形燃烧室的工作原理如图 9.24 所示。其活塞顶部的燃烧室凹坑为球形，喷油器孔数为 1~2 孔(单一喷孔，或一个主喷孔和一个副喷孔)，开启压力低于其他直喷式燃烧室，油束沿球形燃烧室壁面并顺气流喷射，燃油被喷涂在壁面上形成油膜。为保证形成很薄的厚度均匀的油膜，需要很强的涡流(涡流比≥3)。在较低壁温的控制下(200℃~350℃)，燃料在着火前以较低速度蒸发，在着火落后期内生成的混合气量较少，因而初期燃烧放热率和压力升高率低。随燃烧进行，缸内温度和火焰热辐射强度提高，使得油膜蒸发加速，燃烧也随之加速。这样，可以使预混合燃烧阶段的放热速率和压力升高率得到抑制。

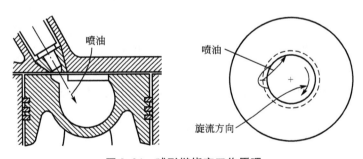

图 9.24 球形燃烧室工作原理

在强烈的涡流运动和适宜的壁面温度控制下，燃料油膜按蒸发、被气流卷走、混合、燃烧的顺序十分有序地进行混合燃烧，混合均匀，又避免了较大颗粒的燃油暴露在高温下产生裂解。同时，空气利用率好，正常燃烧的最小过量空气系数可降至 1.1。匹配良好的球形燃烧室可以做到工作柔和、轻声、低烟、低 NO_x，且动力性和燃油经济性都较好，并能适用于从汽油到柴油的各种燃料。

尽管球形燃烧室存在冷起动性能差(起动时壁温低)、随工况变化性能差别大、对涡流强度十分敏感因而工艺要求高等一系列问题,目前已很少单独使用,但是油膜蒸发混合方式的思想却得以保留和应用。

直喷式燃烧室柴油机虽然各具特色,但却具有一些共同的特点,简介归纳如下。

(1) 由于燃烧迅速,故经济性好,有效燃油消耗率低。直喷式柴油机比分隔式柴油机有效燃油消耗率低10%～20%。

(2) 燃烧室结构简单,表面积与容积比小,因此散热损失小,也没有主、副室之间的节流损失,一方面可使冷起动性能较好,另一方面也使经济性好。

(3) 对喷射系统的要求较高,特别是开式燃烧室。

(4) 半开式燃烧室对进气道有较高的要求。

(5) NO_x 的排放量较分隔式燃烧室柴油机高,特别在较高负荷的区域内,约高一倍。

(6) 对转速的变化较为敏感,特别是半开式燃烧室,较难同时兼顾高速和低速工况的性能,因而适用转速较分隔式燃烧室柴油机低。

(7) 压力升高率大,燃烧噪声大,工作较粗暴。

2) 分隔式燃烧室

分隔式燃烧室的结构特点是除位于活塞顶部的主燃烧室外,还有位于缸盖内的副燃烧室,两者之间有通道相连。燃油不直接喷入主燃烧室内,而是喷入副燃烧室内。典型的分隔式燃烧室有涡流室燃烧室和预燃室燃烧室。

涡流室燃烧室的结构如图 9.25 所示。涡流室容积占整个燃烧室压缩容积的50%～60%。涡流室的形状(图 9.26)有一些不同的类型,如近似球形的、上部为半球形下部为圆柱形的等。

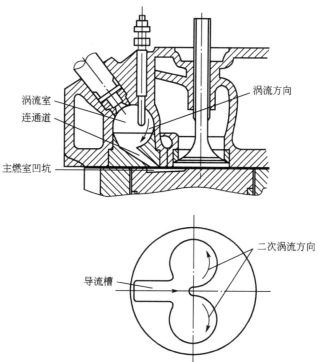

图 9.25 涡流室燃烧室的结构

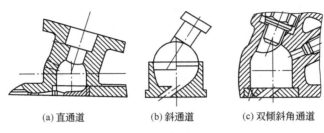

(a) 直通道　　　　(b) 斜通道　　　　(c) 双倾斜角通道

图 9.26　涡流室的形状

涡流室与主燃烧室之间通道的截面积为活塞截面积的 1%～3.5%，通道方向与活塞顶成一定的倾斜角度，其截面形状也有许多种。此外，还有采用双倾斜角通道的，即通道由靠主燃烧室一侧较小的倾斜角度的部分和涡流室一侧较大的倾斜角度的部分组成，以降低通道的流动损失和改善混合气形成。

活塞顶部的主燃烧室一般有导流槽或浅凹坑(图 9.25)。在压缩过程中，空气从主燃烧室经通道流入涡流室，在涡流室内形成强烈的有组织的压缩涡流，而压缩涡流在混合气形成中起主要作用。受活塞挤压的空气通过连通道的导流进入副室，形成强烈的有组织的压缩涡流（一次涡流）。燃油顺涡流方向喷入副室，迅速扩散蒸发混合。由于这种混合方式对喷雾质量要求不高，因而对喷油系统要求较低，一般采用轴针式喷油器，开启压力为 10～12MPa，远低于直喷式燃烧室用的孔式喷油器。着火点一般由喷雾的前端开始，火焰在随涡流做旋转运动的同时，很快扩散至整个涡流室（一次混合燃烧）。随涡流室内温度和压力的升高，燃气带着未完全燃烧的燃料和中间产物经连通道高速冲入主燃烧室，在活塞顶部导流槽导引下再次形成强烈的涡流（二次涡流），与主燃烧室内的空气进一步混合燃烧（二次混合燃烧），从而完成整个燃烧过程。

预燃室燃烧室的结构如图 9.27 所示。根据气门数的多少，预燃室可以偏置于气缸一侧（对于二气门），也可以置于气缸中心线上或其附近（对于四气门）。预燃室容积占整个燃烧室容积的 35%～45%，预燃室与主燃烧室之间通道的截面积为活塞截面积的 0.3%～0.6%。相对涡流室来说，预燃室的容积和连接通道的截面积都较小。

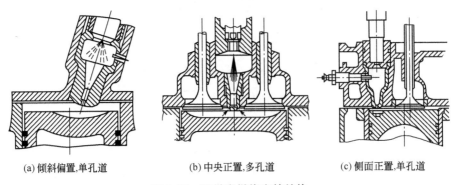

(a) 倾斜偏置，单孔道　　　(b) 中央正置，多孔道　　　(c) 侧面正置，单孔道

图 9.27　预燃室燃烧室的结构

预燃室燃烧室的工作原理与涡流室燃烧室相似，都是采用浓稀两段混合燃烧。在压缩过程中，气缸内部分空气流入预燃室内，由于连接通道截面积很小，且不与预燃室相切，所以在预燃室内形成强烈的无组织的湍流。湍流使一部分燃油雾化混合，当着火燃烧后，预燃室内的压力和温度迅速升高，利用这部分燃油的燃烧能量，将预燃室内已部分燃烧的

浓混合气高速喷入主燃烧室内,并在主燃烧室内形成工质的运动,即燃烧涡流和湍流,促使其余部分的燃油在主燃烧室内迅速与空气混合并燃烧。

分隔式燃烧室柴油机的性能特点如下。

(1) 采用浓、稀两段混合燃烧方式,前段过浓(还原)气氛,抑制了NO_x的生成和燃烧温度,而后段的稀燃(氧化)气氛和二次涡流又促进了炭烟的快速氧化,因而NO_x和微粒排放均低于直喷式燃烧室,但低负荷下的炭烟排放量较大。

(2) 由于初期放热率低,因而压力升高率和最高燃烧压力均低于直喷式燃烧室,燃烧柔和,振动噪声小。

(3) 对于涡流室,压缩涡流随发动机转速升高而增强,即转速越高,混合气形成和燃烧速度越高,因此涡流燃烧室适合于高速柴油机,其转速可高达5000r/min。

(4) 缸内气流运动自始至终比较强烈,空气利用率好,可在过量空气系数为1.2左右的条件下正常工作。

(5) 对喷油系统要求不高,不需要进气涡流,进气道形状简单,因而加工制造成本低,使用故障少。

(6) 一般对燃油不太敏感,有较强的适应性。

(7) 燃烧室结构复杂,表面积与容积之比较大,加上强烈的空气运动的影响,使散热损失较大,通道节流作用引起的流动损失也较大。因此,分隔式燃烧室柴油机较直喷式燃烧室柴油机热效率低,经济性差。燃油消耗率比直喷式燃烧室高出10%~15%。预燃室式燃烧室通道节流损失更大,因而燃油经济性更差一些。

(8) 由于散热损失大和喷雾质量不高,所以冷起动性能不如直喷式燃烧室,一般都要安装电预热塞,用于在冷起动时提高燃烧室内的温度,保证顺利起动。

9.2.3 柴油机的预混合燃烧

柴油机采用均匀充气压燃(预混压燃)(Homogeneous Charge Compression Ignition, HCCI)燃烧方式被认为是解决排放和节约能源的最有希望的途径之一。应该说,无论是柴油机还是汽油机,要同时实现高效率和低污染都是困难的。HCCI燃烧方式改变了传统的柴油机的燃烧方式,还保留柴油机热效率高的优势,成为下一代发动机开发的热点。

1. HCCI 燃烧特性

柴油机采用均匀充量压燃(预混压燃)HCCI燃烧方式,采用均匀的稀混合气(例如,当量比<0.45,高EGR率约为30%,高进气温度>370℃),几乎是全部混合气同时压缩着火,气缸内燃烧温度并不高,也没有火焰传播,因此NO_x生成很少,避免在排气后处理中应用$DENO_x$,$LeanNO_x$等催化转化装置,以实现在富氧条件下NO_x的还原。

实现HCCI燃烧的最大困难是实现对着火点和燃烧率随发动机工况变化的控制。HCCI燃烧放热分为两个阶段,第一阶段是低温化学动力学反应,产生冷焰(和)或蓝焰然后经一段滞后时间进入第二阶段主放热阶段。试验表明,HCCI燃烧是多区域同时着火,并没有明显的火焰传播和火焰面,湍流混合的作用也不明显。由于HCCI着火的始点与气缸内的气流状况关系较少,因此HCCI燃烧方式的循环变动很小。

HCCI燃烧方式的排放明显改善,由于HCCI燃烧方式或在燃烧室内不产生局部高温区,整个气缸的平均温度由于采用十分稀的混合气等原因也比较低,因而NO_x排放可比常规柴油机的减少 90%～98%，HCCI 的 NO_x 排放随负荷的增加而增加，在高负荷时 be 和 NO_x 急剧增长，其指标比一般发动机差得多，它只适合于中、低负荷，同时也表明 HCCI 高负荷运行技术尚不成熟。同时，由于 HCCI 燃烧没有扩散燃烧，也没有过浓区存在，因此 PM 的排放均较低。但是 HC 和 CO 排放比普通柴油机要高，其原因是稀混合气和高 EGR 率，使燃烧温度低，减少了 HC 和 CO 燃烧后再氧化的可能，此外混合气体制备（如向气缸早喷油）可能使油束碰到气缸壁，使 HC 增加。

2. HCCI 燃烧的实现方法

在柴油机上实现 HCCI 燃烧的主要方法有：采用喷雾范围大、油粒细而均匀的燃油喷雾，以快速形成均匀的混合气浓度场；想方设法大幅度延长着火延迟期，以便在着火前使燃油有充分的蒸发混合时间；控制前期燃烧速度，以抑制 NO_x 生成和高温裂解产生炭烟。

1) 丰田 UNIBUS 燃烧方式

由丰田公司推出的 UNIBUS（Uniform Bulky Combustion System）燃烧方式其实质是均匀扩散预混合燃烧。为了得到均匀预混混合气，通常采用特殊的喷嘴，力求在燃烧室内形成一种油束贯穿距离小、喷雾范围大、油粒细而均匀的燃油喷雾。图 9.28 为丰田 UNIBUS 系统的多层多孔喷油器。多喷孔喷油器布置在燃烧室的中心，其喷孔直径为 0.08 mm，孔数为 20～30 个，喷油夹角分别为 55°、105°和 155°，喷雾几乎充满了整个燃烧室空间，形成的混合气浓度分布非常均匀；另外为了使着火前燃油有充分的蒸发混合时间，形成均匀的稀混合气，UNIBUS 燃烧系统采用了大幅度提前喷油时间的措施等。

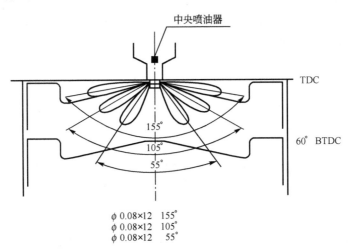

图 9.28　丰田 UNIBUS 系统的多层多孔喷油器

实验表明，采用 UNIBUS 燃烧系统的柴油机可以大幅度改善柴油机的 NO_x 和炭烟排放。但是仅仅当较小负荷下才得以实现，另外如何控制着火时间也是一个关键问题。

2) 日产 MK 燃烧方式

日产公司开发的 MK（Modulated Kinetics）燃烧方式，其核心思想是低温预混合燃烧。产生均匀预混合气的主要方法是延长着火落后期和加速混合气形成速度，为此，MK 燃烧中大幅度推迟喷油时间并采用 EGR 率高达 45% 的排气再循环。EGR 在这里不仅是控制燃烧速率和燃烧温度以抑制 NO_x 产生的对策，而且也是控制着火落后期长短的手段。图 9.29 给出了实现 MK 燃烧过程的主要技术路线及排放降低效果，最终使 NO_x 降低到原机水平的1/12左右，炭烟由2 BSU降至几乎为零，HC也降低了50%左右。

3. HCCI 技术难点

尽管已有多种柴油机的预混合燃烧方法被提出，如分别由进气吸入和缸内喷入不同燃料、多段组合喷油等方法，但要达到实用化，尚需克服一些技术难点。

(1) 在发动机全工况范围内控制着火定时。

(2) 在发动机全工况范围内控制燃烧率，尤其是高负荷运行时燃烧率的控制(使放热率放慢，限止噪声或过高燃烧压力)。

(3) 把HCCI向高负荷扩展。

(4) 改善冷起动和瞬态响应特性。

(5) 发展排放控制系统，降低HC和CO排放。

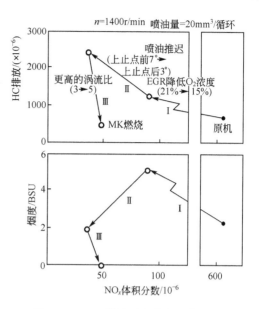

图 9.29 MK 燃烧过程的主要技术路线及排放降低效果

(6) 发展发动机的控制策略和系统(闭环反馈系统)以及研制相应的传感器。

(7) 开发合适的燃料(包括混合燃料)。

(8) 保证多缸机各缸的均匀性。

(9) HCCI 的燃烧模拟。

总的说来，柴油机预混合燃烧方案的提出，极大地拓宽了研究柴油机燃烧的思路。围绕对于被NO_x和微粒排放问题长期困扰的传统柴油机，开始探索到一条有可能打破僵局的途径，其意义是十分重大的。

9.3 燃烧过程的优化

9.3.1 燃烧优化过程的基本原则

柴油机燃烧是一个极其复杂的过程，影响因素包括以下几个。

(1) 燃油的物理化学性质(十六烷值、热值、组分、杂质等)。

(2) 压缩气体状态(温度、压力、残余废气量)。

(3) 燃油喷射规律(喷油正时、喷油率、喷油持续期)。

(4) 油气混合组织(油束分布、穿透、雾化、气流运动)。

这些因素可以简要归纳为油、气和燃烧室结构三要素。燃烧系统的优化就是要解决三者的完美结合问题。不同的燃烧系统有不同的油、气和燃烧室组合方式，而在每一种组合方式中，三要素在其中的重要程度也不完全一样，但追求目标都是希望燃烧更完善、更柔和、损失更小，排气更清洁。实际上对柴油机燃烧过程的要求往往相互之间又是矛盾的。例如，为提高柴油机经济性，应使燃油完全燃烧，希望有较大的过量空气系数，但这将导致气缸工作容积利用率降低,即升功率降低,动力性变差。要保证在上止点附近的迅速燃烧以提高动力性和经济性,但这又可能会使压力升高率和最大爆发压力都较高,工作平稳性变差,燃烧噪声增大也会降低工作可靠性和使用寿命。此外,降低柴油机废气中的有害排放量往往是以柴油机经济性的降低、制造成本的提高作为代价的。降低柴油机废气中的各种有害排放量的要求,特别是柴油机废气中的两种主要有害排放物(微粒和 NO_x)的控制,往往也会产生矛盾。同时针对车用柴油机工作范围宽广的特点,希望不仅是在某一工况下,而是在各种转速、负荷下,都能有较好的性能。总之,柴油机燃烧过程优化是一项难度较大的工作,应掌握以下基本原则。

(1) 油—气—燃烧室的最佳配合。不论采用何种强度的涡流、何种喷油方式、何种形状的燃烧室,单独地看,并不存在最佳方案,但综合起来看,在一定的限制条件下,只要油、气和燃烧室三者能恰当配合,达到综合的优化性能指标,就是最优方案。

(2) 控制着火延迟期内的混合气生成量。为追求好的动力性和经济性,可适当增加火延迟期内的混合气生成量,但为了降低 NO_x 排放和燃烧噪声,应减少着火延迟期内的混合气生成量。可采用的方法是优化初期喷油速率(见下文),控制气体流动和燃烧室形状。

(3) 合理组织燃烧室内的涡流和湍流运动。通过增强涡流和湍流运动,可以加速混合气生成速率,避免局部混合气过浓,特别应重视压缩上止点附近及燃烧过程中的气流运动。但此外,进气涡流强度的提高会造成充量系数下降和泵气损失增加,燃烧室内气流运动强度的增加会造成流动损失及散热损失的升高,因此气流运动强度必须适当。目前解决这一矛盾的方法倾向于提高喷射压力,而适当降低旋流强度。

(4) 紧凑的燃烧室形状。与汽油机相同,柴油机的燃烧室也应尽可能做到形状紧凑面容比小,这样可使散热损失减小、难以进行燃烧的死角减少以及空气利用率提高。分隔式燃烧室燃油经济性不好的重要原因之一就是面容比大使散热损失过大。各类柴油机燃烧室都应尽可能减小余隙容积(包括活塞顶与气缸盖之间的顶隙容积、气门凹坑容积、第一道活塞环以上的环岸容积),使空气集中在燃烧室凹坑里,以提高空气利用率,使燃油不分散到余隙容积中,以避免不完全燃烧和有害物排放。

(5) 加强燃烧期间和燃烧后期的扰流。为了降低 NO_x 和燃烧噪声而又保证燃油经济性不恶化,在采用较缓的初期燃烧放热率的同时,加强扩散燃烧期的气体扰动是一个极为有效的方法。此外,加强燃烧后期的混合气运动,还可加速炭烟的氧化和再燃烧,以降低排气烟度。

(6) 优化运转参数。要想全面优化发动机的动力、经济性能及排放,则必须对各运转参数在变工况时进行实时调控,如供油提前角、空燃比(供油量)、压缩比、配气相位、进气涡流强度、增压、废气再循环(EGR)等。

不同运转工况指的是转速和负荷。

柴油机的负荷调节方法是"质调节",即空气量基本上不随负荷变化,而只调节循环供油量。负荷增大,循环供油量也增大,过量空气系数减小,单位容积混合气燃烧放热量增加,缸内温度上升,着火延迟期缩短,但燃烧过程延长,从而使燃烧效率下降。

当转速升高时,由于散热损失和活塞环的漏气损失减小,使压缩终点的温度和压力增高,改善燃油的雾化和燃烧。当转速过低或过高时,都会使燃烧效率降低。当转速过低时,空气运动减弱,使混合气质量变差;而当转速过高时,燃烧过程所占的曲轴转角加大，充气效率下降，燃烧变差。

柴油机必须对循环供油量和供油提前角进行实时调控。

供油提前角（或喷油提前角）对柴油机的燃烧过程及其性能都有很大影响。供油提前角过大，燃油将喷入温度和压力相对较低的空气中，着火延迟期增长，同时在着火燃烧后，活塞仍在上行，使压力升高率和最大爆发压力都较高，工作粗暴，NO_x 的排放量也会由于燃烧温度的升高而增加，过早燃烧还会增加压缩负功，降低柴油机的经济性、动力性。供油提前角过小，则会使燃油不能在上止点附近及时燃烧，柴油机的经济性和动力性下降，同时微粒的排放量也会增加。过迟燃烧还会使散热损失增加。对于每一种工况，均有一最佳的供油提前角，此时在负荷（循环供油量）不变的前提下，有效燃油消耗率最低。

当转速增加时，为保证燃油在上止点附近及时燃烧，需要适当加大供油提前角。当负荷增大时，由于循环供油量增大以及燃烧过程变长，也需要适当加大供油提前角。机械式供油系统一般只能随转速变化调节供油提前角，对于最佳供油前角随负荷的变化调节，则较难实现。只有在柴油机电控喷射系统中，才能真正实现最佳供油提前角随各种工况变化的准确调节。

电控技术对空燃比（供油量）的实时调控优于机械式供油系统，同时可实现对更多参数随工况变化的准确调节。

9.3.2 燃油喷射过程的优化

燃油喷射过程优化，即喷油规律优化，它对动力性、经济性及燃烧噪声和排放有很大影响。图 9.30 表示柴油机燃烧方案理想图，其中虚线代表通常柴油机中的实际情况，实线代表理想情况。若要实现理想的燃烧，则必须对放热率进行有效的控制，即在初期，应控制燃烧速率，尽可能降低预混燃烧阶段的放热率峰值，以便降低燃烧温度，从而降低燃烧噪声和 NO_x 排放；在中期，要保持快速和有效燃烧，以便提高动力性和经济性；在后期，要尽可能缩短扩散燃烧，以便降低烟度和颗粒。要实现这样的燃烧模式，必须对喷油规律实行优化。

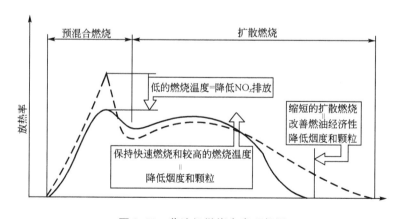

图 9.30 柴油机燃烧方案理想图

对喷油规律的基本要求如下。

(1) 喷射开始时段的喷油率不能太高，以便控制着火延迟期内形成的可燃混合气量,降低初期放热率,防止工作粗暴。在燃烧开始后,应有较高的喷油率以期缩短喷油持续期,加快燃烧速率。可用"先缓后急,断油迅速"8个字来概括。

(2) 尽可能减少喷油系统中的燃油压力波动,以防止不正常喷射现象。供油规律基本由柱塞直径和凸轮几何尺寸决定,因此也称为几何供油规律。前文已述,由于燃油高压系统的压力波动及弹性变形等原因,供油规律与喷油规律有一定差别,对混合气形成和燃烧过程有直接影响的是喷油规律。

为了实现理想的燃烧过程,合理的喷油规律应如图9.31所示。

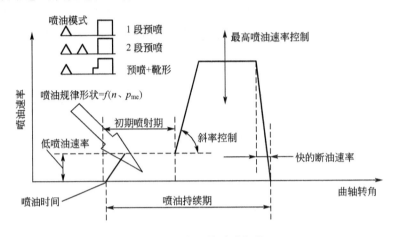

图 9.31 合理的喷油规律

改变凸轮型线可以改变喷油规律,图9.32为凹弧凸轮和切线凸轮的供油规律对比,而凹弧凸轮的供油规律具有初期供油速率低和中期供油速率高的特点。试验结果表明,凹弧凸轮在不同负荷的NO_x排放可降低5%~10%,中小负荷的微粒排放降低8%~13%,但大负荷时的微粒排放上升,各种负荷的燃油消耗率也略有恶化。

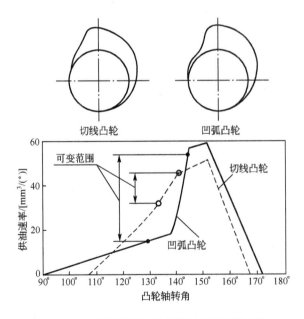

图 9.32 凹弧凸轮和切线凸轮的供油规律对比

另外，为了实现先缓后急的喷油规律，一种双弹簧喷油器（即双开启压力喷油器）可实现两级喷射，达到先缓后急的目的。其结构如图 9.33 所示。在油压上升过程中，首先克服较软的第一级弹簧的压力，使针阀升起预行程 0.03～0.06mm，由于流通截面很小，因此燃油喷射只能以较小的速率进行；当油压继续上升到能克服第二级弹簧的压力时，针阀升程进一步增大至 0.2mm 左右，开始主喷射。其喷射规律形状非常接近"靴形喷射"。这种喷油器被用来降低燃烧噪声和 NO_x。图 9.34 为双弹簧喷油器喷射规律形状与单弹簧喷油器进行对比。

采用预喷射和多段喷射可以更好地实现先缓后急的喷油规律。

预喷射是在主喷射前，有一少量的预先喷射（图 9.34 中针阀升程），因而在着火延迟期内只能产生有限的可燃混合气量。这部分混合气形成较弱的初期燃烧放热，并使随后的主喷射燃油的着火延迟期缩短，避免了速燃期急剧的压力和温度升高。在图 9.35 中，虚线为无预喷射，实线为有预喷射。

多段喷射与普通喷射相比，后期喷射的燃油实际上对正在进行的燃烧起到一种扰动作用，促进燃烧后期的混合气形成及燃烧加速，因而燃烧压力提高、燃烧持续期缩短、炭烟排放降低。另外，采用多段喷射可以改善冷起动特性。根据有关研究结果，在采用多段喷射

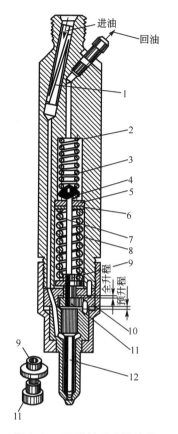

图 9.33 双弹簧喷油器结构
1—过滤器；2—初级弹簧压力调整垫圈；
3—初级弹簧；4—初级弹簧座；5—导圈；
6—二级弹簧压力调整垫圈；7—顶杆；
8—二级弹簧；9—二级弹簧座；10—过滤盘；
11—定位滑套；12—针阀

后，-30℃时的冷起动时间缩短了 20%，这就意味着白烟和冷 HC 等排放会明显减少。图 9.36（a）给出了多段喷射的示意图。图 9.36(b) 给出了多段喷射(7:3)对燃烧特性的影响。

图 9.37 为几种不同燃油喷射系统的标准喷油过程。这些过程是根据各自喷射系统的基本特性得出，通过参数优化可适当改变，特别是共轨供油系统的改变自由度较大。

燃油喷射优化另一个重要方面是提高喷油压力，可以使燃油喷雾颗粒进一步细化，以增大燃油与空气的接触表面积，加速燃油与空气混合。为此，近年来高压喷射技术在直喷式柴油机上得到了很快的应用。最高喷射压力由传统的 30～50MPa 提高到 60～80MPa，近年来已高达 150～180MPa。高的喷射压力加上喷孔直径的不断缩小，使喷雾的索特粒径由过去的 30～40μm 减少到 10μm 左右。油气混合接触面积显著增大，并且由于高速油束对周围空气的卷吸作用，使混合气的形成速度大大加快和浓度分布更均匀，着火落后期缩短，着火位置由过去的喷油器出口附近向油束前端（燃烧室壁面）转移，形成与传统直喷式柴油机有较多不同的燃烧过程。

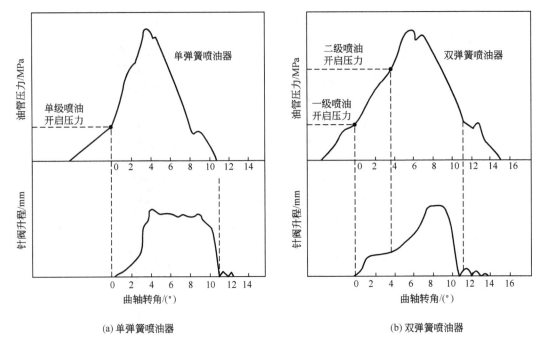

图 9.34 双弹簧喷油器喷射规律形状与单弹簧喷油器进行对比

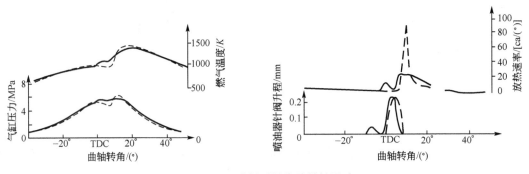

图 9.35 预喷射对燃烧特性的影响

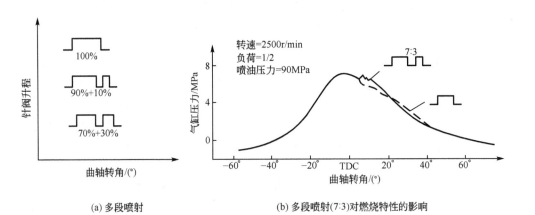

图 9.36 多段喷射的示意图

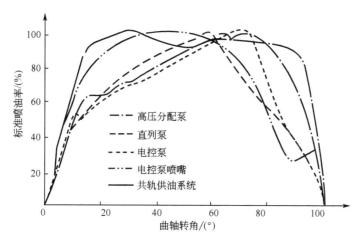

图 9.37 几种不同燃油喷射系统的标准喷油过程

高压喷射造成的这种高温、高速以及混合能量很大的燃烧过程使微粒排放和热效率都有了明显改善。如果合理利用高压喷射时燃烧持续期短的特点，同时并用推迟喷油时间或 EGR 等方法，还可能使微粒和 NO_x 排放同时降低。

9.3.3 燃烧室的对比及选型

柴油机各种类型的燃烧室有着各自的特点和适用场合。在燃烧室的选用中，主要应结合各类燃烧室的特点并考虑柴油机的缸径大小、转速范围、具体使用要求和特点以及制造维修水平等来进行。表 9-1 列出了常用燃烧室的结构和性能对比，表中数据一般是对小功率的非增压柴油机而言。对于同一类型的燃烧室，增压柴油机与非增压柴油机比较，一般过量空气系数较大，压缩比较低，最高爆发压力较大而燃烧噪声较小，有效燃油消耗率也会有不同程度的降低。

表 9-1 常用燃烧室的结构和性能对比

	对比项目	直喷式燃烧室			分隔式燃烧室	
		浅盆形(开式)	ω 形	球形	涡流室	预燃室
燃烧系统特点	混合气形成方式	空间雾化	空间雾化	油膜蒸发	两段混合	两段混合
	压缩比	12～15	16～18	17～19	18～22	18～22
	空气运动	无涡流或弱进气涡流	较强进气涡流和挤流	强进气涡流	压缩涡流和燃烧涡流	压缩涡流和燃烧涡(湍)流
	全负荷过量空气系数	1.6～2.2	1.4～1.7	1.3～1.5	1.2～1.6	1.2～1.6
	热损失和流动损失	小	较小	较小	大	最大
	喷油器	6～12 孔	4～6 孔	1～2 孔	轴针式	轴针式
	开启压力/MPa	20～40	18～25	17～19	10～12	8～13
	燃油雾化	要求高	要求较高	一般	要求较高	要求低

(续)

对比项目		直喷式燃烧室			分隔式燃烧室	
		浅盆形(开式)	ω形	球形	涡流室	预燃室
性能特点	p_{me}/MPa	0.6~0.8	0.6~0.8	0.6~0.8	0.7~0.9	0.6~0.8
	be/g/kW·h	190~210	218~245	218~245	231~272	245~292
	NO$_x$	高	较高	中等	低	低
	PM	较低	高	低	低	低
	HC	较低	高	高	低	低
	噪声	最高	较高	较低	低	低
	起动性	容易	较容易	难	难	最难
	适应转速/(r/min)	≤1500	≤4000	≤2500	≤5000	≤3500
	适应缸径/mm	≥200	≤150	90~130	≤100	≤100

所以，目前柴油机燃烧室选择规律一般如下所示。

(1) 由于直喷式柴油机的燃油经济性明显优于分隔式柴油机，在能源问题已成为全球性重大问题的今天，直喷式柴油机由过去主要用于中重型卡车变为现在日益向中小型卡车以及轿车领域扩展。目前新研制的缸径 $D>100$mm 的高速柴油机几乎都采用直喷式燃烧室，而在 $D<100$mm 的直喷式柴油机也逐渐增多。

(2) 分隔式燃烧室柴油机在原理上是低排放燃烧方式，比直喷式柴油机有优势。但由于近年来发展的高压喷射、四气阀和电控喷射等技术，使直喷式柴油机的 NO$_x$ 和微粒排放有了显著的改善，缩小了在排放特性上与分隔式燃烧室柴油机的差距。

(3) 分隔式燃烧室柴油机噪声振动性能方面比直喷式柴油机有优势，高速性能好、制造成本低等优点，在缸径 $D<100$mm，转速 $n>3500$r/min 的车用高速柴油机上仍有一定的应用，特别是涡流室的高速性能比预燃室更佳，因此在轻型柴油车特别是柴油轿车上应用居多。由于在重要的燃油经济性上不如直喷式燃烧室，因而应用范围逐渐减少。

(4) 重型汽车、大型工程机械用柴油机几乎毫无例外地采用直喷式燃烧室(开式燃烧室和半开式燃烧室)，其中的半开式燃烧室也有向开式燃烧室的特点靠拢的趋势。在缸径 $D>200$mm，转速 $n<1000$r/min 的大型增压柴油机上，目前几乎都采用无涡流或低进气涡流的浅盆形开式燃烧室。

(5) 在包括农用运输车和小型拖拉机在内的农用柴油机领域，考虑到对制造成本、工作可靠及寿命长的要求，涡流室式燃烧室仍被较多地应用，但直喷式燃烧室的比重在不断扩大。

柴油机燃烧过程的优化还包括合理组织进气流动、合理选择喷油器并确定其安装位置、组织合适的废气再循环率(EGR)等。

思考题与习题

1. 解释下列概念。

着火延迟期　压力升高率　燃烧放热规律　供油规律与喷油规律　索特粒径　涡流比　空间雾化混合　油膜蒸发混合(M 燃烧过程)预喷射　均质压燃(HCCI)

2. 简述柴油机燃烧过程，并说明压力升高率的大小对柴油机性能的影响。
3. 燃烧放热规律三要素是什么？什么是柴油机合理的燃烧放热规律？
4. 以柱塞式喷油泵为例简述柴油机燃料喷射过程。
5. 简述几何供油规律和喷油规律的关系，并解释两者之间的区别与联系。
6. 什么是供油提前角和喷油提前角？解释两者的关系以及它们对柴油机性能的影响。
7. 什么是喷油嘴流通特性？说明喷油嘴流通截面对喷油过程和柴油机性能的影响。
8. 柴油机有哪些异常喷射现象和它们可能出现的工况？简述二次喷射产生的原因的危害及消除方法。
9. 喷雾特性与雾化质量的指标和参数有哪些？
10. 什么是空间雾化混合和油膜蒸发混合？
11. 简述直喷式燃烧室柴油机的性能特点，并与分隔式燃烧室柴油机做对比。
12. 柴油机燃烧过程优化的基本原则是什么？
13. 目前 HCCI 有哪些实现方法？遇到哪些技术难题？

第 10 章 发动机的排放与噪声控制

教学提示

发动机的排气污染与噪声污染已成为地球环境的主要污染源,特别是发动机有害排放物对城市的大气污染构成了严重威胁,本章介绍了有害排放物的危害及生成、影响排放物生成的主要因素与常用的有害排放物控制技术、排放标准与测试技术以及发动机噪声来源与控制方法。

教学要求

要求学生掌握有害排放物的生成机理,影响因素与控制技术;了解排放标准与测试技术以及发动机噪声来源与控制方法。

10.1 发动机排放物的种类及危害

10.1.1 概述

空气是由氧气、氮气和稀有气体等恒定成分以及二氧化碳和水蒸气等可变成分、有害气体及尘埃等部分组成。汽车发动机排放污染是空气中不定组分的主要来源。

在城市人口居住密集的地方,汽车密度大,且发动机多工作在低速、频繁起动和制动等高排放工况,再加上建筑物密集使得空气的流动性差,因此城市车辆的有害污染物排放十分迫切。世界环境卫生合作及发展组织指出,汽车已成为大气污染的重要根源之一。据统计,在一些发达国家中,汽车排放已占大气污染的 30%~60%。随着汽车保有量的增加,我国汽车污染物排放总量也日趋上升。据国家环保总局监测,2005 年我国汽车尾气排放在城市大气污染中的分担率已达到79%左右。

汽车排放是一个国际性的问题,有害排放物危害人类健康,污染环境。排放中的二氧化碳虽然是无害气体,但会造成温室效应,使全球气温升高,引起气候变化,从而引发全球性危机。因此,研究和降低汽车排放污染问题,对节约能源、减少环境污染、造福人类有着重要意义。

10.1.2 发动机排放污染物的危害

发动机排放污染物有一氧化碳、碳氢化合物、氮氧化物和微粒等,这些污染物对人体健康造成巨大危害,而二氧化碳气体由于造成温室效应,因此对大气环境有严重影响。

(1) 一氧化碳(CO)。CO进入人体后,非常容易和血液中的血红蛋白结合,它与血红蛋白的亲和力是氧的300倍,因此肺里的血红蛋白不与氧结合而与CO结合,从而削减了其向各组织的输送,使人缺氧,造成感觉、反应、理解、记忆等机能障碍以及头痛、头晕等中毒症状。当大气中含有CO浓度达到10×10^{-6}时,就能引起人慢性中毒,出现贫血、心慌、呼吸道病变恶化等症状;当CO浓度达到30×10^{-6}时,在4~6h内就会导致人中毒;当CO浓度达到120×10^{-6}时,在1h内就会导致人中毒;当CO浓度达到10000×10^{-6}时,就会使人死亡。

(2) 氮氧化物(NO_x)。汽车发动机排气中的NO_x通常是指NO和NO_2,这两种成分对人体都是有害的,特别是对呼吸系统。高浓度的NO能引起中枢神经障碍,而低浓度的NO对人体的影响目前尚不清楚。汽车排气中的NO在排入空气后与氧接触变成NO_2。NO_2是一种褐色气体,有特殊刺激性臭味。NO_2中毒可以使人发生肺气肿以及引起闭塞性支气管炎。

NO_x除了本身对生物的危害外,还与HC一起生成光化学过氧化物,即光化学烟雾。这种过氧化物不仅能损害人的肌体,造成气喘、刺激眼睛等症状,而且对植物及某些人造材料也能造成损害。

(3) 碳氢化合物(HC)。HC直接对人体健康的作用和影响尚缺乏充分研究。目前,人们把注意力放到致癌性碳氢化合物上(见下文)。另外,HC和NO_x一起生成光化学烟雾,对动植物都造成危害。

(4) 二氧化硫(SO_2)。排气中SO_2的含量与燃料中的含硫量有关。一般来说,柴油机比汽油机中的SO_2要多些。SO_2对汽车发动机使用催化净化装置有破坏作用,即使少量的SO_2堆积在催化剂的表面,也会降低催化剂的使用寿命。同时SO_2是生成柴油机排气微粒的原因之一。但总的来说,与其他发生源(如燃煤)相比,汽车排放的SO_2所占的比例很小。从大气污染角度看,不是汽车排放的主要问题。

(5) 微粒。微粒(Particulate Matter,PM)是排气中的铅化物、炭烟和油雾的总称。在车用汽油中,为了改善汽油的品质,曾采用添加各种铅的化合物,例如添加四乙铅可提高汽油的辛烷值和抗爆性。但含铅汽油燃烧所生成的铅化物是污染大气的有害物质。如果人吸入铅化物气体,则铅将在人体内逐渐积累造成危害,引起铅中毒。另外,汽油中添加的铅还会使催化转换器中的催化剂中毒,影响的HC、CO和NO_x转化效率和使用寿命。为了防止铅污染,近年来许多国家采用无铅汽油。我国2000年7月1日起停止使用含铅汽油,改用无铅汽油。

汽油机和柴油机所排放的颗粒是不同的。汽油机主要是铅化物、硫酸、硫酸盐和低分子物质。柴油机的颗粒数量上要比汽油机多得多,一般要高 30~60 倍,成分也要复杂得多,可分为有机可溶成分(SOF)和不可溶成分两种,有机物包括未燃的燃油、润滑油以及不同程度的氧化和裂解产物,其中有些是致癌物质。

(6) 臭味。臭味是由多种成分引起的,除 O_3 和 NO_2 外,燃料的不完全燃烧产物,如甲醛、丙烯醛等,也是有臭味的。臭味不仅使人感觉难受,还刺激人的眼睛和黏膜。

(7) 光化学烟雾。光化学烟雾是由汽车排气中的 NO_x 和未燃烃 HC 在阳光作用下而产生的一种大气污染。光化学烟雾具有极强氧化力,且能使受力橡胶开裂、植物受损、空气的能见度降低,同时还会刺激人的眼睛和咽喉。在汽车发动机排出物中作为起因的 NO_x 和 HC 在太阳光能的作用下进行光化学反应,生成光化学过氧化物。光化学反应的主要产物是臭氧(O_3)、过氧酰基硝酸盐(PAN)以及醛类和有机氮化物。此外,在烟雾室中还测得可使能见度降低的烟雾剂(气溶性胶)。必须指出,光化学烟雾的出现需要具备一定的条件,只有在汽车排放的 NO_x 和 HC 等污染物较多(包括工厂排入大气中的废气),而又处在大气对流不通畅的特殊地理环境,并具有强烈的阳光照射(例如夏季的中午)时,才有可能产生光化学烟雾。由于氮氧化物(NO_x)在大气中不会长期积累,所以发生光化学烟雾的可能性比较小。

(8) 温室效应。CO_2 是一种无色气体,略带刺激性气味,本身并没有毒性,它的危害在于作为温室气体造成地球表面温度升高,也就是所谓的温室效应。由于地球上森林资源日益减少,而燃料燃烧后排入大气的 CO_2 不断增加,因此温室效应就越来越严重。在大气层中,CO_2 气体像一层日益加厚的透明薄膜,太阳光照射在地球表面的能量由于受到 CO_2 层的阻隔难以逸出,热量经多年积累将使全球气候变暖,造成全球范围内气候反常变化,从而破坏自然界的生态平衡。

10.1.3 发动机排放污染物的生成机理

发动机排放主要和发动机的混合气形成、燃烧过程及燃烧结束后在排气过程中的化学反应有关,此外,还与燃油的蒸发等因素有关。汽油为 $C_4 \sim C_{11}$ 的碳氢燃料,易挥发,化学稳定性好,着火温度高,不易自燃,需靠点火使其点燃。汽油机是当燃油和空气在外部预制成比较均匀的混合气进入气缸后,依靠火花塞点燃,形成火焰中心,化学反应加速,从而开始进行火焰传播。柴油为 $C_{12} \sim C_{23}$ 的碳氢化物,它不易挥发,着火温度低,化学稳定性差,因而易自燃。柴油机靠压缩提高缸内混合气的温度,使其自燃。由于柴油机是在极短的时间内靠高压将柴油喷入气缸,因此经过喷雾、蒸发、混合过程形成非均质的可燃混合气。当压缩达到自燃温度就会有多处着火而燃烧,而在燃烧时,仍有燃料正在连续喷射,继续进行喷雾蒸发混合过程,这是扩散燃烧特点。由于汽油机和柴油机的燃烧特点不同,因而它们的污染物生成机理也不同。由表 10-1 可见,汽油机污染物主要是 CO、HC 和 NO_x,而柴油机污染物主要是微粒和 NO_x。

表 10-1 汽油机与柴油机排放污染物的比较

成　分	汽油机	柴油机	成　分	汽油机	柴油机
CO/(%)	0.6	0.05~0.50	$NO_x/(\times 10^{-6})$	2000~4000	700~2000
$HC/(\times 10^{-6})$	2000	200~1000	微粒/(g/m³)	0.005	0.15~0.30

1. 一氧化碳的生成

对于汽油机，根据燃烧化学反应，在不同空燃比 A/F 下，燃烧产物各成分的计算值如图 10.1 所示。

理论上当过量空气系数 $\phi_a=1$ ($A/F\approx14.8$) 时，燃料完全燃烧，其产物为 CO_2 和 H_2O，即

$$C_nH_m+(n+m/4)O_2=nCO_2+m/2H_2O$$

当空气不足，$A/F<14.7$ 时，则有部分燃料不能完全燃烧，生成 CO。

$$C_nH_m+(n/2+m/4)O_2=nCO+m/2H_2O$$

所以，CO 的排出浓度基本上受空燃比所支配，图 10.2 为汽油机空燃比和各有害气体排放量的关系，与图 10.1 是一致的。

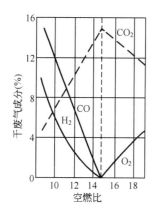 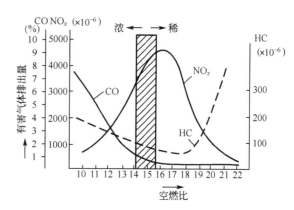

图 10.1 不同空燃比下废气中的各成分变化　　图 10.2 汽油机空燃比和各有害气体排放量的关系

理论上当 $\phi_a\geqslant1$ 时，在排气中 CO 不存在，而代之产生 O_2。实际上由于混合、分配不均匀，因此在排气中仍含有少量 CO。即使混合气混合得很均匀，由于燃烧后的温度很高，已经生成的 CO_2 也会有一小部分被分解成 CO 和 O_2，H_2O 也会部分被分解成 H_2 和 O_2，生成的 H_2 也会使 CO_2 还原成 CO，所以排气中总会有少量 CO 存在。

2. 氮氧化物的生成

关于 NO_x 的生成机理，国外已进行大量研究，其研究结果不仅对汽油机而且对柴油机也很有用，摘要介绍如下。

在较低的温度下，N_2 和 O_2 生成 NO 的机理可以认为是简单的双分子反应，即

$$N_2+O_2\longrightarrow 2NO$$

但是在高温时，NO 的生成机理按泽尔多维奇 (Zeldovich) 反应所支配，有以下两个反应：

$$N_2+O\longrightarrow NO+N$$
$$O_2+N\longrightarrow NO+O$$

这些反应是连锁反应，分子状态的氮和原子状态的氧碰撞，或者氧分子和氮原子碰撞而生成 NO。NO 的生成量在很大程度上取决于温度，并与温度成指数关系。第一个反应式左边的 O 一部分由第二个反应式右边生成的 O 供给，但是大部分是依靠以下离解反应生成的。

$$O_2 \longrightarrow 2O$$

另外,作为氮原子的生成机理,也提出了在 HC 燃烧生成碳氢化合物自由基时产生 N 的可能性,例如,$HC+N_2 \longrightarrow CHN+N$,但多数不予考虑。至于生成 NO 的其他机理还有蓝沃埃(Lavoie)等提出更复杂的、经过 OH 自由基反应生成,但这些反应不是主要反应。

生成 NO 的因素有以下 3 点。

(1) 氧的浓度。在高温条件下,氧的浓度是生成 NO 的重要因素。在氧浓度低时,即使温度高,NO 的生成也受到抑制。

(2) 温度。高温是最重要的条件,即使氧很充足,但燃烧温度不高,氧的分解进行也很慢,则 NO 生成浓度低。当反应物温度从 2237℃提高到 2337℃时,NO 的生成速率几乎可以快一倍。燃烧进行得越充分,燃烧温度越高,NO 浓度越高,这也就是 NO 与油耗之间相互有矛盾的原因。因为从燃油经济性观点看,要求燃烧效率高,燃烧进行得完全,也就是要求燃烧速度快,并使燃烧放热集中在上止点附近,而这样燃烧温度必然很高,因而 NO 生成量也就越多。

(3) 反应滞留时间。如果燃气在高温富氧的条件下滞留时间长,NO 的生成量必然增加。NO 生成反应是可逆反应,但 NO 在燃气中逆反应速度缓慢,从而使缸内 NO 的实际浓度由于逆向反应速率太低而几乎没有下降,NO 就会"冻结"在一个非平衡的高浓度水平上而从尾气中排出。在柴油机中发生冻结,比在汽油机中更快。

3. 碳氢化合物的生成

汽油机未燃 HC 的生成与排放有 3 个管道:①在气缸内的燃烧过程中生成并随排气排出;②从燃烧室通过活塞与气缸之间的各间隙漏入曲轴箱的窜气,含有大量 HC,称为曲轴箱排放物;③从发动机和汽车的燃油系统,即汽油箱、燃油供给系等处蒸发的汽油蒸气,称为蒸发排放物。

均匀混合气生成未燃 HC 有下述多种机理。

(1) 冷激效应。燃烧室壁面对火焰的迅速冷却(称为冷激或淬冷)使火焰不能一直传播到缸壁表面,而在表面上留下一薄层未燃烧的或不完全燃烧的混合气。冷激效应造成的火焰淬熄层厚度在 0.05~0.4mm 间变动,小负荷时较厚。不过在正常运转工况下,冷激层中的未燃 HC 在火焰掠过后会扩散到已燃气体主流中,在缸内已基本被氧化,只有极少一部分成为未燃 HC 排放。但在冷起动、暖机和怠速工况时,因燃烧室壁温较低,形成淬熄层较厚,同时已燃气体温度较低及较浓的混合气使后期氧化作用较弱,因此壁面冷激是此类工况未燃 HC 的重要来源。

缝隙效应是冷激效应的主要表现。图 10.3 表示燃烧室内缝隙的组成。汽油机燃烧室中各种狭窄的缝隙,例如活塞、活塞环与气缸壁之间的间隙,火花塞中心电极周围、进排气门头部周围以及气缸盖衬垫气缸孔边缘等地方,由于面容比很大,壁面的冷激作用特别强烈,火焰根本不能在其中传播,从而使在压力升高的压缩、燃烧过程中被挤入缝隙内的未燃混合气错过主要燃烧过程,而在压力降低的膨胀、排气过程又返回气缸内温度较低的已燃气体中,部分被氧化,其余以未燃 HC 形式排出。虽然缝隙容积较小,但其中气体压力大,温度低,密度大,加上流回气缸时温度已下降,氧化比例小,所以能生成相当多的 HC 排放,据研究可占总量的 50%~70%。图 10.4 是活塞顶环岸缝隙中烃的排出过程。

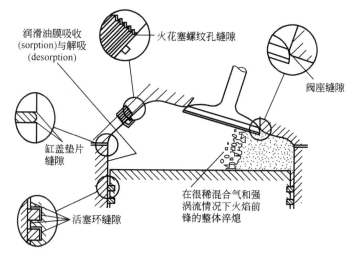

图 10.3　燃烧室内缝隙的组成

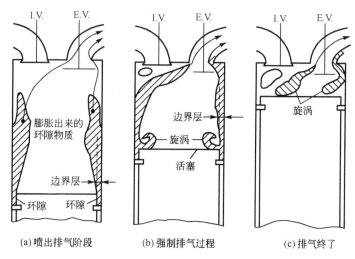

(a) 喷出排气阶段　　(b) 强制排气过程　　(c) 排气终了

图 10.4　活塞顶环岸缝隙中烃的排出过程
I.V.—进气门；E.V.—排气门

(2) 油膜和沉积物吸附。在进气和压缩过程中，气缸套壁面和活塞顶面上的润滑油膜会吸附未燃混合气的燃油蒸气，随后当混合气中燃油浓度由于燃烧而降到接近零时，油膜就释放出油气。由于释放时刻较迟，所以这部分油气只有少部分被氧化。据研究，这种机理产生的 HC 占总量的 25%～30%。在燃烧室壁面和进、排气门上生成的多孔性含碳沉积物也会吸附燃料及其蒸汽，并通过后期释放造成 HC 排放，这部分占总量的 10%。

(3) 火焰淬熄。在冷起动和暖机工况下，因发动机温度较低致使燃油雾化、蒸发和混合气形成变差，从而导致燃烧变慢或不稳定，有可能使火焰在到达壁面前因膨胀使缸内气体温度和压力下降造成可燃混合气大容积淬熄，并使 HC 排放激增。这种情况在混合气过稀或过浓时，或排气再循环率大时，或怠速和小负荷工况下发生。加、减速瞬态工况更易发生容积淬熄，从而使 HC 排放量大增。

（4）未燃碳氢化合物的氧化。未燃碳氢化合物会重新扩散到高温的已燃气体主流中，很快被氧化，至少是部分被氧化。所以，排放的 HC 是未燃的燃油及其部分氧化产物的混合物，前者大约占 40%。碳氢化合物也在排气管路中被氧化，占离开气缸的碳氢化合物的百分之几到 40%。发动机产生最高排气温度和最长停留时间的运转工况，使 HC 排放降低最多。推迟点火以提高排气温度，将有利于 HC 后期氧化。促进这种后期氧化的另一途径是降低排气歧管处的热损失，如增大横断面积、对壁面进行绝热（例如用陶瓷涂层）等。

柴油机排放的未燃 HC 则完全由燃烧过程产生。由于柴油机的工作原理与汽油机不同，喷出燃油停留在燃烧室中的时间比汽油机短得多，因而受壁面激冷效应、缝隙效应、油膜吸附、沉积物吸附作用很小，这是柴油机 HC 排放较低的原因。

柴油机燃烧室中由喷油器喷入的柴油与空气形成的混合气可能太稀或太浓，使柴油不能自燃，或火焰不能传播。如在喷油初期的滞燃期内，可能因为油气混合太快使混合气过稀，造成未燃 HC。在喷油后期的高温燃气气氛中，可能因为油气混合不足使混合气过浓，或者由于燃烧淬熄而产生不完全燃烧产物随排气排出，但这时较重的 HC 多被炭烟微粒吸附，构成微粒的一部分。

因此，柴油机未燃 HC 的排放主要来自柴油喷注的外缘混合过度造成的过稀混合气地区，结果造成柴油机怠速或小负荷运转时的 HC 排放高于全负荷工况。

喷油器的残油腔容积对 HC 的排放也会有影响，该容积是指喷油器嘴部针阀座下游的压力室容积，加上各喷油孔道的容积（图 10.5）。在喷油结束时，这个容积仍充满柴油。在燃烧后期和膨胀初期，这部分被加热的柴油部分汽化，并以液态或气态低速穿过喷嘴孔进入气缸，缓慢地与空气混合，从而错过主要燃烧期。残油腔容积中的柴油大概有 1/5 以未燃 HC 的形式排出。

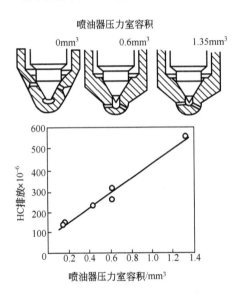

图 10.5　压力室结构对 HC 排放的影响

4. 微粒的生成

在汽油机中，含铅汽油中的铅和汽油中硫造成的硫酸盐，是排气微粒的主要成分。与用含铅 0.15g/L 的汽油时，会排放微粒 100～150mg/km，其中一半左右是铅。如果用无铅汽油，加上汽油含硫量一般都很低，则可以认为汽油机基本上不排放微粒。

柴油机的微粒排放量要比汽油机大几十倍。这种微粒由在燃烧时生成的含碳粒子（炭烟）及其表面上吸附的多种有机物组成，后者称为有机可溶成分（SOF）。炭烟粒子形成过程如图 10.6 所示。由于柴油机混合气极不均匀，尽管总体是富氧燃烧，但局部的缺氧还是导致炭烟的生成。一般认为炭烟形成的过程如下：燃油中烃分子在高温缺氧的条件下发生部分氧化和热裂解，生成各种不饱和烃类，如乙烯、乙炔及其较高的同系物和多环芳香烃。它们不断脱氢、聚合成以碳为主的直径为 2nm 左右的炭烟核心。气相的烃和其他物质在这个炭烟核心表面的凝聚以及炭烟核心互相碰撞发生凝聚，使炭烟核心增大，成为直径 20～30nm 的炭烟基元。最后，炭烟基元经过聚集作用堆积成直径 1mm 以下的球团状或链状的聚集物。从核的萌发到成长、集聚这一系列生成过程中都伴随着炭烟的氧化。炭烟是可燃的,很大一部分炭烟在燃烧的后续过程中会被烧掉(氧化)。

图 10.7 是炭烟生成与氧化随曲轴转角变化的情况。炭烟的生成主要是在燃烧的初期和中期,而炭烟的氧化主要是在燃烧的中期和后期。炭烟浓度先是上升到最大值,然后浓度下降表明炭烟的氧化反应加快,炭烟浓度急剧降低。因而柴油机排出缸外的炭烟生成速率是炭烟生成速率与炭烟氧化速率之差。炭烟的氧化过程会一直延续到排气管中。炭烟的氧化速率主要和温度有密切关系,同时还和剩余氧以及在高温下的逗留时间有关。由此可见,尾气中炭烟的浓度是炭烟生成和氧化相竞争的结果。

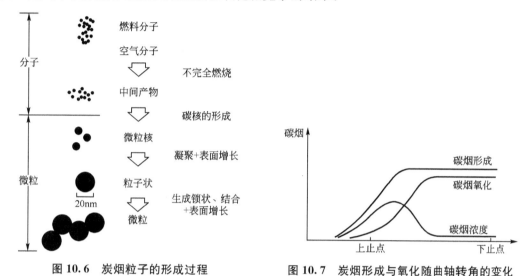

图 10.6 炭烟粒子的形成过程　　图 10.7 炭烟形成与氧化随曲轴转角的变化

5. 光化学烟雾

产生光化学烟雾的基本条件是大气中存在一定浓度的 HC 和 NO_x(一次有害污染物),当 HC 的浓度大于 NO_x 浓度的 3 倍时,在强烈的阳光照射的诱发下产生 O_3 和过氧化酰基硝酸盐(PAN)组成的光化学烟雾。一般这种二次有害污染物常发生在夏秋之间,在污染物多、大气不流畅的大城市或盆地区,而且在午后 2~3 点,光化学烟雾浓度最高。

10.2　影响汽油机有害排放物生成的主要因素及控制措施

10.2.1　影响因素

(1) 混合气成分。汽油机是一种预混燃烧,其可燃混合气浓度范围比较窄,而且在怠速、满负荷等工况下处于浓混合气工作,因而混合气成分是影响排放的最主要的因素。图 10.8 为有害排放物浓度与空燃比的关系。随空燃比 α 下降混合气变浓,燃烧时氧气相对不足,从而不完全燃烧生成物增加,使 CO、HC 迅速增加,在空燃比 α 大于 14.7 以后,CO 浓度已经很低了,但在随空燃比再增加时,因混合气不均匀造成局部缺氧仍有少量 CO 生成。同时,因 CO 氧化反应速度慢,燃烧温度下降,使 HC 排放量也增加。NO_x 浓

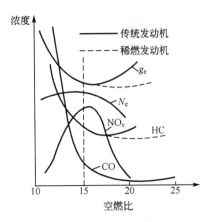

图 10.8 有害排放物浓度与空燃比的关系

度峰值出现在理论空燃比靠稀的一侧,反映出高的 NO_x 生成率必须兼具高温、富氧两个条件。

HC 的走向则是两头高,中间低,与燃油消耗率的变化趋势基本一致。当浓混合气逐渐变稀时,在缝隙容积与激冷层中混合气燃料比例减少,因此 HC 量减少。处于最佳燃烧的 α 范围内,HC 及油耗均为最低。但当混合气过稀时,火焰有可能熄灭,因而 HC 的生成量又会上升。

(2) 点火正时。图 10.9 为燃油消耗量和有害排放物随点火时间变化的关系曲线。当点火提前角减小时(推迟点火),后燃增加,膨胀时的温度及排气温度均上升,促进了未燃烧成分的氧化,这对降低 HC 很有利。同时减小点火提前角,可以降低燃烧最高温度、减少燃烧反应滞留时间(图 10.10),对降低 NO_x 十分有利。可见,减小点火提前角对降低 NO 及 HC 均有利,但以牺牲动力性为代价。

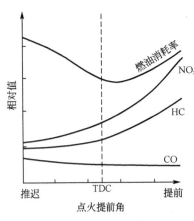

图 10.9 点火提前角对燃油消耗量和有害排放物的影响

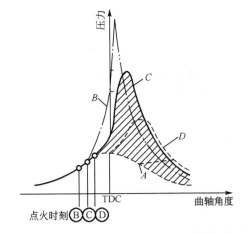

图 10.10 气缸内燃烧压力与点火时刻的关系

(3) 负荷。负荷是通过混合气成分对燃烧产物中有害物质发生影响的。当汽油机在怠速及小负荷工况下运行时,节气门分别在几乎关闭和小开度位置,新气量进入少,废气相对增多,供给的混合气偏浓,而且燃烧室温度较低,燃烧速度慢,易引起不完全燃烧,从而使 CO 排出量增加;又因为燃烧室温度低,燃烧室壁面激冷现象严重,未燃烧的燃油量增多,结果致使 HC 排放量增多。在中等负荷(节气门开度从 25%~80%)时,供给经济混合气,容易完全燃烧,废气中 CO 含量最少,HC 含量也较低。由于燃烧室温度提高,因此 NO_x 生成量增多。在满负荷(节气门开度为 80%~100%)时,供给浓混合气,使燃烧气体压力、温度升高,致使 NO_x 生成量增多;同时还提高了排气温度,使 HC 在排气中继续燃烧,其排放量减少;但因混合气较浓,使 CO 排放量增加。

(4) 转速。随着发动机转速的升高,混合气经进气系统的流速及活塞运动速度也随之升高,缸内紊流加强,促进混合,改善了缸内的燃烧,减小了激冷层的厚度,从而使 CO、

HC 排放减少。NO_x 的生成量与混合气成分有关,当用浓混合气时,由于转速升高散热时间相对缩短,因而缸内燃烧温度升高,使 NO_x 生成量增加;当用稀混合气时,由于燃烧持续角增加,因而燃烧温度反而会下降,使 NO_x 生成量减少。

提高怠速转速使混合气变稀,CO 及 HC 的排放减少。因此,从减少发动机排气污染出发,可适当提高怠速转速,但同时应注意到随着怠速转速升高油耗也会有所上升。

(5) 过渡工况。汽车发动机主要是在不稳定工况下工作,包括怠速运转、加速运转、定速运转、减速运转等。不同工况由于混合气浓度不同,有害物的排放量相差很大。表 10-2 示出不同工况下汽油机有害物质的排放浓度。怠速与减速工况,是 HC 生成的主要工况。在怠速工况下,燃烧环境温度比较低,缸内残余废气量比较大,混合气比较浓,致使燃烧恶化,HC 排放浓度增加;在减速工况下,很高的进气管真空度使进气管内沉积的燃料油膜大量蒸发,这是 HC 增加的重要原因。

表 10-2 不同工况下汽油机的 CO、HC、NO_x 排放浓度

工况/(km/h) 排放量	怠速 0	定速 40	加速 0→40	减速 40→0
CO/(%)	4.0~10.0	0.5~1.0	0.7~5.0	1.5~4.5
HC/(10^{-6})	300~2000	200~400	300~600	1000~3000
NO_x/(10^{-6})	50~100	1000~3000	1000~4000	5~50

(6) 废气再循环率。将一部分排气回送至燃烧室,利用排气中的气体比热容大的特点,可以抑制燃烧的最高温度,将有利于抑制 NO_x 的生成。在中高速工况选择恰当的废气再循环率(Exhaust Gas Recirculation,EGR)能有效地控制 NO_x 的排放量,如果废气再循环率过大,NO_x 浓度虽然下降,但实际进入缸内的可燃混合气减少,燃烧的有效性降低,动力性会变差。

10.2.2 机内净化技术

机内净化是指改善可燃混合气的品质和燃烧状况,抑制有害气体的产生,降低排气中的有害成分。

1. 废气再循环

废气再循环也是一种被广泛应用的排放控制措施,仅对降低 NO_x 有效。其工作原理如图 10.11 所示。一部分排气经 EGR 阀还流回进气系统,从而稀释了新鲜混合气中的氧浓度,导致燃烧速度降低,同时还使新鲜混合气的比热容提高。两者都造成燃烧温度的降低,因而可以抑制 NO_x 的生成。

随 EGR 率的增加,NO_x 排放量迅速下降,如图 10.12 所示。由于这是靠降低燃烧速度和燃烧温度得到的,因而会导致全负荷时最大功率下降;中等负荷时的燃油消耗率增大,HC 排放上升;小负荷特别是怠速时燃烧不稳定甚至失火。为此,一般在汽油机大负荷、起动及暖机、怠速和小负荷时不使用 EGR,而其他工况时的 EGR 率一般不超过 20%,由此可降低 NO_x 排放量 50%~70%。

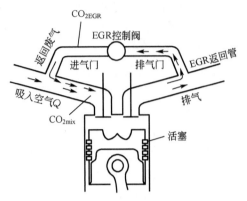 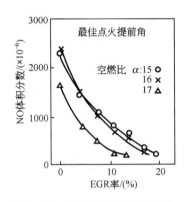

图 10.11　废气再循环系统工作原理　　图 10.12　EGR 降低 NO_x 的效果

为了精确地控制 EGR 率，最好采用电子控制 EGR 阀系统。为了增强降低 NO_x 的效果，可采用中冷 EGR。为了消除 EGR 对动力性和经济性的负面影响，往往同时采用一些快速燃烧和稳定燃烧的措施，EGR 与其他措施合用的效果如图 10.13 所示，通过采用进气涡流和双火花塞点火，使用 EGR 时的燃油消耗率不仅没有恶化反而有所改善。

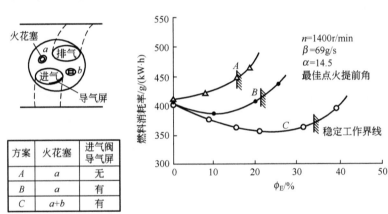

图 10.13　EGR 与其他措施合用的效果
A—仅采用 EGR；B—EGR＋增强进气涡流；
C—EGR＋增强进气涡流＋双火花塞点火

实际上，EGR 的这种效果也可以通过不充分排气以增大滞留于缸内的废气量（即增大残余废气系数）来实现。与上述外部循环 EGR 相对应，称这种方法为内部 EGR。

2. 改进发动机设计

1) 冷起动、暖机和怠速

当发动机冷起动时，由于温度低，空燃比小，因此 CO 和 HC 排放很高。应尽量缩短起动时间，为此要提高点火能量，增大起动机的功率。暖机期间要使可燃混合气、冷却水和机油尽快热起来。例如，采用进气自动加热系统，有助于改善暖机和寒冷天气运转时的混合气形成。采用进气温度自动调节式空气滤清器，以保证在外界气温变化很大的情况下，使进气温度大致保持在 40℃，从而得到较稀的混合气。

发动机润滑系和冷却系的设计要保证起动后尽快达到正常运转温度。例如，机油冷却器应有自动控制温度的装置,既保证大负荷下机油得到足够的冷却,又保证暖机时使机油很快热起来。冷却系统除了用节温器控制冷却液的循环外,还广泛应用温控硅油离合器风扇或温控电动风扇,改善冷却系对温度的适应性,以减少发动机在暖机和小负荷冷天运转时的污染物排放。

汽油机在实际使用中怠速工况占很大比例,在怠速工况下由于残余废气量大,混合气不得不加浓,因此导致 CO 和 HC 排放很高。为降低怠速排放可提高怠速转速至 800～1000r/min。

2) 压缩比

增大压缩比是提高发动机热效率的决定因素,一般都是在汽油辛烷值允许的前提下尽可能用较高的压缩比,以获得较好的功率和油耗指标。较高的压缩比带来与较紧凑的燃烧室类似的优点。但高压缩比使燃烧室内温度增加,并使 NO_x 反应速度加快,从而 NO_x 排放量增大。传统的汽油机,根据最易发生爆燃的工况(如最大转矩工况)选择压缩比;而现代的汽油机,则选择更高一些的压缩比,在大部分工况下能正常燃烧,在发生爆燃的时候,通过安装在机体上的爆振传感器接受信号,并用电控单元适当推迟点火消除爆燃。

3) 燃烧系统

燃烧室的形状主要影响未燃的 HC 排放物浓度。由于燃烧室内缝隙、紧挨缸壁的边界层和形状复杂而且表面积大的燃烧室是形成未燃 HC 的主要来源,因此理想的燃烧室形状应是紧凑、表面积小,并带有一定强度的进气旋流。这样可以形成快速燃烧,降低对辛烷值要求。火花塞处的进气旋流,保证了良好的点火性能,使高压缩比、稀燃发动机成为可能。旋流还可以减少工作过程的波动、改善热传导,缩短燃烧持续时间,对减少 NO_x 来说也是很重要的因素。

燃烧室内火花塞位置是影响排放物生成和油耗的另一重要因素,如图 10.14 所示。火花塞布置在燃烧室中心位置,火焰传播冲程短可为快速和相对完全燃烧提供条件,因而可使未燃的 HC 排放物较低。

不论是从改善动力性、经济性出发,还是从降低排放出发,对汽油机燃烧系统的要求都是一致的,即应尽可能使燃烧系统紧凑。汽油机燃烧室形状越紧凑,燃烧过程就完成得越快,CO 和 HC 排放下降。但另一方面,燃烧越快将导致燃烧温度增高,可能使 NO_x 生成量增大,因而采用快速燃烧的同时需采取用 EGR 和推迟点火等降低 NO_x。紧凑燃烧室、快速燃烧加上优化的 EGR 率和点火定时,可能给出动力性、经济性、NO_x 排放之间的最佳折中。

因此,圆盘形、浴盆形、楔形燃烧室越来越让位于半球形、帐篷形等面容比小的紧

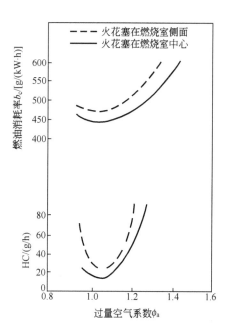

图 10.14 火花塞位置对油耗和 HC 排放物的影响

凑烧烧室。

4）进气系统

采用每缸三、四、或五气门，用涡轮增压代替自然吸气，不仅可以通过增加气缸充量密度、减小泵气损失和机械损失、增大发动机功率来改善动力性和经济性，而且也降低 CO_2 和污染物的排放量，其中 HC 的降低较为明显（图 10.15）。

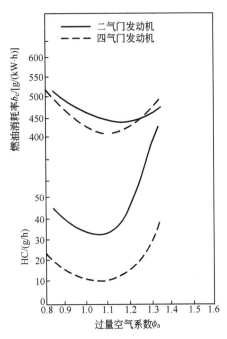

图 10.15　四气门和二气门发动机对油耗和 HC 排放物的影响

凸轮形状决定气门开启和关闭时刻及气门升程曲线，而这些参数影响发动机的充气过程。进入气缸新鲜混合气数量，决定发动机的转矩和功率。留在气缸内未燃混合气量和在排气门开启时未被排出的废气量会影响点火性能和燃烧状况。这些都会影响发动机效率、未燃 HC 排放物和 NO_x 排放物的浓度。理想的气门正时，应根据发动机转速和负荷而变化，采用可变配气相位方法。例如，采用可变气门升程和可变气门正时等技术。在高速时，增大气门重叠角，以得到高的输出功率；在低速时，采用小的气门重叠角，减少 HC 的排放量。

充气好坏不仅受配气相位的影响，也受到进、排气道的影响。在进气冲程中，在进气道内产生周期性压力波动。这些压力波在进气道内运动，并在进气管的端部反射回来。如果将进气道设计成与气门正时协调，在进气结束前瞬间，压力波峰值到达进气门，这种增压效果使更多的新鲜混合气进入缸内。对排气道的作用也类似。如果将进、排气道设计成在进、排气门同时开启时，均为正压差，则不仅能得到较好的充排气效果，同时对排放、功率和油耗都有好处。产生进气旋流的进气道其作用和燃烧室内旋流的作用一样。充气的运动使燃烧室内混合气快速燃烧。因而可增加发动机热效率和提高稀燃能力。进气旋流是实现低排放的有效措施之一。

5）活塞组设计

活塞、活塞环与气缸壁之间形成的间隙，对汽油的 HC 排放有很大影响，因此要在工作可靠的前提下尽量缩小活塞头部（火力岸）与气缸的间隙，尽量缩小顶环到活塞顶的距离，即减小火力岸高度。为此，要寻找热膨胀更小的活塞材料（例如碳纤维复合材料）和耐热性更好的活塞环材料以及合理的结构。

6）分层稀薄燃烧

为了保证可靠点火，在火花塞附近形成浓混合气，而在其他区域供给稀混合气，实现分层稀薄燃烧。要实现这样的要求，可采用的办法之一是采用与柴油机一样分隔燃烧室形式，副燃烧室内装有火花塞，相当于预燃室作用，给副燃烧室提供浓混合气。在主燃烧室不需要考虑点火，可供给稀混合气。由于发动机内燃烧的混合气非常稀和非常浓，因而使 NO_x 排放浓度有很大降低。如图 10.16 所示，在火花塞附近供给过量空气系数为 0.85～0.95 的浓混合气，主燃烧室供给过量空气系数是 1.55～1.62 的稀混合气（工作极限）。由于采用了分隔型双燃烧室,燃烧室表面积过大,因而未燃 HC 排放物浓度将增加。分层燃烧也可采用缸内直接喷射方法,在火花塞附近,产生浓混合气。但这种方法具有成本高、效率低等缺点。有一些分层燃烧发动机采用混合气进入燃烧室时充气和气流运动来实现分层。

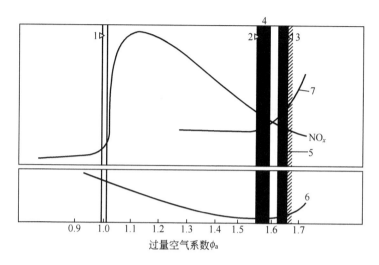

图 10.16 稀燃发动机混合气浓度工作极限

1—采用三效催化转化器 $\alpha=14.7$ 时发动机控制;2—用稀燃传感器控制发动机;
3—用燃烧压力传感器控制发动机;4—发动机处于工作极限下运行;
5—工作极限;6—燃油消耗;7—发动机运行不稳定

3. 电子控制燃油喷射系统(EFI)

混合气形成的空燃比特性是决定点燃式内燃机性能和排放的关键因素。在小负荷时,根据燃烧稳定性要求提供浓混合气;在常用的中等负荷时,根据燃料经济性要求提供略稀混合气;在大负荷时,根据动力性的要求提供浓混合气。随着排放法规的逐步严格,需要使用三元催化转化器来降低汽油机的排放,而这种转化器只有当 α 的值在 14.7 左右时才能有效地同时转化 CO、HC 和 NO_x 这 3 种污染物。要很好的控制空燃比最好的方法就是采用带氧传感器的闭环控制的电子控制燃油喷射发动机。

4. 提高燃油品质

除了限制汽油中铅、硫、磷等各种有害物的含量,提高燃油辛烷值增加抗爆燃能力等方法外,采用醇类或烃类等代用燃料也可改善发动机的排放性能。

10.2.3 机外净化技术

机外净化是指用设置在发动机外部的附加装置使排出的废气净化后再排入大气。

1. 三效催化转化器

随着汽油机电子控制燃油喷射系统的不断完善和无铅低硫汽油的燃用,采用三效催化转化器 TWC(Three Way Catalytic Converter)是控制汽车排放最理想和最重要的措施。

催化转化器主要由载体、催化剂、垫层和壳体组成(图10.17),而其中的催化剂是核心部分,常采用铂、铑、钯、碱土和稀土等物质。

利用催化剂的催化作用可以还原NO_x,并且氧化HC和CO,同时净化这3种主要污染物。它的主要化学反应如下:

$$2CO+O_2 \longrightarrow 2CO_2$$
$$CO+H_2O \longrightarrow CO_2+H_2$$
$$2C_xH_y+(2x+0.5y)O_2 \longrightarrow yH_2O+2xCO_2$$
$$2NO+2CO \longrightarrow 2CO_2+N_2$$
$$2NO+2H_2 \longrightarrow 2H_2O+N_2$$
$$C_xH_y+(2x+0.5y)NO \longrightarrow 0.5yH_2O+xCO_2+(x+0.25y)N_2$$

在过量空气系数$\phi_a=1$附近,三效催化剂对CO、HC和NO_x能同时达到较好的净化效果,过量空气系数对TWC转化效率的影响如图10.18所示。

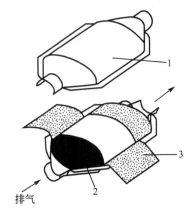

图10.17 催化转化器结构
1—外壳;2—载体与催化剂;3—减振密封衬垫

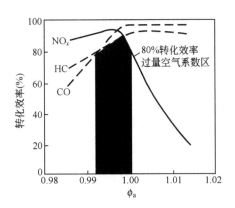

图10.18 过量空气系数对TWC转化效率的影响

2. 曲轴箱强制通风系统

在汽车排放到大气中的HC总量中,20%来自曲轴箱窜气,20%来自燃油系统蒸发,其余60%来自排气管。因此,控制和消除非排气污染物也是十分必要的。

曲轴箱强制通风系统(Positive Crankcase Ventilation System,PCV),如图10.19所示,新鲜空气由空滤器进入曲轴箱,与窜气混合后,经PCV阀进入进气管,与空气或油气混合气一起被吸入气缸燃烧掉。PCV阀可随发动机运转状况自动调节吸入气缸的窜气量。在怠速和小负荷时,由于进气管真空度较高,因此阀体被吸向上方(进气管侧),阀口流通截面减少,吸入气缸的窜气量减少,以避免混合气过稀,造成燃烧不稳定或失火;而在加速和大负荷时,窜气量增多,而进气管真空度变低,在弹簧作用下阀体下移,阀口流通截面增大,使大量的窜气进入气缸被燃烧掉;当发动机高速大负荷运转时,一旦窜气量过多而不能完全被吸净时,部分窜气会从闭式通气口倒入空滤器,经化油器被吸入进气管。

同时,PCV阀能使曲轴箱内始终保持负压,因而可以减缓润滑油窜入燃烧室(即窜入机油)和通过密封面的渗漏,而窜入燃烧室中的机油是排气中HC和微粒生成的重要成因。

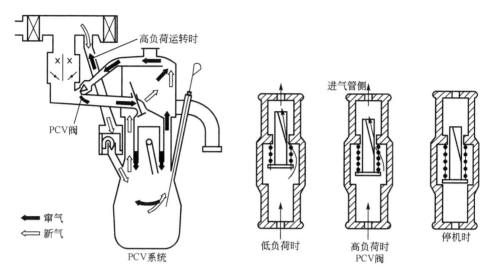

图 10.19　曲轴箱强制通风系统

3. 燃油蒸发控制系统

由于绝大部分的汽油蒸发来自化油器和油箱，因而目前的燃油蒸发控制措施主要针对这两方面进行。最常用的是活性炭罐式油蒸气吸附装置，其工作原理如图 10.20 所示。由浮子室和油箱蒸发出来的油蒸气，流入炭罐被活性炭所吸附，这一过程称为吸附过程。当发动机工作时，在进气管真空度作用下控制阀开启，被活性炭吸附的油蒸气与从炭罐下部进入的空气一起被吸入进气管，最后进入气缸被燃烧掉，而同时活性炭得到再生，这一过程称为脱附过程。

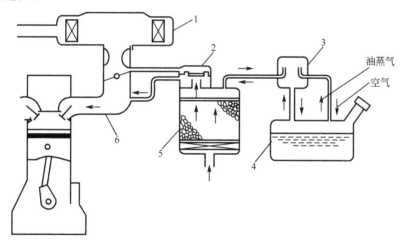

图 10.20　燃油蒸发控制系统的工作原理

1—空气滤清器；2—控制器；3—储气罐；4—油箱；5—炭罐；6—进气管

活性炭是一种由石墨晶粒和无定形炭构成的微孔物质，由于内部有着大量 $10^{-10} \sim 10^{-8}$m 的微孔，因而具有很大的比表面积（$500 \sim 2000 m^2/g$），这就是活性炭吸附能力很高的原因。活性炭对物质吸附具有选择性，在燃油蒸气通过活性炭时，其中的 HC 成分几乎完全被吸附，而空气则基本不被吸附。

10.3 影响柴油机有害排放物生成的主要因素及控制措施

10.3.1 柴油机有害排放物生成特点

柴油机燃烧是一种多相非均匀混合物的不稳定的燃烧过程,从喷雾过程、油束形成、混合气的浓度与分布以及燃烧室形式等,对排放物生成均有复杂的影响。由于油束在燃烧室空间的浓度分布、着火部位及局部温度各处都不一样,因此可以对油束人为地分区并将其与排放物生成的关系做一说明。

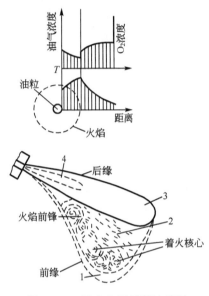

图 10.21 油束各区的燃油情况
1—稀燃火焰熄灭区;2—稀燃火焰区;
3—油束心部;4—油束尾部和后喷部

如图 10.21 所示,当油束喷入有进气涡流的燃烧室时,由于油雾及油蒸气在空间浓度分布不同,可大致分为稀燃火焰熄灭区、稀燃火焰区、油束心部、油束尾部和后喷部以及壁面油膜,从油束边缘到油束核心部分,局部空燃比可从无穷大变到零。

根据负荷不同,各区排放物生成的性质也不一样,具体分述如下。

(1) 未燃 HC。在低负荷时,由于喷油量少,混合气稀,缸内温度低,因而 HC 主要产生在稀燃火焰熄灭区;在高负荷时,混合气浓,HC 主要产生在油束心部、油束尾部和后喷部及壁面油膜处。

(2) CO。在低负荷时,缸内温度低,部分燃油难以氧化形成 CO_2,主要在稀燃火焰熄灭区及稀燃火焰区的交界面上生成 CO;在高负荷时,在油束心部、油束尾部及后喷部,因局部缺氧而产生 CO。

(3) NO_x。在燃烧完全、供氧充分及温度较高的稀燃火焰区及油束心部产生较多。

(4) 炭烟。在高负荷时,在油束心部、油束尾部和后喷部的氧浓度低,气体温度高,燃油分子容易发生高温裂解而形成炭烟。

(5) 醛类。主要在稀燃火焰熄灭区,由于低温氧化而产生醛类中间产物。

10.3.2 影响因素

(1) 混合气成分。一般来说,柴油机的燃油供给是质调节,在工作过程中总有一定数量的过量空气,而且柴油挥发性比汽油小,因此柴油机的 HC 及 CO 排放浓度一般比汽油机低得多。但在接近满负荷时(α 较小),CO 浓度骤增。如图 10.22 所示,NO_x 生成率最高处仍出现在油量较大的高负荷工况。NO_x 浓度随 α 增加而减少。柴油机排气中有炭烟排出,随着混合气变浓,排烟浓度增多。

(2) 喷油时刻。延迟喷油是降低 NO_x 的主要措施之一。如图 10.23 所示,延迟喷油可

减少 NO_x 的生成，但减小喷油提前角将导致燃烧变差，最高爆发压力降低，因而使油耗及排气烟度增加。为了在延迟喷油以后燃烧不致恶化，加强缸内气流运动、促进混合气形成、提高喷油速率以及改善喷雾质量是很有必要的。实践证明，延迟喷油的同时提高喷油速率，要比单纯延迟喷油定时的效果好。

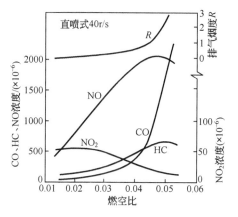 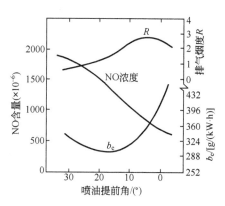

图 10.22　混合气成分与柴油机排放的关系　　　图 10.23　喷油定时对排放的影响

（3）燃烧室类型。直喷式及分隔室式两类燃烧室的排放特性不同，由表 10-3 可知，分隔式燃烧室生成的 NO_x、CO、HC 和炭烟的排放浓度均低于直喷式的，特别是 NO_x 排放浓度一般比直喷式燃烧室的低 50% 左右。

表 10-3　两种燃烧室有害排放物的比较　　　g/(kW·h)

排气成分 燃烧室类型	NO_x	CO	HC
直喷式	5.2～9	2～6	1.1～3
分隔式	3～6	1.5～4	0.4～1.5

分隔式燃烧室排放低的原因是这种燃烧室的燃烧及排放物的生成分两个阶段进行。在喷油开始和燃烧初期，副燃烧室的空燃比较小，氧浓度较低，燃料不可能燃烧完全，从而形成较多的 CO 及未燃烃。副燃烧室在着火后温度较高，但氧浓度低，对生成 NO_x 仍有不利的影响。主燃烧室内有充足的新鲜空气，使来自副燃烧室的 CO 及 HC 进一步氧化。当高温燃气进入主燃烧室后，温度有所下降，抑制了 NO_x 的生成。

然而，在非稳定工况下，一些排放物的浓度比稳定工况高，有的甚至高达 6 倍，分隔式燃烧室起动性能比直喷式差，因此起动工况的排放浓度将会比直喷式高。

10.3.3　机内净化技术

1. 增压中冷技术

高压柴油喷柱与空气的混合要达到分子级的均匀程度是很困难的，因为它受燃油蒸发、扩散等分子运动的自然限制。较现实的办法是增加空气量，即提高空燃比，使柴油分子更容易找到氧分子，保证燃油充分燃烧。通过增压可以加大循环进气量，提高输出功率。而且，在增压后，进气温度提高，滞燃期缩短，混合气又可以适当变稀，这些都有利于降低噪声、CO 及 HC 排放。再加上功率提高而机械损失变化不大，泵气功变为正功等原因，油耗有所下降。但是，进气温度上升使 NO_x 增多，空气密度因温度上升而下降，从而实际进气的质量并未达到期望水平。于是出现了将增压后空气再进行冷却的中冷技术，使得进气温度降低，循环进气量更大。这样，增加空燃比改善了柴油机的燃烧，从而降低了微粒排放；同时增加空燃比加上中冷又降低了燃烧温度，从而降低了 NO_x 排放，而且功率进一步增加。增压中冷柴油机参数选配得当，则柴油机大部分性能都会得到改善。试验证明，采用适度的涡轮增压可使车用柴油机的微粒排放下降 50% 左右，加上中冷则可再下降到原始排放的 30%～40%。NO_x 可能下降到 60%～70%。

2. 改进进气系统

（1）进气组织。间接喷射式柴油机主要靠主、副室中的强烈涡流或紊流来实现混合气的雾化、混合。传统的中小型直喷式柴油机通过气缸盖中的螺旋进气道或切向进气道，或多或少都组织有绕气缸轴旋转的进气旋流，进气旋流的强弱用压缩终了缸内旋流转速与发动机转速的比值表示，称为涡流比。除了横向旋流外，缸内还存在各种有组织或无组织的紊流、挤压涡流、纵向滚流等（参看第 9 章）。

由于涡流比的大小与进气阻力成正比，而强涡流会降低循环进气量，从而降低动力性、增大烟度，所以现在都倾向于加大喷油压力，适当降低涡流比来组织燃烧。大中型柴油机则向无涡流或弱涡流的方向发展。对小缸径的高速柴油机，由于燃烧室太小，因此为了减小撞壁的燃油量，强化壁面油膜燃烧，一般都要组织一定强度的缸内旋流或紊流。

（2）多气门。车用中小型柴油机正步汽油机后尘，发展多气门技术，加大循环充气量以改善动力、经济性和排放性能（图 10.24）。柴油机采用四气门（两进两排）后可增大进气门总通过最小截面，增加循环进气量，提高柴油机功率和转速。可实现喷油嘴正中布置，保证各喷柱的形态和混合条件相同，使得喷注分布和混合气形成更加合理。在低速时可通过关闭一个进气道来提高缸内旋流速度，并经过特殊设计，充分利用进气惯性来提高低速进气量。这些对减少有害排放物都是有利的，特别是在低速时涡流比和进气量的提高，部分解决了传统机型增压机的加速冒烟和低速转矩下降的问题。

3. 改进喷油系统

柴油机中常用的机械燃油喷射系统主要有直列泵系统和转子分配泵系统两大类，电控燃油喷射系统主要有单体泵和泵喷嘴系统。直列泵、单体泵和泵喷嘴系统多用于大中型车用柴油机上。转子分配泵系统有端面凸轮驱动的 VE 泵系统和内凸轮驱动的径向对置柱塞系统，多用于轻型客车和柴油轿车的小型高速柴油机上。

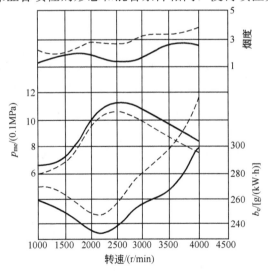

图 10.24　两气门及四气门柴油机性能指标比较图
——四气门；-------两气门

对喷油系统的要求是对应不同工况有良好喷油规律的前提下，喷出的燃油颗粒要小，雾化要好。相应所采取的方法如下。

(1) 高压喷射。提高喷油压力就加大了喷油速率，利用高压喷射可以较好的控制喷油率曲线。压力增高，则喷出的燃油颗粒减小，贯穿距加大，喷雾的总体积加大，紊流增强，从而促进了燃油与空气的混合，降低了浓混合气成分的比例，减小了微粒的生成。同时喷油率提高必然缩短喷油时期，使燃烧加速，燃烧放热更集中于上止点附近，从而降低了燃油消耗率。但是，燃烧加速，温度上升，NO_x 的排放量会增大。

(2) 推迟喷油提前角。喷油提前角减小可使预混油量和混合气量减少，从而使速燃期中压力、温度上升程度降低，因此大大减少 NO_x 的排放量。以此可以弥补高压喷射使 NO_x 排放量增大的缺点。同时，由于燃烧中压力升高率的下降，因此噪声也降低。

(3) 减小喷孔直径，增加喷孔数目。燃油喷柱在燃烧室内的分布将更均匀、更充满，可加速燃油与空气的混合，降低微粒的排放。

(4) 减小喷嘴压力室容积。压力室容积只要稍有减小，就会大幅降低 HC 的排放量，因而应尽量减小压力室容积或采用无压力室式喷油嘴。

(5) 高压共轨电控燃油喷射。共轨式电控燃油喷射技术通过共轨直接或间接地形成恒定的高压燃油，分送到每个喷油器，并借助于集成在每个喷油器上的高速电磁开关阀的开启与闭合，定时、定量地控制喷油器喷射至柴油机燃烧室的油量，从而保证柴油机达到最佳的空燃比、良好的雾化和最佳喷油规律，在提高柴油机性能的同时减小了污染物的排放(图 10.25)。

4. 改进燃烧系统

(1) 燃烧室容积比。燃烧室容积比是燃烧室容积与气缸余隙容积(或压缩室容积)之比。应力求提高此容积比，以提高柴油机的冒烟界限，降低柴油机的炭烟和微粒排放。为此，要避免采用短冲程柴油机，而且长冲程、低转速、高增压度的柴油机，其综合性能比短冲程、高转速的柴油机好。

(2) 燃烧室口径比。口径比 d_k/D 小的深燃烧室可在室中产生较强的涡流，因而可采用孔数较少的喷嘴而获得满意的性能。但涡流要造成能量损失，且低

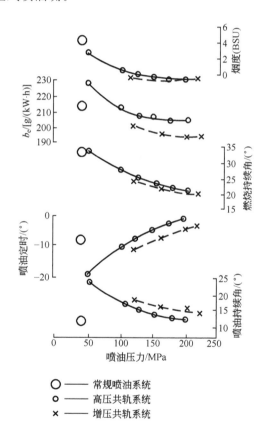

图 10.25 三种燃油系统的喷油压力对烟度及性能的影响
试验条件：转速 1000r/min，$\alpha=17$，NO_x 1200×10^{-6}

转速时往往显得涡流不足。同时，燃烧室口径小增加喷雾碰壁量，造成 HC 排放增加。现在的趋势是除了缸径很小的柴油机($D\leqslant120$ mm)用较小口径比的燃烧室外，一般采用口径

比较大的浅平燃烧室（$d_k/D=0.6\sim0.8$），配合小孔径的多喷孔喷嘴。

（3）燃烧室形状。缩口燃烧室已经取代应用最广直边不缩口的 ω 形燃烧室。缩口燃烧室加强了燃烧室口部的气体湍流，促进扩散混合和燃烧；燃烧室底部中央的凸起适当加大，以进一步提高空气的利用率。挤流口形与标准形燃烧室的排放特性如图 10.26 所示。这是因为底部中央气流运动较弱，燃料喷注也不能到达，空气不易被利用。用带圆角的方形或五瓣梅花形（分别配 4 孔和 5 孔喷嘴）代替圆形燃烧室，加强燃烧室中的微观湍流，加速燃烧，从而减少炭烟生成（图 10.27）。

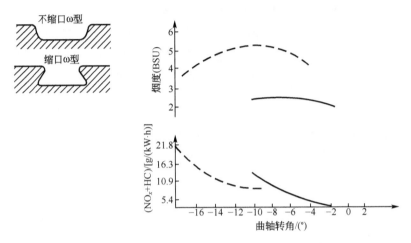

图 10.26 挤流口形与标准形燃烧室的排放特性

--------（虚线）—不缩口 ω 型；　　　　（实线）—缩口 ω 型

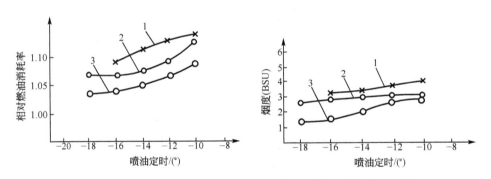

图 10.27 3 种燃烧室的烟度及燃油消耗率

1—ω 形燃烧室；2—四角形燃烧室；3—微涡流燃烧室

（4）适当提高压缩比。适当提高柴油机压缩比可降低 HC 和 CO 排放，并结合推迟喷油获得动力经济性能与 NO_x 排放之间较好的折中。

5．降低机油消耗

由于柴油机排放微粒的相当部分来自窜入燃烧室的机油的不完全燃烧，所以尽可能减少窜入机油量又保证气缸活塞组的工作可靠性和耐久性，是降低微粒排放的重要方面。为此，必须加强机体刚度，改善气缸盖与机体的连接，尽量减少气缸工作面的变形。要改善活塞、活塞环和气缸表面的设计，以加强机油控制又保证必要润滑。同时减少机油从气门杆的泄漏。

6. 废气再循环

同汽油机一样，柴油机也可通过废气再循环来降低 NO_x 的排放量。由于柴油机混合气比汽油机稀，特别在低负荷时稀得更多，所以可以使用比汽油机大得多的废气再循环量。

7. 提高燃油品质

应适当提高柴油的十六烷值。柴油十六烷值不足即着火性差，这会使滞燃期加长，预混合燃烧量过多，从而导致运转粗暴，噪声加大，NO_x 排放增加。低排放柴油要求降低含硫量，降低柴油含硫量就相应地降低了微粒的排放量。

10.3.4 机外净化技术

与汽油机一样，柴油机单靠燃烧改进等机内净化技术很难满足越来越严格的排放法规要求。排气后处理技术已日显其重要作用。目前尽管有多种方案被提出并正在被研制开发中，但有希望达到实用化的有以下几种：氧化催化转化器，用于降低 SOF、HC 和 CO；微粒捕集器，用于过滤和除去排气微粒；NO_x 还原催化转化器，用于降低 NO_x 排放。

1. 氧化催化转化器

采用氧化催化剂的目的主要是降低微粒中的有机可溶成分 SOF 中的大部分碳氢化合物以及使本来少量的 HC 和 CO 进一步降低。同时对目前法规尚未限制的一些有害成分（如 PAH、乙醛等）以及减轻柴油机排气臭味也有净化效果。

柴油中所含的硫燃烧后生成 SO_2，经催化器氧化后变为 SO_3，然后与排气中的水分化合生成硫酸盐。催化氧化效果越好，硫酸盐生成越多，甚至达平时的 $8\sim9$ 倍。如图 10.28 所示，其不但抵消掉了 SOF 的减少，甚至反而使微粒排放上升。此外，硫也是催化剂劣化的重要原因。因此，减少柴油中的硫含量就成了氧化催化器实用化的前提条件。

2. 微粒捕集器

微粒捕集器也称柴油机排气微粒过滤器（Diesel Particulate Filter，DPF）。这是目前国际上最接近商品化的柴油机微粒后处理技术。一个好的微粒过滤器除了要有高的过滤效率外，还应具有低的流通阻力；所用材料应耐高温并有较长的使用寿命；同时还应尽可能减小 DPF 的体积。

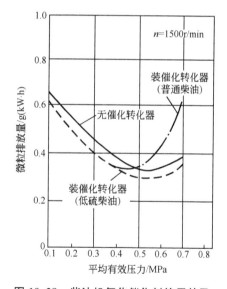

图 10.28 柴油机氧化催化剂使用效果

作为 DPF 的过滤材料可以是陶瓷蜂窝载体、陶瓷纤维编织物和金属纤维编织物，其结构如图 10.29 所示。另外用金属蜂窝载体的也有很多实例。甚至还有用空气滤清器那样的纸滤芯作微粒过滤材料的。其中，图 10.29(a) 所示的壁流式陶瓷载体微粒捕集器对微粒的过滤效率可达 $60\%\sim90\%$，实用化的可能性最大。

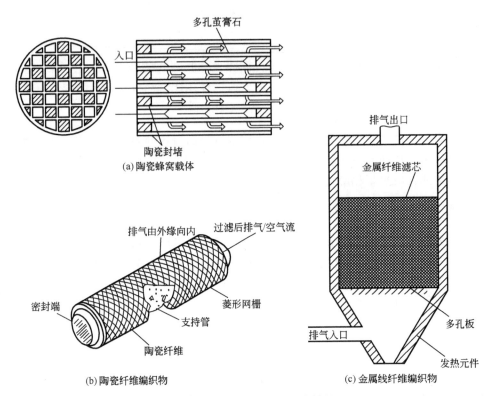

图 10.29 微粒捕集器的过滤材料

一般 DPF 只是一种降低排气微粒的物理方法。随过滤下来的微粒的积存，过滤孔逐渐堵塞，使排气背压增加，导致发动机动力性和经济性恶化，因此必须及时除去 DPF 中的微粒。除去 DPF 中积存微粒的过程称为再生，这是目前 DPF 实用化中的最大障碍，其难度极大。目前被认为有希望的 DPF 再生方法可分为两类，即断续加热再生和连续催化再生。后者具有装置简单及不耗费外加能量等优点，有很好的实用前景。

3. 柴油机 NO_x 还原催化剂

针对柴油车开发还原催化剂是一项难度很大的研究工作，尚未达到实用阶段，这主要存在以下原因。

（1）在柴油机排气这样的高度氧化氛围中进行 NO_x 还原反应，对催化剂性能要求极高。

（2）柴油机排温明显低于汽油机排温。

（3）柴油机排气中含有大量 SO_x 和微粒，容易导致催化剂中毒。

目前，研究开发中的柴油机 NO_x 后处理方法主要有选择性非催化还原（SNCR）、选择性催化还原（SCR）、非选择性催化还原（NSCR）和吸附还原催化剂。其中，吸附还原催化剂已成功地用于稀燃汽油机，在柴油机上使用时，应考虑如何造成吸附还原催化剂再生时所需的还原氛围。另外，如果能使微粒和 NO_x 互为氧化剂和还原剂，则有可能在同一催化床上同时除去 NO_x、微粒、CO 和 HC，这种"四元催化剂"将是最理想的柴油机排气净化方法。围绕这一目标的大量基础性研究也在进行。

10.4 发动机排放法规与测试

10.4.1 排放法规

发动机污染物的排放涉及公众的身体健康和环境保护等长远利益,但往往与其本身的动力性、经济性以及制造商的生产成本、利润等短期目标和局部利益有矛盾。因此,排放控制工作始终在各国政府和国际间制定的一系列排放法规的指导和管制下开展的。

20世纪50年代后各国经济迅速发展,汽车产量和保有量迅猛攀升,车用发动机排放物的危害逐渐被发现和确认。美国、日本和欧洲等主要工业化国家从20世纪60年代开始先后颁布了各项排放法规。先是限制CO和HC排放,后来扩大到NO_x;先管制量大面广的车用汽油机,后覆盖车用柴油机,再包括其他发动机;先控制气体排放物,后把烟度和PM排放也包括进来;先是管制汽油机的怠速排放和柴油机的自由加速烟度,后扩大到实际使用工况下的排放。同时逐步规定和完善法定的排放测试方法,并随着技术的进步,不断严格排放限值。

目前,各国排放法规中对排放的测试装置、取样方法、分析仪器,基本取得了一致,但测试规范(测试时车辆的行驶工况或发动机的运转工况的组合方案)和排放限值仍有较大差异(表10-4~表10-7)。

我国从20世纪80年代开始进行汽车的排放控制,先后颁布了一系列法规,并不断修订排放限值及测试方法,从无到有逐步建立起汽车排放控制体系。到20世纪末,我国开始逐步参照直至等效采用欧盟(EU)的排放法规,只是根据我国经济和社会发展的现状,适当规定实施日期,具体情况如下。

轻型汽车的标准于1999年7月发布,2001年修正。第一阶段:GB 18352.1—2001等同于欧Ⅰ,从2001年1月1日起实施;第二阶段:GB 18352.2—2001等同于欧Ⅱ,从2004年7月1日起实施;第三阶段:GB 18352.3—2005等同于欧Ⅲ,于2007年实施;第四阶段:GB 18352.3—2005等同于欧Ⅳ,于2010年实施。重型压燃式发动机标准于2000年6月发布GB 17691—2001,第一阶段相当于欧Ⅰ水平,2000年9月1日实行;第二阶段相当于欧Ⅱ水平,2003年9月1日实行;于2005年5月发布GB 17691—2005,分为Ⅲ、Ⅳ、Ⅴ阶段,基本相当于欧Ⅲ、欧Ⅳ、欧Ⅴ并分别于2007年、2010年和2012施行。重型点燃式发动机标准于2002年发布GB 14762—2002,第一阶段于2002年7月1日实行,第二阶段于2003年9月1日实行;2008年发布GB 14762—2008,分为Ⅲ、Ⅳ、阶段,分别于2009年7月1日和2012年7月1日实施。

10.4.2 排放物测定

1. 试验规范

各国对汽车排放的测试方法都是根据相同的原理,即在底盘测功机上模拟其特定行驶循环,并测定所排出有害物质的量,通过调节测功机可模拟在实际到路上行驶的功率,而用惯性质量模拟汽车质量。

表 10-4 欧洲轻型车排放限值[1] (单位：g/km)

法规	生效日期	汽油车			柴油车			
		CO	HC	NO_x	CO	HC	NO_x	微粒
欧洲 1	1992 年	2.72	0.97		2.72	0.97		0.14
欧洲 2	1995 年	2.2	0.50		1.0[2] 1.0[3]	0.70[2] 0.90[3]		0.08[2] 0.10[3]
欧洲 3	2000 年	2.3	0.2	0.15	0.64	0.56	0.50	0.05
欧洲 4	2005 年	1.0	0.1	0.08	0.50	0.30	0.25	0.025

注：[1] 表列值为新车型型式认证限值，对新产品一致性质量检验限值为表列值的 1.2 倍。
[2] 非直喷式柴油机。
[3] 直喷式柴油机。

表 10-5 ECE R15—04 法规

汽车基准 质量/kg	排放量(g/测试循环)			
	CO		$HC+NO_x$	
	型式认证	产品一致性	型式认证	产品一致性
≤1020	58	70	19.0	23.8
≤1250	67	80	20.5	25.6
≤1470	76	91	22.0	27.5
≤1700	84	101	23.5	29.4
≤1930	93	112	25.0	31.3
≤2150	101	121	26.5	33.1
>2150	110	132	28.0	35.0

表 10-6 型式认证 I 型试验排放限值 (单位：g/km)

车辆类型	基准质量 RM/kg	限 值					
		$(CO)L_1$		$(HC+NO_x)L_2$		$(PM)[1]L_3$	
		点燃式 发动机	压燃式 发动机	点燃式 发动机	非直喷压燃 式发动机	直喷压燃 式发动机	非直喷压 燃式发动机	直喷压燃 式发动机
第一类车	全部	2.72		0.97	1.36[2]		0.14	0.20[2]
第二类车	RM≤1250	2.72		0.97	1.36[2]		0.14	0.20[2]
	1250＜RM≤1700	5.17		1.40	1.96[3]		0.19	0.27[3]
	RM＞1700	6.90		1.70	2.38[3]		0.25	0.35[3]

注：[1] 只适用于以压燃式发动机为动力的车辆。
[2] 表中所列的以直喷式柴油机为动力的车辆的排放限值的有效期为二年。
[3] 表中所列的以直喷式柴油机为动力的车辆的排放限值的有效期为一年。

表 10-7　Ⅱ型试验排放限值　　　　　　　　　　　　　　　　(g/km)

车辆类型	基准质量 RM/kg	限值						
		(CO)L_1		(HC+NO$_x$)L_2			(PM)L_3	
		点燃式发动机	压燃式发动机	点燃式发动机	非直喷压燃式发动机	直喷压燃式发动机	非直喷压燃式发动机	直喷压燃式发动机
第一类车	全部	2.2	1.0	0.5	0.7	0.9	0.08	0.10
第二类车	RM≤1250	2.2	1.0	0.5	0.7	0.9	0.08	0.10
	1250<RM≤1700	4.0	1.25	0.6	1.0	1.3	0.12	0.14
	RM>1700	5.0	1.5	0.7	1.2	1.6	0.17	0.20

我国轻型汽车试验程序与欧洲 ECE R15—04 工况试验循环相同，由 15 个工况组成（包括怠速、换挡、等速及减速等工况），每次试验重复 4 个循环，工况运转循环示意图如图 10.30 所示。整个试验的平均速度为 19km/h，有效行驶时间为 195s，每循环理论行驶距离为 1.013km，试验当量距离为 4.052km。

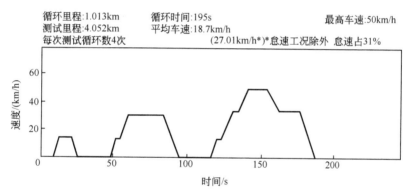

图 10.30　工况循环示意图

2. 排气取样系统

我国规定的排气取样系统是定容取样(Constant Volume Sampling，CVS)系统。定容取样法是一种接近于汽车排气扩散到大气中的实际状态的取样法(图 10.31)。

定容取样系统能计量稀释排气的总体积，并能连续的按规定容积比例将样气收集在取样袋中。它是用经过滤清的清洁空气对样气进行稀释，经热交换器保持恒温(±5℃)，使稀释样气密度保持不变，然后在定容泵作用下，抽取固定容积流量的样气送入大气，在定容泵入口前的流路上，将稀释样气经滤清器、取样泵、针形阀、流量计、电磁阀抽入气袋中，以供分析。取样气体和定容泵的流量之间有严格的比例关系。CVS 法测试精度高，也被广泛应用于美国、日本及欧洲 ECE R15—04 法规以后的试验规范中。

3. 测试仪器

世界各国的排放法规规定，CO、CO_2 应采用不分光红外线分析仪(No Dispersive Infrared Analyzer，NDIR)；HC 应采用氢火焰离子型分析仪(Flame Ionization Detector，

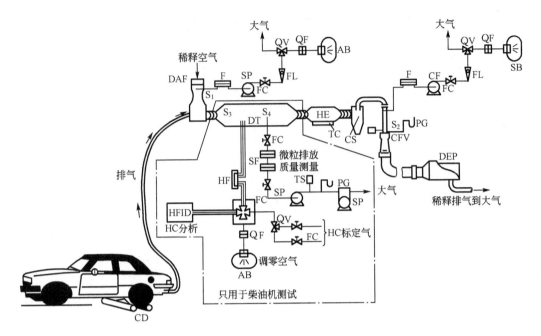

图 10.31 定容排气取样系统示意图

CD—底盘测功机；$S_1 \sim S_4$—取样探头；F—过滤器；SP—取样泵；FC—流量控制器；PG—压力表；
CF—累计流量计；CFV—临界流文杜里管；CS—旋风分离器；HE—换热器；QF—快接管接头；
HF—加热过滤器；QV—快速作用阀；SF—测量微粒排放质量取样过滤器；FL—流量计；
AB—环境空气取样袋；SB—稀释排气取样袋；DAF—稀释空气滤清器；DT—稀释风道；
TC—温度控制器；TS—温度传感器；DEP—稀释排气抽气泵

FID）；NO_x 应采用化学发光型分析仪（Chemiluminescent Detector，CLD）。

另外，测量每一种碳氢化合物的含量用气相色谱分析法（Gas Chromatography，GC），氧气浓度的测量采用顺磁分析仪。我国对烟度的测试常采用滤纸式烟度计，而美国和欧洲分别采用全流式稀释通道测量系统和分流式稀释通道测试系统对微粒进行测量。

1）不分光红外线分析仪

NDIR 的工作原理基于大多数非对称分子（不同原子构成的分子）对红外波段中一定波长具有吸收能力，其吸收程度与气体浓度有关。如 CO 能吸收波长 $4.5 \sim 5 \mu m$ 的红外线，CO_2 能吸收 $4 \sim 4.5 \mu m$ 的红外线，HC 能吸收 $2.3 \mu m$、$3.4 \mu m$、$7.6 \mu m$ 的红外线。

目前常用的 NDIR 装置如图 10.32 所示。由光源发出两束能量相等的平行红外线，其波长为 $2 \sim 7 \mu m$，进入左右两室，左室为基准室，充满不吸收红外线的标准气体如 N_2，而

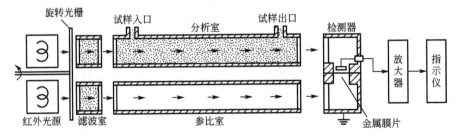

图 10.32 常用的 NDIR 装置

右室为分析室,测量开始前也充入与左室相同的气体,这样红外线穿过两室,射入检测电容器的能量相等。测量时将待测气体通过分析室,由于待测气体吸收红外线,使穿过右室的红外线能量减少,则检测器中金属薄膜右侧的压力减小,薄膜向右凸起,电容量减少,并且正比于待测气体的浓度;然后把电容量调制为超低频交流电压的信号,经放大、整流后在记录仪上显示。

为了防止其他气体对被测气体测量的干扰,可在光路上设置滤波室滤掉干扰气体能吸收的波段。例如,分析 CO 的 NDIR,在滤波室中充以 CO_2、CH_4 等,在分析时就不受排气中 CO_2、CH_4 成分的干扰;分析 CO_2 的 NDIR,要在滤光室中充以 CO、CH_4。由于 NDIR 具有对吸收红外波长的选择性,从而不干扰组成浓度的变化,对待测组成浓度测量没有影响,不需要预先提纯,把被测气体与非被测气体分开,而且它还具有灵敏度高、测量精度高、能连续分析等优点,可测量浓度很大或微量(10^{-6} 级)的气体。

2) 氢火焰离子分析仪

FID 工作原理是利用 HC 在氢火焰的高温(约 2000℃)中燃烧,部分 HC 分子或原子就会离子化而生成自由离子,而纯氢火焰几乎不会产生自由离子(图 10.33)。在外加电场的作用下,离子向两极移动,形成离子电流,离子电流产生微弱的电流信号,经电流放大器可得输出电流。电流大小与氢火焰中待测气体的流量和 HC 浓度成正比。为避免 HC 在取样管路上被吸附和凝聚,以及水蒸气凝结堵塞毛细管,需对管路加热,对汽油机一般为 150℃ 左右,柴油机在 200℃ 以上。

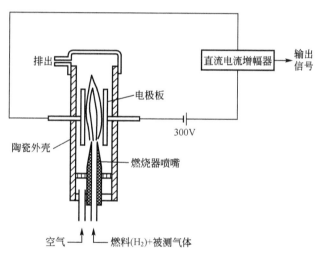

图 10.33 FID 的工作原理

FID 分析仪不仅可测量从 $5 \times 10^{-6} \sim 50000 \times 10^{-6}$ 浓度的 HC,而且灵敏度高、响应快、稳定性好、线性范围宽,而且不但能用于稳态工况测试,也可用于瞬态工况测试。

3) 化学发光分析仪

CLD 的工作原理如图 10.34 所示,当 NO 与 O_3 反应生成 NO_2 时,大约有 10% 的 NO_2 处于激化状态(以 NO_2^* 表示)。当这些激态分子向基态过渡时,发射出波长 $0.59 \sim 2.5 \mu m$ 的光量子 $h\nu$,其反应式为

$$NO + O_3 = NO_2^* + O_2$$
$$NO_2^* = NO_2 + h\nu$$

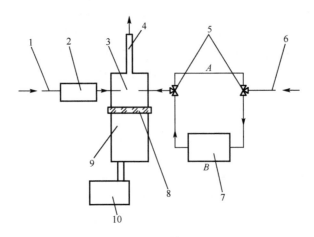

图 10.34 CLD 的工作原理

1—氧气入口；2—臭氧发生器；3—反应室；4—反应室出口；5—转换开关；
6—气样入口；7—$NO_2 \longrightarrow NO$ 转换器；8—滤光片；9—检测器；10—信号放大器

化学发光强度即光电倍增管的光电流大小，与样气中的 NO 的浓度成正比。利用光电倍增管将这一光能转变为电信号输出，可推算出 NO 浓度。对于排气中的 NO_2，要通过 $NO_2 \longrightarrow NO$ 转换器分解成 NO 后，再用上述方法分析。要经常检查 NO_2 的转换效率是否低于 90%，否则将影响测试精度。

CLD 灵敏度高，响应性好，其感度可达 0.1×10^{-6}，在 10000×10^{-6} 范围内输出特性为线性关系，适用于连续分析。应注意，为了提高 CLD 的灵敏度，应尽量增大 O_3 浓度，降低其他成分浓度。O_3 发生器是一种放电装置，也需经常检查 O_3 发生器的效率。

4. 微粒的检测

目前世界各国的排放法规只规定 PM 排放的质量限值，对其精确测定还比较复杂，有关进一步研究，要求严格界定其物理、化学特征。例如，根据美国环保局的定义，微粒是指从温度低于 52℃ 的稀释排气中采集的沉积在用聚四氟乙烯处理过的玻璃纤维滤纸上的所有物质。所以，用符合要求的取样系统把 PM 收集在取样滤纸上，测定滤纸在收集前后的质量差，可得到 PM 排放质量。

微粒的质量测量是用目前柴油机排放法规规定的 PM 测量方法，但所用设备复杂，操作费时，且不能追踪 PM 的瞬时排放特性。由于 PM 的生成以炭烟 DS 粒子为核心，虽然表面凝聚着 SOF，但在中等以上负荷下 DS 比例大，SOF 比例小，所以主要表征 DS 含量的排气烟度测量长期以来一直得到广泛应用。烟度测量结果虽然重复性和可比性较差，但由于测量设备(烟度计)简单、便宜、操作方便，因此在柴油机研究、开发工作中作为 PM 排放对比手段以及在柴油机制造、生产过程中作为品质监控手段得到广泛应用。由于"烟度"一词较笼统，将逐步用以反映排气的视觉效应的"可见污染物"代替。

排气可见污染物用滤纸烟度和消光度表示，前者用博世(Bosch)烟度计或滤纸式烟度计测定，后者用消光式烟度计或消光度计测定。

滤纸烟度的测量原理是用光电变换器测定长 41cm 的烟气柱通过测量滤纸时所留痕迹的相对黑度，读数由 0(全白)到 10(全黑)，称为博世烟度值(Bosch Smoke Unit, BSU)或滤纸烟度值(Filter Smoke Number, FSN)。滤纸式烟度计结构简单，使用方便，结果可靠，因而获得广泛的应用。

滤纸式烟度计结构都由取样装置、烟度检测装置和控制装置组成，如图 10.35 所示。

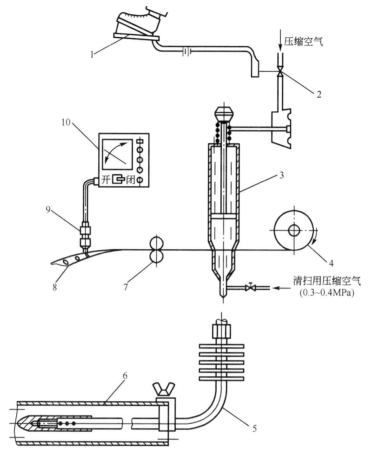

图 10.35 滤纸式烟度计结构简图
1—脚踏开关；2—电磁阀；3—抽气泵；4—滤纸卷；5—取样探头；6—排气管；
7—进给机构；8—染黑的滤纸；9—光电传感器；10—指示电表

取样装置由取样探头，活塞式抽气泵和取样软管等组成。取样软管把取样探头与活塞式抽气泵连接在一起，当取样时，滤纸在泵筒内，取样探头在活塞式抽气泵的作用下抽取废气，抽气时炭烟留在滤纸上并将其染黑，夹持机构保证滤纸的有效工作面直径为32mm。在取样完成后，滤纸夹持机构松开，染黑的滤纸由进给机构送至烟度检测装置。

烟度检测装置由环形硒光电池、光源和指示仪表构成，即图 10.35 中的光电传感器(9)和指示电表(10)。放大后该装置如图 10.36 所示。在检测时，光源的光线通过有中心孔的环形光电池照射到滤纸上，一部分光线被滤纸上的炭烟所吸收，另一部分光线被反射到环形光电池上，使光电池产生光电流。光电流的大小反映了滤纸反射率的大小，而滤纸反射率即滤纸的染黑程度，光电流在指示电表(10)上显示。

随着排放控制技术的进步，柴油机烟度越来越低，而滤纸烟度计准确度降低，且不能测定蓝烟与白烟，也不能对瞬态工况进行连续测量。所以法规规定对柴油车的可见污染物应采用消光式烟度计进行测量。消光式烟度计可分为全流式和分流式两类。全流消光式烟度计测量全部排气的透光衰减率,分流消光式烟度计是将排气中一部分废气引入取样管,然后进行连续分析。我国排放标准中规定使用分流消光式烟度计。

图10.37为消光式烟度计的结构简图。在测定前,用鼓风机向空气校正管吹入干净空气,旋转转换手柄,使光源和光电池分别置于校正管两侧,做零点校正。然后,再旋转转换手柄,将光源和光电池移至测试管两侧,并把需要测定的一部分汽车排气连续不断地导入测量管,光源发出的光部分地被排气中的可见污染物所吸收,光电检测单元则可连续测出光源发射光透过排放气体的透光强度,并通过光电转换显示测量结果。

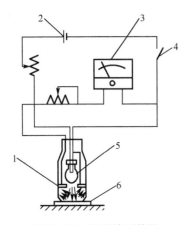

图10.36 烟度检测装置
1—环形硒光电池;2—电源;
3—指示仪表;4—电源开关;
5—灯泡;6—滤纸

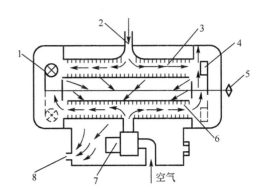

图10.37 消光式烟度计结构简图
1—光源;2—排气入口;3—排气测试管;
4—光电池;5—转换手柄;6—空气校正管;
7—鼓风机;8—排气出口

测量结果用消光系数 k(单位为 m^{-1})表示,测值范围为0(光全通过)到4(光全遮挡)。消光度也可用无单位的线性分度值 N 表示,读数范围为0到100。消光式烟度计可以对柴油车排气可见污染物进行连续测量,可以按排放法规的要求进行稳态和非稳态工况下的烟度测量,在低烟度时有较高的分辨率,可以用来研究柴油机的瞬态炭烟排放特性。

5. 曲轴箱排放物和蒸发排放物的测量

目前,发动机一般不允许出现曲轴箱排放物。可在常用工况下测量曲轴箱内的压力,不得超过当时的大气压力,或用气袋测量曲轴箱通气孔处的漏气情况,不得有任何漏气。蒸发排放物可以用收集法测量,即用活性炭罐收集燃油系统与大气连接界面处的蒸发燃油量。随着汽油车蒸发排放量的减少,收集法已被更精确的密闭室法(Sealed Housing for Evaporative Determination,SHED)所代替。把装汽油机的汽车放置一密闭室内,经规定的测试程序后,用 FID 测定室内 HC 浓度的增量,就可计算出汽车的 HC 总蒸发量。

10.5 发动机噪声来源与控制

随着内燃机动力装置的数量日益增多,机动车辆的噪声已成为主要的噪声源,约占城市环境噪声的30%~50%。研究结果已证明,45~50dB 的噪声就会影响人们的睡眠;

50dB的噪声能干扰人的思考；60dB的噪声开始令人心烦；长期生活在65dB的噪声中，会使人体的心血管系统、消化系统以及神经系统受到损害；若在90dB以上的噪声环境下连续工作将会使人耳聋。因此，国际标准规定，城市住宅噪声的容许声级白天为42dB，夜间为37dB。

汽车和其他运输工具在行驶过程中产生交通噪声，而发动机是汽车的主振动源和噪声源。一般说来，柴油机的噪声比汽油机高，这是它的一大缺点，应该加以限制。

10.5.1 发动机噪声的来源

在汽车噪声中，发动机噪声是主要噪声源之一，它对整车噪声级有决定性影响。

发动机的噪声源，按照噪声辐射的方式来分，有通过发动机表面辐射和直接向大气辐射的两大类。发动机内部结构的机械振动产生的噪声，是通过发动机表面以及与发动机表面刚性连接的零部件的振动向大气辐射的，因此称作表面噪声。按其产生的机理不同，又可分为燃烧噪声和机械噪声。

直接向大气辐射的噪声源包括进气噪声、排气噪声和风扇噪声等。它是由气流的振动而产生的空气动力噪声。

1. 燃烧噪声

燃烧噪声是在燃烧时，气缸内压力急剧上升的气体冲击而产生的，其中包括由气缸内压力剧烈变化引起的动力载荷以及冲击波引起的高频振动。一般认为燃烧噪声经由两条路径传播并辐射出来。一条是经过气缸盖及气缸套经由气缸体上部向外辐射；另一条是经过曲柄连杆机构，即活塞、连杆、曲轴和主轴承经由气缸体下部向外辐射。由于气缸套、机体、气缸盖这些结构件的刚性较大，自振频率处于中、高频范围，低频成分不能顺利传出，因此，人耳听到的燃烧噪声的主要成分处于中、高频范围内。

在功率相同的条件下，柴油机由于压缩比高，压力升高率大，其燃烧噪声要比汽油机大得多。柴油机燃烧噪声主要集中在速燃期，其次是缓燃期。

汽油机在压缩比高，汽油质量不良和点火提前角过大时，易引起爆燃，因燃烧室积炭引起表面点火等，都会使燃烧最高压力及压力升高率剧增而产生噪声。柴油机在转速升高、喷油推迟、负荷增大时还会引起工作粗暴产生噪声。在使用过程中，对于结构一定的发动机来说，噪声的强度受发动机转速、负荷、点火或喷油时间、加速运转和不正常燃烧等因素影响。转速升高，负荷加大而噪声增大，点火或喷油推迟噪声减小，加速和不正常燃烧时噪声增大。

2. 机械噪声

机械噪声是指内燃机各运动件在工作过程中，由于相互冲击而产生的噪声。内燃机的机械噪声随着转速的提高而迅速增强。随着内燃机的高速化，机械噪声越来越显得突出。

（1）活塞敲缸噪声。活塞对气缸壁的敲击往往是内燃机最强的机械噪声源。由于活塞与缸壁之间有间隙，在燃烧时气体压力及运动惯性力的作用下，使活塞对缸壁的侧向推力在上下止点处改变方向，且呈现周期性变化，所产生的侧压力敲击不但在上止点和下止点附近发生，而且也发生在活塞冲程的其他位置上，从而形成活塞对气缸壁的强烈敲击声。当气缸内的最大压力及缸壁间隙增大、转速及负荷提高、缸壁润滑条件变差、则敲击声随之增大。此外，活塞对气缸壁的敲击还能引起气缸壁的高频振动。

减小活塞与气缸壁的间隙(如采用可控膨胀活塞);使活塞销孔向气缸壁的主推力面偏移;加长活塞裙部和减少活塞环数量;增加气缸套的刚度;增加活塞敲击气缸壁时的阻尼,如在裙部外表面增加润滑油的积存等方法可以降低活塞敲击噪声。

(2) 配气机构噪声。配气机构噪声包括:气门与气门座的冲击;气门间隙引起的机械冲击;配气机构本身在上述周期性冲击力作用下产生振动。

配气机构产生的噪声,在低速和中速内燃机中,一般并不突出,但对高速内燃机来说,往往会在机械噪声源中占有较高比例。

降低配气机构噪声可采用顶置凸轮,采用液力挺柱以消除气门间隙,采用新型函数凸轮轮廓线以及对缓冲过渡曲线合理设计,使气门升起和落座时的速度控制在较低值,以有效地抑制气门跳动。

(3) 正时齿轮噪声。正时齿轮噪声是在齿轮啮合过程中,齿与齿之间的撞击和摩擦产生的。正时齿轮噪声与齿轮的结构形式、设计参数、制造精度及运转状态有很大关系。

正时齿轮一般采用斜齿,由于其重迭系数较大,轮齿上分担的载荷较小,故较直齿噪声大为降低。有些汽油机采用夹布胶木做凸轮轴正时齿轮,也可有效地减小齿轮噪声。

(4) 不平衡惯性力引起的机械振动及噪声。内燃机中的活塞曲柄连杆机构在运转过程中将产生往复运动惯性力、离心惯性力及其惯性力矩。这些周期性变化的惯性力和惯性力矩将通过曲轴主轴颈传给机体及其支承(或动力装置),引起振动和噪声。

出于对内燃机运转可靠性、耐久性和动力装置舒适性的考虑,要通过各种平衡措施力求使这些惯性力和惯性力矩尽可能地被减小乃至完全消除,最终达到降低内燃机振动和噪声的目的。

此外,曲轴的扭转振动也会引起机体及其支承的附加振动,激发出噪声。这类噪声的大小与发动机的结构参数(缸径、冲程、缸数、缸心距、冲程数)、材料、运转参数(转速、功率)、平衡状况以及支承隔振措施等多种因素有关。一般而言,在内燃机总体设计规划时就应给予考虑。

(5) 喷油泵及其他机械噪声。内燃机还附加有若干种机械装置,诸如喷油泵、压气机、发电机、水泵等,它们在运转时同样会产生机械噪声,除喷油泵外,和前述几种机械噪声相比所占比例较小。

除了上述对内燃机各主要噪声源采用降噪措施外,按照低噪声的原则设计发动机或者采用局部或整体隔声罩的方法,也可以较大幅度地降低发动机噪声。

3. 进、排气噪声

进、排气噪声是由于发动机在进、排气过程中,气体压力波和气体流动所引起的振动而产生的噪声。其主要包括吸气、排气部位放射出的空气声和排气系统的漏气声。对非增压内燃机来说,排气噪声最强。进气噪声通常比排气噪声低 8~10dB,对于增压内燃机则进气噪声往往超过排气噪声,而成为最强的噪声源。

进气噪声主要包括:空气在进气管中的压力脉动,产生低频噪声;空气以高速通过气门的流通截面,产生高频的涡流噪声;增压内燃机增压器中压气机的噪声。进气噪声在很大程度上受到气门尺寸、转速和气道结构形式的影响。

排气噪声主要包括:排气在排气管中的压力脉动,产生低、中频噪声;排气门流通截面处的高频涡流噪声;排气噪声的强弱与内燃机的排量、转速、平均有效压力以及排气口的截面积等因素直接有关。

进、排气噪声都随发动机的转速及负荷状态而变化。随发动机转速提高，进、排气噪声增大；随发动机负荷增加，进、排气噪声增大。

4. 风扇噪声

风扇噪声由旋转噪声和涡流噪声组成。旋转噪声是由风扇叶片对空气分子的周期性扰动而产生的，它的强弱与风扇转速和叶片数成正比；而涡流噪声是空气在受叶片扰动后产生的涡流所形成，它的强弱主要与风扇气流速度有关。风扇噪声在空气动力性噪声中，一般都小于进、排气噪声，但由于普遍装设空调系统和排气净化装置，冷却风扇负荷加大，故该噪声变得更为严重。

不同形式的发动机，各种噪声源所占发动机噪声的比例是不同的。一般说来，汽油机的主要噪声源是风扇噪声和配气机构噪声，而柴油机的主要噪声源是燃烧噪声。

10.5.2 噪声控制措施

发动机噪声可以采取措施，控制在法规之内，具体措施有以下几个。

1. 降低燃烧噪声

对于柴油机采用分隔式燃烧室和"M"燃烧系统较好。对使用众多的直接喷射式柴油机而论，推迟喷油始点，对降低噪声有显著效果。图 10.38 为通过大量试验得出的喷油定时对噪声影响的关系，它说明在直接喷油式柴油机上喷油定时每滞后 10℃A，噪声平均降低约 6dB(A)。降低噪声的关键应是将滞燃期内喷入的燃油量减少到只够着火需要，而使主要的燃油量于着火后在受到喷油泵的控制下喷入，从而使气缸内压力上升率不至于过大。分两阶段喷油的二级喷射可以在整个转速和负荷范围内将噪声降低 4dB(A)。

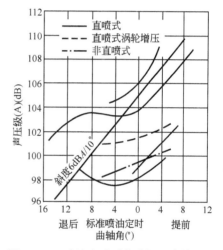

图 10.38 喷油定时对柴油机噪声的影响

2. 加强结构强度

加固主轴承，使全部机械负荷和振动都由加固了的结构来承受，使油底壳和发动机的两侧壁都连到刚度最大的地方，这里油底壳和侧壁最好用高度消振的材料来制造。在 V 型发动机中，两列气缸的音叉振动方式也可能产生大的噪声，降低噪声的措施是在 V 型空间铸出有足够刚度的横隔板。

通过在曲轴箱中加特殊的筋以及将发射噪声的罩壳增强刚度，可以降低总噪声 3dB(A)；对摇臂罩和油底壳采取消振和隔振措施，可使其辐射的噪声降低 10dB(A)，这两处噪声有可能是主要噪声源；通过改进喷油泵的支承，增强支承的刚度和将定时齿轮室盖加筋，以增加刚性可以降低噪声 3dB(A)。

3. 采用隔声罩壳

用钢板和玻璃纤维做成隔声罩壳，在其内部贴一层玻璃纤维和其他吸声材料，将这些隔声罩壳尽可能安装在发动机的主要噪声声源处（如曲轴箱侧壁和排气总管）。隔声罩和发动机结构之间用橡胶件支承，这样一般可降低噪声 3~4dB(A)。

4. 采用排气消声器

消声器是声滤波器，其性能随频率发生变化。消声器有阻性、抗性和复合式三大类。常用的基本消声单元如图 10.39 所示。

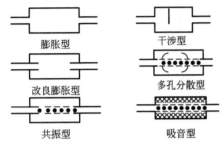

图 10.39 基本消声单元

(1) 阻性消声器。其声学性能主要取决于声吸收构件和材料的流阻。这种消声器通常具有较宽广的频带的降声特性，一般用于小轿车。

(2) 抗性消声器。其声学性能主要取决于它的几何形状，一个或多个空腔，共鸣腔和有限长度管段制成的抗性消声器，使沿通道传播的声能造成阻抗失配。这种阻抗失配使部分声能向声源反射或在空腔内来回，阻碍那部分声能通过消声器向外发散。这种消声器多用于载货汽车。

(3) 阻抗复合式消声器。这种消声器一般是在抗性消声器基础上发展成的。这是因为抗性消声器往往在其内部伴随发生交变的声压和质点速度的增强效应，只要用很少的吸声材料便可吸收很大的声能。

5. 低噪声发动机设计

必须强调，产品设计阶段在满足基本性能的前提下，应同时按降声要求选择结构参数，注意结构的细节设计。降低发动机噪声的一般方法有以下几个。

(1) 降低发声重要频域内燃烧和机械激振力的数量级。
(2) 提高结构刚度，减少外部声发射表面的振动。
(3) 在结构上引入附加阻尼，衰减振动能量。
(4) 改变激振力的传递途径，在传递途径上隔板。
(5) 减少辐射声表面。
(6) 采用隔声罩。

思考题与习题

1. 解释下列概念。

温室效应　光化学烟雾　冷激效应　缝隙效应　废气再循环　曲轴箱强制通风　三效催化转化器　微粒捕集器　吸附还原法　选择性催化还原法　定容取样系统　博世(Bosch)烟度

2. 简述汽油机主要排放污染物碳氢化合物(HC)、一氧化碳(CO)和氮氧化合物(NO_x)生成机理。

3. 简述微粒生成机理。

4. 试述汽油机与柴油机混合气形成和燃烧过程的区别对排放物生成的影响。

5. 论述汽油机排放污染物的措施，三元催化转换器的工作原理和对混合气浓度的要求。

6. 论述降低柴油机排放污染物后处理措施。

7. 试论述废气再循环（EGR）对发动机的动力性和经济性带来的影响。

8. 简述我国所采用的发动机排放物的测试方法，说明 NDIR、FID 和 CLD 这 3 种检测仪器的工作原理。

9. 简述滤纸式烟度计和消光式烟度计测量烟度的原理。

10. 查阅国家标准 GB 18352—2001《轻型汽车污染物排放限值及测量方法》以及 GB 17691—2001《车用压燃式发动机排气污染物排放限值及测量方法》，系统地写出内容提要。

11. 论述降低发动机噪声的措施以及这些措施可能会对发动机动力性、经济性等性能带来的影响。

第四篇

运行特性与性能调控

发动机特性指的是在一定条件下，发动机性能指标与特性参数随各种可变因素的变化规律。其中的运行特性，即主要的性能指标随工况参数——转速和负荷的变化规律最为重要。由发动机运行特性转化而得的汽车的运行特性，如驱动力特性、燃油经济性、运转稳定性、安全性等，都有一个能否全面满足汽车使用要求的问题，这就要求进行全工况的合理匹配。

实际上，动力机械与配套工作机械之间，都有一个性能合理匹配的问题，也就是如何满足工作机械各种性能要求的问题。

如果发动机只是在不变或有限的工况下工作，问题比较简单，发动机只需在个别工况的性能指标上能满足要求即可。但是，对于与汽车配套的在宽广转速和负荷范围内多工况、变工况工作的发动机来说，情况就复杂多了。这就出现了汽车与发动机特性的全工况合理匹配以及发动机本身各种性能参数的调控与优化问题。

机、车匹配不仅要对动力和传动系统提出合理选型和配套要求，还涉及特性曲线在不能满足要求时如何进行调节和校正的问题。柴油机设置调速装置以保证汽车运行的安全与可靠即是一例。此外，发动机相当多的特性参数并非对所有工况都是最优的。希望能实时、有效地对更多参数进行调控，以达到全工况范围内性能综合优化的目的。发动机的点火和喷油提前装置、可变配气相位系统等都是例证。

近年来，电子控制技术的飞速发展，使更多的参数有了实时调控的可能，出现了多种发动机的"可变"技术，这对汽车和发动机性能的全面改善有着积极的意义。

本篇将重点阐述车用发动机的运行特性与性能调控问题：第 11 章"发动机运行特性与匹配技术"主要讲述：①发动机特性，主要是运行特性——速度特性、负荷特性、全特性的变化规律及测试方法；②发动机运行特性对汽车的适应性以及汽车与发动机动力、经济性的合理匹配并涉及混合动力驱动技术。第 12 章"发动机性能与参数的调控技术"介绍了发动机从传统的机械、液力调控向电子控制技术的发展，分别就汽油机、柴油机的控制功能和控制策略进行了阐述。

这里要特别指出，发动机性能与参数的调控是热能动力、电子和控制学科的交叉技术。本书既不过于详细地介绍各控制系统及其零部件的结构特征，也不专门阐述控制与电子学的理论，而是从发动机性能的角度阐述性能与参数调控的依据、基本原理和方法，并进一步说明其对汽车、发动机性能的影响。

第 11 章 发动机运行特性与匹配技术

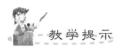
教学提示

发动机运行特性,即主要的性能指标随工况参数——转速和负荷的变化规律。由发动机运行特性转化而得到汽车的运行特性,如驱动力特性、燃油经济性、运转稳定性、安全性等。发动机与汽车配套在宽广转速和负荷范围内多工况、变工况工作,因此汽车与发动机特性需要全工况的合理匹配。

教学要求

掌握发动机运行特性及其分析方法通过实验了解发动机台架实验室测控设备,掌握速度特性、负荷特性、万有特性等性能试验方法并熟练地对数据进行处理;掌握汽车与发动机的动力性、经济性匹配。

11.1 发动机的特性

发动机的特性是指在一定条件下,发动机性能指标或特性参数随各种可变因素的变化规律,可分为运行特性和调整特性。发动机的运行特性是发动机的性能指标随工况参数——转速和负荷的变化规律。调整特性是指发动机在转速和油量调节装置位置不变条件下,各种性能指标随调整参数而变化的规律(第 12 章)。

11.1.1 工况、工况平面与功率标定

1. 工况与工况平面

发动机工况是指发动机实际运行的工作状况,表征发动机的运行工况由下式给出。

$$P_e \propto T_{tq} n \tag{11-1}$$

式中：P_e 为发动机的有效功率；T_{tq} 为发动机的转矩；n 为发动机的工作转速。

因此，发动机的工况可以由功率 P_e 和转速 n 来表示，它们与工作机械要求的功率和转速相适应。只有当发动机输出的转矩和工作机械的阻力转矩相等时，发动机才能以一定转速按一定功率稳定运转；当工作机械的阻力矩、转速变化时，发动机的工况就会发生变化。

发动机的工况平面即工作区域取决于发动机的用途。用途不同，工作区域不同，通常把发动机的工况分为以下几类。

(1) 第一类工况。其特点是当发动机的功率变化时，转速几乎保持不变，该工况又被称为固定式发动机工况。例如，发电用发动机，其负荷呈阶跃式突变，并没有一定的规律，而发动机的转速必须保持稳定，以保证输送电压和频率的恒定，反映在工况图上就是一条近似垂直线（图 11.1 中的曲线②），称为线工况；灌溉用发动机，除了起动和过渡工况外，在运行过程中负荷与转速均保持不变，称为点工况（图 11.1 中的①点）。

(2) 第二类工况：其特点是发动机的功率与转速接近于幂函数关系，该工况又被称为发动机的螺旋桨工况。例如，当发动机作为船用主机驱动螺旋桨时，发动机所发出的功率与螺旋桨吸收的功率相等，而螺旋桨吸收功率又取决于转速的高低，且与转速成幂函数关系，即图 11.1 中曲线③所示的 3 次幂函数（$P_e \propto n^3$），该类工况也被称为推进工况，属于线工况。

(3) 第三类工况：其特点是功率与转速都在很大范围内变化，该工况又被称为发动机的面工况。例如，汽车用发动机的转速取决于汽车的行驶速度，可以从最低稳定转速一直变到最高转速，而负荷取决于行驶阻力，在同一转速下，可以从零变到全负荷，如图 11.1 所示的剖

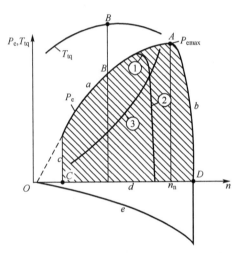

图 11.1 发动机的工况及工作区域

面线所覆盖的部分。其他陆地运输用车辆发动机，都属于这种工况。

由车用发动机可能运行的工况可知，其工作区域被限定在一定范围内，如图 11.1 所示。

(1) 上边界线 a 为发动机油量控制机构最大位置时，不同转速下发动机所能发出的最大功率，A 为最大有效功率的标定点。

(2) 左侧边界线 c 为发动机最低稳定工作转速 n_{min} 限制线，当低于此转速时，由于曲轴、飞轮等运动部件储存能量较小，从而导致转速波动大，发动机无法稳定工作。

(3) 右侧边界线 b 为发动机最高转速 n_{max} 限制线，它受到转速过高所导致的惯性力增大、机械摩擦损失加剧、充量系数下降、工作过程恶化等各种不利因素的限制。

a、b 曲线都是在驾驶员最大踏板位置条件下获得的。对于汽油机，a、b 曲线都在节气门全开时获得，称为速度外特性线；对于柴油机，a 曲线为校正外特性线，b 曲线则是调速器起作用的调速特性线。

(4) 横坐标上的 d 曲线是各个加速踏板位置下的空转速度线。此时动力输出为零，发

动机的指示功率 P_e 与空转的机械损失功率 P_m 相平衡。

(5) e 曲线的输出功率为负值,是发动机熄火、外力倒拖时的工况线。此时倒拖功率与熄火后空转的机械损失功率相平衡。该曲线不属正常工作范围,它只是在汽车挂挡或者下长坡时起制动作用。

2. 发动机的功率标定

发动机的功率标定是指制造企业根据发动机的用途、寿命、可靠性、维修与使用条件等要求,人为地规定该产品在标准大气条件下输出的有效功率以及对应的转速,即标定功率与标定转速。世界各国对标定方法的规定有所不同,按照中国国家标准《发动机台架性能试验方法》(GB/T 18297—2001)规定,我国发动机的功率可以分为 4 级。

(1) 15min 功率:发动机允许连续运转 15min 的最大有效功率。其适用于需要较大功率储备或瞬时发出最大功率的轿车、中小型载货汽车、军用车辆、快艇等用途的发动机。

(2) 1h 功率:发动机允许连续运转 1h 的最大有效功率。其适用于需要一定功率储备以克服突增负荷的工程机械、船舶主机、大型载货汽车和机车等用途的发动机。

(3) 12h 功率:发动机允许连续运转 12h 的最大有效功率。其适用于需要在较长时间内连续运转而又要充分发挥功率的拖拉机、移动式发电机组、铁道牵引等用途的发动机。

(4) 持续功率:发动机允许长期连续运转的最大有效功率。其适用于需要长期连续运转的固定动力、排灌、电站、船舶等用途的发动机。

对于同一发动机,用于不同场合可以有不同的标定功率值。其中,15min 功率的标定最高,持续功率的标定最低。注意,对于非持续功率标定的发动机,在按标定功率运转时,超出上述限定的时间并不意味着发动机将被损坏,但会影响寿命与可靠性。随着发动机可靠性和耐久性水平的提高,标定功率的区分逐渐淡化。例如,车用发动机也能全速、全负荷运转数百甚至数千小时,与 15min 功率或 1h 功率的定义并不相符。

11.1.2 发动机运行特性及其分析方法

1. 发动机运行特性的评价方法

为了评价发动机在不同工况下运行的动力性、经济性、排放等指标以及反映工作过程进行的完善程度指标等,需要对发动机的运行特性进行分析和研究。用来表示发动机特性的曲线称为特性曲线,是分析和研究发动机的一种最基本的手段。

需要说明的是,只有在发动机工况稳定时,功率、转速和转矩这些基本量才有确定的关系,才能满足关系式(11-1);而当发动机处于非稳态工况时,也就是当发动机处于两个稳态工况之间的过渡状态时,至少有一个基本参数值呈变化状态,则上述关系式不再成立。但是,瞬态工况是建立在稳态工况的基础上的,所以研究发动机的运行特性需要从对稳态过程的分析入手。

2. 发动机运行特性参数间的关系

发动机的性能指标与参数间的内在关系是分析发动机特性的基础,也是解释发动机特性曲线的依据。汽油机的有效功率、有效输出转矩、每小时燃油消耗量、有效燃油消耗率 4 个指标第 5 章已经涉及,推导出的式(5-52)~式(5-55),利用这 4 个表达式可完成对汽油机稳态性能进行分析,将其略加整理,得

(1) 有效功率

$$P_e = K_1 \frac{\phi_c}{\phi_a} \eta_{it} \eta_m n \tag{11-2}$$

(2) 有效输出转矩

$$T_{tq} = K_2 \frac{\phi_c}{\phi_a} \eta_{it} \eta_m \tag{11-3}$$

(3) 有效燃油消耗率

$$b_e = \frac{K_3}{\eta_{it} \eta_m} \tag{11-4}$$

(4) 每小时燃油消耗量

$$B = b_e P_e = K_4 \frac{\phi_c}{\phi_a} n \tag{11-5}$$

以上 4 个分析式中：K_1、K_2、K_3 和 K_4 为常数；ϕ_c 为发动机的充量系数；ϕ_a 为过量空气系数；n 为发动机的转速；η_{it} 为发动机的指示热效率；η_m 为发动机的机械效率。

利用式(11-2)～式(11-5)，可直接对汽油机稳态性能进行分析。柴油机进行负荷质调节，若能求出平均 ϕ_a 值，当然也能应用上述各式。实际上柴油机的单缸循环油量 g_b 是可以直接测出的，由于 $g_b \propto \phi_c/\phi_a$，所以将引入 g_b 上述各式后，可导出下述各式用于柴油机分析。

$$P_e = K_5 g_b \eta_{it} \eta_m n \tag{11-6}$$
$$T_{tq} = K_6 g_b \eta_{it} \eta_m \tag{11-7}$$
$$B = K_7 g_b n \tag{11-8}$$

11.2　发动机性能测试

发动机各项性能指标、参数以及各类特性曲线、需在发动机试验台架上按标准规定的试验方法进行测定。

11.2.1　台架试验设备

典型发动机试验台架的组成及布置简图如图 11.2 所示。它主要包括以下几部分。

(1) 台架。待测发动机与测功器用联轴器连接，并固定于坚实、防振的水泥基础上，基础振幅一般不得大于 0.05～0.1mm。安装发动机的铸铁支架和底板常做成可调节高度和位置的形式，以便迅速拆装和对中。

(2) 辅助系统。例如，为了保持发动机工作时水温不变，必须有专门可调水量的冷却系统；燃料应由专用油箱通过油量测量装置供给发动机的燃料供给系；发动机排出的是高温有毒气体，排气噪声又是主要噪声源，故试验室内须有特殊的通风装置，废气要经消声地坑排出等。

(3) 各种测量仪器、仪表及操纵台。随着发动机研究工作的深入和发展，对试验设备和手段提出更高的要求，通常要求测试精度高、测量和记录速度快、能同时测量与储存大量数据并能对数据进行处理和分析等。因此，台架试验现已基本采用计算机控制的自动化台架。

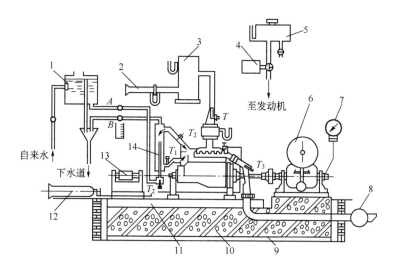

图 11.2　发动机试验台架简图

1—冷却水箱；2—空气流量计；3—稳压筒；4—量油装置；5—燃油箱；
6—测功器；7—转速表；8—消声器；9—垫层；10—基础；11—底板；
12—高压气瓶；13—示功器；14—混合水箱

11.2.2　功率和油耗的测量

1．测功器

测功器是用来吸收试验发动机发出的功，改变其负荷及转速，模拟实际使用的各种工况，同时测定发动机输出扭矩。输出转速由转速表测得，则由公式 $P_e=\dfrac{T_{tq}n}{9550}$ 求出功率。

常用测功器有水力测功器、平衡式直流电力测功器和电涡流测功器 3 种。

1）水力测功器

水力测功器由制动器和测力机构组成。制动器结构图如图 11.3 所示，转子(6)由滚动轴承支承在外壳(2)上，外壳又支承在有弹性的固定支承(13)上，可来回摆动，外壳通过一悬臂杠杆支撑在测力机构或拉压传感器上(图中均未画出)。工作介质——水通过进水管(7)同时进入两侧的进水环室(8)，然后由定子(5)上的进水孔(4)进入涡流室中心。转子使水在涡流室中作旋转运乱通过水与外壳的摩擦，使外壳摆动。控制阀(18)控制出水量以调节水层厚度，水层越厚，水与外壳的摩擦力矩越大，吸收功越多，此时外壳摆动角度也大，测力机构上的读数随之增加。这样，发动机输出的机械能被水吸收变为热能并将扭矩传递到外壳上，由测力机构测出。

水力测功器具有价廉、结构简单、可靠、体积小等优点，因而在我国得到广泛应用。

2）平衡式电力测功器

这种测功器由平衡电机、测力机构、负载电阻、励磁机组、交流机组和操纵台所组成。

平衡电机的基本工作原理如下。直流电机的转子(1)(图 11.4)由发动机带动在外壳即定子磁场中旋转，则转子线圈切割磁力线而产生感应电流，此感应电流的磁场与定子磁场

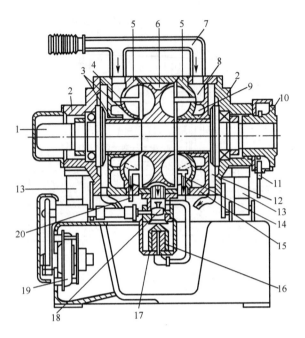

图 11.3 制动器结构图

1—转子轴；2—外壳；3—无接触密封；4—进水孔；5—定子；6—转子；
7—进水管；8—进水环室；9—分隔室；10—联轴节；11—转速传感器；
12—排水室；13—固定支承；14—回水孔；15—隔板；16—浮动活塞阀；
17—活塞座；18—控制阀；19—伺服电机；20—排水孔

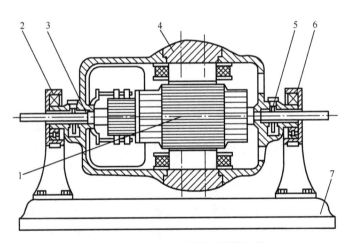

图 11.4 平衡式电力测功器的结构

1—转子；2、6—滚动轴承；3、5—滑动轴承；
4—定子外壳；7—基座

相互作用而产生方向相反的电磁力矩。定子外壳受到的电磁力矩的方向与转子旋转方向相同，大小与发动机加于转子的扭矩相等。定子外壳浮动地支撑在轴承上，其上由杠杆与测力机构相连，依靠外壳摆动角度的大小来指示测力机构的读数。若当平衡电机发电不输入电网时，可将电能消耗于负载电阻中。在一定转速下，改变定子磁场强度及负载电阻，即可调节负荷大小。平衡电机既可作发电机运行,吸收发动机扭矩,也可加一换向机构作电动机运行而拖动发动机,从而测量发动机的摩擦功率和机械损失,还可起动、磨合。

交流机组由交流异步电机和直流电机组成。当平衡电机作发电机运行时,其发出的直流电由交流机组变成三相交流电输入电网;当其作电动机运行时,交流机组又把三相交流电变为直流电送入平衡电机的电枢中。

励磁机组是小型交流机组,它供给平衡电机及交流机组励磁电流以产生磁场。

平衡式电力测功器机构较复杂、价格昂贵,但它可以回收电能、反拖发动机、工作灵敏、测量精度高,因此也得到广泛应用。

3) 电涡流测功器

电涡流测功器是利用涡电流效应将被试发动机的机械能转变为电能,继而又转为热能的过程。它由制动器、测力机构及控制柜组成。制动器工作简图如图 11.5 所示。转子(4)为圆周上加工有齿槽的一个钢齿轮,定子包括铁壳(1)、涡流环(3)、励磁线圈(2)。当由外界直流电源供给的电流通过励磁线圈时,即产生通过铁壳、涡流环、空气隙和转子的磁力线。发动机带动转子旋转,由于转子外周涡流槽的存在,即会在空隙处产生密度交变的磁力线,因而在涡流环内产生感应电动势而形成涡电流的流动,此电流与产生的磁场相互作用即形成一定的电磁转矩,从而使浮动在架上的定子偏转一定角度,由测力机构测出。

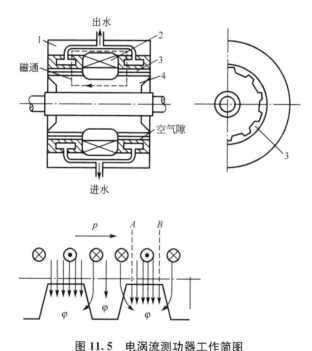

图 11.5 电涡流测功器工作简图
1—铁壳;2—励磁线圈;3—涡流环;4—转子

调节励磁电流的大小,即可调节电涡流强度,从而调节吸收负荷的能力。涡流电路有一定电阻,在涡流环内产生一定的电能损耗,使涡流环发热,所以涡流环需用水强制冷却。

电涡流测功器操作简便、结构紧凑、运转平稳、精度较高,因而得到广泛应用,但不能反拖发动机，且能量不可回收。

2. 油耗仪

燃油消耗率的测量可分容积法和质量法。

1) 容积法

容积法是通过测定消耗一定容积V_T(mL)的燃油所需的时间t(s)，然后按式(11-9)、式(11-10)算出燃油消耗率的方法。

$$B = 3.6 \frac{V_T \rho_f}{t} \quad (11-9)$$

$$b_e = \frac{B}{P_e} \times 1000 \quad (11-10)$$

式中：ρ_f为燃油密度，g/mL；P_e为消耗容积为的V_T的燃油时，测得的发动机有效功率，kW；B为每小时耗油量，kg/h；b_e为耗油率，g/(kW·h)。

其装置示意图如图11.6所示。试验时的操作如下。

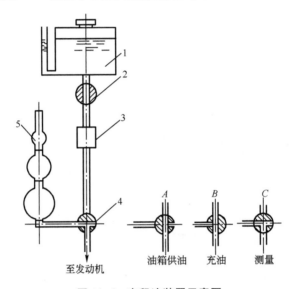

图 11.6 容积法装置示意图
1—油箱；2—开关；3—滤油器；4—三通阀；5—量瓶

(1) 打开油箱开关，三通阀处于位置A。

(2) 在测量前将三通阀旋至位置B，油箱同时向发动机和量瓶供油，直到量瓶油面高于选定圆球容积的刻线，将三通阀仍置于位置A等待测量。

(3) 在测量时，将三通阀旋至位置C，发动机直接由量瓶供油，量瓶油面下降，记录燃油流过所选圆球上下部刻线间容积所用时间t，同时测量功率P_e。

(4) 将量瓶再次充满燃油(三通阀旋至位置B)后准备下一次测量。

在现代测控设备上，上述操作是由自动控制的电磁阀完成的。

2) 质量法

质量法是通过测量消耗一定质量m(g)的燃油所花费的时间t(s)，然后按式(11-11)、式(11-12)计算燃油消耗率的方法。

$$B = 3.6 \frac{m}{t} \tag{11-11}$$

$$b_e = \frac{B}{P_e} \times 1000 \tag{11-12}$$

式中：t 为消耗 $m(g)$ 燃油所需时间，s；P_e 为消耗 $m(g)$ 燃油时测量的有效功率，kW；B 为小时耗油量，kg/h；b_e 为耗油率，g/(kW·h)。

其装置示意图如图 11.7 所示。测量方法基本同前。

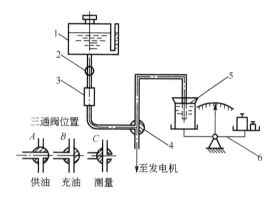

图 11.7 质量法装置示意图
1—油箱；2—开关；3—滤油器；4—三通阀；5—油杯；6—天平

11.2.3 试验方法及数据处理

1. 试验标准

台架试验内容十分广泛，包括：新产品或强化、改进、变型生产的发动机性能及耐久可靠性试验；产品出厂前的性能调整及定期抽查试验；商业贸易中的验收试验以及各种研究性的试验等。但由于试验方法、试验条件、使用仪表、试验环境等的不同，因此可以使试验结果有很大差异。为了避免由此引起的争论和混乱，使试验得到客观上可比的结果，就必须规定统一的试验标准。发动机各种试验标准繁多，如有国际标准化组织（ISO）制定的，拟为各会员国统一执行的标准；有各国的国家标准等。我国于 2001 年颁布的汽车发动机试验方法的标准（GB/T 18297—2001），吸收了 QC/T 524—1999 即 JB 3743—1984《汽车发动机性能试验方法》长期的使用经验，并参考了 ISO 1585—1992《道路车辆发动机净功率试验》、ISO 2534—1998《道路车辆发动机总功率试验》等。

各国标准首先明确的是适用范围，而发动机用途不同，试验方法和项目也不完全相同，所用标准也不一样。在进行试验前，必须详细了解有关标准的内容，制定出试验大纲，严格按照大纲要求进行试验。

例如，发动机进行功率测定时应考虑下列因素：①发动机的标定功率；②测定时的大气状况；③发动机所带附件；④进气管和空气滤清器阻力、排气背压等。因此，各标准对上述问题都做了严格规定，并且对测量仪器的精度、重要参数的测量精度等也有规定。

2. 大气修正

发动机的功率取决于吸入气缸的空气质量流量。当大气压力降低、温度升高和相对湿度增大时，吸入气缸的干空气量要减少，所以功率会降低。即使同一台发动机在不同大气状况下测量时，性能差别也很大。为了统一标准，规定了标准大气状况，另外，还可以把在不同大气状况下试验结果，换算成标准大气状况下的数值。

GB/T 18297—2001 规定的标准进气状态见表 11-1。

表 11-1 标准进气状态

进气参数	单位	标准值
进气温度 T	K	298
进气干空气压 P_d	kPa	99
水蒸气分压 P_w	kPa	1
进气总压 P	kPa	100

如果试验室的环境状况与标准状况不符合，其有效功率和燃油消耗率应按规定进行修正。

有效功率的校正公式为

汽油机：
$$P_{e0} = a_a P_e \qquad (11-13a)$$

柴油机：
$$P_{e0} = a_d P_e \qquad (11-13b)$$

汽油机校正系数：
$$a_a = \left(\frac{99}{p_s}\right)^{1.2} \left(\frac{T}{298}\right)^{0.6} \qquad (11-14)$$

式中：p_s 为现场环境状态下的进气干空气压，kPa。

p_s 的计算方法是
$$p_s = p - \phi p_{sw} \qquad (11-15)$$

式中：p 为现场环境状态下的进气总压，即大气压力，kPa；ϕ 是相对湿度；p_{sw} 为该大气压下的饱和水蒸气气压。

计算公式是
$$p_{sw} = 0.613 + 4.31 \times 10^{-2} t + 1.63 \times 10^{-3} t^2 + 1.49 \times 10^{-5} t^3 + 5.77 \times 10^{-7} t^4 \qquad (11-16)$$

p_{sw} 也可查饱和水蒸气表得到。

相对湿度 ϕ 的确定方法如下。

首先理解相对湿度的概念，在一定气温下，饱和的湿空气不能再吸收水蒸气，所含水蒸气密度 ρ_{sw} 必大于未饱和湿空气中的水蒸气密度 ρ_w。相对湿度则是指湿空气中的水蒸气密度 ρ_w 与相同温度下饱和湿空气中的水蒸气密度 ρ_{sw} 的比值，用 ϕ 表示，即

$$\phi = \frac{\rho_w}{\rho_{sw}} \qquad (11-17)$$

如 ρ_w 和 ρ_{sw} 按理想气体计算，则

$$\phi = \frac{\rho_w}{\rho_{sw}} = \frac{\dfrac{p_w}{R_w T}}{\dfrac{p_{sw}}{R_w T}} = \frac{p_w}{p_{sw}} \qquad (11-18)$$

式中：p_w 为水蒸气实际分压力；p_{sw} 为同温度下水蒸气的饱和压力。

相对湿度反映了湿空气的饱和程度，也说明了湿空气吸收水蒸气能力的大小。相对湿

度越小,则吸收水蒸气的能力就越强。因此,相对湿度可以用干湿球温度计测定。干湿球温度计由两个温度计组成,一为干球温度计,即普通温度计;另一为湿球温度计,它是一个在水银球上包有湿布的普通温度计(图11.8(a))。

干球温度计测得的温度就是湿空气(待测环境空气)的温度 t,湿球温度计由于有湿布包着,如果周围的空气未饱和,那么湿纱布表面的水分就会不断蒸发而吸收热量,从而使贴近湿纱布周围的空气的温度降低,因而湿球温度计测得的温度要低于空气温度,称为湿球温度 t_w,即 $t_w < t$。显然,空气的相对湿度越小,水蒸发得越多,湿球温度 t_w 比干球温度 t 低得越多,故 φ、t_w、t 存在着一定的关系。通常将相对湿度与干、湿球温度的数值画成线图,如图11.8(b)所示。利用此图可按干、湿球温度计的读数查取湿空气的相对湿度。

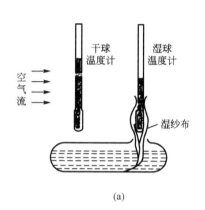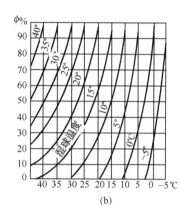

图 11.8 干湿球温度计及应用曲线

a_a 应在 0.93~1.07 的范围,当超出时,应注明进气状态。

柴油机校正系数 $a_d = f_a^{f_m}$,公式中符号含义见表 11-2。另外,应校正的发动机参数见表 11-3。

表 11-2 柴油机校正系数中的符号含义

公式中的符号	非增压及机械增压	涡轮增压	备注
f_a——进气因数	$f_a = \left(\dfrac{99}{p_s}\right)\left(\dfrac{T}{298}\right)^{0.7}$	$f_a = \left(\dfrac{99}{p_s}\right)^{0.7}\left(\dfrac{T}{298}\right)^{1.5}$	(1) $\dfrac{q}{r} < 40$,令 $f_m = 0.3$ (2) $\dfrac{q}{r} > 65$,令 $f_m = 1.2$ (3) 公式中 i 仅用于全负荷工况 (4) a_d 应在 0.9~1.1 范围,超出时,应注明进气状态 (5) p_s、T、p_0、p_i、B、n 为实测值 (6) p_s 的计算方法与汽油机相同
f_m——特性指数	$f_m = 0.036 \dfrac{q_c}{\pi_b} - 1.14$		
压气机出、进口压力比即增压比 π_b	1	$\dfrac{p_0}{p_i}$	
每升排量的循环供油量 q_c	$33333 \dfrac{B}{V_s n}$——四冲程 $16667 \dfrac{B}{V_s n}$——二冲程		

表 11-3　应校正的发动机参数

校正项目	汽油机	柴油机
校正油门全开时有效扭矩 T_{tq0}	$a_a T_{tq}$	$a_d T_{tq}$
校正油门全开时有效功率 P_{e0}	$a_a P_e$	$a_d P_e$
校正全负荷燃油消耗率 b_{e0}	不校正	$1000\dfrac{B}{P_{e0}}$
校正气缸压缩压力 p_{c0}	$\dfrac{100}{p}p_c$	$\dfrac{100}{p}p_c$

p——进气总压　　p_c——实测气缸压缩压力

发动机的其他性能的通用计算公式参看 GB/T 18297—2001。发动机性能的大气修正曾是有很大争议的难题，修正系数多样。近年来，进气可控的全封闭空调得到应用，逐渐解决这一问题。

11.3　发动机运行特性与汽车匹配

11.3.1　发动机的速度特性与汽车动力性匹配

发动机速度特性是指发动机在油量调节机构（油量调节齿条、拉杆或节气门开度）保持不变的情况下，主要性能指标（转矩、油耗、功率、排温、烟度等）随发动机转速的变化规律。当汽车沿阻力变化的道路行驶时，若油门位置不变，转速会因路况的改变而发生变化，这时发动机是沿速度特性工作。

当油量控制机构在最大位置时，测得的特性为全负荷速度特性（简称外特性）；油量低于最大位置时的速度特性，称为部分负荷速度特性。由于外特性反映了发动机所能达到的最高性能，确定了最大功率、最大转矩以及对应的转速，因而十分重要，所有的发动机在出厂时都必须提供该特性。

发动机在油量调节机构固定时，改变测功器的负荷，在不同转速下测出各稳定工况的耗油量 B 以及有效转矩 T_{tq}、烟度、噪声、排气温度等参数值，从而计算出有效功率 P_e、燃油消耗率 b_e 等参数值，整理并描绘成曲线。

1. 柴油机的速度特性

在喷油泵的油量调节机构位置固定时，柴油机的有效功率 P_e、有效转矩 T_{tq}、有效燃油消耗率 b_e、每小时燃油耗油量 B 等性能指标随转速 n 变化的关系称为柴油机速度特性。柴油机油量调节杆位置和驾驶员控制的加速踏板位置并不一定成正比。所以，保持加速踏板位置不变得到的速度特性线和保持油量调节杆位置不变得到的速度特性线有区别。当加速踏板位置不变时，各转速对应的油量调节杆位置已经过"校正"或"调速"而有变动，后文将详细说明。

由式（11-6）知，柴油机的速度特性取决于 g_b、η_{it} 和 η_m 的值随转速变化的规律，柴油机在全、中、小 3 种负荷时上述参数随转速变化的关系以及速度特性曲线，分别如

图 11.9、图 11.10 所示。

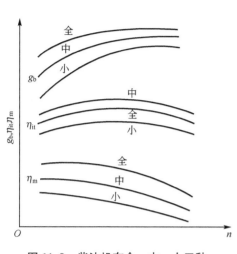

图 11.9　柴油机在全、中、小三种
负荷时各参数随转速变化的关系

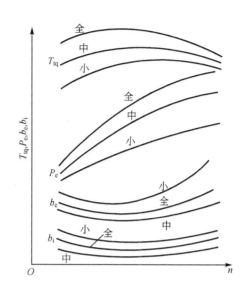

图 11.10　柴油机在全、中、小三种
负荷时速度特性曲线

1) 有效转矩 T_{tq} 曲线

在柴油机中,每循环的充气量的大小,只提供了产生转矩的可能性,在各转速下能发出多大转矩主要决定于循环供油量 g_b,由式(11-7)可知,柴油机转矩 T_{tq} 的大小取决于每循环供油 g_b、指示热效率 η_{it} 以及机械效率 η_m,如图 11.9 所示。由此可以看出以下结论。

(1) 当油量控制机构位置不变时,由于进、回油孔以及燃油泄漏的影响,柴油机 g_b 曲线随转速 n 的提高而增加。

(2) 柴油机 η_{it} 曲线呈上凸。其原因是低速时喷射压力小,缸内气流弱,对混合气的形成和燃烧不利,传热损失较大;高速时喷油及燃烧的持续角大,充量系数 ϕ_c 下降,g_b 增加,使得过量空气系数减小,燃烧恶化,不完全燃烧加剧,致使 η_{it} 降低。但是,η_{it} 曲线的变化趋势总体比较平坦。

(3) 由于没有节气门的节流损失,因此在各种负荷条件下,机械效率 η_m 随转速的提高而降低的趋势不变。

综合来看,有效转矩 T_{tq} 曲线的变化规律是当转速由低向高变化时,开始略有上升的趋势,而在 T_{tq} 超过最高点后,随着转速的提高,T_{tq} 下降,但曲线变化平坦。

2) 有效燃油消耗率 b_e 曲线

如图 11.8 所示,随转速升高 η_{it} 曲线呈中间高两端低,而 η_m 曲线逐渐降低,由式(11-4)可知,b_e 曲线是在中间某一转速最低,但整条曲线变化不很大。

3) 有效功率 P_e 曲线

因为 $P_e \propto T_{tq}n$,而 T_{tq} 变化平坦,所以 P_e 曲线形状还取决于转速的变化。当转速提高时,转矩 T_{tq} 增加,且有效功率 P_e 迅速上升,直到转矩 T_{tq} 达到最大值以后,P_e 上升变得较平缓。当 $T_{tq}n$ 达最大值时,P_e 也达到最大值。此后转速再增加,后燃严重,P_e 开始下降。

2. 汽油机的速度特性

当汽油机的节气门开度一定时，其有效功率 P_e、有效转矩 T_{tq}、有效耗油率 b_e、每小时耗油量 B 等性能指标随转速变化的关系称为汽油机速度特性。

1) 汽油机速度特性曲线分析

由式(11-2)知，汽油机的速度特性取决于 ϕ_c、ϕ_a、η_{it} 和 η_m 的值随转速变化的规律，汽油机在全、中、小三种负荷时各参数随转速变化的关系和负荷时速度特性曲线，分别如图 11.11、图 11.12 所示。

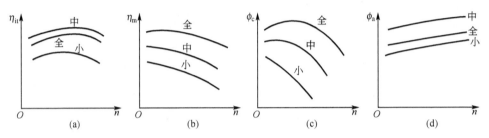

图 11.11 汽油机在全、中、小三种负荷时各参数随转速变化的关系

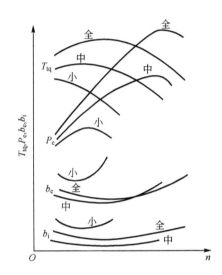

图 11.12 汽油机在全、中、小三种负荷时速度特性曲线

2) 有效转矩 T_{tq} 曲线

汽油机采用量调节，在节气门开度一定时，ϕ_a 值基本不随转速而变化，故转矩的变化与吸入气缸的混合气数量有密切的关系。

(1) 指示热效率 η_{it}。汽油机在某一转速时，η_{it} 有最高值。当转速低时，燃烧室的空气涡流减弱，火焰传播速度减慢，可燃混合气燃烧速度小，气缸的漏气多、散热快，指示热效率 η_{it} 低；当转速过高时，以曲轴转角计燃烧延续时间长，燃烧效率低，指示热效率 η_{it} 也降低。但其变化平坦，对有效转矩的影响较小。

(2) 机械效率 η_m。随转速的上升而下降。当转速提高时，因机械损失、附件消耗、泵气损失等增大而使机械效率降低。

(3) 充量系数 ϕ_c。随转速的上升而下降。节气门开度固定，当速度增大时，换气时间缩短，由于气体的惯性使得换气不充分。

(4) 过量空气系数 ϕ_a。随转速的上升略有增加，但总体平缓变化不大。

综合来看，转速由低逐渐升高，指示热效率、充量系数均上升，虽然机械效率略有下降，但有效转矩总趋势是上升的，到某一点取得最大值。随着转速继续上升，由于指示热效率、充量系数均下降，致使有效转矩迅速下降，变化较陡。

3) 有效功率 P_e 曲线

因为 $P_e \propto T_{tq} n$，当转速提高时，开始转矩增加，所以 P_e 迅速上升；转矩达到最大值以后，随转速的上升变得较平缓，当 $T_{tq} n$ 达最大值时，P_e 达到最大值，此后开始下降。

4) 有效耗油率 b_e 曲线

由式(11-4)并综合 η_{it}、η_m 的变化可知，b_e 在中间某一转速时最低。当转速高于此转速时，η_{it}、η_m 随转速上升同时下降，所以 b_e 增加。当转速低于此转速时，因 η_{it} 上升而 η_m 下降，结果 b_e 上升。

3. 柴油机和汽油机的速度特性对比分析

汽油机与柴油机的速度特性有如下差别。

(1) 柴油机在各种负荷的速度特性下的转矩曲线都比较平坦，而在中、低负荷区，转矩随转速升高而增大；汽油机的速度特性的转矩曲线的总趋势是随转速升高而降低，节气门开度越小，这种降低的斜率越大，且随着节气门开度减小，相应的最大功率和对应的转速降低。

(2) 汽油机的有效功率外特性线的最大值点，一般在标定功率点；柴油机可以达到的最大值点的转速很高，标定点要比其低得多。

(3) 柴油机的燃油消耗率曲线在各种负荷的速度特性下都比较平坦，仅在两端略有翘起，最经济区的转速范围很宽；汽油机油耗率曲线的翘曲度随节气门开度减小而急剧增大，相应最经济区的转速范围越来越窄。

4. 发动机外特性与汽车动力性匹配

发动机的转矩 $T_{tq}(N \cdot m)$ 在汽车驱动轮上产生的驱动力 $F_t(N)$ 按式(11-19)计算：

$$F_t = \frac{T_{tq} i_k i_0 \eta_t}{r} \tag{11-19}$$

式中：i_k、i_0 分别是变速器、主减速器传动比；η_t 为传动系的效率，对机械式变速器 $\eta_t = 0.70 \sim 0.85$；r 为驱动轮的工作半径，m。

汽车行驶速度 $u_a(km/h)$ 与发动机转速 $n(r/min)$ 的关系为

$$u_a = 0.377 r n i_k i_0 \tag{11-20}$$

可根据发动机外特性转矩曲线 T_{tq} 得出变速器不同挡位汽车的驱动特性曲线族，如图 11.13 所示。

汽车的行驶阻力 F_r 按下式计算：

$$F_r = F_f + F_w + F_i + F_j \tag{11-21}$$

式中：F_f 为汽车滚动阻力；F_w 为汽车空气阻力；F_i 为坡度阻力；F_j 为加速阻力。

F_f 的计算为

$$F_f = mg\cos\alpha \approx mgf \tag{11-22}$$

式中：m 为汽车总质量；g 为重力加速度；f 为轮胎滚动阻力系数，对货车可取 $f = 0.02 \sim 0.03$，对轿车为 $f = 0.013[1 + 0.01(u_a - 50)]$；$u_a$ 为汽车的行驶速度，km/h；α 为坡度角，当 α 不大时，$\cos\alpha \approx 1$；F_w 与汽车迎风投影面积

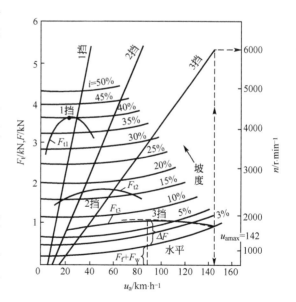

图 11.13 汽车的驱动力—行驶阻力平衡图

$A(\text{m}^2)$ 和汽车对空气相对速度的动压成 $\rho_a v_r^2/2$ 正比，即

$$F_w = \frac{1}{2} C_D \rho_a v_r^2 \tag{11-23}$$

式中：C_D 为汽车的空气阻力系数，轿车取 $0.4 \sim 0.6$，客车取 $0.6 \sim 0.7$，货车取 $0.8 \sim 1.0$；A 对货车为前轮距×总高，轿车为 $0.78 \times$ 总宽×总高；ρ_a 为空气密度；v_r 为汽车对空气的相对速度，在无风时即为汽车行驶速度 u_a。

F_i 为坡度阻力，当坡度角 $\alpha < 15°$ 时，$\sin\alpha \approx \tan\alpha \approx i$；$i$ 为道路的坡度，即

$$F_i = mg\sin\alpha \approx mgi \tag{11-24}$$

F_j 为加速阻力，为汽车旋转质量换算为平移质量的换算系数，而 $\delta = 1 + \delta_1 i_k^2 + \delta_2$，$\delta_1 = 0.04 \sim 0.06$，$\delta_2 = 0.03 \sim 0.05$，则有

$$F_j = \delta m \frac{du_a}{dt} \tag{11-25}$$

根据驱动力 F_t 与行驶阻力 F_r 的平衡可得汽车的行驶方程如下：

$$\frac{T_{tq} i_k i_0 \eta_t}{r} = mgf + \frac{1}{2} C_D A \rho_a v_r^2 + mgi + \delta m \frac{du_a}{dt} \tag{11-26}$$

于是可画出汽车行驶性能曲线图。图 11.13 所示的是一辆车用排量为 1L 的汽油机的轻型轿车的行驶性能曲线。横坐标 u_a 为汽车的行驶速度，纵坐标为驱动力 F_t 和行驶阻力 F_r 以及发动机转速 n。图中的 3 族曲线分别是随变速器挡位变化的驱动力线、随道路坡度变化的行驶阻力线以及不同挡位下发动机转速与车速关系线。

从汽车行驶性能曲线可以看出。最高挡驱动力曲线与水平路面行驶阻力曲线的交点，即表示汽车所能达到的最高速度 u_{max}（如图 11.12 所示 142km/h 左右）；而与最低挡驱动力曲线上最大驱动力点 F_{1max} 相切的行驶阻力曲线所对应的道路坡度，就是汽车的最大爬坡极限（图 11.13 所示 40%）。

在给定行驶速度和变速器挡位下，最大驱动力与行驶阻力之差，就是后备驱动力 ΔF，可用于加速，且 $\Delta F = F_j$，并按式（11-25）计算汽车的加速度。

利用力平衡公式（11-26）和图 11.13 所示的汽车行驶性能曲线图可以选择发动机的外特性，并可分析不同匹配情况下的汽车行驶性能。

5. 发动机外特性适应性与特性校正

在汽车行驶过程中经常会遇到阻力突然增大的情况，为减少换挡次数，要求发动机的转矩随转速降低而增加。例如，当汽车爬坡时，若油门拉杆已达到油量最大位置，但发动机所发出转矩仍不足，车速就要降低，此时要求更大的转矩，以克服爬坡阻力。在图 11.14 上，作出具有相同标定点"a"的汽油机、柴油机外特性 T_{tq} 线（图 11.14(a)）和 P_e 线（图 11.14(b)）。同时还将汽车的总阻力按最高挡转换为图上的阻力矩线 T_{tqR} 和阻力功率 P_{eR} 线。标定转速设均为而最高稳定转速 n_n，汽油机为 n_g 柴油机为 n_d。

由图得出结论：首先，就同一挡的加速和克服阻力的能力而言，相同标定点前提下，汽油机的动力性能优于柴油机，因为在低于标定转速下各点的转矩与功率，汽油机都比柴油机高；其次，就最高挡可达到的最高转速而言，则是柴油机比汽油机更远离标定转速点，这是因为汽油机 T_{tq} 线下降急剧，而柴油机比较平缓。柴油机过多超越标定转速会带来超速或"飞车"的危险。

此处仅单从发动机特性来分析，没有涉及汽车传动系。如果汽车实现无级变速传动，

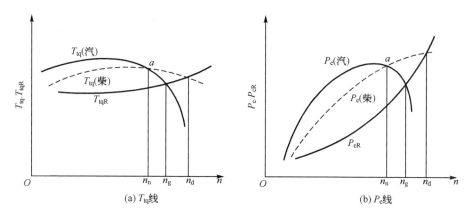

图 11.14 汽油机、柴油机外特性线与阻力线的稳态平衡关系

则最大动力性能只取决于标定点功率,发动机外特性的作用就减小了,只对起步加速有一定的作用。目前尚不可能实现完全的无级传动,所以此处分析仍具有现实意义。

上述分析表明,汽油机的外特性线要比柴油机外特性线的动力适应性好,所以汽油机一般不进行外特性线的改造;柴油机则往往要在低于标定转速段处进行"校正",使 T_{tq} 加大;而在高于标定转速段处进行"调速",以避免超速"飞车"。

衡量发动机工作稳定性能的指标是转矩适应性系数 K_T 和转速适应性系数 K_n。

1) 转矩适应性系数 K_T

$$K_T = \frac{T_{tqmax}}{T_{tqn}} \tag{11-27}$$

式中：T_{tqmax} 为外特性上最大转矩；T_{tqn} 为标定转矩。

2) 转速适应性系数 K_n

$$K_n = \frac{n_n}{n_m} \tag{11-28}$$

式中：n_n 为标定转速；n_m 为外特性上最大转矩对应的转速。

3) 转矩储备系数 μ

$$\mu = \frac{T_{tqmax} - T_{tqn}}{T_{tqn}} \times 100\% = K_T - 1 \tag{11-29}$$

μ、K_T 值大表明随着转速的降低,T_{tq} 增加较快,在不换挡时,爬坡能力和克服短期超载能力强。其中,

汽油机：$\mu = 10\% \sim 30\%$,$K_T = 1.2 \sim 1.4$,$K_n = 1.6 \sim 2.5$;

柴油机(未校正)：$\mu = 5\% \sim 10\%$,$K_T = 1.05$,$K_n = 1.4 \sim 2.0$。

4) 非电控柴油机的转矩校正

当柴油机用于汽车动力时,驾驶员可以按照路面的情况,随时改变油门踏板的位置或者行车挡位,改变发动机克服阻力的能力,以调整车速。当用于拖拉机及工程机械时,发动机所要克服的阻力矩变化很大,经常会遇到过载的情况。由于柴油机的适应性系数小,加上这类机械行走速度低,动能储备小,以致在遇到阻力矩突然增大时,转速下降很快,往往驾驶员来不及换挡发动机就可能熄火,因此要求有较大的转矩储备,以克服短期过载。

有两种油量校正法：①液力校正,即通过改变喷油系统的液力参数,如喷孔通过面

积、出油阀偶件间隙等来直接改变 g_b-n 曲线的趋势；②使用最普遍的机械校正，即利用专门的校正装置，使得加速踏板位置不变时，油量调节杆位置随转速下降而自动增大，以达到校正的目的。以上两种方法的原理和结构在柴油机燃油供给系统方面的书上都有详细论述。

不同转速下负荷特性曲线上冒烟界限点的连线称为不同转速的炭烟极限（炭烟特性），其变化趋势与充量系数随着转速的变化规律相似。喷油泵的供油特性是循环供油量随着转速下降而降低的特性满足不了使用要求，如果对喷油泵的循环供油量加以校正，使它的变化规律与炭烟特性相近，并且使在不同转速下循环供油量略低于炭烟极限的供油量，如图 11.15 所示。

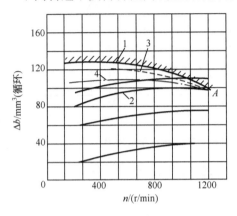

图 11.15　油泵校正装置对循环供油量的影响
1—冒烟极限；
2—未校正的标定功率供油量曲线；
3—使用弹簧校正器的供油量曲线；
4—出油阀校正器的供油量曲线

经过校正的 Δb-n 曲线与 ϕ_c-n 曲线相似，就能使 T_{tq}-n 曲线近似于 ϕ_c-n 曲线，即随转速下降，循环供油量增加。充分利用了不同转速下的进入气缸的空气量，T_{tq} 变化趋势就能适应汽车拖拉机对转矩储备的需要。

应用机械校正法得到的速度特性线已不符合油量调节杆位置不变的定义要求，所以把校正后过标定点的这条速度特性线叫做校正外特性线，以示和定义的外特性线有区别。

11.3.2　车用柴油机的调速特性

前文阐述了汽油机和柴油机外特性曲线不同对汽车动力性的影响，汽油机外特性曲线较"陡"，转矩储备大，未经校正的柴油机外特性曲线较"平"，转矩储备小，需要"校正"。实际上，这是由于柱塞式喷油泵的脉冲供油方式造成的，在油量调节杆位置（即柱塞有效行程）不变时，每循环供油量 g_b 随转速增加而增加，根据式(11-7)可知，在燃烧恶化之前，T_{tq} 下降不大。另外，该特点还影响发动机稳定工作性（见下文），以上正是柴油机装备调速装置的原因。

1. 发动机稳定工作原理

汽油机是利用节气门开度的增减来改变进入发动机的可燃混合气量，从而改变其工况的。对应于每一个节气门位置，有一条转矩随转速变化的速度特性曲线，如图 11.16(a)中实线所示。

汽油机向下倾斜的速度特性线具有很好的自我调节能力。在任何节气门位置时，向下倾斜的速度特性线与向上倾斜的阻力矩线（图示点画线）的交点都是能稳定运行、转速变动不大的工况点。即使外特性线的最高空车转速，也不会高到不能接受的程度。因此汽油机不存在超速过多的"飞车"危险。

柴油机转矩速度特性线是在油量调节杆位置不变时获得的。这条线受循环供油量速度特性所控制，如图 11.16(b)实线所示，其变化平缓，在低速和小油量位置时甚至呈上升状。如果只靠驾驶员通过加速踏板直接控制油量调节杆，则会出现下述两个问题。

（1）当油量调节杆固定在较大油量位置时，理论上柴油机虽能稳定在某一工况运行，

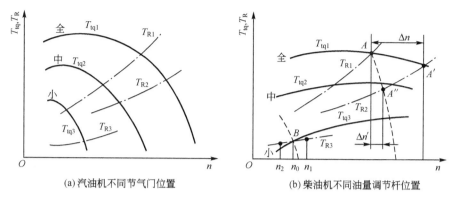

(a) 汽油机不同节气门位置　　　(b) 柴油机不同油量调节杆位置

图 11.16　汽油机与柴油机的自调节性能
——发动机转矩；—·—·—阻力矩；------调速特性线

但因曲线较平坦，较小的负荷变化就会导致转速大幅度的改变。其后果即使转速不稳定，出现"游车"，有时也因转速过高而出现"飞车"。如图 11.16(b)所示，在外特性线上 T_{tq1} 工作时，若阻力矩突然由 T_{R1} 减为 T_{R2}。而驾驶员未能及时缩回加速踏板，柴油机工况将由 A 变到 A'，出现较大转速增量 Δn，导致超速过多而"飞车"。

（2）当油量调节杆固定在较小油量位置时，将无法稳定运行。如图 11.16(b)下方所示，转矩特性线 T_{tq3} 与阻力矩线 T_{R3} 的理论平衡工况点为 B，由于 $(dT_{tq}/dn) > (dT_R/dn)$，柴油机将无法稳定运行，当少许的负荷变化使转速稍有上升时，如由 n_0 变到 n_1，则转矩始终大于阻力矩转速不断上升，反之，如由 n_0 变到 n_2，又会转矩始终小于阻力矩转速不断下降而熄火。

为了避免出现上述两种不正常现象，必须加装一种被称为调速器的装置，使得加速踏板位置不变而发动机高于一定转速后，转矩 T_{tq} 会随 n 的上升而自动下降，如图 11.16(b)高、低速的两条虚线所示。这样，高速、高负荷时阻力矩由 T_{R1} 突降到 T_{R2}，工况点相应由 A 变到 A''，所引起的转速变化 $\Delta n'$ 将大大低于图示不装调速器时的值 Δn；而低速、低负荷的工况点 B 因转矩线由上升改为下降，其运转将极为稳定。

2. 两种基本调速模式

当加速踏板位置不变而调速器起作用时，转矩随 T_{tq} 转速 n 急剧下降的曲线称为调速特性线。对应的油泵油量调节杆位置随转速的下降曲线 $R-n$ 和循环油量随转速的下降曲线 g_b-n 也是调速特性线。根据调速特性线出现的特点，存在两种基本的调速模式。

（1）两极调速模式。若调速器只在标定转速以及某一低速起调速作用，而广大中间转速不起作用（即仍由驾驶员通过加速踏板直接操纵油量调节杆），这就是两极调速，相应的装置就是两极调速器。

R 为齿杆位置，两极调速器的 $R-n$ 和 $T_{tq}-n$ 调速特性线，如图 11.17 所示，每一个加速踏板位置均在固定的低速 n_1 和标定转速 n_n 进行调速。随着加速踏板位置的加大，曲线由下向上移动。

两极调速器已能满足高速限速和低、怠速稳速的两项基本要求，而在中间转速由驾驶员直接控制油量。其具有操纵轻便、加速灵活等特点，为大多数中、小型车用柴油机所采用。

(2) 全程调速模式。调速器在任何转速均能起调速作用的模式称为全程调速模式。相应的装置为全程调速器，使用全程调速器时，加速踏板并不直接控制油量调节杆。此时，每一个踏板位置只对应一条调速特性线，如图 11.18 所示的 R-n 曲线和 T_{tq}-n 曲线。每一个踏板位置所对应的曲线都是从低速时的外特性线开始，到了各自的调速转速后才变为下降的调速特性线。加速踏板位置越大，调速转速越高。

这种调速器在加速踏板位置不动时，会因外界负荷的变化而自动调节供油量。如图 11.18 所示当加速踏板在最大位置而阻力矩由 T_{R1} 变为 T_{R2} 时，调速器使工况由 A 自动变到 A''，对应的油量调节齿杆 R 也由 A 降到 A''，即油量自动减小。此时转速并没有较大改变。

此种调速器适用于拖拉机、工程机械等要求稳速工作的柴油机中，重型载货车也常使用。

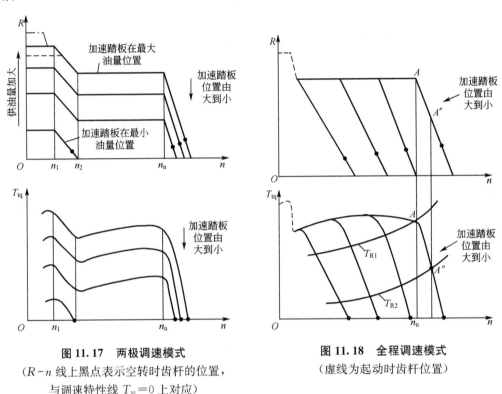

图 11.17　两极调速模式
（R-n 线上黑点表示空转时齿杆的位置，与调速特性线 T_{tq}＝0 上对应）

图 11.18　全程调速模式
（虚线为起动时齿杆位置）

3. 调速特性

加速踏板（喷油泵手柄）位置固定，在调速器起作用时，柴油机的性能指标随转速的变化关系称为调速特性。调速特性表达方式有两种：一种以有效功率 P_e 或平均有效压力 p_{me} 为横坐标，相当于负荷特性的形式；另一种表达形式是以转速 n 为横坐标，相当于速度特性的形式，如图 11.19 所示。

4. 调速特性试验

对于车用机械式全程调速器，柴油机的调速特性和外特性通常在一次试验中完成，其试验方法如下。

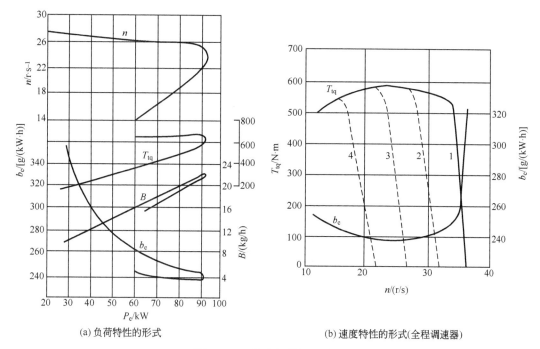

(a) 负荷特性的形式　　　　　　(b) 速度特性的形式(全程调速器)

图 11.19　柴油机的调速特性

在柴油机运转正常后，通过调整调速器手柄位置和测功器负荷，把柴油机调整并固定到标定工况。然后，卸去全部负荷，待发动机达到最高稳定空车转速之后，按标定功率的50%、80%、90%及100%依次增加负荷，测取每种工况时的各项指标。接着，再增加测功器负荷，将发动机转速依次降到标定转速的95%、90%、80%、70%、60%、50%，测取每种工况时的各项指标。

当试验时，应注意测出调速器开始起作用的转速和最大转矩以及相应转速。图 11.19（b）中的曲线①②③④相当于调速手柄在不同位置时的调速特性。在某一位置柴油机沿调速特性曲线工作，负荷可以由零变化到全负荷特性曲线上。

两极式调速器只有在最低转速和最高转速下才起作用。在发动机工况改变时，驾驶员直接操纵喷油泵齿条，达到新平衡点。装有两极式调速器柴油机的调速特性如图 11.20 所示。

5. 调速器的工作指标

1) 调速率

调速器工作性能的好坏，通常用调速率来评定。调速率可以通过突变负荷试验测得，即先让柴油机在标定工况下运转，然后突然卸去全部负荷，测得突变负荷前后的转速，如图 11.21 所示。

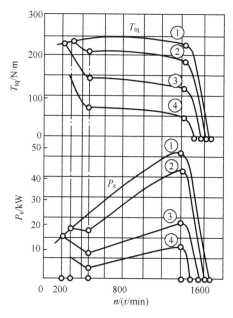

图 11.20　两极调速器的特性

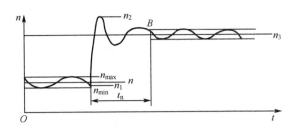

图 11.21 突卸负荷调速过程

根据不同的测定条件，调速率分为瞬时调速率和稳定调速率。

(1) 瞬时调速率 σ_1。瞬时调速率是评定调速器过渡过程的指标，其表示过渡过程中转速波动的瞬时增长百分比，即

$$\sigma_1 = \frac{n_2 - n_1}{n_b} \quad (11-30)$$

式中：n_2 表示突变负荷时柴油机最大或最小瞬时转速，r/min；n_1 表示突变负荷前柴油机的转速，r/min；n_b 表示柴油机的标定转速，r/min。

(2) 稳定调速率 σ_2。

$$\sigma_2 = \frac{n_3 - n_1}{n_b} \quad (11-31)$$

式中：n_1 表示突变负荷前柴油机的转速，r/min；n_3 表示突变负荷后柴油机的转速，r/min；n_b 表示柴油机的标定转速，r/min。

σ_2 表明柴油机实际运转时的转速波动相对于全负荷转速的变化范围。σ_2 大，表明柴油机工作不稳定，转速波动大。柴油机转速从 n_2 逐渐稳定到 n_3 所需要的过渡时间 t_n 越短越好。

不同用途柴油机的瞬时调速率 σ_1、稳定调速率 σ_2 及过渡时间 t_n 如下。

一般用速柴油机 $\sigma_1 = 10\% \sim 12\%$，$\sigma_2 = 8\% \sim 10\%$，$t_n = 5 \sim 10\text{s}$。

发电用柴油机 $\sigma_1 = 5\%$，$\sigma_2 = 5\%$，$t_n = 3 \sim 5\text{s}$。

柴油机在调整过程中有时遇到转速忽高忽低的波动现象称为"游车"。游车是过渡过程中转速有较大波动，是调速自适应的工作不稳定过程。

2) 不灵敏度

当调速器工作时，调速系统中由于有摩擦存在，所以不论柴油机负荷增加或减少，调速器均不会立即反应，以改变循环供油量，这就需要一定的力克服摩擦，才能移动调整油量的机构，因为调速系统中的摩擦力阻止着推力盘的运动。

例如，当柴油机转速为 2860r/min 时，调速器可能对转速在 2830~2770r/min 范围内的变动都不起作用，把这样两个起作用的极限转速之差对柴油机平均转速的比值称为调速器的不灵敏度 ε。

$$\varepsilon = \frac{n_2 - n_1}{n} = \frac{R}{E} \quad (11-32)$$

式中：n_2 为负荷减小，调速器开始起作用的转速，r/min；n_1 为负荷增加，调速器开始起作用的转速，r/min；R 为调速器推力盘运动时所受的摩擦力；E 为调速器起作用时作用在推力盘上的推力。

在低速时,调速器推动力小,摩擦力增大,ε明显增加。一般规定,标定工况时ε=1.2%~2%,最低转速时ε=10%~13%。ε大表明柴油机工作不稳定,当$E<R$时,调速器卡滞,会出现"飞车"现象。

11.3.3 发动机的负荷特性、万有特性与汽车经济性匹配

负荷特性是指当转速不变时,发动机的性能指标随负荷而变化的关系。用曲线的形式表示,就是负荷特性曲线。

在测取负荷特性前,将发动机的冷却水温度、润滑油温度保持在规定值;调节测功器负荷并改变循环供油量,使发动机的转速稳定在某一常数。测量各稳定工况下的耗油量B以及烟度、噪声、排气温度等参数值,计算出有效功率P_e、燃油消耗率b_e等参数值,整理并描绘成曲线。

对于一条特定的负荷特性曲线,转速n固定不变,这样有效功率P_e、有效转矩T_{tq}与平均有效压力p_{me}互成比例关系,均可用来表示负荷的大小。因此,负荷特性的横坐标通常是上述3个参数之一,较为常用的是有效功率P_e或平均有效压力p_{me}。纵坐标主要是燃油消耗量B、燃油消耗率b_e以及排温、烟度、机械效率η_m等。图11.22所示为发动机的负荷特性曲线。

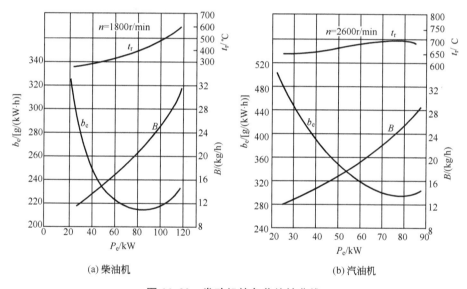

(a) 柴油机　　(b) 汽油机

图11.22　发动机的负荷特性曲线

从负荷特性曲线上可以看出,发动机的最低燃油消耗率越小,经济性越好;油耗曲线变化越平坦,表示在宽广的负荷范围内,能保持较好的燃油经济性,这对于负荷变化较大的车用发动机尤为重要。此外,无论柴油机还是汽油机,在低负荷区,燃油消耗率均显著升高。因此,为使发动机在实际使用时具有良好的经济性,不仅要求燃油消耗率低,更希望常用负荷接近经济负荷。

由于负荷特性可以直观地显示发动机在相同转速、不同负荷下运转的经济性以及排气温度等参数,且比较容易测定,因而在发动机的调试过程中,经常用来作为性能比较的依据。同时,每一条负荷特性仅对应发动机的一种转速,为了满足实际应用的要求,需要测

出不同转速下的多个负荷特性曲线,根据这些特性曲线,可以得到发动机的另外一个重要的特性——发动机的万有特性。

1. 柴油机的负荷特性

当柴油机保持某一转速不变时,移动喷油泵齿条或拉杆位置,改变每循环供油量 g_b、燃油消耗量 B、燃油消耗率 b_e 等随负荷 P_e(或 T_{tq}、p_{me})而变化的关系称为柴油机负荷特性。

对于非增压柴油机而言,当柴油机按负荷特性运行时,由于转速不变,则其充量系数基本保持不变;当负荷变化时,通过燃料调节机构调整循环供油量以适应负荷的变化,负荷增大时油量增加,反之则减少。这样,过量空气系数随负荷的增加而减小,这一负荷调节过程被称为"质调节"。图 11.23 所示是柴油机各种参数和指标的负荷特性曲线。

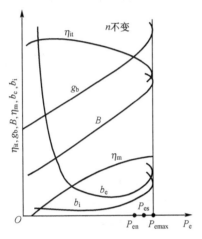

图 11.23　柴油机各种参数和指标的负荷特性曲线

1) 燃油消耗率 b_e 曲线

由式(11-4)可知,燃油消耗率 b_e 曲线的变化取决于指示热效率 η_{it} 和机械效率 η_m 的变化,其变化曲线如图 11.23 所示。由此可以看出以下结论。

(1) 指示热效率 η_{it} 变化情况。随着负荷增加,循环供油量增加,而转速不变,充量系数 ϕ_c 变化不大,过量空气系数 ϕ_a 值逐渐减少,即混合气由稀向浓变化,根据燃烧理论,指示热效率 η_{it} 在低负荷时稍有上升,当混合气浓度为最佳值时达到最大值。然后随着负荷的增加,混合气浓度过大而缓慢下降。当 ϕ_a 降低到一定程度时,不完全燃烧加剧,使 η_{it} 急剧下降。

(2) 机械效率 η_m。机械效率 η_m 随着负荷的增加而增加。

当柴油机空转时,机械效率等于零,发动机所发出的功率完全用于自身消耗,燃油消耗率 b_e 趋近于无穷大。负荷增加,燃油消耗率 b_e 下降,直到降低到最低点。如果负荷再增加,使得过量空气系数 ϕ_a 减小,混合气过浓,混合与燃烧恶化,η_{it} 大幅下降又使得 b_e 升高;继续增加负荷,则空气相对不足,燃料无法完全燃烧,从而使燃油消耗率上升很快,且柴油机大量冒黑烟,导致活塞、燃烧室积炭,发动机过热,可靠性以及寿命受到影响。

柴油机排气存在"冒烟界限",如图 11.22 所示的右侧边界线;为了保证柴油机寿命及安全可靠地运行,一般不允许超过国家法规规定的烟度极限值。

2) 燃油消耗量 B 曲线

当转速一定时,燃油消耗量 B 的变化取决于每循环供油量,随着负荷的增加,循环供油量增大,燃油消耗量也增加,在中、小负荷段近似呈线性;当接近炭烟极限时,燃烧更加恶化,燃油消耗 B 迅速增加,如图 11.23 所示。

对于增压柴油机而言,由于随负荷的增大,排气能量增大,增压器转速上升,从而使增压压力变大、进气密度提高,所以在高负荷时,其过量空气系数以及指示热效率变化不大,燃油消耗率曲线较为平坦。与非增压发动机所不同的是,限制增压发动机平均指示压力提高的主要因素是最高燃烧压力，而不是排气烟度。同时，增压柴油机的最大烟度一般出现在平均有效压力较低时。

2. 汽油机的负荷特性

当汽油机的转速保持不变时，而逐渐改变节气门开度，同时调节测功器负荷，以保持转速不变。此时，燃油消耗量 B、燃油消耗率 b_e 随负荷 P_e（或 T_{tq}、p_{me}）变化而变化的关系称为汽油机负荷特性。

汽油机的供油量是通过节气门的开度变化来调节，这样相应地改变了进入气缸的混合气数量，而混合气的浓度变化不大，故称为"量调节"。

1) 燃油消耗率 b_e 曲线

由式(11-4)知，燃油消耗率 b_e 曲线的变化取决于指示热效率 η_{it} 和机械效率 η_m 的变化，如图 11.24 为汽油机各种参数和指标的负荷特性曲线。

（1）指示热效率 η_{it}。其随着负荷 P_e 的增加而先缓慢增加，然后略有下降。由于节气门开度的加大，气缸内残余废气相对减少，可燃混合气燃烧速度增加，且热损失减少，燃料汽化条件改善，使指示热效率增加，燃油消耗率下降；在大负荷与全负荷时需要浓混合气，使得不完全燃烧加剧，指示热效率下降。

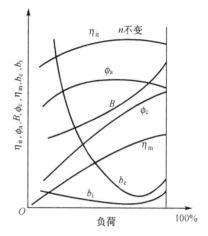

图 11.24 汽油机的各种参数和指标的负荷特性曲线

（2）机械效率 η_m。当转速为一常数时，机械损失功率 P_m 变化不大，指示功率 P_i 随节气门开度的增加而增加，根据定义式可得，η_m 随负荷的增加而增加。

当发动机空转时，$P_i=P_m$，$\eta_m=0$，所以 b_e 为无穷大。随着节气门开度的增加，η_{it} 和 η_m 均上升，故燃油消耗率急速下降。在大负荷时需要浓混合气，在全负荷时 $\phi_a=0.85\sim0.95$，不完全燃烧加剧，指示热效率下降，燃油消耗率上升。

2) 燃油消耗量 B 曲线

燃油消耗量 B 曲线的变化趋势，如图 11.23 所示。

在转速不变时，燃油消耗量 B 曲线的变化取决于节气门开度（决定充量系数 ϕ_c）和混合气成分（过量空气系数 ϕ_a）。随速节气门开度的加大，汽油机充量系数 ϕ_c 增大，进入气缸的混合气量增多；过量空气系数先缓慢上升（混合气变稀）然后缓慢下降（混合气变浓），但总体变化不是很大。所以，燃油消耗量一直上升，在全负荷时 $\phi_a=0.85\sim0.95$，混合气浓度变大，使得 B 迅速增加。

3. 柴油机和汽油机的负荷特性对比分析

为了分析，将标定功率和转速接近的汽油机和柴油机负荷特性曲线进行对比，如图 11.25 所示。

1) 柴油机和汽油机的负荷特性的差异

比较汽油机与柴油机负荷特性，可发现其有以下特点。

（1）汽油机的燃油消耗率普遍较高，且在从空负荷向中、小负荷段过渡时，燃油消耗率下降缓慢，仍维持在较高水平，燃油经济性明显较差。

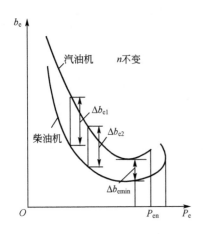

图 11.25 汽油机、柴油机负荷特性曲线的对比

(2) 汽油机排温普遍较高,且与负荷关系较小。

(3) 汽油机的燃油消耗量曲线弯曲度较大,而柴油机的燃油消耗量曲线在中、小负荷段的线性较好。

2) 柴油机和汽油机的负荷特性差异的分析

汽油机和柴油机的机械效率变化情况基本类似,造成燃油消耗率差异的主要原因在于指示热效率的差异。

(1) 由于柴油机的压缩比比汽油机高出较多,其过量空气系数也比汽油机大,燃烧大部分是在空气过量的情况下进行的,所以柴油机的指示热效率要比汽油机要高。这样,从数值上看,汽油机的燃油消耗率数值高于柴油机。

(2) 从指示热效率曲线的变化趋势上来看,在转速不变的前提下,柴油机进入气缸的空气量基本上不随负荷大小而变化,而每循环供油量则随负荷的增大而增大,这样过量空气系数就随负荷的增大而减小,因此,指示热效率也就随负荷的增大而降低;汽油机采用定质变量的负荷调节方法,在接近满负荷时采取加浓混合气导致指示热效率明显下降,而在低负荷时,由于节气门开度小,残余废气系数较大,燃烧速率降低,需采用浓混合气,加之当负荷减小时泵气损失增大,故导致指示热效率下降。这样,汽油机的燃油消耗率在中、小负荷区远高于柴油机。

(3) 排气温度曲线的差异是因为汽油机的压缩比比柴油机低,相应的膨胀比也低,排温就要比柴油机高出许多。在负荷变化时,尽管由于混合气总量的增加引起加入气缸总热量的增加,使排气温度随负荷的提高而上升,但由于在大部分区域内过量空气系数保持不变,故排气温度上升幅度不大。在柴油机中,随着负荷的提高,过量空气系数随之降低,排温显著上升。

4. 万有特性

负荷特性、速度特性只能表示某一油量控制机构位置固定或某一转速时,发动机参数间的变化规律,而对于工况变化范围大的发动机要分析各种工况下的性能,就需要在一张图上全面表示出发动机性能的特性曲线,这种能够表达发动机多参数的特性称为万有特性。

万有特性用转速 n 为横坐标,用平均有效压力 p_{me} 为纵坐标,在图上画出许多等油耗率曲线和等功率曲线。根据需要,还可在万有特性曲线上绘出等节气门开度线、等排放线、等过量空气系数线等。

万有特性有两种绘制方法,即负荷特性法和速度特性法。由于计算机测试技术以及计算技术的应用,因此也可采用数值计算方法对大量的试验数据进行回归及等值线的插值运算,从而直接得到万有特性。下面介绍负荷特性法。

根据负荷特性法作出万有特性,如图 11.26 所示,其方法和步骤如下:

(1) 将各种转速下的负荷特性以平均有效压力 p_{me} 为横坐标,以 b_e 为纵坐标,以同一比例尺、在同一张图纸上绘出特性曲线。

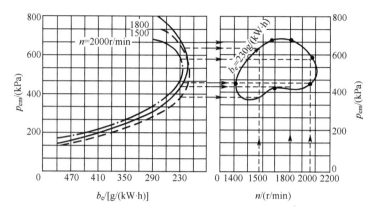

图 11.26　万有特性作图法

(2) 根据发动机工作转速范围，标出万有特性横坐标 n 的标尺，纵坐标 p_{me} 的标尺与整理得到的负荷特性上的 p_{me} 标尺相同。

(3) 将负荷特性旋转 90°后，置于万有特性纵坐标轴的左侧，使同样是平均有效压力的两个坐标对齐。在负荷特性图上引若干条等燃油消耗率线与 b_e 线相交，每条线各有一至二个交点；再从每一个交点引水平线至万有特性上与负荷特性线相同转速的位置上，获得若干新交点，并在每一交点上标注出燃油消耗率的数值。

(4) 在所有转速下的负荷特性都经过这样的转换后，依次将 b_e 值相等的点连成光滑曲线，即可得到万有特性上的等燃油消耗率线。

等功率曲线是根据式 $P_e = K p_{me} n$ 作出的，其中 K 对于一个给定的发动机为常数，这样，在 p_{me}-n 曲线中，等功率曲线是一族双曲线。

5. 万有特性分析及汽车经济性匹配

1) 万有特性图分析

等燃油消耗率曲线的形状与位置对发动机的实际使用经济性能有重要的影响。在万有特性图上，最内层的等燃油消耗率曲线相当于发动机运转的最经济区域，而等值曲线越向外，经济性越差，故希望低耗油率区域越宽越好。

(1) 如果该曲线的形状在横向上较长，则表示发动机在负荷变化不大而转速变化较大的情况下工作时，燃油消耗率变化较小。

(2) 对于车用发动机希望经济区最好在万有特性的中间位置使常用转速和负荷落在最经济区域内，并希望等 b_e 曲线沿横坐标方向长些。

(3) 如果曲线形状在纵向较长，则表示发动机在负荷变化较大而转速变化不大的情况下工作时，油耗率变化较小。

在万有特性上还可以看出其他一些特征点，如最大转矩点及其对应的转速、最低稳定转速点以及最低油耗点及其范围等。图 11.27 所示是典型的万有特性曲线。

2) 汽车经济性匹配

万有特性曲线常用于以下几个方面。

(1) 可以根据汽车(或其他工作机械)的转速和负荷的运转规律的特性曲线，选配特性曲线与其相近或者相似的发动机，合理的匹配以提高汽车燃油经济性。

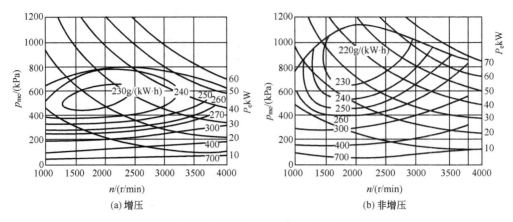

图 11.27 典型的万有特性曲线

(2) 根据等转矩 T_{tq}、等排气温度 T_r、等最高爆发压力 p_z 曲线，即可准确地确定发动机最高、最低允许使用的负荷限制线。

(3) 利用万有特性可以检查发动机的工作状态是否超负荷，工作是否正常。

从技术上讲，提高汽车的燃油经济性，应该从提高发动机的燃油经济性、降低整车运行阻力和完善发动机和汽车传动系统的匹配三方面着手。但是，汽车的使用油耗还与政府法规、道路交通状况、营运管理和维修驾驶等诸方面因素有密切关系，是一个涉及面很广的复杂的问题，从发动机工作原理角度，主要是改善发动机经济性能和合理的机、车匹配。

汽车燃油经济性指标之一是稳定工况百公里行驶油耗(L/100km)，它与发动机的每小时耗油量 B 有如下关系：

$$g_{100} = 100B/u_a \tag{11-33}$$

式中：u_a 为汽车车速。

由式 $B = P_e b_e$ 和 $P_e = \dfrac{2inV_s}{\tau} p_{me}$，再引用汽车理论中的车速公式 $u_a = \dfrac{rn}{i_k i_0}$，整理得

$$g_{100} = K i_0 i_k p_{me} b_e \tag{11-34}$$

式中：K 为一个综合常系数；i_k、i_0 分别为变速器、主减速器传动比；r 为驱动轮半径。

式(11-34)表明，在给定条件下，对于汽车的任一工况，理论上可以合理选择 i_k、i_0、p_{me} 和 b_e 的值而使获 g_{100} 得最佳值。这一工作可在发动机的万有特性图上就有效燃油消耗率进行分析，发动机与传动系的经济性匹配如图 11.28 所示。

(1) 汽车的每一个工况(由车速和驱动力决定)都要消耗确定的驱动功率，即要求发动机输出一个确定的功率。如果实现无级传动，就可以选择发动机该等功率线上的最低燃油消耗率 b_{emin} 点来配套，这样就可达到最经济的要求。此时，由该点的 n 和汽车要求的 u_a 来确定 i_k、i_0 的值，因为该点 p_{me} 和 b_e 已知，则可由式(11-23)求得最经济的 g_{100} 值。

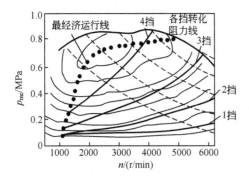

图 11.28 发动机与传动系的经济性匹配

发动机的等功率线就是图 11.28 上虚线所示的双曲线族。各线的 b_{emin} 点就是该等功率线与等耗油率线的切点。于是这些切点的连线就是实现无级传动时发动机的最经济运行线，如图 11.28 上黑点线所示。

由此可见，实现无级传动，无论是动力性还是燃油经济性都能达到最优化。

(2) 对于大多数有级传动的车辆，合理匹配的关键是排挡数与各挡速比、主传动比的选择与分配。汽车大多数时间以最高挡行驶，因此该挡速比应更多从经济性要求出发来选择。如果常用路面上最高挡转换到发动机上的阻力线((图 11.28)为第四挡阻力线)能更接近无级传动的最经济运行线(图上黑点线)的话，则更符合燃油经济性的要求。

排挡数的多少对经济性也有很大影响。既然无级传动可以获得最佳动力、经济性能，那么从理论上看，挡数越多，越接近无级传动，也就越能获得良好性能。在这一点上，经济性和动力性的匹配要求是不矛盾的。但实际上问题并不是这样简单。排挡多了，换挡就要多花时间，变速器成本高，总经济性未必就好，这是汽车理论要专门讨论的问题。

(3) 从发动机的角度，如何使万有特性曲线更好地满足整车燃油经济性的要求是合理匹配的另一个重要方面。应该根据不同车辆行驶的特点，尽量使万有特性线族内层的经济圈能包容发动机最经常运行的区域。对于车用发动机而言，经济圈应该位于最高挡阻力线中速略偏低的部位，并使等 b_e 线圈在横向拉长一些，如图 11.29(a)所示。对于拖拉机及工程机械用发动机而言，其经常使用的转速在标定点附近且负荷较大，故经济圈宜匹配到高转速、较高负荷部位，并让等 b_e 线圈沿纵向拉长一些，如图 11.29(b)所示。

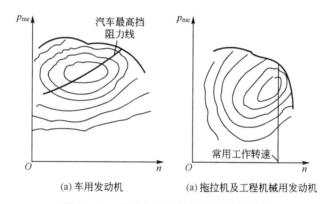

图 11.29 发动机理想的万有特性示意图

实际上很难满足这些要求。如果差距太大，可重新选择发动机或对发动机参数重新匹配以改善万有特性。例如，选择对转速不太敏感的燃烧系统可以使经济圈沿横向扩展；而降低内燃机机械损失有利于经济圈沿纵向扩展。

11.3.4 混合动力驱动技术

1. 概述

根据国际电工委员会电动汽车技术委员会建议，对混合动力电动汽车(HEV)的定义为：在混合动力车辆上，至少有一种储能器、能量源或能量转换器能提供电能。混合电动汽车由牵引电动机(Traction Motor)、载荷均衡装置(Load Leveling Device)、辅助动力单元(Auxiliary Power Units)以及传动系统所组成。

在过去，电动汽车普遍采用有刷直流电动机驱动。随着交流电机控制技术以及大功率电子器件的发展，交流驱动已经逐步变成电动汽车驱动的主流。采用矢量控制的异步电动机，因为结构简单、坚固、控制性能好，而且具有调速范围较宽(允许有合理的最高车速)和在较高的起动转矩时也无须增加多挡变速箱的优点，目前已被广泛应用于电动汽车和混合动力汽车。

载荷均衡装置(LLD)也是能量储存装置。它的作用是提供电能和在再生制动时吸收汽车的动能，以起到能量缓冲器的作用。当路面为高功率需求时它放电，当路面为低功率需求时它被充电，使燃油发动机能够高效地工作。载荷均衡装置的选择依据主要是重量、控制策略、比功率、比能量以及在频繁的高功率充放电状况下的可靠性。目前得到广泛应用的是电化学电池，同时超级电容器和飞轮也已经开始应用于混合电动汽车上。

辅助动力单元主要有燃气轮机、传统的燃油喷射式汽油机和柴油机以及燃料电池系统。大多数现有的混合电动汽车使用四冲程汽油机或柴油机。

因此，通常在汽车上装有内燃机和电动机两种动力源，将产生动力的部件与电能储存元件以不同的方式结合起来，可以形成不同类型的 HEV。与常规的内燃机动力相比，混合动力的主要优点是采用了高功率的载荷均衡装置(飞轮、超级电容器或蓄电池)向汽车提供瞬时能量，从而可以减小发动机尺寸、提高效率、降低排放。它较纯电动汽车有以下优点。

(1) 可以最大限度发挥内燃机汽车和纯电动汽车的双重优点。

(2) 辅助动力单元(APU)的选用使汽车的续驶里程和动力性能可以达到内燃机汽车的水平。

(3) 虽然内燃机会有排放产生，但由于其排量小，主要工作在最佳工况点附近，因而大大减少了汽车变工况(特别是低速、怠速)时的排放，再由于可回收制动能量，故可使混合动力汽车成为较低排放并节能的汽车。

(4) 在一些对汽车排放严格限制的地区(如商业区、游览区、居民区等)，混合电动汽车可以关闭 APU，由纯电力驱动，暂时成为零排放的电动汽车。

HEV 不改变现有的汽车产业结构，不改变现有能源(石油燃料)的体系，不改变用户对汽车的使用习惯，这也是它能够迅速实现产业化的重要因素。

2. 混合动力驱动方式与控制策略

混合动力电动汽车的驱动系统是在纯电动汽车和内燃机汽车的基础上发展起来的，按照电动汽车动力驱动系统与 APU 的结合方式划分为串联、并联和混联 3 种驱动系统。

1) 串联式混合驱动系统

串联式混合驱动系统由电动机驱动汽车行驶，发动机与发电机集成为辅助动力单元(APU)，如图 11.30 所示。发动机在最佳工况点附近驱动发电机并以相对稳定的工况运行。当发电机发出的功率无法满足汽车行驶时对功率的需求时(如起动、高速行驶、爬坡等)，电池组可以向电动机提供额外的电能；当发电机发出的功率超过汽车行驶时对功率的需求时(如低速、滑行、停车等)，发电机向电池组充电。

三菱公司开发的串联混合动力轻型卡车 Canter 就是一种串联式的 HEV，排量为 1.8L 的液化石油气发动机在 2000r/min 的转速下功率为 20kW，发电效率为 27%。铅酸电池组

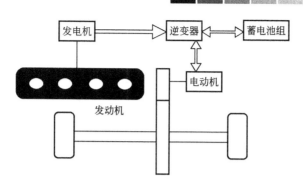

图 11.30 串联式混合驱动系统

的工作电压为 336V,可由发电机组或回收制动能量进行充电。其控制策略如图 11.31 所示。在 Canter 的驱动系统中,发动机在选定的最佳工作区内以开关的模式参与驱动,采用以电池组的充电状态 SOC(State Of Charge)作为控制信号的单参数控制策略:当电池组 SOC 高于 55% 时,发动机停机,由电池组向电动机提供电能,此时 Canter 为零排放的纯电动模式;当电池组

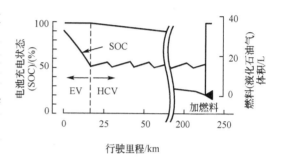

图 11.31 Canter 串联混合动力控制策略

SOC 低于 50% 时,发电机组开始向电池组充电,此时也为混合驱动模式;当 SOC 值再达到 55% 时,又进入纯电动模式。由于电池的 SOC 接近充满状态时充电效率很低,所以 Canter 将 SOC 控制在效率最高的 50%~55% 之间,电池不充电,以混合驱动模式运行,这样还有利于制动能量的高效回收。

该系统 APU 与电动机无机械连接,整车布置的自由度较大,控制系统也简单,但能量转换次数多,效率不高,续驶里程也有限。

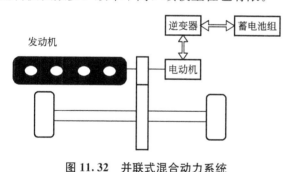

图 11.32 并联式混合动力系统

2) 并联式混合动力系统

并联式混合动力系统是指发动机与电动机可以分别独立地驱动车轮(图 11.32),该系统适合于城市间公路行驶的车辆。当汽车进入市区行驶时,关闭发动机,进入电动状态;当汽车在市郊公路行驶时,关闭电动机,由发动机直接驱动。但与混联式混合动力驱动系统相比,(见下文)其控制不够灵活。

3) 混联式混合动力系统

在该系统中,发动机和电动机既可以分别驱动汽车也可以同时驱动汽车,如图 11.33 所示,发动机与电动机的工作状态是由计算机控制的。该系统适合各种行驶条件,续驶里程与内燃机汽车相当,是最理想的混合电动方案,其技术含量高,控制复杂。以丰田 Prius 驱动系统为例,丰田公司把 Prius 使用的混合动力系统(Toyota Hybrid System,THS)定义为一种并—串联系统,如图 11.34 所示。

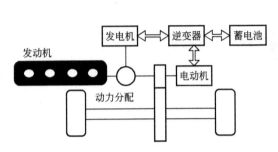

图 11.33 混联式混合动力驱动系统　　图 11.34 丰田 Prius 驱动系统

该系统的 5 条能量流动途径如图 11.35 所示。从图中可以看出，Prius 可以以下模式下运行：A 为纯电动模式，由电动机驱动；B 为纯发动机模式，由发动机驱动；C 为混合驱动模式，由电动机和发动机共同驱动；D 为停车充电模式，由发动机给电池组充电；E 为制动能量回收模式，通过电动机回收车轮动能。

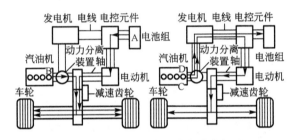

图 11.35　THS 的能量流动途径
A：电池组—电动机—车轮；B：发动机—车轮；C：发动机—发电机—电动机—车轮；
D：发动机—发电机—电池组；E：车轮—电动机—电池组（A 逆）

其控制策略如下。

THS 的控制核心是一个行星轮系构成的动力分配装置，发动机和发电机分别与行星轮和中心轮相连。该装置通过协调发动机、发电机和电动机的转速，能起到电控无级变速器的作用，无需离合器。它可以通过调节发电机的转速来改变发动机的转速，保证发动机工作在高效率区内工作。

Prius 采用了以设定车速 V_{mode} 和电池充电状态 SOC 为控制信号的控制策略。通过动力分配装置的执行，灵活地选用最优的能量流动途径：在汽车起动或低速行驶时，汽油机停机，采用纯电动模式（A）；如果车速高于 V_{mode}，且电池组的 SOC 超过了设定的上界值 SOC_{max}，则采用发动机单独驱动模式，通过节气门开度来调整功率（B）；在全负荷加速或重载工况下，电动机从电池组获得电能作为辅助动力，提供峰值功率（B+A）；减速或制动时，电动机被用作发电机，产生反向扭矩，利用回收的制动能给电池组充电（E）；微机控制的充电系统保证了电池组始终处于理想的充电状态（D）。

THS 中的 1.5L 汽油机采用了高膨胀比的 Atkinson 循环，并且始终高效率运转，所以与传统的汽油轿车相比可节油 50%，CO 和 NO_x 等只有日本排气法规限值的 1/10，且加速性能很好。Prius 的混合动力驱动系统通过行星轮系的结构实现了控制策略的可操作性，是 HEV 产品的一个成功的典范，值得深入研究和借鉴。

4. ISG 系统

近年来,一种称为起动—发电一体化(Integrated Starter Generator,ISG)系统的混合驱动方式发展起来,它有以下特点。

(1) 电动机只提供较小的加速辅助动力,系统较轻且电池组花费较低。
(2) 机械上较简单,控制系统也比较容易实现。
(3) 对排放和燃油经济性的改进也有较好的效果。
(4) 可以在汽车 42V 电源系统中实现。

它采用发电机与起动电动机(兼起驱动作用)一体化集成型式,目前已有很多现成产品和技术可供选用,例如 siemens ISG、Bosch ISG 等。

在混合动力电动车中有着各种各样的能量转换,例如,发动机的转动动能全部或部分直接转换为车辆动能;发动机转动动能全部或部分转换为电能;电能转换为蓄电池电动势(电势能);蓄电池电势能转换为车辆动能等。但是,在设计混合动力驱动方案时,应该把握住以下能量转换的法则。

(1) 任何能量转换都伴随着损失。
(2) 部分负荷运行能量效率总是较差的。
(3) 任何变工况运行的效率总是较差的。
(4) 将动能储存为其他能量的效率总是较差的,特别是储存于蓄电池。

思考题与习题

1. 解释下列概念。
发动机工况 功率标定 负荷特性 速度特性 外特性 万有特性 大气修正 相对湿度 干湿球温度计 发动机负荷率 转矩适应性系数 转速适应性系数 转矩储备系数 喷油泵的速度特性 调速特性 两极调速模式 全程调速模式 瞬时调速率 稳定调速率 不灵敏度
2. 分析发动机工况平面,并说明车用发动机的工作范围。
3. 发动机的运行特性参数有哪些?写出汽油机、柴油机各性能参数表达式。
4. 说明油耗的测量方法的容积法和质量法。
5. 简述电涡流测功器工作原理。
6. 应用发动机性能参数表达式,根据汽、柴油机特点对外特性曲线的走势进行分析。
7. 衡量发动机克服短期超载能力的指标有哪些?汽油机、柴油机有什么区别?为什么要对柴油机外特性进行校正?
8. 对柴油机和汽油机的负荷特性进行对比,并分析产生差异的原因。
9. 阅读 GB/T 18297—2001《汽车发动机性能试验方法》,熟悉大气修正的主要方法。
10. 利用实验课的负荷特性曲线绘制万有特性曲线,在万有特性图上就有效燃油消耗率对车、机进行经济性匹配,并分析无级传动与有级传动的特点。
11. 分析混合动力电动汽车 Prius 的布置形式和控制方法。
12. 就尽量使发动机工作在高效率区这一特点,分析混合动力电动汽车的优点。

第 12 章 发动机性能与参数调控技术

教学提示

发动机在变工况中运行，相当多的特性参数并非对所有工况都是最优的。多种特性参数需要实时变化和调整，电子控制技术的飞速发展，使更多的参数有了实时调控的可能，使发动机性能得到优化。控制功能的多样化出现了多种发动机的"可变"技术，控制策略是性能调控技术基本原理的核心内容。汽车发动机性能与参数调控技术向着"机—车"一体化控制发展。

教学要求

要求学生掌握电子控制技术在汽车发动机中的应用；了解汽油机电控燃油喷射系统的控制策略；掌握其在各种工况下获得最佳浓度的混合气和最佳点火提前角的方法；了解柴油机电控燃油喷射系统的种类、应用及控制方法。

12.1 发动机调控技术的发展

上一章讲到，发动机与汽车匹配要对动力和传动系统提出合理选型和配套要求，而且以柴油机设置调速器为例讲述了特性曲线在不能满足要求时如何进行调节和校正的问题。此外，发动机还有相当多的特性参数并非对所有工况都是最优的。希望能实时、有效地对更多参数进行调控，以达到全工况范围内性能综合优化的目的。

实际上，只要工况变化，发动机即对多种参数提出实时变化的要求。以空燃比为例，汽油机的化油器装置和柴油机的喷油泵(含调速器)满足了各工况对混合气浓度的要求。另外，点火和喷油提前装置也是参数调控例证。

电子控制技术的飞速发展，不仅使原有的空燃比、点火提前角等参数的调控更精确，而且使更多的参数有了实时调控的可能，出现了多种发动机的"可变"技术，例如可变进气管长度、可变气门升程、可变配气相位等系统。这对汽车和发动机性能的全面优化有着积极的意义。

发动机的调控技术经历了人力控制、单项机—液控制、计算机单项控制直至电子综合管理等多个阶段。

12.1.1 传统的机、液调控装置

（1）驾驶员对发动机的操纵与控制。早期的发动机控制、管理任务主要靠驾驶员来完成。换挡和油门踏板是对发动机调控最主要的手段。驾驶员根据其感官的感知和必要的仪表显示，如速度、水温、油压等来掌握发动机的运行现状，经过判断，确定下一步的操作模式，以确保整车正常地运行。

驾驶员连同操纵机构组成了一个完整的控制系统，人的感官和简单仪表组成了信息传感系统；大脑就是接收信息、判断和下达指令的控制系统；四肢及操纵机构组成了执行系统。

但是这绝非理想、完美的控制系统。尽管驾驶员具有及时、灵活以及随机应变等优点，但毕竟获知的信息太少，对事物的反应太慢（特别是针对毫秒级或更快的动作与事件），人的估算和判断过于粗糙和模糊以及存在各种不安全的因素，如注意力不集中等。所以，即便在以驾驶员操纵为主时，也要增添某些单项的机械或气、液控制的系统来辅助进行某些特性或参数的调控，以保证发动机安全、正常地运行。

（2）单项性能或参数的机、液调控装置。这类调控装置很早就在发动机中普遍应用。有的是必不可少的，如柴油机的调速器，缺了它柴油机就不能安全运行；有的则对性能提高有重要作用，如汽油机的离心和真空提前装置等。另一类单项调控装置则是对某些参数进行优选，以便在多工况条件下改善发动机性能。汽油机点火提前装置就是根据最佳点火提前角随转速和负荷的变化规律所设立的一种随工况而自动进行调控的装置，可以优化发动机的动力、经济性能。

发动机的很多特性参数在不同工况时都有各自的优化值，如空燃比、压缩比、配气相位、进气涡流强度等。若能在变工况时进行实时调控，则对性能优化有良好作用，但是在只能设置机、液装置的条件下难于做到这一点。

一方面，每增加一项控制功能就要设置一套复杂的机械装置，使得整机结构变得复杂，工作也不可靠，有时根本无法安装；另一方面，机—液系统受其性能和响应速度的限制也难于获得精确、理想的特性曲线。所以，长期以来只有少数必不可少的机构得以应用。即便如此，也使得传统的汽油机、柴油机的供油、点火等装置逐步变成一种极其复杂的机械装置。

12.1.2 电子控制系统在发动机中的应用

利用电子计算机控制装置替代机液—调控装置，并进而应用到各种难于实现机液控制的项目当中，是一种极大的技术飞跃。目前，汽油机的电控燃油喷射和点火较普及，柴油机的电控燃油喷射技术也正逐步成熟，各种电控可变机构的应用也越来越多。

所有的电控系统，无论单项还是综合的系统，都是由传感器、电子控制器（ECU）和执

行器3部分所组成。传感器将接收到的各种信息输入控制器。控制器就是一台微型计算机,它对输入的信号进行运算、处理、分析和判断后,向执行器发出指令进行控制操作,如确定点火或喷油相位、变更喷油脉宽(油量)等。

电子控制系统与一般机、液控制系统相比,有如下优越性。

(1) 控制更为"精确"和"柔性"。传统机、液系统一般只能完成较简单的机械动作,难于满足复杂、多变的控制要求。例如,在汽油机电控时,可以按图12.1(a)上试验作出的各工况最佳点火提前角的特性图逐点进行控制,而机械提前装置只能按某些简单的曲面进行控制,如图12.1(b)所示。

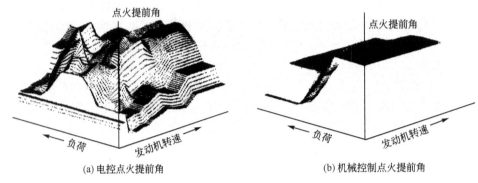

图12.1 优化的计算机控制点火提前角与机械点火调节器控制的点火提前角的比较图

(2) 能实现机—液系统无法实现的众多功能。这是因为,实现同一功能时电控附加的装置和设备一般比较简单和小巧,有时只需编写新软件即可。图12.2为可变与不可变压缩比机构对比,通过计算机控制燃烧室中可变位置的活塞改变燃烧室容积,实现压缩比随工况的调整。图12.3为电磁控制可变气门升程机构图,气门的启闭不通过凸轮而通过电磁阀来实现。计算机不仅能控制气门开闭的相位,也能调整升程的大小,这也为实现可变配气相位创造了条件。

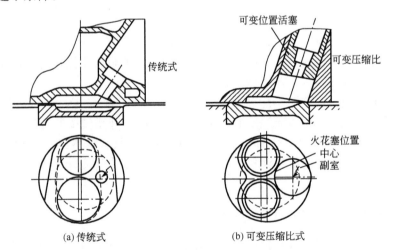

图12.2 可变与不可变压缩比结构对比

上述各例若采用机—液控制将无法实现如此复杂、多变的变化规律,也难于设计和安装更为复杂的控制机构。

除了上述这些功能独立的可变机构外，有些与供油量和定时直接相关的功能，如油量校正、起动加浓、增压抽量补偿等，只需利用同一个供油的执行器，编制不同的软件即可，而机—液控制系统实现上述功能时都要另设专门的机构。

值得指出的是电控系统还可以很方便地实现分缸的独立和反馈控制，以改善各缸性能的不均匀性。这一点是机—液系统难以做到的。以上多种电控功能的实施，将使整机综合性能达到一个新的高度。

(3) 易于实现性能的全面优化和折中。ECU 能同时精确处理多种信息，并可以同时兼顾动力性、经济性、安全性、噪声和排放

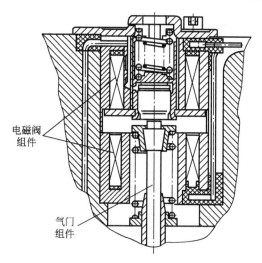

图 12.3　电磁控制可变气门升程机构图

法规等多方面的要求，从而易于实现性能的全面优化和折中。

(4) 具有良好的动态性能。电控系统的动态响应速度高于机—液系统，从而有利于和动态响应有关的各种性能的改善和提高。

(5) 促进发动机本身的理论研究和发展。电子控制技术的实施，使得发动机某些新技术、新结构、新原理得到应用，为发动机进一步的理想化改造奠定基础。汽油机的燃油喷射系统已取代了传统的化油器系统；柴油机的共轨喷射系统正逐步取代某些类型的传统的脉动式柱塞泵系统。汽油机的稀薄(分层)燃烧系统、柴油机的均质压燃也因电子控制技术的发展而实现或成熟，这就要求更深入地研究这些涉及发动机理论的各种新问题，这也直接体现了对发动机原理发展和研究的促进作用。

12.1.3　发动机(汽车)管理中心

ECU 不仅能完成发动机的各项控制功能，还能够收集、处理各种各样的信息，例如，性能指标和参数的实时数字显示、故障的诊断与处理、与传动系统(离合器、变速器等)的通信和反馈等。为充分利用这一优势，逐步发展了超越单纯性能参数调控的发动机电子管理中心(EEC)和整车电子管理中心(VEC)，使得发动机电控功能大大扩展，自电控优势得到进一步发挥。

发动机电子管理中心(EEC)只是整车 3 个电子管理中心之一，其余两个分别是：驾驶员信息中心(DIC)，用以显示车速、时间、油箱容量、交通流量、车况诊断、交通信号等参数与信息；车辆电子装置中心(VEC)，包括制动控制(ABS)、安全气囊、道路情况、防盗警报器、测距系统、前照灯灯光调节、空调系统等。

3 个中心相互独立，又可互相通信联络。具有这种全面功能的电子装备的车辆尽管仍然需要驾驶员来实时指挥，但其自动化完满程度、综合性能和运行安全性、舒适性已达到相当高的水平，突出体现了机电一体化的极大优越性。

进一步的发展前景是无人驾驶的智能汽车。此时，除了要具有完善的道路、交通等电子管理系统条件外，还要引入导航系统、声纳系统等先进装置。

这里要特别指出，发动机性能与参数的调控是热能动力、电子和控制学科的交叉技

术。本书并不专门阐述控制与电子学的理论，也不专门论述各种电子与控制系统的结构，而是从发动机性能的角度阐述性能与参数调控的依据、基本原理和方法，并进一步说明其对汽车、发动机性能的影响。有关电子与控制的深入问题，可参阅有关汽车电子学的书籍。

12.2 汽油机计算机管理系统

12.2.1 控制功能

1. 微控制器性能

发动机电子控制技术的发展离不开电子工业的发展，微控制器（Micro-controller）也叫单片机，其性能的发展制约着发动机、整车控制效果，这是因为发动机实时调控和性能优化需要大量的信息处理，因此单片机速度、字长和内存容量的飞速增长才使得发动机电子控制系统愈加完善。例如，电控燃油喷射系统由单点喷射（Throttle Body Injection，TBI）和多点同时喷射（Multipoint Fuel Injection，MFI）到多点分组喷射再到现在广泛应用的多点顺序喷射（Sequential Fuel Injection，SFI），是一个空燃比不断优化、瞬态性能和排放不断改善的过程，这一过程依赖于单片机数据处理能力的提高。

具体说来，单片机性能的发展情况是：1973 年，Intel 4 位 CPU l 4004 和 8 位 CPU l 8008 相继问世；1975 年，8 位单片集成的 CPU l 8048 问世；1976 年，16KB 内存 RAM 问世；1978 年，64KB 内存 RAM 问世；1979 年，16 位 CPU l 8086 问世。继 1983 年 Intel 16 位 CPU 8096 问世后，Motorola(摩托罗拉)公司又于 1984 年和 1987 年分别推出 32 位 CPU MC68020 和 MC 68030。与此同时，内存芯片也从 1983 年的 256KB、1985 年的 1MB 增长到 1988 年的 4MB RAM。

2. 控制器功能的扩展

如上所述，微控制器性能的发展为发动机乃至整车控制性能的提高提供了技术基础，控制器（Electronic Control Unit，ECU）由单一的发动机集中控制，发展到包括自动变速器的动力总成集中控制（Power train Integrated Control），再发展到整车集中控制（Vehicle Integrated Control）。

最初，汽油机的电控系统还只能实现对单一功能的控制，如电子燃油喷射系统、电子点火系统等。控制器还只是采用具有各种逻辑功能的模拟电路，每个控制系统用一个控制器，同时需要独立的信号。20 世纪 70 年代，电子技术迅速发展，晶体管已向集成电路发展，由于数字式微机的发展，因此汽油机电子控制由单独控制系统发展成集点火、喷油、怠速、排放等控制功能于一体的集中控制系统。

集中控制系统采用信息共享的形式，即各种信号由不同的传感器产生后，为多种控制功能共享。系统只含一个控制器，它内存中的控制策略包含了所需要的各种功能控制。控制器在制定各种控制命令时，除了信息共享，还能兼顾各种控制功能的协调。

随着微控制器速度的加快和容量的增大，有可能用一个控制器完成整个车辆不同系统的控制。首先发展到包括自动变速器的动力总成的控制模块（Power train Control Module，

PCM),再发展到整车集中控制(Vehicle Control Module,VCM),集中控制系统要求其中的控制器功能强大,除了其中的输入、输出线路复杂外,对微机的速度和容量也要求很高。

3. 汽油机电子管理系统

一个集控制点火、喷油、怠速、排放和故障诊断等控制功能于一体的汽油机集中控制系统一般具有如下功能。

(1) 系统监测,监测系统部件。
(2) 部件保护,防止关键部件的损坏(如三元催化器)。
(3) 应急反应,设定故障忽略或"跛行回家"工作模式。
(4) 信息储存,存储故障发生时刻的有关信息。
(5) 超标限制,有害排放物超过标准时警报。
(6) 信息读取,可在维修站利用检测设备读取故障信息。

具有 OBD-Ⅱ(On Board Diagnostic-Ⅱ)的汽油机管理系统示意图如图 12.4 所示。汽油机电子管理系统不断发展主要表现在控制策略的完善。

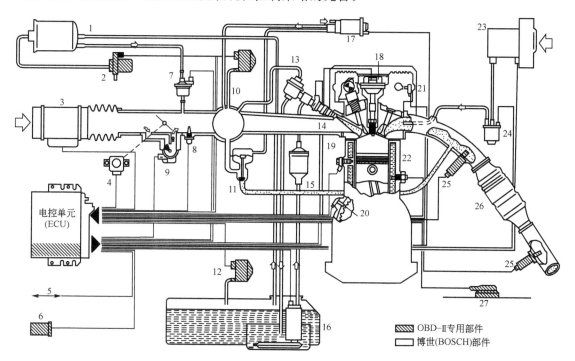

图 12.4 具有 OBD-Ⅱ 的汽油机管理系统示意图

1—炭罐;2—截止阀;3—空气流量计;4—节气门开度控制器;5—诊断接口;6—故障显示灯;
7—净化阀;8—空气温度传感器;9—怠速控制器;10—歧管压力传感器;11—废气再循环阀;
12—压差传感器;13—燃油压力调节器;14—喷油器;15—燃油滤清器;16—油泵;
17—压力控制器;18—点火线圈;19—爆燃传感器;20—转速传感器;21—凸轮位置传感器;
22—水温传感器;23—二次空气泵;24—二次空气阀;
25—氧传感器;26—催化净化器;27—车身和底盘修理提示传感器

12.2.2 燃油喷射的控制

在汽油机电控燃油喷射系统中,以电子控制单元(ECU)为中心,用安装在发动机不同部位上的各种传感器测定发动机的各种工作参数,将它们转换为计算机能接受的电信号之后,传送给 ECU;ECU 对输入信号作运算、处理、分析和判断后,向执行器发出指令,控制喷射系统的工作,最终通过喷油器定时、定量地把汽油喷入进气道或气缸中去,使发动机在各种工况下都能获得最佳浓度的混合气。此外,通过电控喷射系统还能实现起动加浓、暖机加浓、加速加浓、全负荷加浓、减速调稀、强制怠速停油、自动怠速等控制功能,满足发动机各种特殊工况对混合气的要求,从而使发动机获得良好的燃油经济性、动力性并降低废气中的有害排放物。

燃油喷射控制是 ECU 的主要控制功能,燃油喷射控制包括喷油时刻的控制和喷油量的控制。

1. 喷油时刻的控制

在燃油喷射系统中,喷油时刻控制是所有采用间歇喷射方式所必须解决好的问题之一。喷油时刻是指喷油器开始进行喷油的时刻相对曲轴位置的转角。喷油时刻随发动机喷油方式的不同而有所不同,但都是在相对曲轴转角的固定转角处。ECU 以曲轴转角传感器的信号为依据,根据不同的喷油方式控制喷油器的开启时刻。图 12.5 分别是六缸发动机和四缸发动机不同喷油方式下的喷油时刻图。

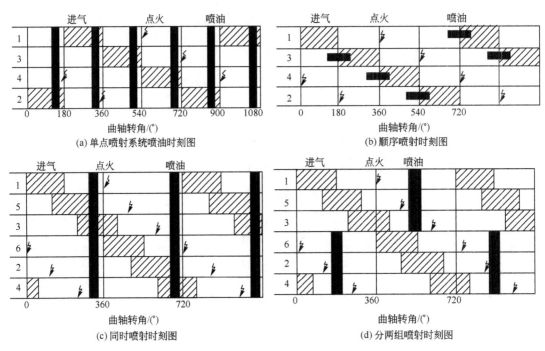

图 12.5 喷油时刻图

2. 喷油量的控制

喷油量的控制由 ECU 根据发动机的不同运行工况控制喷油器的不同喷油持续时间来

实现。ECU根据各种传感器测得的发动机进气量、转速、节气门开度、冷却水温度与进气温度等多项运行参数，按设定的程序进行计算，并按计算结果向喷油器发出电脉冲，通过改变每个电脉冲的宽度来控制各喷油器每次喷油的持续时间，从而达到控制喷油量的目的。电脉冲的宽度越大，喷油持续时间越长，喷油量也越大。

喷油持续时间的控制分为同步喷射和异步喷射持续时间两种控制方式。在同步喷射控制方式中，喷油时刻具有固定的曲轴转角，喷油量由喷油持续时间控制。发动机在稳定工况的大部分运转时间内都以此方式工作。在异步喷射方式中，喷油时刻与曲轴转角无关，只与发动机实际运行工况有关，如起动、加速等过渡工况，而喷油持续时间的长短也由对应的工况决定。

发动机在不同的工况下运行时，其喷油量的大小与喷油方式各不相同。电控系统除了能对正常的基本喷油量控制外，还必须对冷起动、暖机、怠速、加速等工况的喷油量进行校正，使供给的混合气与发动机的工况相适应。

1) 起动工况的喷油控制

当发动机刚起动时，由于转速很低，转速的波动也很大，所以这时空气流量计所测得的进气量信号有很大的误差。由于这个原因，在发动机刚起动时，ECU不以空气流量计的信号作为喷油量的计算依据，而是按预先给定的起动程序来进行喷油控制，ECU根据起动开关及转速传感器的信号，判定发动机是否处于起动状态。当起动开关接通，且发动机转速低于某一转速（如 300r/min）时。ECU按发动机水温、进气温度和起动转速计算出一个固定的喷油量。这一喷油量能使发动机获得顺利起动所需的浓混合气。

当冷车起动时，发动机温度很低，喷入进气道的燃油不易蒸发。为了保证发动机在低温下也能正常起动，需进一步增大喷油量。一般采用以下两种方法。

（1）通过ECU控制冷起动加浓。通过延长各缸喷油器的喷油持续时间或增加喷油次数来增加喷油量。所增加的喷油量及延长的喷油持续时间，由ECU根据进气温度传感器和水温传感器测得的温度来确定。发动机水温或进气温度越低，喷油量就越大，喷油的持续时间也就越长。

（2）通过冷起动喷油器和冷起动温度开关控制冷起动加浓。这种控制方式在冷车起动时，除了通过ECU延长各缸喷油器的喷油持续时间来增大喷油量之外，还通过冷起动喷油器喷入一部分冷车起动所需要的附加燃油，以加浓混合气。

2) 起动后的喷油控制

在发动机起动后，转速超过了最低的极限转速，转入正常运转程序。在发动机运转期间，各传感器适时检测发动机的转速、进气量、进气温度、冷却液温度、节气门位置（即工况）以及排气中氧的含量等信号，通过接口电路输入微机。ECU按下式确定喷油持续时间：

喷油持续时间＝基本喷油时间×喷油修正系数＋电压修正值

基本喷油时间是根据空气质量和发动机转速计算出的为实现设定空燃比而需要的喷油时间。各喷油修正系数介绍如下。

（1）蓄电池电压修正。当ECU控制的喷油电脉冲到达喷油器时，由于喷油器电磁线圈具有电感阻抗，延缓了电磁线圈内电流的增大，使喷油器针阀的开启滞后于电脉冲到达的时刻，而喷油器针阀关闭的时刻和电脉冲消失的时刻则基本上一致，因此导致实际的喷油持续时间小于电脉冲宽度，如图12.6(a)所示。这样，在同样宽度的喷油电脉冲控制下，当蓄电池电压不同时，会引起实际喷油量的变化，蓄电池电压降低，喷油量也会下降。蓄电池电压修正通常以 14V 电压为基准,当低于 14V 时,增加喷油时间。发动机因此而得到正确的喷油量。蓄电池电压修正系数如图 12.6(b)所示。

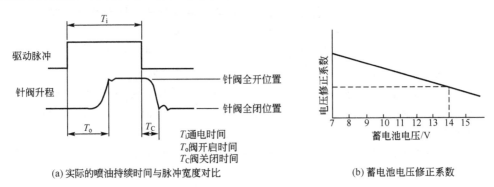

图 12.6　蓄电池电压修正图

(2) 进气温度修正。进气温度不同,空气质量会有变化。为了补偿这个误差,在空气流量计内常装有进气温度传感器,通常是以 20℃时的进气温度为基准。进气温度修正系数如图 12.7 所示,当进气温度低于 20℃时,修正系数大于 1,适当增加喷油量;当进气温度高于 20℃时,修正系数小于 1,适当减少喷油量。

(3) 起动后喷油修正。发动机冷车起动后数十秒内,由于发动机机体温度较低使得汽油气化不良,因此为使发动机保持稳定运转,应随时间变化进行不同程度的加浓。喷油修正系数的初始值由冷却水的温度决定,然后随着起动运行,修正系数逐渐衰减。冷车起动燃油修正系数如图 12.8 所示。

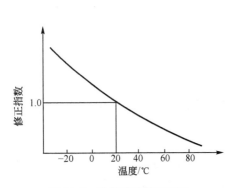

图 12.7　进气温度修正系数

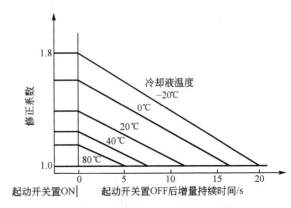

图 12.8　冷车起动燃油修正系数

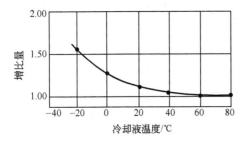

图 12.9　暖机加浓修正系数

(4) 暖机加浓修正。在冷车起动结束后的暖机过程中,发动机的温度一般不高,喷入燃油与空气的混合依然较差,结果造成气缸内的混合气变稀。因此,在暖机过程中必须增加喷油量。暖机增量比的大小取决于水温传感器所测得的发动机温度,并随着发动机温度升高而逐渐减小,暖机加浓修正系数如图 12.9 所示。

(5) 加速修正。当汽车发动机加速时,节气门突然开大，发动机吸气量会随着节气门开度的变化而立即发生变化，但进入气缸的燃料量却不能立即相应改变。原因有两个：①从电控喷油器喷出的油量由于获得变油量的信息滞后会落后于吸气量的变化；②由于在进气管壁上凝聚油膜的影响，所以在短时间内使混合气变稀。为了获取良好的加速过渡性能，要求供给系统能在短时间内使混合气加浓。在加速工况时，发动机根据节气门位置传感器的变化速率判断发动机是否处于加速工况。当发动机处于加速工况时，ECU 能自动按一定比例适当增加喷油量，修正的大小取决于加速时的发动机冷却液温度，温度越低，修正量越大，持续时间越长，加速修正系数如图12.10 所示。

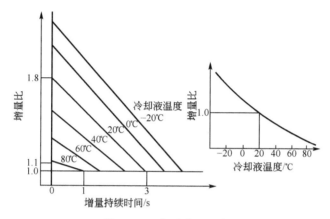

图 12.10　加速修正系数

（6）大负荷修正。当发动机处于部分负荷时，喷油量控制在经济成分，以得到最低油耗和降低排放。当节气门位置传感器的大负荷触点闭合或节气门开度大于 70°时，ECU 判断为大负荷工况，此时应按功率混合气要求供给喷油量，目的是使发动机发出最大功率。大负荷信号由节气门位置传感器测得的节气门开度来决定。当判断出为大负荷时，ECU 调节喷油器的持续喷油时间，使喷油量增加。

（7）断油控制。断油控制是计算机在一些特殊工况下，暂时中断燃油喷射，以满足发动机运转中的特殊要求，它包括超速断油控制和减速断油控制两种断油控制方式。

① 超速断油控制。超速断油是当发动机转速超过允许最高转速时，由 ECU 控制自动中断喷油，以防止发动机超速运转，造成机件损坏，也有利于降低油耗，减少有害排放物。

对发动机的最高转速进行限制。对电子控制燃油喷射发动机来说，采用切断燃油的电子转速限制装置。ECU 根据发动机的实际转速与 ECU 内存储的最高转速（一般为 6000～7000r/min）进行比较，当达到设定的最高转速时，ECU 立即抑制喷油脉冲，停止输出喷油信号，使喷油器停止喷油。当发动机转速降到规定值时即断油后发动机转速下降至低于极限转速约 100r/min 时，断油控制结束，恢复喷油。如此循环，以防止转速继续上升。

② 减速断油控制。当发动机高速运行突然完全关闭节气门时，不可能很快转入正常怠速。ECU 根据节气门全闭信号和转速高于某一设定值的信息，自动控制中断燃油喷射，直到发动机转速下降到设定的低转速时再恢复喷油。这样，有利于控制急减速时的有害排放物，降低燃油消耗量，并加大发动机对汽车滑行的制动作用。

减速断油控制过程是由 ECU 根据节气门位置、发动机转速、水温等运转参数，在做出综合判断后,在满足以下条件时执行减速断油控制的。

(a) 节气门位置传感器中的怠速开关接通。

(b) 发动机水温已达正常温度。

(c) 发动机转速高于某一数值,该转速称为减速断油转速,其值根据发动机水温、负荷等参数确定。通常,水温越低,发动机负荷越大(如使用空调时),该转速越高。

当上述 3 个条件都同时得到满足时,ECU 就执行减速断油控制,切断喷油,否则,ECU 就立即停止减速断油,恢复喷油。

以上所述空燃比的控制方法,被称之为开环控制。在此控制系统中,发动机各种运行工况下的空燃比存储在 ECU 的存储单元中,在发动机运行时,ECU 根据传感器检测到信号从存储器中查取相应的控制参数并输出控制。其特点是发动机只是按照 ECU 中事先存储的空燃比 MAP 对发动机进行控制,因而其控制比较简单,但并不检测控制后是否达到了真正的目标,所以不能纠正自身控制产生的相对误差。

3. 理论空燃比的反馈控制

反馈控制又称为闭环控制。反馈控制是指借助安装在排气管中的氧传感器送来的反馈信号,对理论空燃比进行反馈控制的方式。根据氧传感器的输出特性,氧传感器输出电压信号在过量空气系数 $\phi_a=1$ 处发生跃变。微机有效地利用这一空燃比反馈信号,当混合气过稀时,排气中含氧量增加;当增加到一定值时,氧传感器的输出电压突然降低。ECU 根据这一信号命令喷油器增加供油量,使混合气逐渐变浓,直至加浓到实际空燃比略低于化学计量空燃比、氧传感器的输出电压再次迅速上升、ECU 再次发出减少喷油量的命令为止。反馈控制便是如此循环往复地进行的(图 12.11)。

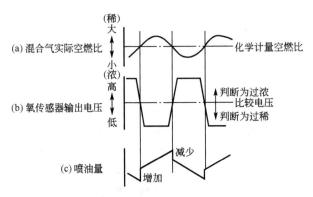

图 12.11 反馈控制特性曲线图

氧传感器通常和三元催化转换器一同使用,应用氧传感器进行反馈控制的目的也在于保证三效催化转换器的排气净化效果。

在发动机运行中,并不是在所有时刻和任何工况下,氧传感器和反馈控制系统都起作用。ECU 是交替通过开环和闭环两种方式对喷油量进行控制的。发动机在起动、大负荷(节气门全开)及暖机运转过程中,需要较浓的混合气,此时 ECU 是处于开环控制状态,氧传感器不起作用。另外,因为氧传感器只有在高温状态下(一般需加热至 349℃)才能产生可靠的信号,因而在发动机起动后,在氧传感器未达到一定温度之前,ECU 也是处于开环控制状态下工作的。只有在发动机达到正常工作温度后,ECU 才进行闭环控制,氧传感器才发挥反馈控制的作用。当氧传感器出现故障、输出信号异常时，ECU 会自动切断氧传感器的反馈作用，进入开环控制状态。

12.2.3 综合控制策略

现代车用汽油机对机—车进行综合控制，下面以福特汽车公司 EEC-Ⅳ 电控系统（配备 OBD-Ⅱ）为例，叙述汽油机在各运行模式下的控制策略。

1. 暖机恒速模式

暖机恒速模式指采用车辆恒速控制时发动机的运转，处于部分负荷，且工况变化不大。控制的目标是中等负荷、最佳燃油经济性和最低排放。此时，空燃比采用闭环方式。基本的喷油量不断地根据 EGO 信号进行精细的调节。变化速率为 10~20 次/s。部分型号的发动机可单独调节各缸的空燃比。执行 EGR，控制 EGR 量。ECU 计算因 EGR 而导致的空气流量减少值，并减去相应的喷油量。ECU 还定时开启燃油蒸汽净化系统的控制阀。在此阀开启期间，ECU 会稍微减少喷油量。所减少的量由此运行模式对应的 MAP 决定。

对于带二次空气喷射的机型，ECU 将驱动二次空气阀（图 12.1 部件 24）。

点火提前角由暖机恒速模式对应的 MAP 决定。一般在 30°BTDC。这种加大的点火提前角将使燃油耗降低，但 HC、NO_x 有所增加。由于 EGR 会使燃烧速度变慢，ECU 会根据 EGR 阀位置信号，稍微提前点火。

ECU 将使怠速旁通阀全开。其目的是为可能的急减速做好准备。如果节气门突然关闭，怠速旁通阀将从全开位置逐渐关小。当转速仍较高时，怠速旁通阀将全关，同时 ECU 使燃油停供，以降低排放并加强发动机制动。当转速低于某一值时，怠速旁通阀重新打开至某一位置，同时恢复喷油。

2. 起动拖转模式

起动拖转模式指用起动机拖转发动机，且发动机未着火的工况。此时输入信号的特征是转速信号低且不规则、MAF 低流量且不规则、ECT 低（-35~35℃）、IAT 低、TP 处于全关状态、EGO 电平为零。ECU 根据这些信号特征确定起动拖转模式。

空燃比控制为开环方式，ECU 将从起动拖转模式的 MAP 中查出喷油脉宽的基本量，然后根据 ECT 与 IAT 进行校正。温度越低，校正加浓越多。喷油时刻与转速信号同步，并固定在 10°BTDC。ECU 在接到转速信号后同时打开计时器。若 20s 后发动机仍不着火，ECU 将切断喷油以防止溢油。

点火提前角将固定在 10°BTDC。怠速旁通阀全开，以提供足够的空气流量。

3. 冷起动/暖机模式

冷起动/暖机模式紧接在起动拖转模式之后。当 ECU 监测到稳定的转速信号且转速明显高于起动拖转转速、MAF 信号变得稳定且有规律、指示出低负荷、TP 仍保持节气门全关的信号，立即从起动拖转模式转换为冷起动/暖机模式。此时，空燃比控制程序转向冷起动/暖机模式的 MAP。此阶段基本喷油脉宽大约只为起动拖转模式的一半。脉宽的校正量仍取决于 ECT，随发动机逐渐暖机而减小。IAT 过冷时也会增加喷油。在冷起动/暖机模式中，混合气仍会较浓，这一方面是为了提高怠速稳定性，避免熄火；另一方面是为了让部分多余的燃油在三元催化转换器中燃烧，从而使其尽快提高温度。

EGR 与燃油蒸汽净化系统仍不工作。对于带二次空气喷射的机型，当 ECT 高于 12℃ 时，ECU 将驱动空气切换阀，使二次空气流入排气管。同时，当计时器开始计时，3min 后再次切换，经二次空气流入氧化催化器。这样，既可降低起动初期的 HC、CO 排放，又可加速催化器升温。但由于二次空气流入排气管时会使 EGO 处于低电平，所以 ECU 将忽略 EGO 信号。所以仍是空燃比控制开环方式。

点火提前角由相应的脉谱给出，其基本量与转速和 MAF 有关。ECT 将决定点火提前角的校正量。对于配置自动变速器的车辆，只有将变速位置置于空挡或驻车位置时，方可进行起动。若在冷起动/暖机模式中将变速位置转换到其他挡位，点火也会稍微提前，以适应功率的变化并维持平稳怠速。

怠速旁通阀由全开位置关小至"快怠速"位置。在此模式中，怠速的控制是闭环的。ECU 根据温度和负荷决定目标怠速后，就根据实际转速控制怠速旁通阀，使实际转速靠近目标怠速转速。怠速转速取决于温度和负荷。当 ECT 与 IAT 低时，怠速转速稍高，此时，负荷的变动是由 P/N、车窗电热丝、空调、动力转向、前照灯所引起。

4. 冷起步模式

在很多情况下，不等发动机充分预热，驾驶者就会开动车辆，这时 ECU 根据下列信号判断发动机进入冷起步模式：发动机转速升高、MAF 空气流量加大、节气门开度已不是全关而是以某一速率打开至某一开度、ECT 与 IAF 仍给出冷机温度。

空燃比控制由冷起步模式的喷油脉宽脉谱决定，还要加上两种校正量：①加速加浓校正量，它由 TP 开度以及从全关到这一开度的开启速率决定；②温度补偿，主要根据 ECT 进行加浓，必要时也根据 IAT 加浓。

在此模式中，EGR 与燃油蒸汽净化系统仍不工作。这是由于发动机温度低，故 NO_x 排放不高，且不希望空燃比控制受到干扰。

当 ECT 高于 77℃ 或冷起步时间超过了 3min 后，ECU 将二次空气喷射系统的空气切换到直接进入催化器。

点火提前角由该模式的 MAP 根据转速和负荷（MAF）决定，并根据 ECT 进行点火提前量的校正，ECT 升高，点火提前量减小。

ECU 使怠速旁通阀保持一定开度，以防止突然关闭节气门时发动机熄火。其开度随 ECT 上升而逐渐减小。

5. 热起步模式

热起步模式指发动机已基本预热后车辆起步的工况。这时传感器主要的信息是：发动机转速增加；MAF 空气流量增加；ECT 与 IAT 表明发动机温度接近暖机温度；TP 已有一定开度；EGR 阀位置传感器表明 EGR 已开始工作；EGO 已充分预热，送出波动的电压信号，可以进入闭环控制。

空燃比控制的基本喷油脉宽从相应的 MAP 查出。根据 TP 开度以及开启速率，要增加脉宽校正量。此时，ECT 一般已足够高而无须加 ECT 校正，但 IAF 可能仍低而需要加相应的校正。当 ECU 计时器开始计时，一般在进入此模式 1min 后，空燃比转向闭环控制。

EGR 开始工作，ECU 通过 EGR 阀位置传感器或 EGR 阀背压传感器测定 EGR 量，并进行调整。燃油蒸汽净化阀在此模式初期保持关闭，直到 ECT 表明发动机已充分暖机后开始工作。二次空气喷射从排气管切换至氧化催化器。

点火提前角 MAP 首先根据 ECT 进行校正，由于 EGR 会使燃烧持续期加长，所以点火提前角还需依 EGR 量进行成正比的校正。

在起步模式中，对于配置自动变速器的车辆还会自动进行换挡。在换挡期间有以下结论。

(1) 若 ECT 尚未到达正常的工作温度，ECU 将保持原点火提前角不变，以增加换挡期间的转矩。

(2) 若 ECT 已达正常的工作温度，ECU 将在换挡期间（20~30ms）暂时推迟点火，然后恢复原点火提前角。

怠速旁通控制与冷起步模式相似。

6. 部分节气门加速模式

此模式指在进行加速时，节气门开度小于 85% 的运转模式。良好的燃油经济性与排放是这一模式的目标。为此，要实行空燃比闭环控制，并令排放控制措施工作。在此过程中，TP 是最重要的传感器信号。

喷油脉宽的基本量由相应的脉谱根据转速及负荷（MAF）查出，而主要的校正量由 TP 决定。在节气门加大开度的过程中，会根据节气门开启速率进行加浓校正，之后则根据开度逐渐减少加浓校正，直至混合气达到化学计量比。为了维持化学计量比，将进行空燃比的闭环控制，即利用 EGO 反馈信号来精细调整喷油量，并适应逐渐增加的空气流量。

在加速过程中，自动变速器可能会换入低挡（例如从 4 挡换至 3 挡）。在换挡过程中，ECU 会短暂切断喷油或短暂推迟点火，以使换挡过程中的转矩降低。

EGR、燃油蒸汽净化系统以及二次空气喷射等均工作。控制情况类似于暖机恒速模式。点火提前角基本量由 MAP 根据转速及负荷查出，并根据 ECT、IAT 和 EGR 量校正。怠速旁通控制与暖机恒速模式类似。

在加速过程中，当转速超过 3200r/min 时，进气谐振系统中的控制阀切换空气流动管道，使谐振频率转向高速范围。

7. 全节气门加速模式

一旦 TP 给出节气门全开（WOT）信号，控制的目标就转变为追求最大功率，而暂时忽略燃油经济性及排放。

喷油脉宽脉谱仍为转速及负荷的函数，但对应的混合气较浓。在节气门开启的过程中，还会根据开启速率进一步给出加浓校正。若 ECT 或 IAT 过低，也会进行温度补偿。ECU 将忽略 EGO 输出信号而采用开环控制。同时，EGR、燃油蒸汽净化及二次空气喷射等系统均关闭。

在进入该模式的最初 5~10s，ECU 会切断空调电源以保证功率。对一些排量较小的发动机，还会短暂切断电动冷却风扇约 10s。

在该模式下，发动机转速可能超速。一旦超速，ECU 将减少喷油以降低转速。对某些机型，若车速大于一定值（如 100m/h）且超过规定的时间、ECT 或机油温度超过规定的温度，则 ECU 会切断喷油。若变速器处于低挡而发动机转速太高，ECU 将闪烁故障指示灯及蜂鸣警告，以提示驾驶员换入高挡或降低车速，否则，ECU 将切断喷油。

与之对应的点火提前角 MAP，只追求最大转矩而不考虑排放。一般点火会提前，如从20°提前至30°BTDC。在此过程中若出现爆燃，将根据KS信号执行爆燃闭环控制。

对于自动变速器换入低挡的动作。在换挡过程中，ECU会短暂推迟点火，以使换挡平稳，延长换挡离合器的使用寿命。

怠速旁通阀保持全开，类似于暖机恒速模式。此时，全开的旁通空气通道相当于加大节气门的尺寸和通流面积。

8. 减速模式

减速模式指车辆运行中突然放开加速踏板的工况。此时，ECU从车速信号VSS（车速高或较高）及节气门全关信号（TP）感知并转入减速模式。在这一模式中，主要是减速稀化及排放控制。

ECU将减小喷油脉宽。若脉宽小于2ms，且转速仍大于1500r/min，ECU将切断喷油。待转速继续降低至某一转速时恢复喷油，恢复喷油的转速与ECT有关。在停止喷油期间，一旦踏动油门踏板，立即恢复喷油。

在这一模式中，所有的排放措施将停止工作。

点火提前角由减速模式时的脉谱给定。由于此时很少会爆燃，所以点火一般会提前。

随着节气门关闭，怠速旁通阀首先移到半开位置，以提供部分空气量。这时旁通空气起缓冲作用，以防止瞬间过浓。在接下来的几秒钟，旁通阀全关以增加发动机制动能力；直至发动机转速接近怠速转速时，旁通阀重新开启，以防止发动机熄火。

9. 热怠速模式

ECU从节气门全关、车速为零以及冷却水温为正常温度感知并转入热怠速模式。

热怠速MAP给出空燃比的基本量。对于现代发动机，热怠速时空燃比已经很接近理想空燃比。若EGO能发出正常的交变信号，ECU可维持空燃比闭环控制。若EGO信号不交变达15s，ECU转入空燃比开环控制，待重新接收到EGO交变信号且交变两次时，才恢复闭环控制。

ECU将关闭EGR，而二次空气喷射将导入下游的催化器。

若热怠速时间超过几分钟，为防止催化器过热，二次空气将被旁通。

热怠速时的排气温度较低，为了控制HC和CO的排放，在热怠速1min后，点火将逐渐推迟5°左右。

在热怠速1min后，怠速旁通空气量会逐渐增加，以补偿点火的推迟。若热怠速超过4min，怠速旁通空气量会进一步增加，以使怠速转速升高80r/min。但这一措施对自动变速器来说必须是变速手柄处于P/N位置，否则会引起车辆蠕动。

对于EEC-Ⅳ控制策略小结，表12-1对以上控制策略进行了概括。

表12-1 EEC-Ⅳ控制策略一览表

模式	空燃比	点火控制	怠速旁通控制阀	排放控制	主要的传感器
暖机恒速	闭环，理想空燃比	提前，约30°BTDC	全开（脉宽100%）	EGR，燃油蒸气净化，二次空气	PIP, MAF, EGO, EGR位置
起动拖转	开环，浓空燃比	固定，约10°BTDC	全开（脉宽100%）	二次空气	PIP, ECT, IAT

（续）

模式	空燃比	点火控制	急速旁通控制阀	排放控制	主要的传感器
冷起动/暖机	开环，浓空燃比	基本量加负荷、转速、时间函数、ECT 校正	闭环，前馈信号，逐渐关小	二次空气	PIP, MAF, TP, ECT, IAT
冷起步	开环，浓空燃比，逐渐稀化	基本量加负荷、转速、时间函数校正	全开（脉宽 100%）	二次空气	PIP, MAF, TP, ECT, IAT
热起步	开环，迅速转向闭环	基本量加负荷、转速、时间函数、ECT、EGR 校正	全开（脉宽 100%）	EGR，燃油蒸气净化，二次空气	PIP, MAF, TP, ECT, IAT, EGR 位置
部分节气门加速	闭环，加速加浓	基本量加负荷、转速、时间函数、ECT、EGR 校正	全开（脉宽 100%）	EGR，燃油蒸气净化，二次空气	PIP, MAF, TP, ECT, IAT, EGR 位置
全节气门加速	开环，采用 WOT 脉谱	采用 WOT 脉谱，KS 控制	全开（脉宽 100%）	无	PIP, MAF, TP, ECT, IAT
减速	开环，稀化，可用闭环与断油	提前，采用特别 MAP	缓冲，然后发动机制动，再打开防失速	燃油蒸气净化	PIP, TP, ECT, VSS
热急速	闭环，无 EGO 则转开环	急速 1min 后逐渐推迟	闭环，前馈信号	二次空气然后转向旁通	PIP, MAF, TP, ECT, VSS

注：PIP——Profile Ignition Pickup 或者 Position Indicator Pulse 曲轴（凸轮轴）位置传感器，也提供转速信号

MAF——Mass Air Flow 质量空气流量

EGO——Exhaust Gas Oxygen Sensor 氧传感器

EGR——Exhaust Gas Recalculation 废气再循环

ECT——Engine Coolant Temperature 发动机冷却水温

IAT——Intake Air Temperature Sensor 进气温度传感器

TP——Throttle Position 节气门位置

WOT——Wide Open Throttle 节气门全开

VSS——Vehicle Speed Sensor 车速传感器

KS——Knock Sensor 爆燃传感器

12.3 电控技术在柴油机上的应用

12.3.1 电控燃油喷射系统的种类

柴油机电控燃油喷射技术的难度在于柴油机是高压缸内喷射，要求在毫秒级的时间内完成喷油定时、喷油率及喷油压力等的精确控制，统计资料表明，重型载货汽车电控泵喷嘴使用的电磁控制阀，与汽油机的电磁喷油器相比，承受压力高了 300~500 倍，启闭速

度则要快 10~20 倍。

当前，发达国家的大部分柴油轿车和轻型客车都使用了直列式或转子式电控柴油喷射系统，并且更新型的电控高压共轨系统也已经商业化。重型载货柴油车也广泛使用了泵喷嘴型或单体泵型的电控装置。电控喷射技术被称为是柴油机问世以来继机械喷射技术、增压技术出现后的第 3 个里程碑。

1. 位置控制式燃油喷射系统

这种系统的特点是不改变传统喷油系统的工作原理和基本结构，只是由电控装置取代机械调速器和提前器，对油量调节齿杆（直列泵）和溢流环套（VE 分配泵）的位置以及油泵主、从动轴的相互位置进行低频连续调节，以实现油量和定时的控制，所以称作位置控制系统。图 12.12 是日本电装公司生产用 VE 分配泵的位置控制式电控喷油系统。

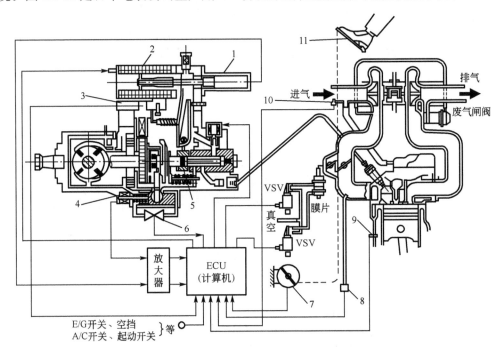

图 12.12　日本电装公司用 VE 分配泵的电控喷油系统

1—供油量调节套筒位置传感器；2—供油量控制电磁阀；3—转速传感器；
4—定时器位置传感器；5—供油量调节套筒；6—定时器控制阀；
7—加速踏板位置传感器；8—进气压力传感器；
9—冷却液温度传感器；10—进气温度传感器；11—加速踏板

（1）供油量的控制方法：电控单元（ECU）根据加速踏板位置传感器和柴油机转速传感器的输入信号，首先算出基本供油量；然后根据来自冷却液温度、进气温度和进气压力等传感器信号以及起动机信号，对基本供油量进行修正；再按供油量调节套筒位置传感器信号进行反馈修正之后，确定最佳供油量。

汽车在低温起动、加速，或是在高原行驶，ECU 都能精确地确定柴油机运转时的最佳供油量。

电控单元把计算和修正的最后结果作为控制信号传到供油量控制电磁阀，产生磁力，吸引可动铁心。控制信号的电流越大，磁场就越强，可动铁心向左的移动量越大，通过杠杆将供油量调节套筒向右推移的越多，供油量也就越大。

（2）供油定时的控制方法：电控单元首先根据柴油机转速和加速踏板位置等传感器的输入信号，初步确定一个供油时刻，然后再根据进气压力、冷却液温度等传感器的信号和起动机信号进行修正（图12.13）。喷油泵喷油提前器活塞位置传感器(1)的铁心直接与喷油提前器的活塞相连。喷油提前器活塞位置信号回馈给电控单元，以实行反馈控制。电控单元根据最后确定的供油时刻，向供油定时控制阀(3)的线圈(6)通电，可动铁心(7)被电磁铁吸引，压缩弹簧(8)向右移动，打开喷油提前器由高压腔(4)通往低压腔(5)的油路，使喷油提前器活塞两侧的压差缩小，活塞(2)向右移动，供油时刻推迟，即供油提前角减小。

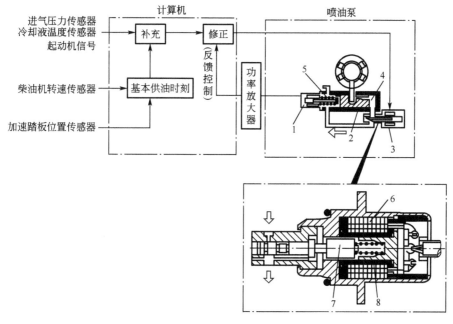

图 12.13　供油定时的控制
1—喷油提前器活塞位置传感器；2—喷油提前器活塞；3—供油定时控制阀；4—高压腔；
5—低压腔；6—供油定时控制阀线圈；7—可动铁心；8—弹簧

供油定时控制阀是电磁阀。通过改变流过电磁线圈的脉冲电流的占空比，改变由喷油提前器的高压腔到低压腔的流通截面积，以调整喷油提前器活塞两侧的压力差，使活塞产生不同的位移，达到控制供油时刻的目的。

位置控制式系统生产继存性强，安装方便，相对机械式喷油泵和调速器，它控制油量和供油时刻精确、灵敏，不存在产生失调的可能性；在需要扩大控制功能时，只需改变电控单元的存储软件，便可实现综合控制。通过改换输入装置的程序和数据，可以改变控制特性，一种喷射系统可用于多种柴油机，也可在一种柴油机上实现不同的控制模式，优化柴油机运转特性。

但它只是对传统喷油系统的初步电控化改造。由于未变更原有喷油装置，脉冲供油以达到喷射的特性保持不变，因此一般不能对喷油率和喷油压力进行调控。此外，由于不是对油量和定时进行直接控制，因此存在中间环节，控制响应速度还不能满足现代柴油机的要求，同时也做不到各缸的独立控制。

2. 时间控制式电控燃油喷射系统

这类系统的特点是利用安装在高压油路中的高速、强力电磁溢流阀来直接控制喷油始点和喷油量，与汽油机的电控喷油系统原理相似。其不同点在于还可通过实时变更电磁阀升程或改变高压油路中的油压来实现喷油率和喷油压力的控制。它具有能分缸调控和响应快等优点，已成为当前柴油机电控喷油系统的主要发展方向。

时间控制式系统有以下两种类型。

（1）时间控制式柱塞泵脉冲喷油系统：此类系统仍保持传统的柱塞往复运动脉冲供油方式，直接由电磁溢流阀控制油量和定时，柱塞副只起加压、供油作用，没有油量调节功能。为此取消了专用于调节油量和定时的机构，如调速器、提前器、供油调节杆、柱塞斜槽乃至出油阀组件等。

图12.14的电控泵喷嘴系统、图12.15的电控单体泵系统是目前已使用的两种时间控制式柱塞泵脉冲燃油喷射系统。可以很容易辨认出由电磁阀所控制的高压油路，并且只存在不带斜槽的柱塞偶件，这种系统为"时间－压力"计量方式，其中供油压力仍是由凸轮的运转规律决定的，因此喷油量的大小要首先考虑供油压力变化规律，然后由电磁溢流阀开启脉冲大小来调节，喷油定时由电磁溢流阀开启时刻决定。

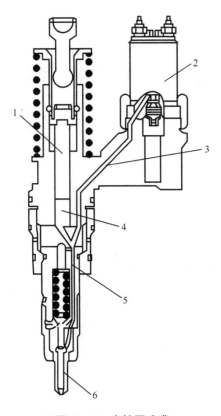

图12.14　电控泵喷嘴

1—油泵柱塞；2—电磁溢流阀；3—旁通油路；
4—柱塞腔；5—高压油路；6—喷油器

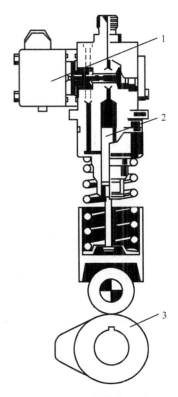

图12.15　电控单体泵

1—电磁溢流阀；2—柱塞；
3—发动机凸轮轴

（2）时间控制式共轨（Common Rail）喷油系统：这种系统不再应用传统的柱塞脉冲供油泵原理，而是先将柴油以高压（喷油压）状态蓄积在被称为共轨的容器中，然后利用电磁三通阀将共轨中的压力油引到喷油器中完成喷射任务。

共轨中若为与喷油压力相同的柴油，则此油直接进入喷嘴（针阀腔）开启针阀进行喷射，这就是高压共轨系统。

图12.16为BOSCH（博世）公司的共轨燃油喷射系统，高压油泵(2)只起向燃共轨管(6)供油的作用，其工作频率与柴油机转速没有固定的约束关系，可任意选择，只需保持共轨腔的油压即可。将油箱来的低压油泵入，经调压器(5)上的调压控制阀调节到喷油所需的高压。

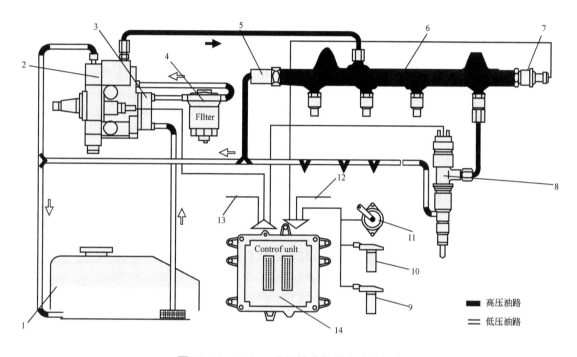

图12.16　BOSCH公司的共轨燃油喷射系统

1—油箱；2—高压油泵；3—齿轮泵；4—燃油滤清器；5—调压器；6—共轨管；
7—油轨压力传感器；8—喷油器；9—曲轴位置传感器；10—转速传感器；11—油门踏板；
12—其他传感器；13—其他执行器；14—控制器（ECU）

（1）喷油原理：图12.17为喷油器工作原理示意图，燃油轨的高压油一路直通喷油嘴的针阀腔(6)，另一路由电磁三通阀(1)控制。当ECU命令此阀切断泄油道而让高压油向下直通液压活塞(5)的顶部时，喷油嘴针阀及活塞组件处于上、下液压平衡状态，针阀在弹簧压力下处于关闭状态。当ECU命令三通阀封闭到活塞顶的高压油路，并打开泄油道(2)使其与活塞顶相通后，活塞上腔迅速泄压，针阀在针阀腔的高压作用下顶开弹簧而开启喷油。

喷油量控制方法是在发动机运行条件（由各种传感器检测）的基础上计算最佳喷油量，靠控制喷油器三通阀的脉冲宽度来实现，而喷油定时靠控制三通阀的开闭时刻来实现。

(2) 喷油率的灵活控制：喷油率控制对于优化柴油机性能非常重要，尤其是在降低噪声和排放方面。按照"先缓后急"的思想，共轨燃油喷射系统靠控制室压力的变化和脉冲来实现柴油机运转需要的各种喷油率，如三角形、靴形和预喷射形，如图12.18所示。

① 三角形喷油率也称为 △ 形。当控制脉冲从控制器传到三通阀时，喷油器液压活塞上方的控制室内的高压燃油流回油箱。此刻，三通阀后的压力很快从共轨管压力值降到大气压力；但控制压力（在节流孔下游）只是根据孔径大小而逐渐降低，由于节流孔的影响，与液压活塞相连的喷嘴针阀逐渐抬起，当三通阀控制脉冲宽度之后断电时，针阀回落，共轨管压力供到控制室（在压力上升时节流孔不起作用）。喷嘴关闭迅速，可以快速停止喷油，从而得到三角形的喷油率。

② 靴形喷油率也称台阶形。实现靴形喷油率需要针阀有一个小的预行程停留才能获得。为此喷油器总成在三通阀与液压活塞之间的节流孔处改为一个靴形阀，如图12.19所示。靴形阀和液压活塞间的间隙作

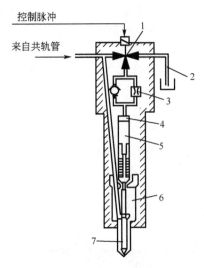

图 12.17　喷油器工作原理示意图

1—三通阀（TWV）；2—泄油道；
3—节流孔；4—控制室；5—液压活塞；
6—针阀腔；7—针阀

为可调的预行程。当三通阀通电时，靴形阀中的高压燃油被释放到泄油道，喷油嘴打开到相当于预行程的高度，针阀在该处停留在一直维持到靴形阀末端残余压力通过靴形阀节流孔下降一定程度后，针阀才继续升高到最大升程，达到最大喷油速率。依靠预行程量和靴形阀节流孔直径的合理组合，可以得到各种形式靴形喷油率。

③ 预喷射形喷射率也称引导喷射。在主喷射之前，给三通阀一个小宽度脉冲，可以得到预喷射，每次喷油实际上针阀动作两次。

因此，上述时间控制式共轨喷油系统所具有的显著优点如下。

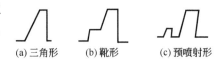

(a) 三角形　　(b) 靴形　　(c) 预喷射形

图 12.18　各种喷油率

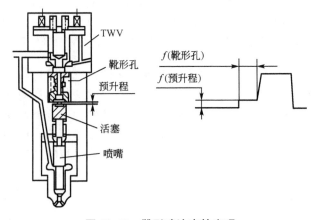

图 12.19　靴形喷油率的实现

(1) 喷油压力与发动机转速无确定关系，只取决于共轨腔中按要求调整的压力，因而彻底解决了传统喷油泵高、低速时喷油压力差别过大性能难于兼顾的固有矛盾。

(2) 根本解决了传统喷油泵脉动供油时输出的峰值转矩过大，凸轮轴瞬间转速变化太快，不能稳定控制小喷油量的矛盾，使预喷射成为可能。

(3) 由于共轨腔压力可任意调节，再加上可灵活控制电磁阀升程，于是能实现喷油压力和喷油率的柔性控制。

12.3.2 控制功能和控制策略

以电控喷射为主的柴油机电子管理中心可以实现下述各项功能。

(1) 目标喷油量控制。可按要求来设计任何模式（全程、两极或其他）的油量调速曲线以及包括起动加浓、转矩校正在内的"校正外特性"曲线。若有需要，还可利用转速反馈达到调速率为零的等速控制曲线。

图12.20为电控系统油量控制特性线。此时柴油机加速踏板的位置只是一种控制信号，反映驾驶员的一种意愿。

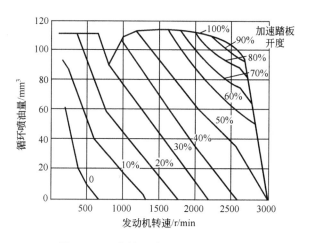

图 12.20 电控系统油量控制特性线

(2) 目标喷油定时控制。根据排放、油耗、功率和其他性能指标如噪声、冷起动等多方面的综合要求来确定各工况所需的最优化定时值。

(3) 油量及喷油定时的补偿控制。根据环境状态及某些运行状态参数的变化对目标喷油量和定时进行补偿控制。参数包括大气压力、大气温度、冷却水温、柴油油温等。此时将试验归纳出的经验公式或数据输入ECU供其发出执行指令时选用。

(4) 冷起动及怠速稳定性控制。冷起动油量和定时都由起动转速、加速踏板位置以及冷却水温、燃油温度共同决定，并按一定程序实现冷起动—暖机—怠速的全过程。

(5) 过渡性能与烟度控制。可通过对过渡过程中油量和定时的综合补偿来满足最佳过渡性能和降低烟度的要求。例如，当增压柴油机开始加速时，通过加大供油提前角可使加速转矩加大，并减小冒烟量。

(6) 喷油规律与喷油压力的控制。对于时间控制式的共轨喷射系统，可以通过控制电磁阀升程和调节共轨腔中的压力达到控制喷油率、喷油压力和预喷射油量的目的。

(7) 其他参数及性能的控制。目前，柴油机能实现的控制项目很多，其取决于具体机型的要求。这些项目有：增压油量与增压时进气量的补偿控制；废气再循环控制；增压器涡轮机喷口的可变截面控制；可变气门定时、可变进气涡流、可变进气管长度的控制；暖机时对进、排气的节流控制；部分停缸控制等。此外还有柴油机低油压保护、增压器工作状态保护、传动系统的配套控制以及故障自动诊断功能、故障保险功能等。另外，同样可以和汽油机一样实现车—机联合控制。

1. 解释下列概念。

控制器（ECU） 只读存储器（ROM） 读写存储器（RAM） 断电保存存储器（KAM） 喷油脉谱（MAP） 点火提前角脉谱（MAP）

2. 与传统的机—液参数调控相比，电子控制技术在发动机性能优化方面有哪些优势？

3. 结合第11章相关内容，对发动机的"油门"进行分析和理解。

4. 查阅相关资料，说明可变压缩比机构、可变气门升程机构是如何实现的？还有哪些困难？

5. 选一种单片机，说明如何用来实现一个简单的控制功能（如液面报警）。

6. 说明汽油机空燃比的闭环控制方法。

7. 对比化油器，分析汽油机在减速和超速时用电控方法的优点。

8. 说明汽油机利用点火提前角控制爆燃的方法。

9. 查阅相关资料，说明为了实现汽油机动力性、经济性、排放等指标的优化和折中，汽油机通常采取哪些控制功能和控制策略。

10. 结合柴油机的喷油泵、调速器、喷油提前器，说明共轨燃油柴油喷射系统在控制参数和控制功能上的优势。

附录　符号说明

p —— 压力

v —— 比体积（单位质量体积），流体速度

V —— 容积

ρ —— 密度，预胀比，反射率

T —— 热力学温度

U —— 热力学能

u —— 比热力学能

H —— 焓

h —— 比焓

S —— 熵，活塞行程

s —— 比熵

W —— 功

w —— 单位质量工质所做的功

Q —— 热量

q —— 单位质量工质所交换的热量，热流密度

E —— 工质总能量

E_k —— 动能

E_p —— 位能

e —— 单位质量工质的总能量

t —— 时间，温度

R —— 气体常数，导热热阻

R_m —— 通用摩尔气体常数

μ —— 分子量或千摩尔质量

n —— 物质的量，发动机转速

c_p —— 定压比热容

c_v —— 定容比热容

x_i —— 质量成分

γ_i —— 容积成分

y_i —— 摩尔成分

φ —— 相对湿度，曲轴转角

d —— 含湿量

k —— 比热比，绝热指数

λ —— 压力升高比，导热系数

A —— 面积

a —— 声速

c —— 工质宏观速度

$\bar{V}$ —— 气体流速

m —— 质量

$\dot{m}$ —— 质量流量

η_t —— 热效率

F —— 作用力

Δh_f^0 —— 生成焓

T_{ad} —— 绝热燃烧温度

B —— 每小时发动机的耗油量

b_e —— 有效燃油消耗率

b_i —— 指示燃油消耗率

D —— 气缸直径，外径

d_k —— 燃烧室凹坑直径

F_i —— 示功图面积

K_T —— 转矩适应性系数

K_n —— 转速适应性系数

K_a —— 混合气的空气量比例系数

H_u —— 燃料低热值

i —— 气缸数

L —— 燃烧1kg燃油实际供给空气量

L_0 —— 燃烧1kg燃油理论供给空气量

m_e —— 比质量

n_1 —— 压缩多变指数

n_2 —— 膨胀多变指数

P_e —— 有效功率

P_m —— 机械损失功率

P_i —— 指示功率

P_L —— 升功率

P_p —— 泵气损失功率

p_a —— 环境压力

p_{co} —— 压缩终了压力

p_{ex} —— 膨胀终了压力

p_{de} —— 进气终了压力

p_r —— 排气终了压力

p_{max}——最高燃烧压力
p_{me}——平均有效压力
p_{mi}——平均指示压力
p_{mm}——平均机械损失压力
p_t——循环平均压力
Q_1——循环单缸燃烧发热量，物体1的净辐射热量
Q_2——循环单缸燃烧散热量
T_a, t_a——环境温度
T_{co}, t_{co}——压缩终了温度
T_{de}——进气终了温度
T_{ex}, t_{ex}——膨胀终了温度
T_{max}, t_{max}——最高燃烧温度
T_r, t_r——排气温度
T_{tq}——转矩
C_m——活塞平均速度
V_a——气缸总容积
V_c——气缸压缩（燃烧室）容积
V_s——气缸工作容积
v_T——湍流火焰传播速度
v_L——层流火焰传播速度
W_i——循环指示功
W_m——实际机械损失功
W_e——循环有效功
ε_c——压缩比
η_{et}——有效热效率
η_{it}——指示热效率
η_m——机械效率
η_r——燃烧效率
θ_{fj}——喷油提前角
θ_{ig}——点火提前角

θ_H——供油提前角
ρ_0——初始膨胀比
λ_p——压力升高比
π_k——增压比
ϕ_k——增压度
τ——冲程数，透过率
τ_i——着火落后期
ϕ_a——过量空气系数
ϕ_c——充量系数
Ω——涡流比
μ——转矩储备系数
γ——残余废气系数
α——空燃比，换热系数，吸收率
t_f——流体温度
t_w——壁面温度
l——定性尺度
d——内径
R_e——雷诺数
P_r——普郎特数
N_u——努谢尔特数
G_r——格拉晓夫数
μ——动力黏度
ν——运动黏度
v——流体速度
ε——黑度
E_b——黑体辐射率
$E_{b\lambda}$——黑体单色辐射率
$X_{1,2}$——物体1对物体2的角系数
$X_{2,1}$——物体2对物体1的角系数
$Q_{1,2}$——1、2物体间的辐射换热量

参 考 文 献

[1] 严家騄. 工程热力学 [M]. 2版. 北京：高等教育出版社，1989.
[2] 朱明善，林兆庄，刘颖. 工程热力学 [M]. 北京：清华大学出版社，1995.
[3] 沈维道，蒋智敏，童钧耕. 工程热力学 [M]. 3版. 北京：高等教育出版社，2001.
[4] 戴锅生. 传热学 [M]. 2版. 北京：高等教育出版社，1999.
[5] 杨世铭，陶文铨. 传热学 [M]. 3版. 北京：高等教育出版社，1998.
[6] 陆瑞松，林发森，张瑞. 内燃机的传热和热负荷 [M]. 北京：国防工业出版社，1985.
[7] [匈] 希特凯 G. 内燃机的传热和热负荷 [M]. 马重芳，译. 北京：中国农业机械出版社，1981.
[8] 刘峥，王建昕. 汽车发动机原理教程 [M]. 北京：清华大学出版社，2001.
[9] 吴建华，常绿，韩同群. 汽车发动机原理 [M]. 北京：机械工业出版社，2005.
[10] 韩同群. 发动机原理 [M]. 广州：华南理工大学出版社，2010.
[11] 董敬，庄志，常思勤. 汽车拖拉机发动机 [M]. 3版. 北京：机械工业出版社，1996.
[12] 周龙保. 内燃机学 [M]. 北京：机械工业出版社，1999.
[13] 蒋德明. 内燃机原理 [M]. 2版. 北京：机械工业出版社，1988.
[14] 冯健璋. 汽车发动机原理与汽车理论 [M]. 北京：机械工业出版社，1999.
[15] 刘永长. 内燃机原理 [M]. 武汉：华中理工大学出版社，1992.
[16] 张志沛. 汽车发动机原理 [M]. 北京：人民交通出版社，2002.
[17] 杨玉如. 发动机与汽车理论 [M]. 北京：人民交通出版社，1988.
[18] 陈汉平. 热力发动机基础 [M]. 北京：机械工业出版社，2000.
[19] 秦有方. 车辆内燃机原理 [M]. 北京：北京理工大学出版社，1997.
[20] 陈家瑞. 汽车构造 [M]. 北京：人民交通出版社，2004.
[21] 顾宏中. 涡轮增压柴油机性能研究 [M]. 上海：上海交通大学出版社，1998.
[22] 陆加祥. 柴油机涡轮增压技术 [M]. 北京：机械工业出版社，1999.
[23] 何学良，李疏松. 内燃机燃烧学 [M]. 北京：机械工业出版社，1990.
[24] 蒋德明. 柴油机涡轮增压 [M]. 北京：机械工业出版社，1986.
[25] 孙军. 汽车发动机原理 [M]. 合肥：安徽科技出版社，2001.
[26] 汽车工程手册编委会. 汽车工程手册：设计篇：汽车产品的新发展 [M]. 北京：人民交通出版社，2001.
[27] 黄倬，屠海令，张冀强. 质子交换膜燃料电池的研究开发与应用 [M]. 北京：冶金工业出版社，2000.
[28] 衣宝廉. 燃料电池 [M]. 北京：化学工业出版社，2001.
[29] 李瑛，王林山. 燃料电池 [M]. 北京：冶金工业出版社，2000.
[30] [波兰] Antoni Szumanowski. 混合电动车辆基础 [M]. 陈清泉，孙逢春，译. 北京：北京理工大学出版社，2001.
[31] 许道延，丁贤华. 高速柴油机概念设计与实践 [M]. 北京：机械工业出版社，2004.
[32] 李兴虎. 汽车环境保护技术 [M]. 北京：北京航空航天大学出版社，2004.
[33] Offmann K H. 柴油机共轨式喷油系统 [J]. 国外内燃机，1998(2)：23-26.
[34] Dorenkamp R. 高压喷射的潜力 [J]. 国外内燃机，2002(4)：25-29.
[35] 蒋德明. 内燃机燃烧与排放学 [M]. 西安：西安交通大学出版社，2001.
[36] 刘巽俊. 内燃机的排放与控制 [M]. 北京：机械工业出版社，2003.

[37] 李春明. 汽车发动机燃油喷射技术［M］. 北京：北京理工大学出版社，2002.
[38] 李朝晖，杨新桦. 汽车新技术［M］. 重庆：重庆大学出版社，2004.
[39] 王建听，傅立新，黎维彬. 汽车排气污染治理及催化转化器［M］. 北京：化学工业出版社，2001.
[40] 蔡凤田. 汽车排放污染物控制实用技术［M］. 北京：人民交通出版社，2000.
[41] 上海内燃机研究所. 内燃机标准汇编［M］. 上海：上海科技出版社，1989.
[42] 李令举. 汽车工程电子新技术［M］. 北京：人民交通出版社，1995.
[43] 皇甫鉴，范明强. 现代汽车电子技术与装置［M］. 北京：北京理工大学出版社，1999.
[44] 孙济美. 天然气和石油汽车［M］. 北京：北京理工大学出版社，1999.
[45] 杨为琛，孙逢春. 混合电动汽车的技术现状［J］. 车辆与动力技术 2001(4)：25-29.

北京大学出版社汽车类教材书目

序号	书 名	标准书号	著作者	定价	出版日期
1	汽车构造(第2版)	978-7-301-19907-7	肖生发，赵树朋	56	2014.1
2	汽车构造学习指导与习题详解	978-7-301-22066-5	肖生发	26	2014.1
3	汽车发动机原理(第2版)	978-7-301-21012-3	韩同群	55	2013.5
4	汽车设计	978-7-301-12369-0	刘涛	45	2008.1
5	汽车运用基础	978-7-301-13118-3	凌永成，李雪飞	26	2008.1
6	现代汽车系统控制技术	978-7-301-12363-8	崔胜民	36	2008.1
7	汽车电气设备实验与实习	978-7-301-12356-0	谢在玉	29	2008.2
8	汽车试验测试技术（第2版）	978-7-301-25436-3	王丰元，邹旭东	36	2015.3
9	汽车运用工程基础(第2版)	978-7-301-21925-6	姜立标	34	2016.3
10	汽车制造工艺（第2版）	978-7-301-22348-2	赵桂范，杨娜	40	2013.4
11	车辆制造工艺	978-7-301-24272-8	孙建民	45	2014.6
12	汽车工程概论	978-7-301-12364-5	张京明，江浩斌	36	2008.6
13	汽车运行材料（第2版）	978-7-301-22525-7	凌永成	45	2015.6
14	汽车运动工程基础	978-7-301-25017-4	赵英勋，宋新德	38	2014.10
15	汽车试验学	978-7-301-12358-4	赵立军，白欣	28	2014.7
16	内燃机构造	978-7-301-12366-9	林波，李兴虎	26	2014.12
17	汽车故障诊断与检测技术	978-7-301-13634-8	刘占峰，林丽华	34	2013.8
18	汽车维修技术与设备（第2版）	978-7-301-25846-0	凌永成	36	2015.6
19	热工基础（第2版）	978-7-301-25537-7	于秋红，鞠晓丽等	45	2015.3
20	汽车检测与诊断技术	978-7-301-12361-4	罗念宁，张京明	30	2009.1
21	汽车评估（第2版）	978-7-301-26615-1	鲁植雄	38	2016.1
22	汽车车身设计基础	978-7-301-15619-3	王宏雁，陈君毅	28	2009.9
23	汽车车身轻量化结构与轻质材料	978-7-301-15620-9	王宏雁，陈君毅	25	2009.9
24	车辆自动变速器构造原理与设计方法	978-7-301-15609-4	田晋跃	30	2009.9
25	新能源汽车技术（第2版）	978-7-301-23700-7	崔胜民	39	2015.4
26	工程流体力学	978-7-301-12365-2	杨建国，张兆营等	35	2011.12
27	高等工程热力学	978-7-301-16077-0	曹建明，李跟宝	30	2010.1
28	汽车电气设备（第3版）	978-7-301-27275-6	凌永成	47	2016.8
29	汽车电气设备	978-7-301-24947-5	吴焕芹，卢彦群	42	2014.10
30	汽车电器与电子设备	978-7-301-25295-6	唐文初，张春花	26	2015.2
31	现代汽车发动机原理	978-7-301-17203-2	赵丹平，吴双群	35	2013.8
32	现代汽车新技术概论（第2版）	978-7-301-24114-1	田晋跃	42	2016.1
33	现代汽车排放控制技术	978-7-301-17231-5	周庆辉	32	2012.6
34	汽车服务工程（第2版）	978-7-301-24120-2	鲁植雄	42	2015.4
35	汽车使用与管理	978-7-301-18761-6	郭宏亮，张铁军	39	2013.6
36	汽车数字开发技术	978-7-301-17598-9	姜立标	40	2010.8
37	汽车人机工程学	978-7-301-17562-0	任金东	35	2015.4
38	专用汽车结构与设计	978-7-301-17744-0	乔维高	45	2014.6
39	汽车空调	978-7-301-18066-2	刘占峰，宋力等	28	2013.8
40	汽车空调技术	978-7-301-23996-4	麻友良	36	2014.4
41	汽车CAD技术及Pro/E应用	978-7-301-18113-3	石沛林，李玉善	32	2015.4
42	汽车振动分析与测试	978-7-301-18524-7	周长城，周金宝等	40	2011.3
43	新能源汽车概论（第2版）	978-7-301-25633-6	崔胜民	37	2016.3
44	新能源汽车基础	978-7-301-25882-8	姜顺明	38	2015.7
45	汽车空气动力学数值模拟技术	978-7-301-16742-7	张英朝	45	2011.6

序号	书　名	标准书号	著作者	定价	出版日期
46	汽车电子控制技术(第3版)	978-7-301-27262-6	凌永成	46	2017.1
47	车辆液压传动与控制技术	978-7-301-19293-1	田晋跃	28	2015.4
48	车辆悬架设计及理论	978-7-301-19298-6	周长城	48	2011.8
49	汽车电器及电子控制技术	978-7-301-17538-5	司景萍，高志鹰	58	2012.1
50	汽车车身计算机辅助设计	978-7-301-19889-6	徐家川，王翠萍	35	2012.1
51	现代汽车新技术	978-7-301-20100-8	姜立标	49	2016.1
52	电动汽车测试与评价	978-7-301-20603-4	赵立军	35	2012.7
53	电动汽车结构与原理	978-7-301-20820-5	赵立军，佟钦智	35	2015.1
54	二手车鉴定与评估	978-7-301-21291-2	卢伟，韩平	36	2015.4
55	汽车微控制器结构原理与应用	978-7-301-22347-5	蓝志坤	45	2013.4
56	汽车振动学基础及其应用	978-7-301-22583-7	潘公宇	29	2015.2
57	车辆优化设计理论与实践	978-7-301-22675-9	潘公宇，商高高	32	2015.2
58	汽车专业英语	978-7-301-23187-6	姚嘉，马丽丽	36	2013.8
59	车辆底盘建模与分析	978-7-301-23332-0	顾林，朱跃	30	2014.1
60	汽车安全辅助驾驶技术	978-7-301-23545-4	郭烈，葛平淑等	43	2014.1
61	汽车安全	978-7-301-23794-6	郑安文	45	2015.4
62	汽车安全概论	978-7-301-22666-7	郑安文，郭健忠	35	2015.10
63	汽车系统动力学与仿真	978-7-301-25037-2	崔胜民	42	2014.11
64	汽车营销学	978-7-301-25747-0	都雪静，安惠珠	50	2015.5
65	车辆工程专业导论	978-7-301-26036-4	崔胜民	39	2015.8
66	汽车保险与理赔	978-7-301-26409-6	吴立勋，陈立辉	32	2016.1
67	汽车理论	978-7-301-26758-5	崔胜民	32	2016.1
68	新能源汽车动力电池技术	978-7-301-26866-7	麻友良	42	2016.3
69	汽车车身控制系统	978-7-301-27023-3	杭卫星	28	2016.5
70	汽车发动机管理系统	978-7-301-27083-7	贝绍轶	28	2016.6
71	汽车底盘控制系统	978-7-301-27693-8	赵景波	32	2016.11
72	汽车底盘机械系统	978-7-301-27270-1	李国庆	28	2016.7
73	现代汽车新技术（第2版）	978-7-301-27425-5	姜立标	57	2016.8
74	汽车新能源与排放控制（双语教学版）	978-7-301-27589-4	周庆辉	35	2016.10
75	汽车新技术	978-7-301-27692-1	邹乃威，周大帅	46	2016.11
76	汽车发动机机械系统	978-7-301-27786-7	李国庆	28	2016.12

如您需要更多教学资源如电子课件、电子样章、习题答案等，请登录北京大学出版社第六事业部官网 www.pup6.cn 搜索下载。

如您需要浏览更多专业教材，请扫下面的二维码，关注北京大学出版社第六事业部官方微信（微信号：pup6book），随时查询专业教材、浏览教材目录、内容简介等信息，并可在线申请纸质样书用于教学。

感谢您使用我们的教材，欢迎您随时与我们联系，我们将及时做好全方位的服务。联系方式：010-62750667，童编辑，13426433315@163.com，pup_6@163.com，lihu80@163.com，欢迎来电来信。客户服务 QQ 号：1292552107，欢迎随时咨询。